JN437042

4차 산업혁명 대응 / 실전 창업 기본서

FUNNY START UP

실전 창업 전략

류석희/김영국 공저

도서출판 두남

불법복사는 지적재산을 훔치는 범죄행위입니다

저작권법 제97조의 5(권리의 침해죄)에 따라 위반자는 5년 이하의 징역 또는 5천만원 이하의 벌금에 처하거나 이를 병과할 수 있습니다.

Preface

본서를 출간하며

창업을 위한 독자님께...

현대사회는 수시로 다양한 산업의 발생과 더불어 최근에는 6차 산업과 4차 산업혁명에 이르기까지 급진적인 성장과 발전을 거듭하고 있으며, 창업의 필요성은 사회적 이슈로 점차적으로 급격하게 확대되고 있습니다.

본서는 저자들의 다양하고 오랜 실전 창업 강의와 실무 멘토링, 창업 심사 및 평가, 창업연구 등을 통해서 체득한 오랜 실무경험을 바탕으로 독자들의 눈높이에 맞추어 쉽게 읽어 볼 수 있도록 최대한 실무적으로 정리하고 노력하였습니다.

창업은 제3자가 등을 떠밀어 강제로 창업을 하라고 강요하거나 창업에 대한 아무런 지식과 이해도 없이 맹목적으로 창업을 시작하는 경우 이는 곧 실패로 끝나는 경우가 대부분입니다. 간혹 생각지도 못한 아이템이 고객으로부터 호응을 얻고 곧 판매로 이어져 매출이 발생하였다고 하더라도 창업자가 그 다음 단계에서 무엇을 해야 하는지를 계획하고 실행하지 못한다면 순간적인 창업의 성공일 뿐 결국은 실패가 되는 것입니다.

대표적인 실패의 원인은 창업에 대한 이해부족과 네트워킹을 활용하는 방법 등을 정확히 인지 못한 부분이 주요한 원인이라고 생각합니다.

특히 창업은 경영학만을 가지고 할 수 있는 것이 아닌 실전과 실무(회계, 세무, 인사 등 포함), 법학, 지식재산권법, 근로기준법, 경제학, 기술 등 다른 학문을 멀티적으로 적용해야만 하는 실전적 경영입니다. 창업에 첫 발을 내딛는 순간 창업자는 성공에 대한 집착과 열망으로 가득 차 있을 것인데 현실과 이상은 매우 다르다는 것을 파악하게 되는 순간 많은 고민에 빠지게 됩니다.

실제로 창업을 희망하는 창업자의 경우에는 하나라도 더 배우고 익혀 창업에 필요한 지식을 습득하는데 많은 노력을 하지만, 대학에서 강의를 하다보면 “저는 창업 안 할 건데요, 저는 경영학과가 아닌데요, 저희 아버지가 사업을 하다 실패하셔서 저는 절대로 창업할 생각이 없는데요, 창업을 왜 배워야 하는지 모르겠어요, 교양이니까 전공필수니까 학교에서 수강하라고 하니 하는 건데요 등" 다양한 부정적 의미를 제시하는 경우가 많습니다.

저자는 창업을 배우는 목적에 대하여 다음과 같이 생각합니다.

① 그 누구도 창업을 강제로 하라고 하지 않습니다. 단지, 창업이라는 것이 무엇인지 이해해보자는 것이고, 최종 창업진행 판단은 본인이 결정하는 것입니다.

② 창업을 배우면 취업할 때 유용합니다. 회사는 잉여를 발생시키는 것이 목적인데 회사가 어떻게 돌아가는지를 창업을 통해서 간접적으로 배우고 익힐 수 있다면 많은 도움이 되지 않을 까요?

예를 들어 팀웍, 조직력, 자금의 흐름, 업무처리 방법, 업체와의 미팅을 통한 협상, 필요한 전산 익힘, 인간관계 등 창업을 통해서 소사회와 소기업문화를 체험할 수 있습니다.

③ 창업을 통해서 최종 작성하게 되는 사업계획서는 앞에서 설명한 내용을 전반적으로 정리할 수 있는 문서로써 사업계획서를 직접 작성할 수 있다는 것은 회사 또는 기관 등에 취업한 경우 회사 또는 상급자가 보고서 또는 기획서, 계획서를 작성해 올 것을 지시 받았을 때 정확한 목적과 방향성을 파악하여 순식간에 업무처리를 완료할 수 있는 전문적 직무능력을이 배양할 수 있습니다.

즉, 어느 회사에 입사를 하였을 때 단 한번이라도 보고서, 기획서, 계획서를 작성하지 않는 부서가 있을 까요?

④ 회사에 입사하거나 사업을 진행할 경우 자신의 업무 또는 아이템(제품)에 대한 제안 및 보고 등을 할 때 아무런 연습 없이 즉시 발표 등을 할 수 있을 까요? 창업은 사업계획서와 제안서 등을 작성하고 PT발표까지 연결해서 고민하고 스토리를 만들어 효율적인 업무를 수행 및 추진할 수 있는 능력을 배양시켜 줍니다.

이외에도 창업을 배우는 목적은 다양하나 독자들이 직접 하나씩 깨달아가면서 자신에게 필요한 목적을 찾아내는 것은 창업자의 미래를 위해서 매우 중요합니다.

저자는 본서를 통해서 창업자가 어렵게만 느끼고 생각하는 창업의 기본적 지식을 쉽게 이해하고 배워 '취업을 할 경우 취업에 맞는 사용을, 창업을 할 경우 창업에 맞는 사용'을 할 수 있는 지혜와 능력을 독자가 얻어갈 수만 있다면 그것만으로도 매우 행복할 것 같습니다.

본서를 준비하는 동안 계절이 여러 차례 바뀌었습니다. 한평생 삶의 도전과 창업정신을 일깨워주신 부모님과 가족, 창업을 성공시키기 위해 어려운 창업환경 속에서 오늘도 열심히 귀한 땀을 흘리며, 많은 고민과 노력을 하시는 창업자와 학생분들, 주옥같은 많은 자료와 협조로 흔쾌히 지원해주신 산학연관군의 여러 선후배 제현의 응원과 채찍에 깊이 감사드리며, 본서의 새로운 잉태를 위하여 무더위도 잊고 출판해주신 도서출판 두남의 전두표 사장님과 임직원께도 감사드립니다.

창업과 도전정신!!! 우리는 당신을 믿습니다.

2017.8.

창업정신을 일깨우는 '나무 심는 마음'의 연구실에서

성공 창업자를 위하여

저자 일동

Contents

I 산업혁명의 이해와 활용

II 창업의 이해

III 기업가정신

Ⅳ 아이템 발굴 및 선정

V 마케팅전략과 분석 기본 TOOL

VI 자금조달 및 창업지원제도

VII 사업계획서

IX 창업법률의 이해와 창업 기본법

Ⅰ 산업혁명의 이해와 활용

1 산업혁명의 개념

산업혁명은 18세기 영국에서 시작되었고, 사회적 경제발전과 기술, 문화에 영향을 주는 계기가 되었다. '산업혁명'의 용어는 프랑스의 학자들이 먼저 사용하였으나 영국의 경제학자인 아놀드 토인비(Arnold Toynbee)가 1760년도부터 1840년까지의 영국 경제발전을 설명하는 과정에서 사용하면서 일반적인 용어로 정착되었다.

산업혁명은 기존의 농업과 수공업을 기반으로 한 경제에서 공업과 기술에 따른 기계 등의 사용을 통한 제조업으로의 산업화 경제로 변화시킨 시발점(a starting point)이라고 할 수 있다.[1)]

2 산업혁명의 변화와 흐름

제1차 산업혁명부터 제4차 산업혁명에 대한 변화와 흐름의 주요 내용을 살펴보면 다음과 같다.

(1) 제1차 산업혁명

18세기 중엽에서 19세기 초반에 영국을 중심으로 전개되었고, 증기기관 기반의 기계화 혁명으로 육체노동을 절감할 수 있었다.

영국은 기계화 혁명으로 인해 증기기관을 이용한 거대한 섬유공업의 산업화를 이룩하였다. 그러나 수용 및 확산속도가 빠르지 않아 1850년대에 이르기까지 유럽의 일부와 미국에만 확산되었다.

---

1) 다음백과, <http://100.daum.net/encyclopedia/view/b11s1360b>.

(2) 제2차 산업혁명

20세기 초반에 제1차 산업혁명이 세계적으로 확산되어가는 과정에서 제2차 산업혁명의 필요성이 제기되었다. 당시 전기의 발명으로 인해 공장에 안정적인 전력이 공급되면서 컨베이어시스템(conveyor system)이 등장하였다.

이를 통해서 생산성이 혁신되면서 대량생산이 가능하게 되었으며, 미국의 주도하에 제2차 산업혁명이 지속적으로 발전되었다.

(3) 제3차 산업혁명

1960년대에 반도체와 메인프레임 컴퓨팅(mainframe computing)을 기초로 시작되어 1970년부터 1980년대까지는 개인용 컴퓨터(PC, personal computer), 1990년부터는 인터넷의 발달이 되면서, 일명 '컴퓨터 혁명' 또는 '디지털 혁명'이라고 불렸다.

제3차 산업혁명은 제레미 리프킨(Jeremy Rifkin)이 바라본 미래사회의 모습이다. 제3차 산업혁명으로 인해 인간의 업무 및 작업의 자동화로 노동력이 급감하면서 인간의 노동에 대한 부담이 대폭 축소되는 시대를 맞이하였다.

즉, 컴퓨터와 인터넷기반의 지식정보 혁명이 이루어지면서 인터넷과 스마트기반의 IT가 급진적으로 부상하였고, 미국이 주도하면서 강한 글로벌 IT기업을 배출시키기도 했다.

(4) 제4차 산업혁명

최근 전 세계적으로 가장 큰 이슈로 부각되는 제4차 산업혁명은 21세기의 시작과 동시에 출연하였고, 실제 전면적으로 활용된 시점은 2015년부터이다.

이는 세계경제포럼 창립자 겸 집행 위원장인 클라우스 슈밥(Klaus Schwab)의 저서인 '제4차 산업혁명(The Fourth Industrial Revolution)'을 통해 기존의 산업혁명과 다른 점을 소개하면서[2)] 제4차 산업혁명에 대한 관심이 활성화 되었다. 제4

2) 클라우스 슈밥은 제4차 산업혁명에 대하여 " '스마트 공장(smart factories)'의 도입으로 전 세계적으로 제조업의 가상 시스템과 물리적 시스템이 유연하게 협력할 수 있는 세상을 만들게 될 경우 상품의 완전한 맞춤생산(customization)이 가능해지고 새로운 운영모델이 발생할 수 있다", 또한 "단순히 기기와 시스템을 연결하고 스마트화하는데 그치지 않고 훨씬 넓은 범주까지 확대할 수 있고, 유전자 염기서열분석(gene sequencing)에서 나노기술, 재생가능에너지에서 퀀텀 컴퓨팅까지 다양한 분야에서 동시다발적으로 일어나고 있다. 이 모든 기술이 융합하여 물리학, 디지털, 새물학 분야가 상호교류하는 제4

차 산업혁명의 대표적인 기반은 사물인터넷(IOT, Internet Of Things), 인공지능(AI, Artificial Intelligence)[3], 사이버 물리 시스템(CPS, Cyber physical systems)[4]이다.

즉, 유비쿼터스 모바일 인터넷(ubiquitous & mobile inter net), 기계학습(machine learning), 낮은 비용의 강력해진 성능을 가진 센서가 특징이다.

과거의 산업혁명은 물리적 공간과 사이버 공간을 통한 발전이었다면 제4차 산업혁명은 물리적 공간과 사이버 공간을 결합한 불연속성을 극복하였다고 할 수 있다. 최근에는 빅데이터와 알파고(Alpha Go)[5] 등의 지능을 가진 로봇 개발을 통해서 기하급수적인 속도로 진화 및 발전을 거듭하고 있다.

즉, 만물초지능 혁명으로 발전되면서 사람과 사물, 공간을 연결하고 지능화된 산업이 개발 및 발명되면서 산업구조의 변화와 사회시스템의 혁신을 불러오고 있다고 할 수 있다.

차 산업혁명은 종전의 그 어떤 혁명과도 근본적으로 궤를 달리한다"고 주장하였다(클라우스 슈밥(저)/송경진(역), 「제4차 산업혁명」, 새로운 현재, 2016, 26면).

3) EY 어드바이저리(저)/임영신(역), 「세계초일류기업의 AI전략」, 매일경제사, 2016.

4) CPS는 센서 네트워크(sensor networks), 사이버네틱스(cybernetics) 및 메카트로닉스(mechatronics) 시스템을 결합 설계한 임베디드 시스템(embedded systems)이 진화되고 있는 시스템을 말한다. 현실 세계의 다양한 물리, 화학 및 기계공학적 시스템(physical systems)을 컴퓨터와 네트워크(cyber systems)를 통해 자율적, 지능적으로 제어하기 위해 등장하였다. 크게 연산(computation), 통신(communication), 제어(control) 기술로 구성되며, 대규모 융·복합 시스템(system of systems) 구축을 위한 여러 전문 분야가 관련된 다학제적(多學際的, multidisciplinary and interdisciplinary) 이다. 스마트 공장(smart factory), 스마트 그리드(smart grid), 자동차, 항공, 국방 등 광범위한 분야에 응용된다(다음백과, <http://100.daum.net/encyclopedia/view/55XX XXX32987>).

5) 알파고는 구글 딥마인드(DeepMind)가 개발한 인공지능 바둑 프로그램이다. 알파고(AlphaGo)의 고(Go)는 바둑을 뜻한다. 딥마인드는 구글이 2014년 인수한 인공지능 관련 기업으로 2010년 영국에서 설립되었으며 머신러닝 등의 기술을 사용해 학습 알고리즘을 만든다. 알파고는 딥러닝(Deep Learning) 방식을 사용해 바둑을 익힌다.

딥러닝은 머신러닝(기계학습)의 하나로 비지도 학습(Unsupervised Learning)을 통해 컴퓨터가 스스로 패턴을 찾고 학습해 판단하는 알고리즘을 가지고 있다. 인간이 별도의 기준을 정해주지 않으며 대신 방대한 데이터를 기반으로 컴퓨터가 스스로 분석하며 학습하게 되는 것이 특징이다. 2016년 3월 9일부터 15일까지 서울에서 이세돌 9단과 알파고의 대국이 진행되었다. 총 5국으로 치러진 경기에서 이세돌 9단은 4국에서 알파고를 상대로 1승을 하고 최종 1승 4패하여 알파고가 승리를 거두었다(다음백과, <http://100.daum.net/encyclopedia/view/47XXXXXd1033>.

제4차 산업혁명은 인간에게 업무의 편리성과 효율성을 제공하지만 한편으로는 인간의 직업을 사라지게 하거나 대량의 실직이 예고되면서 인간의 직업에 대한 선택과 노동의 권리 침해, 인간의 프라이버시(privacy) 침해 등을 가장 큰 문제로 판단하여 우려하기도 한다.6)

따라서 국가는 인공지능의 적극적인 개발도 중요하나 개발 이후 인간과 함께 Win-win 할 수 있는 제도적 장치를 최우선으로 마련하는 지혜가 필요하다고 생각된다.

표 Ⅰ-1 산업혁명의 단계별 변화7)

구분	제1차	제2차	제3차	제4차
산업혁명	기계화 혁명	대량생산 혁명	지식정보 혁명	만물초지능 혁명
시기	18세기 후반	20세기 초반	20세기 후반	21세기 초반
핵심기술	증기기관	전기에너지, 생산조립라인	반도체, 인터넷	IOT, AI 등

표Ⅰ-1과 같이 산업혁명은 현재 제4차 산업혁명까지로 보고 있으나 산업의 발전과 기술의 발달로 인해 제5차 산업혁명, 제6차 산업혁명 등 시대흐름에 따른 산업혁명이 지속적으로 진보되어 발생되고 연구가 될 전망이다.

6) 클라우스 슈밥(저)/송경진(역), 앞의 저서, 155면.
7) 피붙이, "디자인, 4차 산업혁명을 준비하다", 기고문, 2017.

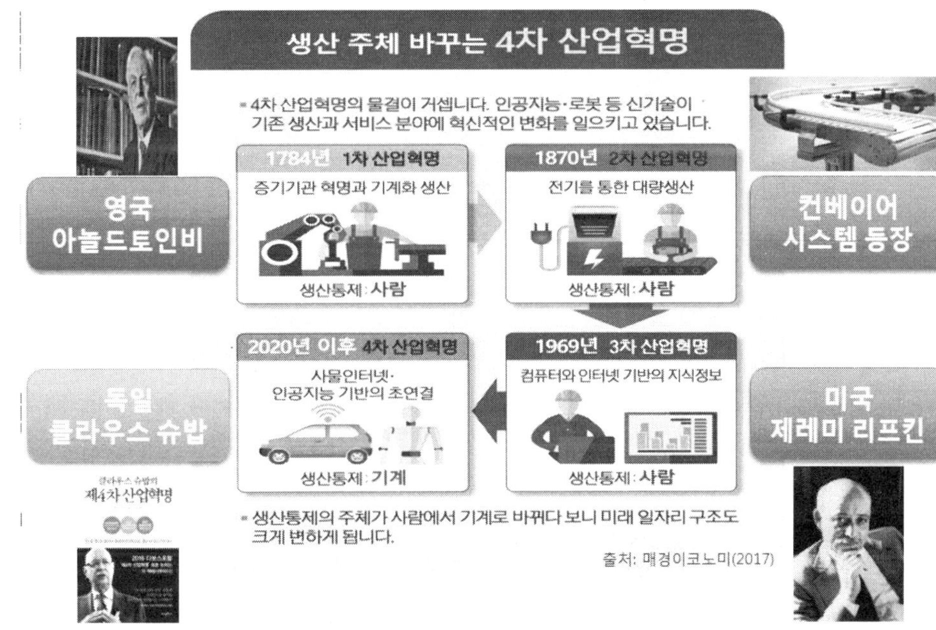

그림 Ⅰ-1 산업혁명의 변화

CASE 4차 산업혁명과 지능정보사회의 미래, 핀테크·VR·AI 빗장 푼다.8)

제4차 산업혁명과 지능정보사회의 미래로 불리는 3가지 아이템의 성장을 가로막던 족쇄가 풀렸다. 미래창조과학부 장관은 정부서울청사에서 열린 '신산업 규제혁신 관계 장관회의'에서 미래부, 문체부, 금융위 등 관계부처가 공동으로 마련한 '인공지능, 가상현실, 핀테크 규제혁신' 방안을 발표했다.

이번 방안은 제4차 산업혁명으로 촉발되는 지능정보사회에서 국민 삶의 질을 향상시키고 신성장 동력을 창출할 것으로 주목받고 있는 인공지능, 가상현실, 핀테크의 육성과 지원을 위해 추진됐다.

인공지능은 제4차 산업혁명을 촉발하는 핵심 기술로 부각되고 있으며, 세계 주요국가·기업은 인공지능을 통한 혁신 및 성장 모멘텀 발굴에 집중하고 있다. 또한, 가상현실도 콘텐츠 이용행태의 급격한 변화와 함께 관련 HW·SW 시장의 성장이 예상되고 있다. 마지막으로 핀테크는 'Pay 전쟁'이라고 불릴 정도로 전 세계 금융을 주도하기 위한 경쟁이 치열하다.

8) 보안뉴스, 2017.02, <http://www.boannews.com/media/view.asp?idx=53517>

1. 인공지능 분야 규제혁신

2016년 '지능정보사회 중장기 종합대책'에 이어 2017년에는 '(가칭) 지능정보사회 기본법'을 추진하고, 핵심 제도이슈에 대한 정비 방향을 제시한다.

- (가칭) '지능정보사회 기본법' 제정 추진
  제4차 산업혁명에 대응하여 국가사회 전반의 지능정보화를 촉진하기 위해 현행 '국가정보화 기본법'을 '(가칭)지능정보사회 기본법'으로 개정한다.
  지능정보기술·사회 개념을 정의하고, 국가사회 전반의 지능정보화 방향 제시·체계적인 준비를 위한 기본계획 수립 등을 규정하고, 데이터 재산권의 보호 및 가치 분배 등 지능정보기술 기반 확보를 위한 조항을 추가할 계획이다.
- 핵심 법제도이슈 관련 정비방향 제시
  인공지능의 안전성, 사고시 법적책임 주체, 기술개발 윤리 등 인공지능 확산에 따라 전 세계적으로 논의가 확대되고 있는 법제도 이슈와 관련하여 각계의 의견수렴을 통해 정비 방향을 제시할 계획이다.

2. 가상현실 분야 규제혁신

가상현실에서는 개발부터 창업까지 성장단계별 규제혁신을 통해 가상현실 신산업 성장을 지원하고, VR기기 안전기준을 마련하여 이용자 안전을 확보할 계획이다.

- VR 게임제작자의 탑승기구 제출 부담 완화
  신규 VR 콘텐츠 등급 심의 때마다 탑승기구까지 제출해야 하는 문제를 개선해 PC로 콘텐츠를 확인할 수 있는 경우 탑승기구 검사를 면제한다.
- VR 게임기기 안전기준 마련
  탑승형 VR 게임 유통 활성화를 위해 게임법에 VR 게임에 대한 합리적인 안전기준을 마련하여 VR 게임 이용자 안전을 확보한다.
- 불합리한 시설 규제 개선
  사행성 콘텐츠와 음란물의 이용방지를 위해 PC방은 칸막이 높이를 1.3미터로 제한하고 있는데, 이용자 보호(몸동작으로 인한 충돌방지)를 위해 높은 칸막이가 필요한 VR 체험시설은 예외로 인정한다.
- VR방(복합유통게임제공업소) 내에 음식점 등이 동시 입점할 경우 한 개의 영업장으로 보아 단일 비상구 설치를 허용한다.

3. 핀테크 분야 규제혁신

전통금융업 위주의 현행 규제를 혁신해 다양한 핀테크 서비스 도입을 촉진하고, 금융 소비자의 편의성·접근성을 높이기 위한 제도 정비를 추진한다.

- 가상통화 취급업에 대한 규율체계 마련
  전 세계적으로 비트코인 등 가상통화 거래가 증가하고 있는 가운데, 국내에서도 가상통화의 건전·투명한 거래가 가능하도록 가상통화 취급업에 대한 적절한 규율체계를 마련한다.
- 핀테크 기업 단독 해외송금 서비스 운영 허용
  핀테크 기업이 독자적으로 해외송금 서비스를 할 수 있도록 허용, 소비자의 송금수수료 부담 절감 등에 기여할 계획이다.
- P2P 대출계약시 소비자의 비대면 계약내용 확인방법 확대
  대출계약시 소비자의 계약내용 확인 방법을 '직접기재', '공인인증서', '음성녹취' 외에 '영상통화'를 추가로 인정해 소비자의 편의성을 높인다.
- P2P 대출업자에 대한 총자산한도 규제 완화
  대부업자의 무분별한 외형확장 방지를 위해 도입한 총자산한도 규제(자기자본의 10배 이내 자산운용)가 영업특성이 다른 P2P 영업에 일괄 적용되지 않도록 정비할 계획이다.
- 로보어드바이저 상용화 지원
  알고리즘 기반의 금융자산 관리서비스인 로보어드바이저는 안정성·유효성 테스트를 거쳐 올 상반기에 본격 출시될 예정이다.
  로보어드바이저 테스트베드 운영을 위한 세부방안(모집·심사 기준 등)을 발표하여 1차 테스트베드(2016년 10월~17년 4월) 운영 중이며, 대고객 서비스도 올해 5월까지 출시할 예정이다.
- 핀테크 스타트업 투자기준 명확화
  핀테크 스타트업에 대한 벤처캐피탈 투자가능 요건을 명확히 했고 핀테크 업종에 대한 기술보증이 활성화될 수 있도록 지원한다.
- 금융권 공동 핀테크 오픈플랫폼 이용 활성화
  지난해 오픈한 '금융권 공동 핀테크 오픈 플랫폼'을 통해 다양한 핀테크 서비스가 개발될 수 있도록 조회 가능한 계좌종류를 확대하고 주문 서비스도 가능하도록 API 이용범위를 확대한다.

미래부 장관은 "제4차 산업혁명은 국가·사회 전반에 변화를 초래하므로 이를 위해서는 융합을 촉진할 수 있는 선제적인 법제도 정비가 중요하며, 미래부는 관계부처와 힘을 모아 제4차 산업혁명을 체계적으로 대응하고 지능정보사회로의 이행을 준비하겠다."고 밝혔다.

3 산업의 분류

그림 Ⅰ-2 산업별 분류

'산업'[9]은 산업혁명과 다른 개념으로 생산을 목적으로 하는 일을 의미하며, 그림에서 제시된 산업에 대해 살펴보면 다음과 같다.

(1) 1차 산업

자연을 통해서 사람이 직접 자원을 채취하거나 자연환경과 직접 연관된 농업·임업·수산업을 이용한 생산 활동을 제1차 산업이라고 한다.

1차 산업은 유전학적 산업과 채취산업으로 구분하게 되는데 유전학적 산업은 인간이 자연스럽게 천연자원의 성장과정에 개입하여 생산 활동을 증진시키는 것이고, 채취산업은 경작을 통해서 증가될 수 없는 소모성 천연자원의 생산이라고 할 수 있다.

9) '산업'이란 "유사한 성질을 갖는 산업 활동에 주로 종사하는 생산단위의 집합"이라 정의된다. '산업활동'이란 "각 생산단위가 노동, 자본, 원료 등 자원을 투입하여, 재화 또는 서비스를 생산 또는 제공하는 일련의 활동과정"이다. 산업 활동의 범위에는 영리적, 비영리적 활동이 모두 포함하고 있으나, 가정 내의 가사 활동은 제외된다.

유전학적 산업은 우리가 흔히 알고 있는 농업·임업·축산업·어업 등으로 윤작, 비료, 병충해 통제, 관개시설, 온실경작, 타화수정, 교배를 통한 과학적 작물의 개량 등이며, 채취산업은 광석의 채굴과 채석, 광물연료의 추출 등을 말한다. 1차 산업은 대부분 저개발국가 또는 개발도상국에서 매우 중요한 경제적 주도를 차지하고 있다.

(2) 2차 산업

1차 산업을 통해서 생산한 원재료를 가지고 제조업, 공업, 경공업, 중공업, 조선업 등을 통해서 가공하여 생산하는 산업을 2차 산업이라고 한다.

이와 관련하여 경제학에서는 일반적으로 제조업이라고 표현하는데 이는 나라의 경제에서 1차 산업으로부터 공급되는 원료를 가공하여 소비재나 생산재를 만드는 경제활동을 말하는 것으로 생산재는 2차 산업에서 완제품, 완제품의 부품, 소비재 및 비소비재를 생산하는 데 필요한 자본재 등으로 사용되기 때문이다.

(3) 3차 산업

1차 산업과 2차 산업을 통해서 생산된 가공상품 등의 재화에 대하여 판매 및 서비스 등을 제공하는 산업이다.

3차 산업의 종류를 확대하여 살펴보면 서비스와 상품판매 등을 중심으로 유통업, 운수업, 창고업, 상업, 금융업, 보험업, 숙박업, 미용업 등에 대한 모든 산업을 제3차 산업이라고 부르며, '서비스 산업'이라고도 부른다.

3차 산업은 나라의 경제에서 서비스나 무형의 이익을 공급하고 유형의 재화를 생산하지는 않지만 부를 창출하는 산업으로 자유시장경제와 혼합경제 체제에서는 보통 기업 또는 정부기업과 결합되어 있는 것이 특징이다.

(4) 4차 산업

정보 배포 및 공유, 정보기술, 통신, 의료, 교육, 상담, 연구 및 개발, 금융 계획, 기타 지식 기반의 서비스 산업 등을 집약한 산업을 말한다. 4차 산업은 1차 산업부터 3차 산업에서 눈에 보이는 물건을 생산하는 것과는 다르게 정보와 지식을 위주로 하는 산업으로 본다.

(5) 5차 산업

오락 및 패션, 레저 등 지식과 정보를 초월한 즐기는 문화적 요소를 생산해 내는 산업으로 의식주 또는 제품 등의 생산을 중심으로 하는 것이 아닌 인간의 요구와 욕구를 통해 삶을 즐기는 진보적인 산업으로 해석된다.

(6) 6차 산업

최근 창업과 관련하여 6차 산업의 발전과 도약을 위해 많은 지원과 연구가 진행되고 있다. 6차 산업은 농촌의 유형 또는 무형의 자원을 기초로 농업과 식품을 통해서 제조 가공을 통한 특산품 등을 개발하여 이를 유통 및 판매하거나 관광 및 체험을 할 수 있도록 서비스 등과 연계를 함으로써 새로운 부가가치를 창출시키는 활동을 말한다.

6차 산업은 농업과 농촌 경제의 대표적인 체계로써, 청양의 알프스마을의 '여름철 세계 조롱박 축제', '겨울철 칠갑산 얼음분수 축제' 등을 통해서 지역만의 흥미로운 볼거리와 먹거리 등을 창출시킨 대표적인 사례이다.10)

그림 I-3 6차 산업의 활용11)

이외에도 스마트팜의 기능을 발전 및 개발하면서 ICT, IOT 등의 4차 산업을 통해서 부가적인 사업의 확장을 하고 있는데, 예로써 비닐하우스에 농작물을 재배할

10) 농림축산식품부, "6차 산업 창업매뉴얼', 농림축산식품부 2014, 6면(재인용).

11) 알프스마을, 2017.02, <http://www.alpsvill.com>

경우 습도, 온도, 천장의 개폐, 물 공급 등을 자동적으로 체크하여 이상적인 재배 공간을 제공한다거나 집에서 핸드폰 등을 활용하여 조정을 통해서 쉽게 농작물을 재배할 수 있도록 하는 편리한 서비스 등의 제공을 할 수 있다.

이렇듯 6차 산업은 1차 산업, 2차 산업, 3차 산업을 연계하여 다양한 비즈니스 모델을 통한 부가가치를 창출할 수 있는 산업으로 창업과 연계한 학습과 연구를 통해서 실제로 실현될 수 있는 새로운 비즈니스 모델을 개발하고 확장할 경우 6차 산업의 발전에 따른 실질적인 이익이 농가에 제공됨으로써 농가에 대한 더 많은 신기술의 개발 및 발명이 증가하여 농사에 대한 삶의 질이 개선될 것이라고 예상된다.

그림 Ⅰ-4 6차 산업을 통한 수익모델

위의 그림과 같이 자연으로부터 얻은 농산물을 가공하여 비즈니스모델을 수립하고, 이를 필요한 제품으로 발전시킬 경우 수요와 공급의 원칙에 따라 부가가치가 발생됨을 확인할 수 있는 단적인 사례를 제시한 것이다.

또한 이를 통해서 농촌체험마을의 관광 상품으로 도토리묵 체험 프로그램을 개발하여 운영할 경우, 관광 및 체험학습을 통한 추가적 부가가치를 생성시킬 수 있다. 따라서 농가의 소득 증대 등을 기대해 볼 수 있는 수익모델 등을 발굴할 경우

이를 비즈니스모델로 한 다양한 창업전략을 수립해볼 수도 있다. 따라서 창업을 희망하는 (예비)창업자라면 이러한 방법론을 가지고 적극적인 도전을 해볼 필요성이 있다.

4 산업과 산업혁명의 연관성

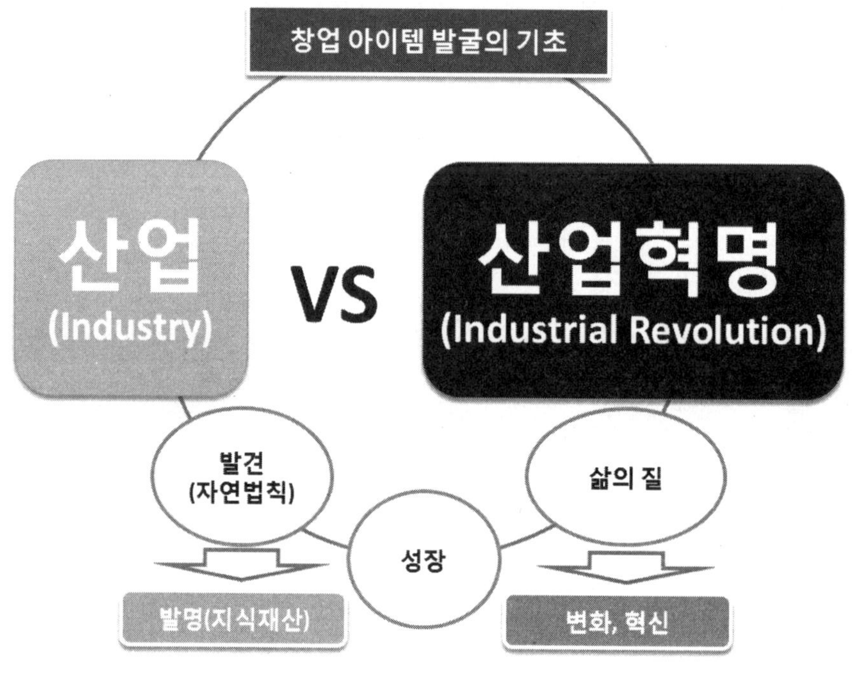

그림 I-5 산업과 산업혁명의 연관성

산업은 창업자에게 자연법칙에 따른 새로운 아이템을 발굴할 수 있도록 하여 발명을 유도하고 이를 통해서 국가 경제에 이바지 할 수 있는 지식재산권을 확보할 수 있다.

또한 창업자의 창업아이템이 시행착오 등에 따른 성장을 할 경우 국민의 삶의 질에 변화 또는 혁신을 반영하게 되면서 산업은 산업혁명으로 가치를 반영하게 된다. 즉, 창업자의 입장에서는 산업과 산업혁명을 통해서 다양한 창업 아이템을 발굴할 수 있어 상호 WIN-WIN의 관계에서 순환구조적인 역할을 한다.

Ⅱ 창업의 이해

1 창업의 기초적 배경

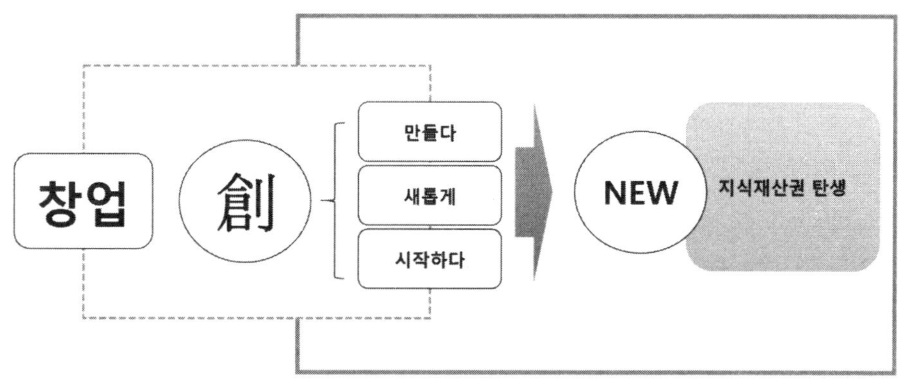

그림 Ⅱ-1 창업의 핵심 정의

(1) 사전적 정의

창업(創業)에 대한 사전적 의미는 "사업(事業)을 처음으로 시작하여 그 기초를 세운다."[12], 또는 "사업 따위를 처음으로 이루어 시작한다."[13] 등의 의미로 해석된다. 즉, 위의 그림과 같이 새로운 것을 발굴하여 특허 등으로 탄생시켜 일련의 과정을 통한 사업화하는 것을 목표로 한다.

이와 관련하여 창업과 사업의 정의에 대해 구분하여 살펴 볼 필요성이 있다. 사업은 일반적으로 기존에 제작되어 판매되고 있는 제품 또는 상품을 구매하여 도·소매업의 형태로 판매하는 것이 일반적인 방식이다. 즉, 사업은 회사의 생산과 영

12) 다음사전, <http://dic.daum.net/>

13) 네이버사전, <http://krdic.naver.com/>

리를 목적으로 추진하는 계획에 의한 경제 활동을 말한다.

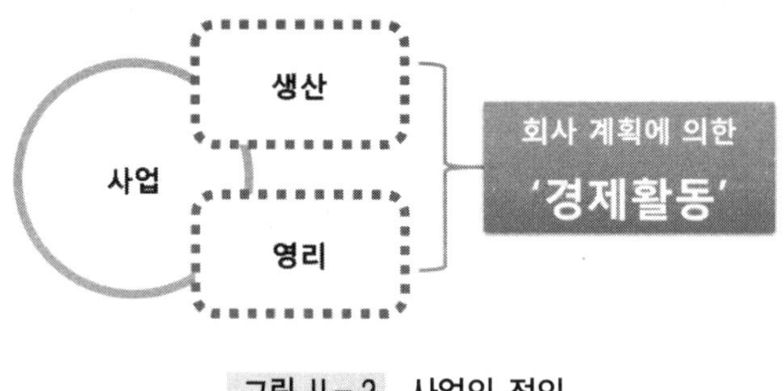

그림 II-2 사업의 정의

(2) 법률적 정의

「중소기업창업 지원법」(이하 "창업지원법"이라 한다)이 1986.5.12.에 제정되어 사회적 환경변화에 따라 해당법률이 개정되면서 지속적으로 시행되고 있다.[14] 창업지원법이 제정될 당시 '창업'이란 '새로이 중소기업을 설립하는 것을 말한다.'로 규정하였고, 2013.8.6에 개정된 창업지원법상 '창업'의 정의는 '중소기업을 새로 설립하는 것을 말한다.'고 규정하고 있으나 중소기업을 신규 설립한다는 취지에서 크게 변한 것은 없다.[15]

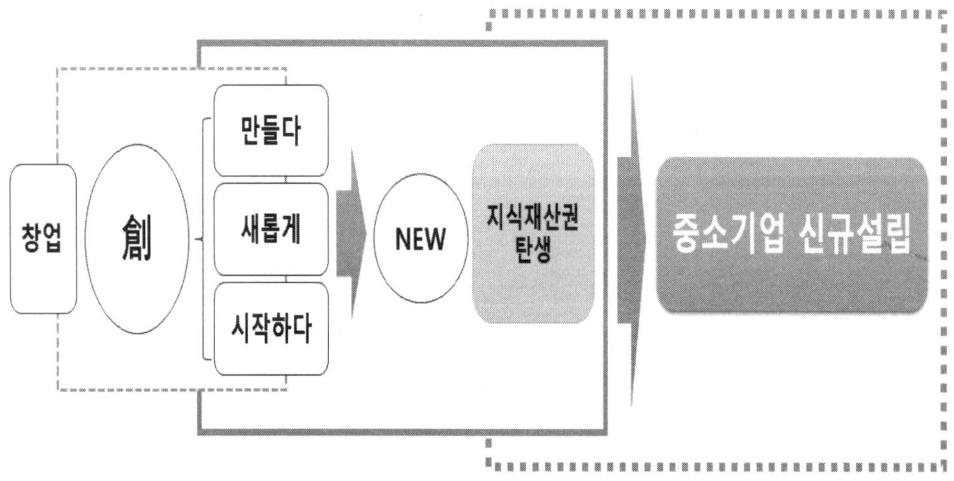

그림 II-3 창업의 법률적 정의

14) 창업지원법 [법률 제3831호, 1986.5.12.제정]
15) 창업지원법 [법률 제12009호, 2013.8.6.제정]

다만, 위에서 살펴본 사전적 의미와는 달리 창업지원법에서는 [그림 Ⅱ-3]과 같이 새롭게 중소기업의 설립하는 것으로 규정함으로써 사전적 의미의 창업과 다른 해석을 하고 있음을 알 수 있다. 다만, 중소기업을 새롭게 설립하는 과정에서 [그림 Ⅱ-1]의 개념은 기본이 된다.

국내에서는 창업과 관련하여 기술창업, 지식서비스 창업, 소셜벤처, 벤처기업, 1인 창조기업, 사회적 기업, 프랜차이즈 등 다양한 형태의 창업이 지속적으로 발전 및 발생하면서 시대흐름에 따른 창업의 종류가 확장되고 있다.[16]

(3) 창업자 및 사업개시일 기준

창업자는 새로운 아이템을 통해서 창업을 하는 자를 말하는 것이 일반적이다. 그러나 창업지원법에서의 창업자는 중소기업을 창업하는 자와 중소기업을 창업하여 '사업을 개시한 날로부터 7년'이 지나지 않은 자를 창업자로 정의하고 있으며,[17] 일반적으로 해당 규정에 따른다.

사업개시일의 기준은 다음과 같다.

① 창업자가 법인인 경우 법인설립등기일로 한다.
② 창업자가 개인인 경우 「부가가치세법」 제8조 제1항[18]에 따른다.
③ 다만, 창업지원법 제33조[19]에 따른 사업계획의 승인을 받아 사업을 개시한 경우 「부가가치세법」 제8조 제1항에 따른 사업자등록일 기준으로 한다.

---

16) 류석희/김송병/황일연, 「창업경영과 법률」, 법률출판사, 2015, 24면.

17) 창업지원법 제2조 제2호.

18) 부가가치세법 제8조(사업자등록)의 조항 중 해당 조항에 한하여 기재한다.

① 사업자는 사업장마다 대통령령으로 정하는 바에 따라 사업 개시일부터 20일 이내에 사업장 관할 세무서장에게 사업자등록을 신청하여야 한다. 다만, 신규로 사업을 시작하려는 자는 사업 개시일 이전이라도 사업자등록을 신청할 수 있다.

② 사업자는 제1항에 따른 사업자등록의 신청을 사업장 관할 세무서장이 아닌 다른 세무서장에게도 할 수 있다. 이 경우 사업장 관할 세무서장에게 사업자등록을 신청한 것으로 본다.

③ 제1항에도 불구하고 사업장이 둘 이상인 사업자는 사업자 단위로 해당 사업자의 본점 또는 주사무소 관할 세무서장에게 등록을 신청할 수 있다. 이 경우 등록한 사업자를 사업자 단위 과세 사업자라 한다.

④ 제1항에 따라 사업장 단위로 등록한 사업자가 제3항에 따라 사업자 단위 과세 사업자로 변경하려면 사업자 단위 과세 사업자로 적용받으려는 과세기간 개시 20일 전까지 사업자의 본점 또는 주사무소 관할 세무서장에게 변경등록을 신청하여야 한다.

(4) 창업범위

1) 창업범위의 기준

창업범위의 기준은 창업지원법 제2조 제1호에 따르는 것이 일반적이며 법에서는 다음과 같이 창업범위를 정하고 있다.

① 타인으로부터 사업을 승계하여 승계 전의 사업과 같은 종류의 사업을 계속하는 경우
② 개인사업자인 중소기업자가 법인으로 전환하거나 법인의 조직변경 등 기업형태를 변경하여 변경 전의 사업과 같은 종류의 사업을 계속하는 경우
③ 폐업 후 사업을 개시하여 폐업 전의 사업과 같은 종류의 사업을 계속하는 경우에 해당하지 않는 중소기업을 신설하여 사업을 개시하여야 한다.

다만, 상기 표의 ①에 해당하는 내용상 사업의 일부를 분리하여 해당 기업의 임직원이나 그 외의 자가 사업을 개시하는 경우 산업통상자원부령으로 정하는 요건에 해당하는 경우는 제외하고 있다.

또한 i) 사업을 하던 자와 사업을 개시하는 자 간에 사업 분리에 관한 계약 체

사업자 단위 과세 사업자가 사업장 단위로 등록을 하려는 경우에도 또한 같다.
⑤ 제1항부터 제4항까지의 규정에 따라 신청을 받은 사업장 관할 세무서장(제3항 및 제4항의 경우는 본점 또는 주사무소 관할 세무서장을 말한다. 이하 이 조에서 같다)은 사업자등록을 하고, 대통령령으로 정하는 바에 따라 등록된 사업자에게 등록번호가 부여된 등록증(이하 "사업자등록증"이라 한다)을 발급하여야 한다.

19) 창업지원법 제33조(사업계획의 승인)
① 창업자는 대통령령으로 정하는 바에 따라 사업계획을 작성하고, 이에 대한 시장·군수 또는 구청장(자치구의 구청장만을 말한다. 이하 같다)의 승인을 받아 사업을 할 수 있다. 사업자 또는 공장용지의 면적 등 대통령령으로 정하는 중요 사항을 변경하려는 경우에도 또한 같다. <개정 2013.8.6>
② 시장·군수 또는 구청장은 제1항에 따른 사업계획의 승인을 할 때에는 그 공장의 건축면적이 「산업집적활성화 및 공장설립에 관한 법률」 제8조에 따른 기준공장면적률에 적합하도록 하여야 한다.
③ 시장·군수 또는 구청장은 제1항에 따른 사업계획의 승인 신청을 받은 날부터 20일 이내에 승인 여부를 알려야 한다. 이 경우 20일 이내에 승인 여부를 알리지 아니한 때에는 20일이 지난 날의 다음 날에 승인한 것으로 본다.
④ 중소기업청장은 창업에 따른 절차를 간소화하기 위하여 제1항에 따른 사업계획 승인에 관한 업무를 처리할 때 필요한 지침을 작성하여 고시할 수 있다.

결 ii) 사업을 개시하는 자가 새로 설립되는 기업의 대표자로서 그 기업의 최대주주 또는 최대출자자가 되는 경우에는 창업으로 인정해주고 있다.

2) 창업의 사업범위기준

창업과 관련된 사업범위는 「통계법」 제22조(표준분류) 제1항에 의거하여 통계청장이 작성 및 고시하는 '한국표준산업분류'[20]상의 세분류에 따른 기준을 적용하고 있다.

기존 업종에 다른 업종을 추가하여 사업하는 경우 추가된 업종의 매출액이 총매출액의 100분의 50 미만인 경우에 한하여 같은 종류의 사업을 계속 운영하는 것으로 판단한다. 다만, 추가된 업종의 매출액 또는 총 매출액은 추가된 날이 속하는 분기의 다음 2분기 동안의 매출액 또는 총매출액을 기준으로 산정하는 것이 일반적이다.[21]

2 한국표준산업분류의 이해

한국표준산업분류는 창업과 관련하여 창업지원법 시행령 제4조와 관련성이 있으므로 이에 대한 이해가 필요하다. 9차 개정된 한국표준산업분류[22]는 통계청 고시 제2007-53호는 2007.12.28.에 확정 후 고시하여 2008.2.1.부터 시행되었다. 그

20) 한국표준산업분류(Korean Standard Industrial Classification, KSIC)는 산업관련 통계자료의 정확성과 비교성을 확보하기 위한 것으로 유엔의 국제표준산업분류(International Standard Industrial Classification, ISIC)를 기반으로 작성되어 제정되었다. 한국표준산업분류는 1964년에 제정되었고, 유엔의 국제표준산업분류의 개정과 국내의 산업구조 및 기술변화를 반영하기 위해서 주기적인 개정을 하였다(통계청 통계분류, <http://kostat.go.kr/kssc/main/MainAction.do?method=sub&catgrp=kssc&catid 1=kssc01>).

21) 창업지원법 시행령 제2조 제2항내지 제3항.

22) 한국표준산업분류를 하는 목적은 생산단위(사업체단위, 기업체단위 등)가 주로 수행하는 산업 활동을 그 유사성에 따라 체계적으로 유형화 한 것이다.
이러한 한국표준산업분류는 산업활동에 의한 통계 자료의 수집, 제표, 분석 등을 위해서 활동 분류 및 범위를 제공하기 위한 것으로 통계법에서는 산업통계 자료의 정확성, 비교성을 위하여 모든 통계작성기관이 이를 의무적으로 사용하도록 규정하고 있다.
한국표준산업분류는 통계작성 목적 이외에도 일반 행정 및 산업정책 관련 법령에서 적용대상 산업영역을 한정하는 기준으로 준용되고 있다(통계청, '한국표준산업분류', 통계청 고시 제2017-13호, 2017, 13-14면. 재인용).

러나 산업의 변화에 따라 통계법 제22조를 기초로 통계청 고시 제2017-13호를 통해서 2017.1.13.에 개정 및 고시하면서 2017.7.1.부로 시행되었다.[23)]

한국표준산업분류는 1963년 제정되어 2017.1.13.일까지 총 10차의 개정이 있었다. 한국표준산업분류의 제10차 개정으로 통해서 주요 신설된 산업은 바이오연료, 탄소섬유, 에너지저장장치, 디지털적층성형기계(3D프린터), 자동차 구조 및 장치 변경(튜닝), 무인항공기(드론), 제조업, 태양력 발전업, 전자상거래 소매 중개업, 모바일 게임SW 개발 및 공급업 등이 대표적이다.

개정된 한국표준산업분류의 제10차 분류수의 변화는 다음과 같다.

① 분류수의 변화로 대분류는 현행 항목 유지, 중분류 1개추가, 소분류 4개추가, 세분류 8개추가, 세세분류 51개가 순증 되었다.

② 세세분류 기준과 관련하여 신설 등 세분화 87개, 통합 36개, 분류변경 21개,

---

23) 한국표준산업분류에 대한 연혁으로 "한국표준산업분류는 산업관련 통계자료의 정확성, 비교성을 확보하기 위하여 작성된 것으로서 1963년 3월에 경제활동 부문 중에서 우선 광업과 제조업 부문에 대한 산업분류를 제정하였고, 이듬해 4월에 제조업 이외 부문에 대한 산업분류를 추가로 제정함으로써 우리나라의 표준산업분류 체계를 완성하였다.
이렇게 제정된 한국표준산업분류는 유엔의 국제표준산업분류(1차 개정: 1958년)에 기초하여 작성된 것이다. 1964년에 제정된 한국표준산업분류의 미비점과 불합리한 점을 보완하기 위하여 1965년과 1968년 두 차례에 걸쳐 개정작업을 추진하였으며, 이후에는 유엔의 국제표준산업분류 2·3·4차 개정(1968, 1989, 2007)과 국내 산업구조 및 기술변화를 반영하기 위하여 추가적으로 일곱 차례에 걸친 개정작업을 수행하여 왔다(1970, 1975, 1984, 1991, 1998, 2000, 2007).
2007년에 개정 고시한 9차 개정 분류는 국제표준산업분류 4차 개정결과와 한국표준산업분류 8차 개정 이후 진행된 국내 사회, 경제 변화상을 반영하여 대폭적인 개정작업으로 추진된 바 있다.
9차 개정분류의 주요 특징으로는 대분류에서 농업·임업·어업(A)이 통합되었고 하수·폐기물 처리, 원료재생 및 환경복원업(E), 출판, 영상, 방송통신 및 정보 서비스업(J), 전문, 과학 및 기술 서비스업(M), 사업시설 관리 및 사업지원 서비스업(N) 등이 신설 또는 범위변경 형태로 세분되었으며 중분류 수가 63개에서 76개로 세분되었고 소분류 34개, 세분류 45개, 세세분류 24개가 순증되는 등의 분류체계 변화를 가져온 바 있다.
한국표준산업분류 9차 개정 이후 8년이 경과하면서 새롭게 등장하고 있는 산업 영역들의 통계작성 및 정책지원에 필요한 분류체계 신설, 변경 요청 등이 급증함에 따라, 2015년 3월에 기본계획을 수립하고 약 2년간에 걸친 개정작업을 추진하여 통계청 고시 제2017-13호(2017.1.13.)로 제10차 개정 분류를 확정·고시하고 2017년 7월 1일부터 시행하게 되었다."(통계청, '한국표준산업분류', 통계청 고시 제2017-13호, 2017, 6면. 재인용)

포괄범위 변경 136개, 명칭변경 94개로 분류체계의 변동 수를 살펴보면 <표 Ⅱ-1>과 같다.

표 Ⅱ-1 한국표준산업분류수의 변화

대분류		중분류		소분류		세분류		세세분류	
9차	10차	9차	10차	9차	10차	9차	10차	9차	10차
21	21	76	77	228	232	487	495	1,145	1,196

(1) 제·개정 현황과 및 제10차 개정 주요 특징

해당 제·개정된 사항을 정리해보면 <표 Ⅱ-2>와 같다.

표 Ⅱ-2 한국표준산업분류 제·개정 현황

연도	제·개정 사항
1963. 03. 01	광업·제조업 부문 제정
1964. 04. 01	광업·제조업 이외 부문 제정
1965. 09. 08	제1차 개정(경제기획원 고시 제20호)
1968. 02. 01	제2차 개정(경제기획원 고시 제1호)
1970. 03 .13	제3차 개정(경제기획원 고시 제1호)
1975. 12. 03	제4차 개정(경제기획원 고시 제5호)
1984. 01. 26	제5차 개정(경제기획원 고시 제71호)
1991. 09. 09	제6차 개정(통계청 고시 제91-1호)
1998. 02. 18	제7차 개정(통계청 고시 제1998-1호)
2000. 01. 07	제8차 개정(통계청 고시 제2000-1호)
2007. 12. 28	제9차 개정(통계청 고시 제2007-53호)
2017. 01. 13	제10차 개정(통계청 고시 제2017-13호)

한국표준산업분류의 제10차 개정 주요 특징은 다음과 같다.[24)]

1) 국제표준산업분류 4차 개정안(ISIC Rev.4) 추가 반영

국제표준산업분류 4차 개정안을 추가로 반영하여 부동산 이외 임대업 중분류를 부동산업 및 임대업 대분류에서 사업시설 관리 및 사업지원 서비스업 대분류 하

24) 통계청, 위의 고시, 7-8면.

위로 이동하였고, 수도업 중분류를 전기, 가스, 증기 및 수도업 대분류에서 수도, 하수 및 폐기물 처리, 원료재생업 대분류 하위로 이동하였다.

자본재 성격의 기계 및 장비 수리업 소분류는 수리 및 기타 개인 서비스업 대분류에서 제조업 대분류로 이동하고 중분류를 신설하였다. 출판, 영상, 방송통신 및 정보서비스업 대분류는 정보통신업으로 명칭을 변경하였다.

2) 국내 산업구조 변화 특성을 반영한 분류 신설 및 통합

국내 산업 활동의 변화상과 특수성을 고려하여 미래 성장 산업, 기간산업 및 동력산업 등은 신설 또는 세분하였고 저성장 산업 및 사양 산업은 통합하는 등 전체 분류체계를 새롭게 설정하였다. 이런 영향으로 바이오연료, 탄소섬유, 에너지 저장장치, 디지털 적층 성형기계, 무인 항공기 제조업과 태양력 발전업, 전자상거래 소매 중개업 등을 신설하였고 반도체, 센서류, 유기발광 다이오드 표시장치, 자동차 부품류, 인쇄회로 기판 제조업, 대형마트, 면세점, 요양병원 등은 기존 분류체계에서 세분하였으며 일부 광업과 청주, 코르크 및 조물제품, 시계 및 관련 부품, 나전칠기, 악기 제조업 등은 통합하였다.[25)]

3) 관련 분류 간 연계성, 통합성 및 일관성 유지

산업분류는 경제활동 관련 모든 분류와 연관되어 있으므로 한국재화 및 서 비스분류(KCPC), 국민계정 경제활동별 분류(SNA 분류체계), 산업별 생산품목(광업 및 제조업통계조사), 한국표준무역 분류(SKTC), 관세 및 통계통합품목분류(HS), 한국상품용도 분류(BEC) 등을 동시에 고려하여 분류의 포괄범위, 명칭 및 개념 등을 조정하였고, 결과적으로 통합경제 분류 연계 표 작성 및 활용을 위한 기본틀을 구축하고 경제 분석을 종합적으로 수행할 수 있도록 하였다.

---

25) 1. 국가 기간산업 및 동력산업 중 성장산업 세분화에 대하여 정리해보면 다음과 같다.
① 제조업: 김치, 도시락 및 가공식품, 디스플레이용 유리, 반도체, 센서류, 전기회로개폐·보호·접속장치, 자동차용 부품 제조업 등
② 음식점업 : 한식 일반요리·면요리·육류요리·해산물요리 전문점, 생맥주·커피 전문점 등
③ 서비스업: 대형마트, 면세점, 통관대행업, 학원, 인력공급업, 사회복지서비스업 등
2. 저성장 사양산업은 분류 통합
① 광업·제조업: 광업, 청주·코르크 및 조물제품·시계 및 시계부품·선박·악기·나전칠기 제조업 등
② 서비스업: 내륙수상운송업, 위성통신업, 지주회사, 저축은행 등

(2) 대분류별 주요개정 내용[26)]

A. 농업, 임업 및 어업

채소작물 재배업에 마늘, 딸기 작물 재배업을 포함하였으며, 어업에서 해면은 해수면으로, 수산 종묘는 수산 종자로 명칭을 변경하였다.

B. 광업

국내 생산활동 감소 추세를 반영하여 비철금속 광업은 우라늄 및 토륨 광업, 금·은 및 백금광업, 연 및 아연광업, 그 외 기타 비철금속 광업 등을 통합하여 분류하였고, 석회석 광업과 고령토 및 기타 점토광업, 건설용 석재 채굴업과 건설용 쇄석 생산업, 원유 및 천연가스 채굴관련 서비스업과 기타 광업 지원 서비스업 등을 통합하였다.

C. 제조업

안경 및 안경렌즈 제조업을 사진장비 및 기타 광학기기 제조업에서 의료용기기 제조업으로 이동하였고, 운송장비용 의자 제조업은 가구제조업에서 자동차, 항공기, 철도 등 운송장비 제조업 중 해당 장비 또는 부품 제조업으로 이동하였다. 산업용 기계 및 장비 수리업은 ISIC 분류에 맞춰 수리업에서 제조업 중 중분류를 신설(34)하여 이동하였다.

원모피 가공업은 의복, 의복 액세서리 및 모피제품 제조업에서 가죽, 가방 및 신발 제조업으로, 전사처리업은 기타 제품 제조업에서 인쇄 및 기록매체 복제업으로, 석유 정제과정에서 생산되는 아스팔트 관련 제품은 비금속광물제품 제조업에서 코크스, 연탄 및 석유정제품 제조업으로 이동하였다.

하위 분류에서는 관련 산업통계 시계열 자료 등을 기초로 전문화율 및 포괄률, 사업체 수, 출하액, 종사자 수 등 산업 규모 수준, 산업별 증감률 추세 등을 고려하여 분류를 신설, 세분 또는 통합하였다.

주요 신설 부문은 바이오 연료 및 혼합물, 탄소섬유, 에너지 저장장치, 디지털 적층 성형기계, 자동차 구조 및 장치 변경, 무인항공기 및 무인 비행장치 제조업 등이며, 육류도축업 및 가금류 도축업, 육류 포장육 및 냉동육 가공업, 김치류, 도시락류, 배합사료 및 단미사료·기타 사료, 위생용 원지, 오프셋 인쇄업, 고무패킹, 플라스틱 필름 및 시트·판, 폴리스티렌 발포 성형제품, 안전유리, 디스플레이 장치

26) 통계청, 위의 고시, 123-783면.

용 유리, 메모리용 및 비메모리용 반도체, 강관 및 강관 가공품·관연결구류, 피복 및 충전 용접봉, 유기발광 표시장치, 인쇄회로기판용 적층판, 경성 및 연성 인쇄회로기판, 전자감지장치, 자동차용 조향·현가·제동장치 부품 등은 세분하였고, 청주, 담배 재건조, 견직물, 편조제품, 모피제품, 목재 도구 및 주방용 나무제품, 코르크 및 조물제품, 인쇄 잉크 및 회화용 물감, 위생용 및 산업용 도자기, 금고, 전자관, 전자접속카드, 자동판매기 및 화폐 교환기, 운송용 컨테이너, 비철금속 선박, 시계 및 시계 부품, 나전칠기 가구, 악기류, 조화 및 모조장식품, 우산 및 지팡이 제조업 등은 통합하였다.

D. 전기, 가스, 증기 및 수도 사업

수도업은 국내 산업 연관성을 고려하고 ISIC에 맞춰 대분류 E로 이동하였으며, 산업 성장세를 고려하여 태양력 발전업을 신설하였고, 전기자동차 판매 증가 등 관련 산업 전망을 감안하여 전기 판매업 세분류를 신설하였다.

E. 하수·폐기물처리 원료재생 및 환경복원업

수도업을 전기, 가스, 증기 및 공기조절 공급업 대분류에서 이동하여 포함하고 대분류 명칭을 변경하였으며, 금속 및 비금속 원료재생업 소분류는 원료 수집, 운반 이후 처리 수준을 고려하여 해체, 선별업과 원료재생업으로 세분하였다.

F. 건설업

전문직별 공사업에서 2종 이상의 공사 내용으로 수행하는 개량·보수·보강공사를 시설물 유지관리 공사업으로 신설하였고, 주거용 건물 건설업을 단독주택 건설업과 기타 공동주택 건설업으로, 기타 시설물 축조관련 전문공사업을 지붕, 내·외벽 축조 관련 전문공사업과 기타 옥외 시설물 축조관련 전문공사업으로 세분하였다.

G. 도매 및 소매업

세분류에서 종이 원지·판지·종이상자 도매업, 면세점, 의복 소매업을 신설하였고, 세세분류는 도매업에서 자동차 전용 신품 부품, 자동차용 전기·전자·정밀기기 부품, 자동차 내장용 부품 판매업, 목재 및 건축자재, 연료·광물·1차 금속·비료 및 화학제품 중개업, 과실류 및 채소류·서류·향신작물류, 건어물·젓갈류 및 신선·냉동 및 기타 수산물, 커피·차류 및 조미료, 의료기기 및 정밀기기·과학기기, 전지 및 케이블 등 도매업을 세분하였다.

소매업은 대형마트, 면세점, 건어물 및 젓갈류, 조리 반찬류, 남자용 및 여자용 겉옷, 셔츠·블라우스 및 가죽·모피의복, 의복 액세서리 및 모조 장신구 등을 세분하였다.

H. 운수 및 창고업

화물자동차 운송업과 기타 도로화물 운송업을 통합하였으며, 철도운송업을 철도 여객과 화물 운송업으로 세분하였고, 항공운송업을 항공 여객과 화물 운송업으로 변경하였다. 또한, 하위분류에서는 산업 규모를 고려하여 용달 및 개별 화물자동차 운송업, 통관 대리 및 관련 서비스업을 세분하였으며, 내륙 수상 여객 운송업과 화물 운송업은 통합하였다.

I. 숙박 및 음식점업

산업 규모를 고려하여 한식 음식점업 세분류를 일반한식, 면요리, 육류요리, 해산물 요리 전문점으로 세분하였고, 주점업 세분류에서 생맥주 전문점을, 비알코올 음료점업 세분류에서 커피 전문점을 세분하였다.

교육 프로그램을 중심으로 운영하는 숙박시설을 갖춘 청소년 수련시설은 교육서비스업으로 이동하였다.

J. 정보통신업

대분류 명칭을 출판, 영상, 방송통신 및 정보서비스업에서 정보통신업으로 변경하였으며, 온라인·모바일 게임 소프트웨어 개발 및 공급업을 유선 온라인 게임과 모바일 게임 소프트웨어 개발 및 공급업으로 세분하였고, 무선통신업과 위성통신업은 통합하였다.

K. 금융 및 보험업

산업 규모를 고려하여 상호저축은행 및 기타 저축기관을 통합하였고, ISIC 분류에 맞춰 금융 및 보험업 대분류의 금융지주회사와 전문, 과학 및 기술 서비스업 대분류에서 포함하던 비금융지주회사를 통합하여 분류하였으며, 자산운용회사는 신탁업 및 집합투자업으로 변경하였다.

L. 부동산업

부동산 이외 임대업 중분류는 사업시설 관리, 사업 지원 및 임대 서비스업 대분류로 이동하였고, 부동산 자문 및 중개업은 산업 규모를 고려하여 부동산 중개 및 대리업과 부동산 투자 자문업으로 세분하였다.

M. 전문, 과학 및 기술서비스업

연구개발업 융합 추세를 반영하여 자연과학 및 공학 융합 연구개발업 세분류를 신설하였고, 전문 서비스업 융합 추세를 고려하여 기타 전문 서비스업을 세분하였다.

상업용 사진 촬영업에서 분류하던 인쇄회로 사진원판 제작은 제조업으로 이동하였으며, 마이크로필름 처리 서비스는 사업지원 서비스업에서 기타 전문, 과학 및 기술 서비스업으로 이동하였다.

N. 사업시설관리, 사업 지원 및 임대 서비스업

국제표준산업분류(ISIC) 체계에 맞춰 부동산 이외 임대업의 소속 대분류를 변경하여 포함하였으며, 인력 공급업은 임시 및 일용인력 공급업과 상용 인력 공급 및 인사관리 서비스업으로 세분하였고, 국내 여행사업은 일반 및 국외 여행사업과 통합하였다. 산업용 기계 및 장비 임대업 중 용접장비 임대업은 기타 산업용 기계 및 장비 임대업으로 이동하였다.

O. 공공 행정, 국방 및 사회보장 행정

포괄범위를 고려하여 통신행정을 우편 및 통신행정으로 변경하였으며, 나머지 행정 부문은 정부 직제 및 기능 등을 고려하여 기존 분류를 유지하였다.

P. 교육 서비스업

숙박업 대분류에서 구분하던 청소년 수련시설은 교육 프로그램 운영이 주된 산업활동인 경우 교육 서비스업으로 이동하였으며, 일반 교습학원은 초·중·고등학생 진학 및 보습용 학원으로 구분하고, 일반 외국어학원 및 기타 교습학원은 기타 교육기관으로 이동하였다. 스포츠 교육기관은 태권도 및 무술 교육기관과 기타 스포츠 교육기관으로, 예술학원은 음악학원, 미술학원, 기타 예술학원으로 세분하였다.

Q. 보건업 및 사회복지 서비스업

주로 장기 입원환자를 대상으로 진료하는 요양병원을 신설하였으며, 증가하는 사회복지서비스 수요를 반영하여 비거주 복지서비스업 세분류에 종합복지관 운영업, 방문 복지서비스업, 사회복지 상담 서비스업을 신설하였다.

R. 예술, 스포츠 및 여가관련 서비스업

갬블링 및 배팅업 세분류 명칭을 사행시설 관리 및 운영업으로, 경주장 운영업 세세분류 명칭을 경주장 및 동물 경기장 운영업으로 변경하였다. 단역 배우 공급업은 공연 및 제작관련 서비스업에서 사업지원 서비스업으로 이동하였다.

S. 협회 및 단체, 수리 및 기타 개인서비스업

자본재 성격의 산업용 기계 및 장비 수리업은 제조업으로 이동하였고, 의복 및 기타 가정용 직물제품 수리업과 가죽·가방 및 신발 수리업을 세분하였다. 기타 미용관련 서비스업은 체형 등 기타 신체관리 서비스업으로 명칭을 변경하였고, 마사지업은 발 마사지, 스포츠 마사지 등도 포함하도록 변경하였으며, 맞선 주선 및 결혼상담업은 결혼 준비 서비스업을 포함하여 결혼 상담 및 준비 서비스업으로 변경하였다.

(3) 분류구조별 항목 수 비교

1) 제8차와 제9차 분류구조별 항목 수(개정 전)

대분류		중분류		소분류		세분류		세세분류	
8차(구분류)	9차(신분류)	8차	9차	8차	9차	8차	9차	8차	9차
A 농업, 임업	A 농업, 임업 및 어업	3	3	8	8	21	21	37	34
B 어업									
C 광업	B 광업	3	4	7	7	12	12	18	17
D 제조업	C 제조업	23	24	71	83	174	180	473	461
E 전기, 가스 등	D 전기, 가스, 수도	2	2	4	4	6	6	7	9
–	E 폐기물·환경복원	–	3	–	5	–	11	–	15
F 건설업	F 건설업	2	2	7	7	13	14	43	42
G 도·소매업	G 도매 및 소매	3	3	21	20	54	58	162	164
I 운수업	H 운수업	4	4	12	11	21	20	48	46
H 숙박, 음식	I 숙박·음식점업	1	2	2	4	6	8	22	24
J 통신업	J 출판, 영상, 정보 등	1	6	2	11	5	25	9	42
K 금융, 보험	K 금융, 보험	3	3	5	8	15	15	34	33
L 부동산, 임대	L 부동산, 임대	2	2	5	6	10	13	21	21
M 사업서비스	M 전문, 과학, 기술	4	4	16	13	29	19	70	50
	N 사업시설, 사업지원		2		7		13		21
N 행정·국방 등	O 행정, 국방, 사회보장	1	1	5	5	8	8	25	25
O 교육서비스	P 교육서비스	1	1	5	7	11	16	23	29
P 보건, 복지	Q 보건 및 사회복지	2	2	4	6	10	9	22	21
Q 오락·문화 등	R 예술, 스포츠, 여가	2	2	7	4	21	17	55	43
R 공공, 개인	S 협회, 수리, 개인	4	3	11	8	24	18	49	43
S 가사서비스	T 자가소비 생산 활동	1	2	1	3	1	3	1	3
T 국제, 외국	U 국제 및 외국기관	1	1	1	1	1	1	2	2
총 20개	총 21개	63	76	194	228	442	487	1,121	1,145

2) 제9차와 제10차 분류구조별 항목 수(2017년 개정 후)

대분류	중분류		소분류		세분류		세세분류	
	9차	10차	9차	10차	9차	10차	9차	10차
A 농업, 임업 및 어업	3	3	8	8	21	21	34	34
B 광업	4	4	7	7	12	10	17	11
C 제조업	24	25	83	85	180	183	461	477
D 전기, 가스, 증기 및 공기조절 공급업	2	1	4	3	6	5	9	9
E 수도, 하수 및 폐기물 처리, 원료 재생업	3	4	5	6	11	14	15	19
F 건설업	2	2	7	8	14	15	42	45
G 도매 및 소매업	3	3	20	20	58	61	164	184
H 운수 및 창고업	4	4	11	11	20	19	46	48
I 숙박 및 음식점업	2	2	4	4	8	9	24	29
J 정보통신업	6	6	11	11	25	24	42	42
K 금융 및 보험업	3	3	8	8	15	15	33	32
L 부동산업	2	1	6	2	13	4	21	11
M 전문, 과학 및 기술서비스업	4	4	13	14	19	20	50	51
N 사업시설 관리, 사업 지원 및 임대 서비스업	2	3	7	11	13	22	21	32
O 공공행정, 국방 및 사회보장 행정	1	1	5	5	8	8	25	25
P 교육서비스	1	1	7	7	16	17	29	33
Q 보건업 및 사회복지 서비스업	2	2	6	6	9	9	21	25
R 예술, 스포츠 및 여가관련 서비스업	2	2	4	4	17	17	43	43
S 협회 및 단체, 수리 및 기타 개인 서비스업	3	3	8	8	18	18	43	41
T 가구 내 고용활동, 자가소비 생산활동	2	2	3	3	3	3	3	3
U 국제 및 외국기관	1	1	1	1	1	1	2	2
총 21개	76	77	228	232	487	495	1,145	1,196

3 창업관련법상 창업제외 업종

창업지원법 시행령 제4조에 따라 창업에서 제외되는 업종으로 규정되어 있는 산업은 ① 금융 및 보험업[27], ② 부동산업, ③ 숙박 및 음식점업[28], ④ 무도장운영

27) 기존에는 금융 및 보험업에 대하여 제외업종으로 규정하였으나 2016.5.29. 창업지원법이 개정되면서 정보통신기술을 활용하여 금융서비스를 제공하는 업종으로서 1. 금융 및

업, ⑤ 골프장 및 스키장운영업, ⑥ 기타 갬블링 및 베팅업, ⑦ 기타 개인 서비스업, ⑧ 그 밖에 제조업이 아닌 업종으로서 산업통상자원부령으로 정하는 업종은 창업범위에서 제외된다.[29)]

표 Ⅱ-3 1인 창조기업 범위에서 제외되는 업종[30)]

구 분	해당 업종	한국표준 산업분류번호
광 업	석탄, 원유 및 천연가스 광업	05
	금속광업	06
	비금속광물 광업(연료용 제외)	07
	광업지원 서비스업	08
제조업	담배제조업	12
	코크스, 연탄 및 석유정제품 제조업	19
	1차 금속 제조업	24
전기, 가스, 증기 및 수도사업	전기, 가스, 증기 및 공기조절 공급업	35
	수도사업	36
하수·폐기물처리, 원료재생 및 환경복원업	하수, 폐수 및 분뇨 처리업	37
	폐기물 수집운반, 처리 및 원료재생업	38
	환경 정화 및 복원업	39
건설업	종합건설업	41
	전문직별 공사업	42
도매 및 소매업	자동차 및 부품 판매업	45
	도매 및 상품중개업	46
	소매업(자동차 제외) – 전자상거래업은 제외한다.	47

보험업으로서 정보통신기술을 활용하여 금융서비스를 제공하는 업종을 그 주된 업종(「중소기업기본법 시행령」 제4조에 따른 주된 업종을 말함)으로 할 것, 2. 그외 기타 여신금융업을 주된 업종으로 하지 아니할 것을 전제로 제외 업종을 구분하고 있다.

28) 호텔업, 휴양콘도 운영업, 기타 관광숙박시설 운영업 및 상시근로자 20명 이상의 법인인 음식점업은 제외하고 있다.

29) 창업지원법 제3조(적용범위)에 따라 창업에 관해서만 적용되며, 창업 시 창업지원법 시행령 제4조에 의한 제외 업종을 사전에 살펴보고 진행하여야만 향후 창업자의 실수에 따른 불이익 및 Risk 등을 예방할 수 있다.

30) 1인창조기업법 제2조 제1항.

구 분	해당 업종	한국표준 산업분류번호
운수업	육상운송 및 파이프라인 운송업	49
	수상 운송업	50
	항공 운송업	51
	창고 및 운송관련 서비스업	52
숙박 및 음식점업	숙박업	55
	음식점 및 주점업	56
금융 및 보험업	금융업	64
	보험 및 연금업	65
	금융 및 보험 관련 서비스업 (그 외 기타 금융지원 서비스업은 제외)	66
부동산업 및 임대업	부동산업	68
	임대업(부동산 제외)	69
보건업 및 사회복지 서비스업	보건업	86
	사회복지 서비스업	87
예술, 스포츠 및 여가관련 서비스업	스포츠 및 오락관련 서비스업	91
협회 및 단체, 수리 및 기타 개인서비스업	기타 개인 서비스업	96

※ 비고: 해당 업종의 분류는「통계법」제22조에 따라 통계청장이 고시하는 한국표준산업분류에 따른다(협회 및 단체는 지원이 불가함)

4 창업의 종류와 운영방안

(1) 창업의 종류와 운영에 대한 개념

그림 [II-4]와 같이 창업은 기술창업, 소셜벤처, 벤처창업, 프랜차이즈, 사회적기업, 무점포창업, 소호창업, 생계형 창업 등 다양한 형태의 창업이 있으며, 창업의 형태에 따른 창업의 명칭이 지속적으로 발생하고 있다. 특히 창업은 대부분 창업자 본인이 창업을 하여야 한다는 전제를 가지고 있으나, 대리상 또는 위탁 매매상, 중개상을 통해서 간접적으로 운영하기도 한다.

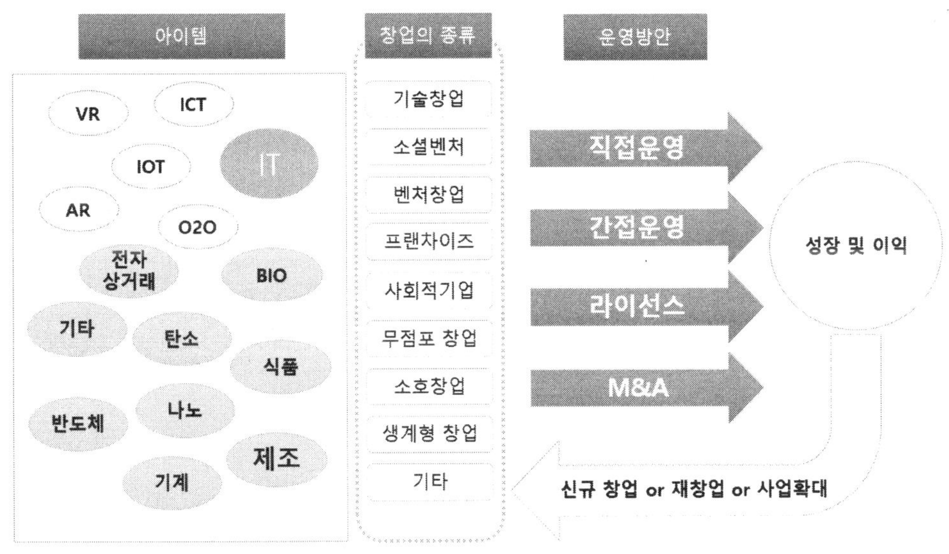

그림 II-4 창업의 종류와 운영방안

또한 창업의 운영방식은 직·간접적으로 운영하는 것 외에도 라이선스 또는 기술이전, M&A를 통해 수익을 발생시키는 창업을 하는 경우도 있음을 인지하여야 한다. 즉, 라이선스, 기술이전, M&A를 통해서 회사의 이익을 발생시킨 이후 새로운 기술 등을 통해서 신규 창업 또는 재창업, 사업 확대 등을 통해서 창업자 스스로를 성장시키기도 한다.

창업의 아이템은 IT, 소재, 식품, 지식재산 등의 분야를 통해서 모든 창업을 할 수 있다는 장점이 있으나 시장성과 실현성 등을 고려하지 않을 경우에는 창업을 시작 또는 성공할 가능성이 적어 실패할 가능성이 매우 크므로 사전에 충분한 시장조사 등 사전점검을 철저히 하여야 한다.

(2) 창업 종류 개념

1) 기술창업

'기술창업'은 어떠한 특정분야의 혁신적인 기술을 창출하는 창업을 말한다. 일반적으로 기술창업은 벤처, 기술 집약형, 기술혁신 등을 포괄하여 사용되고 있다. 또한 기술창업을 '벤처(venture)'의 개념인 '기술 집약형 중소기업'으로 이해하는 경우가 많으며, 기술창업은 창업자의 성격, 특징, 창업동기를 기준으로 일반적인 창업과 차이점이 있다.

2) 소셜벤처

'소셜벤처(social venture)'는 사회적으로 발생되는 문제를 해결하기 위하여 개인 또는 창업자의 창업정신을 통해서 사회에 이바지하기 위한 목적으로 설립한 사회적 기업을 말한다. 소셜벤처는 일반적인 창업가업과 같은 경영 및 영업활동을 통해서 수익을 발생시키고 장애인 등 사회의 취약계층에게 일자리를 제공하고, 사회적 서비스를 제공하여 사회의 문제점을 적극 해결하는데 주목적이 있는 창업의 형태이다.

3) 벤처창업

벤처창업은 새로운 아이템 또는 기술 등을 사업화하기 위해 설립된 신생기업으로 사업에 대한 리스크는 존재하나 성공할 수 있는 가능성이 있어 이익을 기대해 볼 수 있는 창업을 말하며, 신기술기업, 모험기업, 연구개발형기업, 하이테크기업 등으로 사용되기도 한다. 일반적으로 벤처창업은 모험이 필요하지만 높은 수익의 예상으로 향후 투자의 대상이 된다.

4) 프랜차이즈

국내의 프랜차이즈 사업은 공정거래위원회에서 「가맹사업거래의 공정화에 관한 법률」(이하 "가맹사업법"이라 한다)을 2002.5.13에 제정하여 정부에서 관리를 하고 있다. 가맹사업은 현재 국내에서 가장 많이 선호하고 있는 창업으로 가맹본부의 노하우를 기초로 창업을 하는 방법으로 가맹비를 내고 사업을 쉽게 시작할 수 있다는 장점이 있다.

프랜차이즈의 가장 중요한 절차는 가맹본부(franchisor)와 가맹점사업자 또는 가맹희망자(franchisee)간의 계약을 기초로 상거래를 하는 개념이다. 그러나 가맹본부에 의한 사기 등이 빈번히 발생함에 따라 가맹사업법은 지속적으로 가맹본부를 관리하기 위한 방안으로 가맹계약 전에 가맹희망자에게 정보공개서를 제공하여 가맹희망자가 가맹본부의 세부적인 사항을 확인할 수 있도록 시간을 부여하고, 이후 가맹계약을 체결하도록 하되, 가맹금에 대한 예치를 금융기간에 하도록 하여 일정기간 내에 가맹희망자가 계약을 해지하거나 가맹본부의 귀책사유로 인한 계약을 해지 하는 경우 예치금을 반환받을 수 있도록 규정하고 있다. 프랜차이즈에 대한 가맹본부로 활동하기 위한 중요한 요소는 가맹본부의 상호, 영업표지(상표), 노하우, 매출액 등이 기본이 됨을 인지하여 철저한 준비를 통해 창업을 시작할 경우 실패를 최소할 수 있을 것이다.

5) 사회적 기업

'사회적 기업(social Enterprise , 社會的企業)'은 소셜벤처와 유사적 개념으로 기존의 기업은 경제적 영리에 따른 가치만을 목적으로 기업을 운영하였다. 그러나 최근 기업은 사회적 가치를 우선으로 하여 재화나 서비스의 생산과 판매, 영업 활동 등을 수행하여 기업에 대한 이미지 개선 및 고객을 확보하는 수단으로도 활용되고 있다. 즉, 소셜벤처와 같이 사회적 기업은 취약계층에게 취업을 연결 또는 제공하고, 지역의 경제 활성화를 통한 지역경제발전에 이바지하고, 기업의 사회공헌에 따른 경영문화의 윤리적 확장과 시장을 형성하는데 목적이 있다.

정부로부터 사회적 기업으로 인증이 될 경우 컨설팅 제공, 사회보험료 지원, 세금 감면, 국·공유지의 임대, 시설비·부지 구입비 등의 지원, 융자 혜택 등을 받을 수 있다. 우리나라의 대표적인 사회적 기업은 '아름다운 가게'[31]와 '위켄'[32] 등이 있다.

6) 무점포 창업

무점포 창업은 인터넷의 발달에 따른 전자상거래를 말하며, 무점포라 함은 별도의 점포 공간이 필요 없고, 자신이 거주하고 있는 임대차 물건 등을 통해서 쉽게 창업을 할 수 있다는 점이 가장 큰 장점이라고 할 수 있다.

무점포 창업의 경우 자금이 부족한 창업자 또는 가족간의 창업을 희망하는 창업자들이 가장 많이 선호하는 창업이며, 쇼핑몰, 온라인마켓, O2O, 번역사업 등이 대표적이다.

7) 소호창업

SOHO는 "Small Office, Home Office"의 약자로 작은 공간의 사무실, 소규모 사업장, 자택 등을 통해 일반창업의 자본이나 기술의 노하우가 아닌 정보와 아이디어의 노하우로 가지고 창업을 하는 것을 말하는 것으로 무점포 창업과 유사성이 있다.

SOHO는 넓은 의미에서는 자택이이나 작은 사무실을 통해서 소기업 형태 또는 프리랜서로 활동하는 것을 말하며, 좁은 의미로는 아이디어와 컴퓨터 네트워크를

31) 해당 지역의 시민들이 사용하지 않는 재활용품 등을 수거하여 ·판매하는 방식으로 운영된다.

32) 해당 지역의 지적 장애인 등을 고용하여 우리밀로 만든 과자를 생산하는 업체로 취업을 적극 지원하고 있다.

결합한 소규모의 벤처기업이다. 즉, 창업자의 자본 또는 인력 등의 부담 없이 자택 또는 작은 사무실을 통해서 인터넷을 활용한 자신의 아이디어와 경력 등의 실력만을 가지고 사업을 영위하는 새로운 스타일의 비즈니스이다. 예로서 홈케어 서비스(곰팡이, 진드기 등), 세차 서비스 등이 대표적이다.

8) 생계형(일반) 창업

생계형 창업은 일반적으로 어떠한 아이디어 또는 아이템을 가지고 체계적으로 시작하는 창업과는 달리 기존의 제품 또는 상품을 구매하여 즉시 수익을 기대하는 경우가 많다. 또한 일반적 창업이라고도 하며, 통상적인 사업을 하는 것으로 개인사업자 또는 법인사업자 중 창업자의 선택에 따른 사업자로 창업을 진행할 수 있다. 개인사업자와 상법상 법인사업자의 종류에 대하여 간략히 살펴보면 다음과 같다.

표 II-4 개인사업자와 법인사업자의 종류 및 책임

구 분		책 임
개인사업자		창업에 대한 모든 책임을 사업자가 부담
법인사업자	주식회사	① 주식 발행 ② 주주가 인수한 주식의 인수가액에 한하여 책임을 짐
	유한회사	① 50명 이하의 사원으로 구성 ② 각 사원이 출자한 금액의 한도 내에서 책임을 짐
	합명회사	① 무한책임사원으로 구성 ② 각 사원이 연대하여 회사의 채무를 무한책임 짐
	합자회사	① 무한 또는 유한책임사원으로 구성 ② 무한책임사원은 상기의 합명회사와 같은 책임을 짐 ③ 유한책임사원은 유한회사와 같은 책임을 짐
	유한책임회사	① 사원의 출자 및 설립등기에 의하여 설립 ② 사원은 출자금액의 한도 내에서 책임을 짐

5 창업의 기본적 핵심요소

(1) 핵심요소

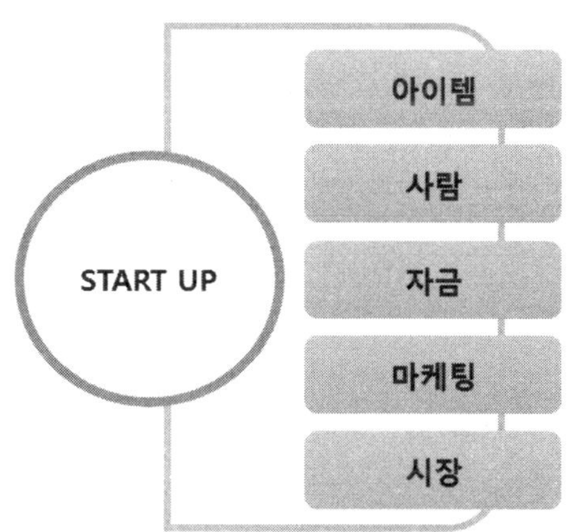

그림 II-5 창업의 기본적 핵심요소

상기 그림과 같이 창업을 위한 핵심요소는 '아이템 + 사람 + 자금 + 마케팅 + 시장이라고 할 수 있다. 즉, 안정적인 창업을 위해서는 ① 창업을 위한 아이템을 발굴하여 사전조사를 통한 시장성 및 실현가능성 등이 검토되어야 하고, ② 창업자를 포함한 조직적 개념의 전문적인 직원들과 자신을 지원해 줄 수 있는 인적 네트워크(사람)가 필요하며, ③ 창업을 할 때 필요한 자금으로 돈이 가능한 한 준비되어야 한다. 또한, ④ 아이템에 대한 판매 및 홍보를 위한 마케팅의 준비가 필요하며, ⑤ 해당 아이템 제품의 생산에 따른 최종 판매할 수 있는 시장이 준비되어 있어야 한다.

그러나 현실적으로 창업을 하면서 핵심요소를 사전에 준비하여 창업을 하는 경우는 많지 않으므로, 창업을 하면서 발로 뛰어다니며 적극적인 준비를 하여야 한다.

(2) 점검 및 생각해볼 문제

창업의 핵심요소와 관련하여 창업자가 안정적인 창업을 진행하기 위해서는 해당 핵심요소별 문제점을 창업자의 입장에서 사전에 점검하고 생각해볼 필요성이 있다.

1) 아이템

창업의 아이템은 창업자의 창업을 성공 또는 실패를 결정짓는 매우 중요한 요소라고 할 수 있다. 창업자는 창업에 대한 아이템 개발의 배경을 기초로 아이템의 구조와 편리성을 제공함에 있어서 제3자의 Needs, Demand 등을 충분히 조사하여 고려함으로써 좋은 기술과 서비스를 통해 가격 및 품질의 경쟁력을 확보하여야 한다.

그러나 창업자들은 대부분 현재 잘 팔리고 있는 제품 등을 카피 또는 벤치마킹하여 창업을 하는 경우가 많아 새로운 창업아이템의 발굴을 기대하기가 어렵고, 경우에 따라 제3자로부터 지식재산권 침해에 따른 분쟁 등이 발생하기도 한다. 즉, 창업자만의 신규성 또는 진보성적인 요소가 없다면 해당 아이템은 시장에서 이미 사장되어 가거나 사장될 제품으로 판단될 가능성이 높다.

2) 사람(인적)

창업자의 아이템을 같이 공유하면서 아이템 성장을 위한 고민을 함께 할 수 있는 팀원 또는 직원과 창업진행의 도움을 줄 수 있는 멘토 등의 인적자원인 사람이 필요하다. 창업을 처음 시작하는 창업자의 경우 자신의 창업아이템을 제3자와 공유 및 소통하여 발전을 시키려 노력하기보다는 자신만의 창업 세계에 빠져 무조건 창업에 성공할 수 있다는 자신감을 통해서 제3자(전문가 등)의 의견을 적극 받아들이지 못해 실패의 쓴 맛을 보는 경우가 많다.

따라서 창업자와 함께 아이템을 공유하며 자신의 의견과 방향성을 제시할 수 있는 조직적 분위기를 구성하고, 제3자의 의견을 수렴하여 수용할 수 있는 자세를 갖추어야 한다.

3) 자금(물적)

창업은 자금이 없으면 어려움이 발생하는 것은 현실적 문제이다. 일반적으로 창업 시 자금의 해결 방안으로 자신이 모아놓은 돈을 사용하거나, 부모 또는 친구 등에게 자금을 빌리는 경우가 대부분이다. 또한 창업자의 신용 또는 기술을 통한 대출을 고려하면서 VC 또는 엔젤투자자 등을 통한 투자유치를 고려하기도 한다. 그러나 금융기관 또는 투자자들은 창업자의 창업성공을 기대할 수 없는 상황에서 창업자에게 대출 또는 투자 등을 고려하지 않는 것이 현실이다.

따라서 안정적인 창업환경을 조성하기 위해서는 필요한 경우 공모전 및 정부지원사업을 적극적으로 활용하는 지혜도 필요하다.

4) 마케팅

창업은 경영학에서 파생된 실무적 학문으로 경영학을 배제하고서는 창업을 생각할 수 없다. 즉, 창업자의 현재의 상황을 점검해볼 수 있는 다양한 경영 TOOL을 통해서 사전 점검과 방향성을 설정하여 경영·영업·판매·자금·광고 등의 전략을 적극적으로 수립할 수 있어야 한다.

이와 관련된 세부적인 TOOL의 사용방법과 전략수립에 대해서는 세부적으로 후술하여 살펴보겠다.

5) 시장

창업 아이템을 시제품으로 제작 후 다양한 pilot test 등을 통해서 시제품을 제품으로 양산할 경우 최종 제품을 판매할 수 있는 시장이 존재하지 않는다면 어렵게 만들어진 제품은 한 순간에 판매해보지도 못한 체 사장될 위기에 처하게 된다. 따라서 해당 제품이 양산될 경우 시장에 대한 환경을 사전에 명확히 분석하여야 하고, 필요한 경우 전문가를 통해서 시장 환경을 분석하여 전략적으로 생산 및 판매를 구상하여야 한다. 또한 제품을 구매 또는 판매해줄 수 있는 업체를 사전에 섭외하고 경우에 따라서 구매조건부 계약을 체결하여 판매를 시도하는 것도 현실적으로 필요하다.

6 창업진행방법

창업자의 창업가능 재능을 점검해 볼 수 있는 적성검사 질문지이다.[33] 실제로 사람의 성향과 성격에 따라 달라질 수는 있으나 창업을 고민할 경우 내·외부적으로 필요한 사항을 중심으로 항목이 구성되어 있어 참고할 수 있는 내용이라고 생각된다. 따라서 해당 적성검사 질문지를 통해서 창업자 자신의 성향을 점검해보고 참고를 한다면 창업 시 많은 도움이 될 수 있을 것이다.

33) 김영문, "한권으로 끝내는 창업길라잡이 창업학", 법문사, 2009.

기 준	네 (3점)	보통 (2점)	아니오 (1점)
주변 사람들로부터 성격이 좋다는 말을 자주 듣는다.			
무슨 게임이든 지기를 싫어한다.			
지금 다니고 있는 학교생활이 마음에 안 든다.			
나는 건강해서 활동하는 데 전혀 지장이 없다.			
주변사람들을 자주 만나는 편이다.			
약속은 무슨 일이 있어도 지키는 스타일이다.			
평소 장사를 해야겠다는 생각을 자주 가졌다.			
창업을 하는 것이 그래도 체질에 맞는다고 생각한다.			
주변 청소가 안 되었다거나 정리가 안 돼 있으면 그냥 지나치지 못한다.			
꼼꼼한 성격이기 때문에 좀처럼 실수를 하지 않는다.			
평소 복장에 많은 신경을 쓰는 편이다.			
예의에 어긋나는 행동을 하는 것을 보면 몹시 불쾌해진다.			
평소 사람들과 이야기할 때 자주 웃는 편이다.			
평소 신문을 읽을 때 경제부문에 관심을 갖는다.			
남의 이름을 한번 듣고도 기억한다.			
가족들과 함께 대화를 자주 한다.			
창업정보에 관심을 자주 갖는다.			
직업에는 귀천이 없다는 것에 전적으로 동의한다.			
학교에서 친구들과 자주 어울린다.			
주위에 창업을 한 사람들을 보면 질투를 느낀다.			
창업을 하는 것이 최고라고 생각한다.			
창업은 누구도 할 수 있다고 생각한다.			
돈을 벌면 불우한 사람들을 위해서 써야 한다고 생각한다.			
평소 친구들의 경조사에는 꼭 참가한다.			
남한테 신세지는 것을 도저히 못한다.			
자주 재테크 방법을 생각한다.			
다른 사람이 장사해서 돈을 벌면 부러워한다.			
남한테 싫은 소리를 들어도 참을 수 있다.			
사람들을 사귀는 데는 문제가 없다고 생각한다.			
인내심이 많은 편이라고 생각한다.			
장사에서 가장 중요한 것은 서비스라고 생각한다.			
당장 현금 300만원을 친구한테 빌릴 수 있다.			
장사에 필요한 기본자금이 마련되면 당장 시작할 수 있다.			
합 계			

평가 결과

(1) 90점 이상
창업의 소질이 뛰어나며, 성공의 확률이 매우 높다.

(2) 70~89점
창업에 흥미가 있는 성격으로 창업에 대한 집중과 노력을 한다면 매우 좋은 결과가 있을 것이다.

(3) 69점 이하
창업을 고려할 경우 적극적인 사고방식과 서비스 정신이 절실히 요구된다. 또한 부단한 자기개발을 통해서 어려운 상황에 봉착할 경우 적극적으로 해당 돌파구를 찾을 수 있는 적극적인 사고방식의 전환 훈련이 필요하다.

Ⅲ 기업가정신

1 기업가정신((Entrepreneurship)의 개념

기업가정신은 언제 발생하여 사용하게 된 것인지에 대하여 불명확하지만, 일반적으로 산업의 발전과 산업혁명 등으로 인해 사용된 것으로 추정된다. 이후 현대적 기업가정신은 19세기 후반에 프랑스의 경제학자 리차드 깡띠용(Richard Cantillon)이 경제학에서 사용하면서[34] 기업가정신은 새로운 학문으로 거듭 발전하고 있다.

프랑스에서 유래된 기업가정신은 "어떠한 일을 시도하다, 모험을 하다'라는 의미가 있다. 즉, 기업가정신은 자신의 기업을 지속적으로 발전 및 성장시킬 목적으로 기업가의 리더십을 바탕으로 ① 사물을 보는 관점, ② 사업에 대한 현명한 판단과 결정, ③ 조직을 이끌어가는 조직력과 책임감 등을 두루 갖추고 있는 자이다.[35]

2 기업가정신의 사상

기업가정신이란 정말 무엇일까? 기업가정신은 어떻게 생기는 것일까? 기업가정신은 어떠한 모습일까?

34) '리치드 깡띠용'은 기업가에 대하여 "수요와 공급을 동일하게 유지시키는 기능 또는 중재자의 역할을 하면서 리스크 및 불확실성을 감수하는 자"로 설명하였다.

35) 류석희/김송병/황일연, 앞의 책, 52면.

기업가정신에 대한 정확한 답이 없음을 우리는 앞에서 살펴보았고, 지금도 많은 연구가 진행되고 있는 분야이다. 그렇다면 기업자정신에 대한 연구대상은 누가 되는 것인가? 잘나가는 국내·외의 대기업 회장 또는 사장, 중소기업 사장, 창업에 성공한 창업자 등에 한정되어 있는 것인가?

나의 생각은 이렇다.

경제학, 경영학 등에서 다루어지는 개념도 중요하지만 기업가정신은 대기업의 오너와 실무자, 창업자, 대학생, 고등학생, 중학생, 초등학생 등이 창업 또는 사업, 발명 등을 자신이 직접 진행해보는 과정에서 발생된 프로세스를 통해 성공과 실패를 직접 경험해 봄으로써 실무적으로 축적해놓은 Know-how와 아이템 기술에 대한 철학이라고 생각한다.

창업에 성공한 기업가 또는 창업에 재도전을 고려하고 있는 창업자는 자신이 진행해온 창업절차를 통해서 성공과 실패의 경험사례를 축적해놓았고, 이를 바탕으로 시제품, 마케팅, 홍보, 인적관리, 자금관리, 선택과 집중, 결정능력 등의 경험적 지식을 최대한 발휘할 수 있는 능력을 갖추고 있다.

또한 창업자 스스로가 판단 또는 결정을 내려야 하는 중요한 상황이 발생하였거나 봉착한 경우 창업자는 신중에 신중을 기한 최상의 현명한 판단을 통해서 시기적절하게 결정을 내리는 지혜가 생기고, 리스크를 최소화하여 안정적인 창업을 지속 유지해 나갈 수 있는 능력을 보유하고 있다.

그러나 창업자가 현재의 창업에 대한 성공만을 자축하고 있는 사이 다른 창업자는 더 혁신적인 아이템을 통해서 더 좋은 제품을 만들고 있다는 생각을 항상 하여야 한다.

따라서 창업자는 연구개발을 게을리 하거나 진행하지 않을 경우 창업자는 또 다시 '죽음의 계곡'으로 빠져들어 창업을 폐업하여야 하는 최악의 사태가 발생할 수도 있다. 그러므로 창업자는 기업가정신을 바탕으로 초심을 잃어서는 안 되며, 지속적으로 더 발전하고 성장할 수 있도록 항상 많은 고민과 해결방안을 찾을 수 있도록 더 많이 배우고 익혀 신기술, 신제품 등이 안정화 될 수 있도록 적극 노력하여야 할 것이며, 기업가정신의 기본을 정리하면 다음의 그림과 같다.

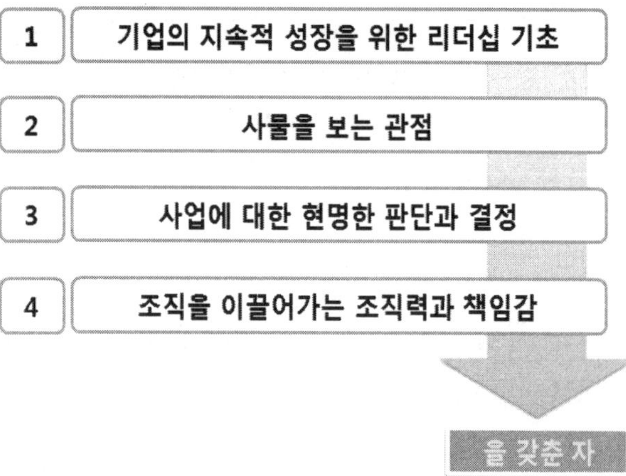

그림 Ⅲ-1 기업가정신의 기본

3 기업가와 경영자의 비교

(1) 기업가의 성향

① 미래를 기준으로 사업계획을 설정
② 내부와 시장에 집중
③ 모호한 사안에 대한 높은 고민
④ 높은 리스크 감수
⑤ 성취욕에 따른 동기 부여
⑥ 기술지식 및 경험 기반

(2) 경영자의 성향

① 현재를 기준으로 사업계획을 설정 또는 기 수립된 계획 이행
② 내부와 비용에 집중
③ 모호한 사안에 대한 낮은 고민
④ 낮은 리스크 감수
⑤ 타인 지휘 및 통제에 따른 동기 부여
⑥ 경영지식 및 경험 기반

표 Ⅲ-1 기업가와 경영자의 비교

구 분		기업가	경영자
전 략		사업기회 활용	보유자원 활용
결 정		신속	신중
소요자원	투 입	점진적	일시적
	지배력	없음	있음
조직운영 방식		수평적 비공식	수직적 공식
성과 및 보상		성과공유	개인 성과보상

위에서 살펴본 바와 같이 기업가와 경영자의 성향을 통해서 알 수 있듯 시장을 확보한 경우와 확보하지 못한 경우에 따라 성향이 변경될 수도 있다. 또한 위의 표와 같이 조직을 운영하는 방법도 기업가와 경영자간에 차이가 있음을 알 수 있다.

즉, 앞장에서 살펴본 바와 같이 창업(기업가)은 새로운 아이템을 발견하여 아이템을 다듬고 다듬어 시제품과정을 통해 측정 및 개선한 후 양산제품을 세상에 보이는 과정에서 시장개척과 높은 리스크의 감수 등을 통해 매출을 발생시키고 동등한 입장에서 회사에 기여한 만큼 성과를 공유하는 형식을 가지고 가는 것이 일반적이다.

반면, 사업(경영자)은 이미 만들어져 있는 제품을 통해서 시장에 대한 분석과 판매가 가능한 지 등의 검토를 통해 비용에 대한 적정성을 체크하고 낮은 리스크를 감수한 상태에서 조직적으로 성과에 대한 목표를 정하여 개별적 또는 팀적 성과를 보상해주는 것이 일반적이다. 또한 사업은 기존의 거래처관리를 통한 지속적인 거래를 유지하여 안정적인 입장에서 회사를 키워가기도 한다.

4 기업가의 필요 능력

다름 그림과 같이 기업가에게 필요한 능력[36]으로써 주요 내용은 다음과 같다.

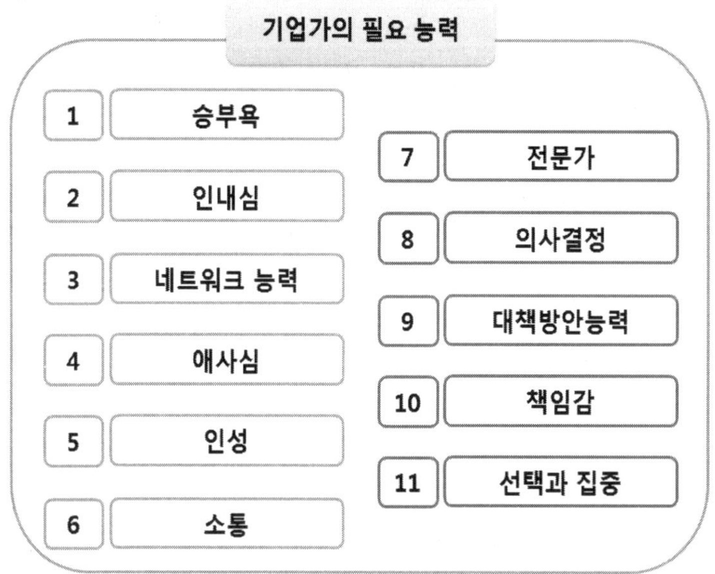

그림 Ⅲ-2 기업가의 필요 능력

(1) 승부욕(모험심)

기업가는 자신의 창업 또는 사업에 대한 집착과 강한 집중력이 필요하다. 즉, 기업가는 자신의 창업 또는 사업에 대하여 모험을 할 줄 알아야하고, 가능한 부분이 있다면 적극적으로 추진할 수 있어야 한다. 또한 경쟁업체를 지정하여 우리가 경쟁업체보다 더 잘 할 수 있는 목표를 설정하고 달성함으로써 나의 사업을 꼭 성공시키겠다는 투철한 사명감과 욕심을 가지고 사업을 운영하여야 한다.

(2) 인내심

기업가는 생각보다 일의 진척이 늦거나 매출이 발생하지 않는 등 자신의 뜻대로 진행이 되지 않을 경우 즉시 포기하거나 다른 사업으로 전환하는 등의 행동을 해서는 안 된다. 필요한 경우 제3자 또는 전문가로부터 자신의 아이템 또는 제품

36) 류석희/김송병/황일연, 앞의 책, 53-57면.

에 대한 평가를 받아 부족한 점과 문제점에 대한 개선방안을 고민하여 적극 개선할 수 있는 마음을 갖추어야 한다.

(3) 네트워크 능력

기업가는 언제 어디서든 자신의 업무를 지원하고 협조해줄 수 있는 다양한 인적·물적 네트워크를 보유하고 있어야 한다.

예를 들어 아이템에 대한 문제점 및 개선방안을 도출해보고자 할 경우 기업가의 능력만으로는 해결하지 못할 때 전문가 또는 해당 아이템관련 진출을 해본 선배 등에게 조언을 요청하여 원하는 답을 찾아 낼 수도 있다. 또한 법률적으로 문제가 발생한 경우 아는 법조인 또는 해당 법률의 전문가와 상담을 하여 신속히 대처함으로써 추가적 손실 등을 예방할 수도 있다.

현대사회는 네트워크 없이는 성공할 수 없는 시대이므로 인간관계를 적극적으로 할 필요성이 있고, 자신이 다른 기업가 또는 창업가에게 도움을 줄 수 있는 것이 있다면 적극적으로 지원해줄 수 있는 마음가짐도 필요하다.

(4) 애사심

기업가는 자신이 만든 회사에 강한 애착심이 존재하는 것이 일반적이다. 그러나 기업자 자신부터 회사에 대한 애사심과 중요성을 가지고 있지 않다면 그 회사가 성장하는데 많은 어려움이 따를 것이다. 그러므로 기업가는 회사의 비전과 목표 등을 설정하여 애사심을 가지고 적극적으로 실천하는 노력이 필요하다.

(5) 인성

기업가는 창업 또는 사업에 조금 성공하였다고 흥청망청 유흥을 즐기거나 거만해질 경우 주변에 있던 친한 친구들과 사람들이 기업가에게 실망하여 떠나게 되는 경우도 발생할 수 있다.

즉, 창업 또는 사업에 성공한 경우 자신을 위해 노력하고 지원해 준 주변 사람들을 살펴보고 가능한 경우 사회에 조금이라도 도움을 줄 수 있는 행동을 한다면 기업가는 또 다른 성장을 하게 되고, 주위에서는 기업가에게 조금이라도 더 도움이 될 수 있는 지원을 해줄 수 있는 기회가 생길 수도 있을 것이다.

(6) 소통

기업가는 자신만의 창업 세계에 빠져 다른 사람의 의견을 무시하거나 자신의 기술에 대해서는 자신이 세계 최고임을 주장하면서 전문가의 조언 받는 것을 거부하는 경우가 있다. 기업가는 제3자가 생각하는 자신의 창업 아이템에 대하여 의견을 줄 경우 해당 의견에 대하여 검증을 통한 개선을 시도해보려는 것도 기업가의 중요한 사항으로 제3자의 말에 경청하고 확인하는 노력을 통해 소통하는 것을 게을리 해서는 안 된다.

즉, 현대사회는 소통이 매우 중요한 사회로 제3자의 의견을 적극 경청하고 좋은 의견 또는 조언은 기업가의 성장에 도움이 될 수 있음을 이해하여야 한다.

(7) 전문가

기업가는 창업에 대한 전문가가 되어야 한다. 기업가 자신의 창업아이템에 대한 문제가 발생한 경우 즉시 원인을 찾아 해결할 수 있는 능력이 필요하다.

또한 창업의 기술과 경영, 인적관리, 자금 확보 등에 대한 멀티플레이어가 되어야 하므로 기업가는 현실에 안주하는 것이 아니라 더욱 더 연구하고 배우고 익혀 해당 분야의 전문가가 되어야 한다.

(8) 의사결정

기업가는 자신의 창업 또는 사업에 대한 책임자로서 회사의 업무에 대한 전반적인 프로세스를 명확히 이해하고 있어야 하며, 사안 발생 시 명확하고 신속한 의사결정을 통해 신속한 업무처리가 진행될 수 있도록 하여야 한다.

직원은 대표에게 즉시 결재를 받아 업체와 계약을 통해 매출을 발생시켜야 하는 입장에서 대표의 부재 또는 결재 보류에 따른 의사결정을 차일피일 미룬다면 이는 곧 기업가가 업무를 태만히 하여 스스로 기업의 손실을 초래한 사항으로 이후 직원들은 대표를 믿고 기업의 성장을 위해 적극적인 노력을 하지 않을 것이며, 이로 인해 조직 관리의 실패로도 연결될 수 있다.

(9) 대책방안능력

기업가는 창업 또는 사업을 운영하면서 다양한 문제에 봉착하는 경우가 빈번히 발생할 수 있다.

만약 회사에 고객의 클레임, 거래처의 클레임, 사고 등이 발생한 경우 본인은 어떻게 하겠는가? 기업가가 해당 문제가 발생하여 당황하거나 대책방안을 제시하지 못한다면 회사는 어떻게 되겠는가?

기업가는 어떠한 상황이 발생하더라도 문제해결을 위한 마음과 중심을 가지고 발생된 문제에 대하여 적극적으로 처리할 수 있는 대책방안을 수립하고 해결할 수 수퍼맨의 능력을 갖추어야 한다.

또한 앞에서 살펴본 기업가의 네트워크 능력과 연계하여 문제가 발생하였을 경우 인적 네트워크의 도움을 받아 처리하는 방법, 클레임을 제기한 업체의 대표 또는 담당자 등과 긴급 협의 등을 통해 안정적으로 업무를 수행할 수 있도록 지원 및 대책방안 등을 제시하여 평정심을 유지할 수 있도록 처리하는 지혜가 필요하다.

(10) 책임감

기업가는 자신의 책임을 다른 사람의 책임으로 전가시키려 하기 보다는 스스로의 책임으로 인정할 수 있어야 한다.

즉, 기업가 자신의 책임을 직원 또는 제3자가 지도록 억지를 쓴다거나 미룬다면 상호관계는 심각히 악화되어 적대관계가 형성이 될 수 있다. 이는 향후 기업가와 중요한 업무 등을 같이 추진함에 있어 부정적일 수 있으며, 유능한 인재를 퇴직시키는 불상사가 발생되어 회사의 손실을 초래할 수도 있다.

따라서 기업가라면 자신이 잘못한 부분에 대해서는 솔직하게 인정을 하고 향후 똑같은 일이 반복되지 않도록 준비하고 노력하는 자세로 솔선수범하는 것이 필요하다.

(11) 선택과 집중

기업가는 어떠한 업무를 할 경우 선택과 집중을 명확히 하여야 한다. 해당 업무가 완전히 해결되지 않았음에도 불구하고 다른 창업 아이템을 가지고 추가적인 창업을 추진한다면 창업에 역효과가 발생할 수도 있다.

안정적인 조직과 인력을 구성하고 있는 경우에는 필요에 따라 사업의 확대를 위해 다양한 아이디어를 개발하여 추진하는 것이 타당하나 처음 시작하는 단계에서 정신없이 성격이 다른 창업 아이템을 가지고 창업활동을 한다면 일에 대한 효율이 낮아지게 되고, 직원 및 창업의 목적에 혼란을 발생시켜 결국 창업을 포기해야하는 경우를 맞이할 수도 있다.

따라서 기업가가 처음 시작하는 단계의 위치에 있는 경우 선택과 집중을 명확하게 하여 최상의 업무적 효율화를 극대화할 수 있도록 지혜를 발휘해야 할 것이다.

5 국내·외 기업가정신 사례

기업가정신에 따른 국내·외 주요사례를 소개하고, 창업자는 해당 사례를 분석 및 활용하여 한 단계 더 성장할 수 있기를 기대해 본다.

(1) 국내

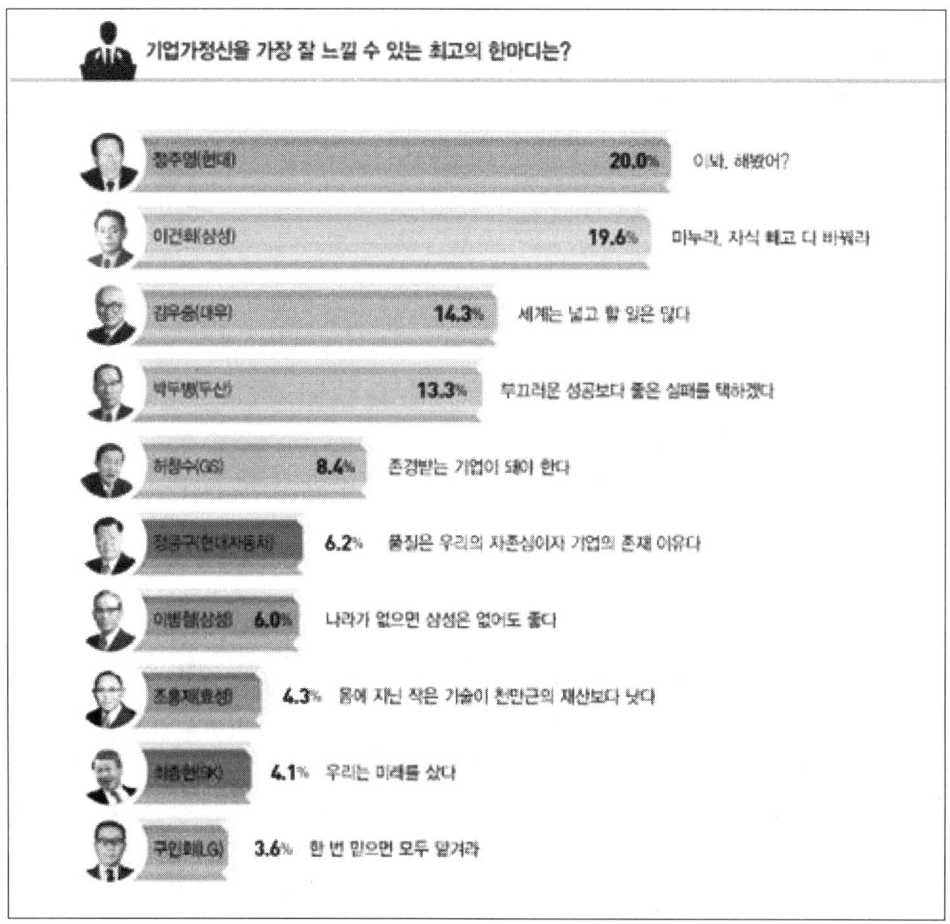

그림 Ⅲ-3 국내 기업가정신 어록[37)]

위의 그림과 같이 국내 기업가정신의 어록에는 기업가가 생각하는 신념과 비전,

37) 연합뉴스, "기업인 최고어록은 정주영 회장의 '이봐, 해봤어!'", 보도기사, 2015. <http://www.yonhapnews.co.kr/bulletin/2015/10/22/0200000000AKR20151022067200003.HTML)

목표 등이 내포되어 있음을 알 수 있다.

1) 현대 정주영 회장[38)]

아산 정주영은 한국 현대 경제사에서 삼성을 일군 호암 이병철과 함께 창업 1세대의 '성공 신화'를 대표하는 기업인으로 꼽힌다. 정주영이 손을 댄 자동차·조선·중공업·석유화학·건설·전자 등 이른바 '중후장대형' 전통 산업은 한국 경제의 중추로 성장했다. 그에게 뿌리를 두고 뻗어나간 범현대 가문은 현대차·현대중공업·현대·현대백화점·케이씨씨(KCC)·한라·현대산업개발 등 8개 그룹 190여개 계열사에 이를 정도로 한국 경제에서 큰 비중을 차지하고 있다.

정주영은 '이봐 해봤어?'로 상징되는 불굴의 도전정신을 보여주는 여러 일화들을 남겼다. 그는 1971년 조선소 건립 사업계획서와 예정 부지인 울산 미포만의 백사장 사진만 들고 영국으로 건너갔다. 그리고 거북선이 그려진 500원짜리 지폐를 보여주며 "우리는 400년 전에 이미 철갑선을 만들었다"고 당당히 말하면서 차관 도입과 선박 수주를 성사시켰다. 1984년 천수만 방조제 공사 때는 큰 바윗덩이도 순식간에 쓸려갈 정도로 유속이 빠른 곳에 길이 322m의 고철 유조선을 가라앉혀 물막이를 완수한 이른바 '정주영 공법'을 선보였다. 한국 최초의 고유 모델 자동차인 포니로 마이카 시대를 열고, 국토의 대동맥인 경부고속도로를 건설했으며, 세계 굴지의 건설사들을 제치고 사우디아라비아의 주베일 항만공사를 따내 '오일쇼크' 극복에 일조했다. 그의 이름 앞에 '위기의 승부사', '세기의 도전자', '불굴의 개척자' 같은 수식어가 붙는 이유다. 정주영의 동생인 정상영 케이씨씨 명예회장은 "개인적으로는 형님이지만 가장 존경한다. 형님은 실패를 두려워하지 않았다"고 회상했다.

하지만 이런 성공담은 이미 널리 알려진 얘기들이다. 그럼에도 2015년 한국 사회가 그를 다시 주목하는 이유는 무엇일까? 언론들은 "제조업 경쟁력 하락…정주영의 '해봤어' 정신 간절" "위기의 한국 경제, 정주영의 창조적 돌파력 절실" 등과 같은 표현으로, 그를 한국 경제의 위기 극복 화두와 연결시킨다. 현대차그룹의 고위 임원은 "20년 전 외환위기는 상당 부분 외부 충격에 의한 것인 반면, 지금은 전자·자동차·철강·조선·유화 등 한국의 주력 산업들이 모두 경쟁력을 잃어가고 있다는 우려가 커지는 시점에서 정주영식 '도전 정신'이 주목받는 것 같다"고 말

38) 한겨레, 2015. 재인용 및 일부 편집.
<http://www.hani.co.kr/arti/economy/economy_general/718943.html#csidxf56bece888cc6cc87123f4b0ab57535>.

했다. 정주영은 1960~70년대 불모지와 같았던 한국 경제에서 '무에서 유를 창조'하며 '한강의 기적'을 이루는 데 결정적 역할을 했다. 지금 한국 경제가 전례 없는 위기 상황에 직면하자 정주영에게 다시 위기 극복의 길을 묻고 있는 셈이다. 정상영 명예회장의 장남인 정몽진 케이씨씨 회장은 "큰아버지는 순간 순간 모든 것을 걸었다. 조선이 그랬고, 자동차가 그랬다. 남들이 불가능하다고 생각한 일들을 모두 해냈다"고 말했다.

1910년을 전후로 한국 경제에 큰 족적을 남긴 기업인들이 잇달아 태어났다. 효성을 세운 조홍제가 1906년생이고, 엘지의 구인회가 1907년생이다. 또 삼성의 이병철이 1910년에, 삼양통상의 허정구가 1911년에 태어났다.

이들 대부분은 물려받은 재산으로 사업 밑천을 삼았다. 하지만 1915년 몰락한 양반의 후예로 태어난 정주영은 가진 것 없이 빈손으로 출발했다. 현대 경영학의 대부로 불리는 피터 드러커는 생전에 "세계적으로 뛰어난 기업가들이 많지만, 열악한 환경에서 뛰어난 업적을 남긴 정주영은 그 누구보다 빛난다"고 평가했다.

정주영은 성공한 기업인의 면모만 있는 게 아니었다. 1977년 현대건설 주식 절반을 내놓아 아산재단을 세우고 의료 사업, 연구 지원, 장학금 지급, 어린이집 무료 건립 등 사회공헌사업을 벌였다. 그는 1984년 부산대학교 특강에서 "주식을 사지 못할 정도로 가난한 사람들에게 혜택이 돌아가도록 하는 게 필요하다"고 강조했다. 자본주의 시스템을 유지하려면 분배에도 힘써야 한다는 게 그의 경영 철학이었다.

정주영은 1998년 소떼를 끌고 두 차례 방북하고, 금강산 관광사업을 시작했다. 대북 사업은 기업에 큰 위험이 따르는 일이다. 하지만 그에게는 단순한 돈벌이 수단이나 향수 달래기 차원이 아니었다. 정주영은 당시 기자회견에서 "남북간 화해와 평화를 이루는 초석이 되길 진심으로 바란다"고 밝혔다. 그를 오랫동안 보좌하며 현대자동차 사장을 지낸 이계안 전 의원은 "북한을 먹고 살 수 있게 만들면 전쟁의 공포를 없앨 수 있다고 생각했다. 돈을 많이 벌어 나라와 민족을 위하고 나아가 자본주의체제의 붕괴를 막기 위해 통 크게 사용한 경세가였다"고 회고했다.

그러나 정주영에게 공만 있는 것은 아니었다. 1992년 통일국민당을 만들어 14대 국회의원에 당선됐고 이어 대선까지 출마했으나 당시 여당인 민주자유당의 김영삼 후보에게 패배했다. 그의 이런 행보는 '정경유착'을 넘어 기업인으로서의 성공을 발판 삼아 권력의 장악까지 꾀한 최초의 '정경일체'의 시도라는 점에서 거센 비판을 받았다. 돈의 힘으로 민주주의를 위협한 셈이었다. 그는 고령으로 쇠약해진 뒤에도 경영 승계를 미루다가 결국 아들들의 경영권 다툼인 '왕자의 난'에 빌미를 제공했다.

시대 변화에 맞춰 정주영식 리더십을 비판적으로 수용해야 한다는 지적도 나온다. 맹목적 미화가 아니라, 지금도 유용한 것은 배우되, 그렇지 않은 것은 극복하는 지혜가 필요하다는 것이다. 경제개혁연대의 김상조 소장은 "과거 한국이 '빠른 추격자'였을 때는 '이봐 해봤어' 식의 자원동원형 리더십이 덕목이었다면, 지금처럼 어느 누구도 가보지 않은 길을 가야 하는 '개척자'가 된 상황에서는 조직이 해야 할 일과 해서는 안 될 일을 선택하고 관리하는 조정자 역할이 중요하다"고 강조했다. 현대차그룹의 한 임원은 "과거처럼 위에서 지시하는 것을 무조건 따라하는 방식으로는 국제 경쟁에서 경쟁우위를 점할 수 없다. 치열한 기업가정신은 본받되, 창의와 혁신이 꽃필 수 있는 새로운 일하는 방식이 필요하다"고 말했다. 전 경련의 한 임원은 "과거 기업과 경제 규모가 작을 때는 뛰어난 최고경영자 한 사람이 모든 것을 결정하고 나머지는 따르는 방식이 주효했지만, 지금처럼 규모가 커지고 복잡해진 상황에서는 많은 정보와 의견을 취합·조정해서 합리적 결론을 도출하는 위원장식 리더십이 필요하다"고 말했다.

대기업들이 계열사 일감 몰아주기와 진입 장벽 쌓기로 시장경제를 어지럽히면서도, 무조건 규제 완화를 주장하는 것도 기득권 지키기에 불과하다는 지적을 피하기 어렵다. 정주영은 1981년 현대 간부사원 부인들을 대상으로 한 특강에서 이렇게 강조했다. "기업이란 자유경쟁체제에서 경쟁을 함으로써 생명력을 가지고 성장할 수 있다. 국내에서 독점적인 위치에서 보호받고 성장한 기업은 국제 경쟁에서 아무 힘도 발휘하지 못한다."

2) 삼성 이병철 회장[39)]

1934년 10월 어느 날 청년 이병철은 밤늦게까지 놀다가 집으로 돌아와 자녀들이 곤히 잠든 모습을 봤다. 문득 '세월을 너무 헛되게 보냈다'는 생각과 함께 정신이 번쩍 들었다.

그날 밤 뜬눈으로 지새면서 독립운동과 관료, 사업 가운데 어느 쪽으로 진로를 정할까 고민하다 결국 사업에 투신하기로 마음먹었다. 독립운동 못지않게 국민을 잘살게 하는 것이 중요하다는 생각에서다.

39) 창업과 경영전략연구소, 2010. 재인용 및 일부 편집. <http://cafe.daum.net/venturechangmun/IUST/141?q=%C0%CC%BA%B4%C3%B6%20%B1%E2%BE%F7%B0%A1%20%C1%A4%BD%C5&re=1>.

며칠 후 부친께 이 결심을 얘기했더니 "스스로 납득이 가는 일이라면 결단을 내려보는 것도 좋다"고 승낙했다. 시장조사 끝에 정미소를 시작하기로 하고, 1936년 지인 2명과 함께 1만원(圓)씩 출자해 공동으로 마산에 '협동정미소'를 설립했다.

그 후 마산에는 상품을 운송할 수단이 크게 부족하다는 점에 착안해 '마산일출자동차회사'를 인수해 트럭만 20대를 보유한 자산가가 됐다. 하지만 그는 대규모 토지 매입 사업에서 큰 실패를 봤다. 절치부심 끝에 1938년 대구에 '삼성상회'를 설립하고 무역업으로 업종을 전환했다. 삼성상회는 현재 삼성그룹 모태가 됐다.

이병철은 한국전쟁을 겪으면서 수입품을 들여다 파는 무역업이 외화 낭비라는 것을 깨달았다. 수입품을 대체할 제조업에 뛰어들겠다는 뜻을 밝히자 주위에서는 '전쟁통에 무슨 공장 설립이냐. 수입해서 파는 편이 안전하고 이익이 더 난다'며 말렸다. 그렇지만 이병철은 의지를 굽히지 않았다. 1953년 순수 한국인 손으로 공장을 지어 설탕을 생산하기 시작했다. 오늘날 CJ 전신인 제일제당을 설립한 것이다. 이병철은 자서전에서 그때 기쁨을 이렇게 표현했다. "황무지에 공장이 들어서고 수많은 종업원들이 활기차게 일에 몰두한다. 기업가에게는 살아 있다는 걸 확인하는 소중한 순간이다."

당시 사람들은 제일제당으로 돈을 많이 번 이병철을 '돈병철'로 불렀지만 그에게 투자 동기가 됐던 것은 돈이 아니라 성취감와 국가경제에 기여한다는 사명감이었다.

그는 제일제당을 통해 수입대체 산업이라는 장르를 열었다. 무역업을 하던 상업자본가에서 산업자본가로 변신한 것이다. 이어 1954년에는 당시 수입의존도 80%인 모직을 국산화하기 위해 대구에 제일모직을 설립했다. 공장을 자력으로 짓겠다고 하자 미국 유명 모직기계 업체인 파이팅 임원은 새가 날개를 퍼덕이는 시늉을 하며 "한국인이 자력으로 건립한 공장에서 3년 이내에 제대로 된 제품이 생산된다면 하늘을 날겠다"고 비아냥거렸다.

'다윗'에 비견된 제일모직은 400년 전통을 지닌 '골리앗' 영국 모직업체들을 보란 듯이 물리쳤다. 그는 실패해도 계속 도전하는 불굴의 헝그리 정신으로 삼성 사업영역을 하나 둘씩 넓혀 나갔다.

"삼성 업종 구성을 개편하라."

1972년 말 이병철 삼성그룹 회장은 비서실에 중화학공업 비중을 높이라는 특명을 내렸다. 비서실은 1972년 삼성그룹 전체 수출액에서 15.7%에 불과한 중화학

부문 비중을 1977년까지 37.4%로 높인다는 계획을 수립했다. 이에 따라 1974년 삼성석유화학과 삼성중공업이 세워졌으며, 그 뒤 삼성조선과 삼성정밀 등이 차례로 설립됐다. 일본 산요전기에서 기술을 들여온 삼성전자는 1977년부터 일본 측 지분을 모두 넘겨 받아 독자적인 브랜드를 내걸고 글로벌시장 개척에 나서게 된다.

"대용량 메모리 반도체인 VLSI(초대규모 집적회로) 사업에 투자한다."

이병철 회장은 1983년 2월 도쿄에서 대규모 반도체에 투자하기로 결심하고 당시 홍진기 중앙일보 회장에게 국제전화를 걸어 "대용량 메모리 반도체 사업 진출을 3월 15일을 기해 공표해 달라"고 전했다. 전문가들은 '도박'이라며 말렸으나 그의 기업가 정신을 꺾지 못했다. 1987년 11월 세상을 뜨기 전 그가 참석한 마지막 공식행사도 그해 8월에 있은 경기도 기흥 반도체 3라인 착공식이었다.

3) 애경 장영신 회장[40)]

34세 젊은 나이에 3남 1녀를 혼자 힘으로 양육하고 뒷바라지할 처지가 된 장영신 여사는 그 충격에 1년여를 집 밖을 벗어나지 않았다. 그런 장영신 여사에게 힘이 된 건 장남(채형석 애경그룹 총괄부회장)이었다. 채 부회장은 당시 10살 남짓한 나이에도 실의에 빠져 있는 어머니에게 "엄마, 걱정마. 학교 앞에서 학생들 상대로 떡볶이 장사하면 되잖아!"라고 위로했다고 한다. 장 회장은 평소 "위기 때마다 장 회장을 든든하게 지원해 준 가족이 있었기에 지금의 애경이 탄생할 수 있었다"는 이야기를 자주 했다. 이 같은 가족애는 나중에 애경그룹 특유의 가족경영으로 이어지는 한 원인이 된다.

타계한 남편의 1주기를 계기로 장영신은 남편의 사업을 이어받기로 결심한다. 네 아이의 어머니로서 자녀들을 자랑스러운 아들 딸로 키우기로 작정한 것. 장 회장이 '복식부기'와 제무제표 보는 법을 익히기 위해 6개월 간 남몰래 종로 낙원동에 있는 경리학원에 다녔다는 것은 재계에서 잘 알려진 이야기다. 장 회장은 자서전 『밀알 심는 마음으로』에서 "다른 선택의 여지는 없었다. 아이들을 잘 키워야겠다는 모성에서 출발했고, 남편의 유업을 그냥 버려둘 수 없다는 아내로서의 의리, 애경 종업원에 대한 책임감 등이 복합돼 운명적으로 기업경영을 맡아야겠다는 오직 한 가지 생각에서 무모한 모험을 시작한 것이다"고 썼다.

---

40) 중앙일보, 2016. 재인용 및 일부 편집.
<http://news.joins.com/article/20155755?cloc=joongang%7Chome%7Cnewslist1>.

장 회장은 한번 마음먹으면 그대로 실행하고야 마는 굳센 의지의 인간형으로 알려진다. 1972년 7월 1일 첫 출근을 감행했고, 그해 8월 1일 사장에 취임하고야 만다. 당시 재계 분위기나 회사 정서로는 애경의 나이든 임원들이 젊은 여성 CEO 아래에서 일한다는 것은 받아들이기 쉽지 않은 일이었다. 몇몇 임직원들은 "같이 일해 달라", "최소한의 수준까지만 가르쳐달라"는 장 회장의 부탁을 외면한 채 애경을 떠나갔다. 장 회장은 자서전에서 "당시 나는 왕따였다. 사장이었지만 한동안 직원들은 결재조차 받으러 오지 않았고 이사회에서 임원들이 나누는 얘기를 한 마디도 알아들을 수 없었다"고 회고한 바 있다. 회사를 대표해 경제인 모임에 나갔다가 자신만 홀로 여자라는 자격지심에 기둥 뒤에 숨어 서 있다 오는 일도 한두 번이 아니었다고 한다. 장 회장은 후배 기업인들에게 "그 어려웠던 때에 나를 여기까지 이끈 힘은 죽을 만큼 힘든 순간에도 결코 포기하지 않은 미련한 인내심이었다"는 말을 했다. 자신이 생생하게 겪은 경험담이기에 그런 말을 할 수 있었을 것이다.

"애인경천(愛人敬天)"

"국민을 사랑하고, 국민을 하늘과 같이 존경하는 마음으로, 좋은 제품을 만들겠다는 정신"과 "국민으로부터 사랑받고 존경받는 기업으로 성장 발전하겠다는 기업정신"의 두가지 의미가 애인경천에 함축되어 있다. 애경의 사훈은 "앞서서 나가자, 열심히 일하자, 마음을 모두자"이다. 1976년 사원 공모를 통해 결정된 사훈에는 애경의 경영이념이 담겨져 있다.

바로 '앞서가는 사고와 앞서가는 기술, 앞서가는 경영으로 풍요롭고 행복한 삶을 창조하는 기업이 되자'는 것이다. 애인경천에 바탕을 두고 장영신 회장이 몸소 보여준 기업가정신은 다음과 같다.

① **도전과 개척주의 정신:** 넷의 아이 어머니로서, 극심한 난관과 좌절, 남녀 편견 때문에 어떻게 사장이라는 직책을 해낼까 하는 의아심과 극심한 반대 속에서도 "오직 할 수 있다"는 캔두이즘의 기업가정신으로 성공을 이뤄냈다는 점에서 장 회장은 '창조적 기업가'이다.

② **학습과 상식주의 정신:** 전문가가 되려면 학습과 상식을 풍부하게 해서 실력을 향상하도록 해야 한다. 장 회장은 초기의 신생기업을 그룹으로 성장시키는 과정에서 학습을 중요시하고 상식이 풍부한 기업가로 행동하는 성과를 일궈냈다.

③ 노사화합주의 정신: 2003년 5월 13일 애경유화 울산공장은 장영신 회장과 채형석 부회장, 전기철 대표이사, 노조위원장 등이 참석한 가운데, 노사평화선언 선포식을 개최해 국민에게 큰 반향을 일으켰다. 애경산업 노사는 2003년 이후 올해까지 14년 연속 무교섭 타결을 이뤄냈다.

④ 고객만족주의 정신: "소비자는 기업에게 마치 『어린왕자』에 나오는 장미와 같다. 신제품이 나오면 금방 반색을 하다가도 또한 금방 싫증을 내며, 기분이 언짢을 때는 아무리 좋은 제품이라도 거들떠보지도 않는다. 그런가 하면 이렇게 해달라, 저렇게 해달라 요구사항도 많고 트집도 잘 잡는다. 하지만 기업은 '어린왕자'와 같은 마음을 가져야 성공한다. 토라진 소비자를 달래고, 기쁘게 해주기 위해 노력하고 요구사항은 충실히 들어주어야 한다. 이런 정신이 고객감동으로 이어지며 매출액도 증가한다." 장영신 회장은 늘 고객 만족주의를 추구했다.

⑤ 기술혁신에 의한 품질관리주의 정신: 장영신 회장은 그룹 창업 때부터 연구개발을 시작, 기술혁신을 통한 품질관리 부문에서 특히 개가를 올렸다. 경영자로서 기술 혁신을 입버릇처럼 주장하고 강조했다.

4) 동화약품 가송 윤광렬 회장[41)]

동화약품을 굴지의 제약기업으로 성장시킨 경영자는 가송 윤광렬 사장이다. 가송은 선친 보당을 닮은 독립운동가 정신에다 혁신적 기업가정신을 보여준 CEO다. 가송은 1948년 동화약품에 입사해 밑바닥부터 경영을 배워나간다.

선친을 닮은 민족기업인으로서 그의 진가는 1973년 그가 동화약품의 7대 사장으로 취임하면서 더욱 빛을 발하게 된다. 가송은 동화약품 창업자들이 해온 민족경제정신을 이어 받아 끊임없이 혁신하는 것이 애국운동이라고 여겼다.

혁신을 주창한 슘페터가 주장한 혁신기업가는 신기술의 발명, 신제품의 도입 및 개발, 신시장의 개척, 신 원료의 확보, 신 조직의 형성 등에서 혁신을 이뤄내는 기업가인데, 가송은 이와 같은 혁신을 의약품 경영에서 실현시킨 경영자라는 것이 기업가정신 연구자들의 평가다.

가송은 특히 선진 제약국인 일본을 벤치마킹해 제품 생산의 자동화를 도입했다. 병만 투입하면 1분당 750병 이상의 생산력을 갖추도록 하는 자동화로 2000~3000명이 필요한 생산인원을 1/20 정도로 감소시켰고, 정부로부터 KGMP(한국 우수의

41) 중앙일보, 2016. 재인용 및 일부 편집. <http://news.joins.com/article/20546249>.

약품 제조공정 및 품질관리 기준) 적격업체 승인을 받는다. 이런 혁신을 통해 지금의 동화약품을 21세기 제약 산업의 대표적 기업으로 발전시켰다. 가송은 임직원들에게 정직하게 살자는 윤리경영주의, 저축하며 살자는 근검절약주의, 같이 번영하자는 공존공영주의 사상을 기본 정신으로 강조했다. 가송은 이 같은 경영기본방침을 토대로 특히 다음의 4가지를 생활 속에서 실천하도록 강조했다.

첫째, 부정을 멀리하고, 원리원칙에 입각한 경영을 한다.
둘째, 기업주의 이익에 앞서 종업원의 처우개선과 복지향상을 도모한다.
셋째, 근면·성실하게 연구하며 일함으로써 좋은 약을 싼값에 팔아 소비자에게 봉사한다.
넷째, 살생보다는 소생하는 약을 만들어 국민보건에 기여한다는 지침이다.

동화약품 임직원들은 이같은 경영이념을 동력으로 삼아 국내 최장수 기업인 동화약품을 성장시켜 나갔다. 가송의 훌륭한 점은, 기업이윤의 사회 환원을 위한 가송재단의 설립으로 이어졌다는 점이다.

부채표 가송재단(可松財團)은 가송과 부인 김순녀 여사의 사재출연을 통해 2008년 4월 설립됐다. 학계발전에 기여도가 크고 연구업적이 탁월한 의약학자들을 대상으로 대한의학회와 공동제정한 윤광열 의학상, 대한약학회와 공동제정한 윤광열 약학상, 대한치과의사협회와 공동제정한 윤광열 치과의료봉사상 등을 수여하고 있다. 장학생 선발 지원은 물론 공모전인 '가송예술상'을 제정해 신진작가를 지원하는 등 전통예술의 가치를 계승하고자 노력하고 있다.

"최고(最古)에서 최고(最高)의 회사로"

초대사장 민강, 보당 윤창식, 가송 윤광렬 등 이들 3인의 CEO가 강조한 정도경영, 윤리경영, 생명존중, 민족기업정신, 사원 우선주의 등 동화의 경영이념은 일제시대와 해방정국, 6.25전쟁과 경제 재건이라는 큰 변화와 혼란기를 겪으면서도 시류에 퇴색하지 않고 지금까지 굳건히 동화 식구들의 행동지침이 되고 있다. 동화약품은 현재 400여 종의 우수의약품과 30여 종의 원료의약품을 생산, 국내 공급은 물론 세계 40여 개국에 수출하는 일류 제약 기업으로 성장했다.

생명존중 정신으로 제약보국의 기업가 정신을 지켜온 동화약품은 이제 동화의 미래를 상징하는 '최고최고정신' 즉, 최고(最古)의 의약품 제조회사라는 자부심에 최고(最高)의 제약회사라는 미래 비전을 위해 전 임직원이 노력을 경주하고 있다.

동화약품은 2010년부터 고 윤광열 명예회장의 뒤를 이어 장남 윤도준 회장과 차남 윤길준 부회장이 함께 이끌고 있다.

창사 120주년인 내년까지 매출 7500억원 달성을 목표로 글로벌 신약 발매, 해외 및 신규사업 확대, 일반 및 전문 의약품의 균형성장을 이루어내겠다는 목표를 내걸고 국내를 넘어 인류의 건강을 위해 매진하고 있다.

글의 마지막은 다시 활명수 이야기다. 바로 활명수의 글로벌화다. 동화약품은 생명을 살리는 물이라는 활명수의 의미를 살려 안전한 식수를 공급받지 못해 생명의 위협을 받고 있는 전세계 어린이들에게 깨끗한 물을 전달하고 있다. 처음 시판됐을 때는 우리 민족의 생명을 살리는 물이었던 활명수가 이제 전세계를 아울러 생명을 살리는 물의 역할을 해내고 있는 것이다. 생명을 살리고 국민의 건강을 지켜낸 동화약품이 이제 세계를 살리는 기업으로 발전해가고 있다.

(2) 해외

1) 페이스북 마크 주커버그(Mark Zuckerberg)[42)]

"나에게 '기업가 정신'이란 변화를 만들어내는 것이지, 단지 회사를 창업하는 것만을 의미하는 것은 아니다. 사업으로 돈을 버는 것도 중요하지만, 핵심은 변화를 만들어낸다는 사명감이다." (2016년 글로벌 기업가정신 정상회의)

---

42) SIEG FAHRENHEIT OFFICIAL BLOG, 2012. 재인용 및 일부 편집. <http://siegfahrenheit.tistory.com/149>.

"평범한 호기심을 비즈니스로 연결시키다."

마크 주커버그는 흔히 '악동' 혹은 '괴짜'로 묘사된다. 2002년, 하버드 대학에 입학한 그의 전공은 심리학. '사람들이 가장 흥미로워하는 것은 바로 다른 사람들이다'라는 것이 그가 심리학을 선택한 이유였다. 그래서 그는 학생과 학생을 연결하는 프로그램 개발에 몰두했다.

우선 우리 과에 누가 있는지, 누가 어떤 수업을 듣는지 확인할 수 있게 한 '코스매치'를 개발했다. 그러던 그가 엉뚱한 생각을 하게 됐다. 하버드대 기숙사 여학생의 사진을 올려놓고 어떤 학생이 더 매력적인지 투표하도록 하는 '페이스매시(facemash)'를 오픈하게 된 것이다.

교내 가장 예쁜 여학생을 찾아보자는 20대 청년의 평범한 호기심에서 시작한 페이스매시는 현재 전 세계인의 6명 중 한 명이 사용하는 페이스북의 시초가 되었다. 물론, 처음엔 파문을 일으켰지만, 학생들 사이에서는 인기 폭발이었다. 이 일화로 하버드대의 악동이 된 그는 사람들이 인터넷을 사회적 소통에 활용하는 것을 좋아한다는 값진 교훈을 얻게 된다.

"성공의 시작은 철저히 즐기는 것"

즐기며 일하는 사람을 이길 수 없다는 말이 있다. 마크 주커버그의 성공의 법칙은 재미와 흥미에서 시작했다는 것이다. "I mostly built stuff that I liked(나는 내가 좋아하는 것만 만든다)"라는 말에서 알 수 있듯, 그의 사업의 원천은 '재미'에 있다. 페이스매시 사례에서 볼 수 있듯 재미를 위한 아이디어를 실현하기로 결심하면서 창업의 길이 펼쳐진 것이다. 그래서 그의 성공은 자신의 이력을 위한 배움이 아닌, 호기심을 채우고자 시작했던 배움에서 만들어진 것으로 평가할 수 있다. 일을 하는 과정 역시 즐거워야 한다. 하루의 대부분을 회사에서 지내지만 죽어라 일만 하지는 않는다.

직원들의 평균 연령이 31세인 페이스북 사무실의 분위기는 무척 자유분방하다. 유쾌하게 떠들고 소통하며 자유롭게 일을 하는 것이 페이스북의 기업 문화다. 틀에 얽매이지 않는 라이프스타일을 선호하기 때문에 사무실에서도 캐주얼 차림을 선호한다. 후줄근한 티셔츠와 청바지, 삼선 슬리퍼는 그의 자유분방함을 알리는 트레이드 마크다. 덕분에 워스트 드레서로 꼽히기도 했다. 펍이나 카페 구석 자리에서 일을 하는 모습이나 패스트푸드와 맥주를 즐기며 여유로운 분위기에서 즐기듯 일을 하는 그의 사생활이 공개돼 화제가 되기도 했다.

"세계를 조금 더 열린 곳으로 만들고자 하는 그의 뚜렷한 가치관"

그가 어떻게 부자가 되었는지는 그의 꿈과 신조를 보면 알 수 있다. '개방, 사람을 연결하고 그들에게 중요한 것을 공유하는 데 보탬 되기, 혁명, 정보 흐름, 미니멀리즘.' 페이스북에 적힌 그의 신조다. 그가 만약 부와 성공을 위해 페이스북을 만들었다면 결코 성공하지 못했을 것이다. 그가 페이스북을 통해 실현하고자 한 것은 그가 투자자들에게 보내는 편지를 통해 알 수 있다. 세상을 더 열린 공간으로 만들어서 사람과 사람들을 서로 연결하고 서로 돕는 것, 그리고 모든 사람을 연결하고 목소리를 낼 수 있게 해주는 것이 페이스북의 사회적 임무라는 것이다.

그래서 그는 당장의 수익보다는 비전을 우선시 했다. 그가 2006년, 야후의 인수 제안을 거절한 것은 유명한 일화다. 다른 누구보다 자신이 페이스북을 가장 흥미롭게 만들 수 있을 것이라는 자신감과 함께 돈과 주변의 유혹에 흔들리지 않는 배짱을 가지고 있었던 것이다.

"투자자들에게 보낸 편지 'The Hacker Way'"[43]

Facebook was not originally created to be a company. It was built to accomplish a social mission — to make the world more open and connected.

We think it's important that everyone who invests in Facebook understands what this mission means to us, how we make decisions and why we do the things we do. I will try to outline our approach in this letter.

At Facebook, we're inspired by technologies that have revolutionized how people spread and consume information. We often talk about inventions like the printing press and the television — by simply making communication more efficient, they led to a complete transformation of many important parts of society. They gave more people a voice. They encouraged progress. They changed the way society was organized. They brought us closer together.

Today, our society has reached another tipping point. We live at a moment

43) looah, "Mark Zuckerberg's Letter to Investors: 'The Hacker Way' ", 2012. <http://www.looah.com/article/view/738>.

when the majority of people in the world have access to the internet or mobile phones — the raw tools necessary to start sharing what they're thinking, feeling and doing with whomever they want. Facebook aspires to build the services that give people the power to share and help them once again transform many of our core institutions and industries.

There is a huge need and a huge opportunity to get everyone in the world connected, to give everyone a voice and to help transform society for the future. The scale of the technology and infrastructure that must be built is unprecedented, and we believe this is the most important problem we can focus on.

We hope to strengthen how people relate to each other.

Even if our mission sounds big, it starts small — with the relationship between two people.

Personal relationships are the fundamental unit of our society. Relationships are how we discover new ideas, understand our world and ultimately derive long-term happiness.

At Facebook, we build tools to help people connect with the people they want and share what they want, and by doing this we are extending people's capacity to build and maintain relationships.

People sharing more — even if just with their close friends or families — creates a more open culture and leads to a better understanding of the lives and perspectives of others. We believe that this creates a greater number of stronger relationships between people, and that it helps people get exposed to a greater number of diverse perspectives.

By helping people form these connections, we hope to rewire the way people spread and consume information. We think the world's information infrastructure should resemble the social graph — a network built from the bottom up or peer-to-peer, rather than the monolithic, top-down structure that has existed to date. We also believe that giving people control over what they share is a fundamental principle of this rewiring.

We have already helped more than 800 million people map out more than

100 billion connections so far, and our goal is to help this rewiring accelerate.

We hope to improve how people connect to businesses and the economy.

We think a more open and connected world will help create a stronger economy with more authentic businesses that build better products and services.

As people share more, they have access to more opinions from the people they trust about the products and services they use. This makes it easier to discover the best products and improve the quality and efficiency of their lives.

One result of making it easier to find better products is that businesses will be rewarded for building better products—ones that are personalized and designed around people. We have found that products that are "social by design" tend to be more engaging than their traditional counterparts, and we look forward to seeing more of the world's products move in this direction.

Our developer platform has already enabled hundreds of thousands of businesses to build higher-quality and more social products. We have seen disruptive new approaches in industries like games, music and news, and we expect to see similar disruption in more industries by new approaches that are social by design.

In addition to building better products, a more open world will also encourage businesses to engage with their customers directly and authentically. More than four million businesses have Pages on Facebook that they use to have a dialogue with their customers. We expect this trend to grow as well.

We hope to change how people relate to their governments and social institutions.

We believe building tools to help people share can bring a more honest and transparent dialogue around government that could lead to more direct empowerment of people, more accountability for officials and better solutions to some of the biggest problems of our time.

By giving people the power to share, we are starting to see people make their voices heard on a different scale from what has historically been possible. These voices will increase in number and volume. They cannot be ignored. Over time, we expect governments will become more responsive to issues and concerns raised directly by all their people rather than through intermediaries controlled by a select few.

Through this process, we believe that leaders will emerge across all countries who are pro-internet and fight for the rights of their people, including the right to share what they want and the right to access all information that people want to share with them.

Finally, as more of the economy moves towards higher-quality products that are personalized, we also expect to see the emergence of new services that are social by design to address the large worldwide problems we face in job creation, education and health care. We look forward to doing what we can to help this progress.

Our Mission and Our Business

As I said above, Facebook was not originally founded to be a company. We've always cared primarily about our social mission, the services we're building and the people who use them. This is a different approach for a public company to take, so I want to explain why I think it works.

I started off by writing the first version of Facebook myself because it was something I wanted to exist. Since then, most of the ideas and code that have gone into Facebook have come from the great people we've attracted to our team.

Most great people care primarily about building and being a part of great things, but they also want to make money. Through the process of building a team — and also building a developer community, advertising market and investor base — I've developed a deep appreciation for how building a strong company with a strong economic engine and strong growth can be the best way to align many people to solve important problems.

Simply put: we don't build services to make money; we make money to build better services.

And we think this is a good way to build something. These days I think more and more people want to use services from companies that believe in something beyond simply maximizing profits.

By focusing on our mission and building great services, we believe we will create the most value for our shareholders and partners over the long term — and this in turn will enable us to keep attracting the best people and building more great services. We don't wake up in the morning with the primary goal of making money, but we understand that the best way to achieve our mission is to build a strong and valuable company.

This is how we think about our IPO as well. We're going public for our employees and our investors. We made a commitment to them when we gave them equity that we'd work hard to make it worth a lot and make it liquid, and this IPO is fulfilling our commitment. As we become a public company, we're making a similar commitment to our new investors and we will work just as hard to fulfill it.

The Hacker Way

As part of building a strong company, we work hard at making Facebook the best place for great people to have a big impact on the world and learn from other great people. We have cultivated a unique culture and management approach that we call the Hacker Way.

The word "hacker" has an unfairly negative connotation from being portrayed in the media as people who break into computers. In reality, hacking just means building something quickly or testing the boundaries of what can be done. Like most things, it can be used for good or bad, but the vast majority of hackers I've met tend to be idealistic people who want to have a positive impact on the world.

The Hacker Way is an approach to building that involves continuous improvement and iteration. Hackers believe that something can always be better, and that nothing is ever complete. They just have to go fix it — often in the face of people who say it's impossible or are content with the status quo.

note icon

Hackers try to build the best services over the long term by quickly releasing and learning from smaller iterations rather than trying to get everything right all at once. To support this, we have built a testing framework that at any given time can try out thousands of versions of Facebook. We have the words “Done is better than perfect” painted on our walls to remind ourselves to always keep shipping.

Hacking is also an inherently hands-on and active discipline. Instead of debating for days whether a new idea is possible or what the best way to build something is, hackers would rather just prototype something and see what works. There’s a hacker mantra that you’ll hear a lot around Facebook offices: “Code wins arguments.”

Hacker culture is also extremely open and meritocratic. Hackers believe that the best idea and implementation should always win — not the person who is best at lobbying for an idea or the person who manages the most people.

To encourage this approach, every few months we have a hackathon, where everyone builds prototypes for new ideas they have. At the end, the whole team gets together and looks at everything that has been built. Many of our most successful products came out of hackathons, including Timeline, chat, video, our mobile development framework and some of our most important infrastructure like the HipHop compiler.

note icon

To make sure all our engineers share this approach, we require all new engineers — even managers whose primary job will not be to write code — to go through a program called Bootcamp where they learn our codebase, our tools and our approach. There are a lot of folks in the industry who manage engineers and don’t want to code themselves, but the type of hands-on people we’re looking for are willing and able to go through Bootcamp.

The examples above all relate to engineering, but we have distilled these principles into five core values for how we run Facebook:

Focus on Impact

If we want to have the biggest impact, the best way to do this is to make sure we always focus on solving the most important problems. It sounds simple, but we think most companies do this poorly and waste a lot of time. We expect everyone at Facebook to be good at finding the biggest problems to work on.

Move Fast

Moving fast enables us to build more things and learn faster. However, as most companies grow, they slow down too much because they're more afraid of making mistakes than they are of losing opportunities by moving too slowly. We have a saying: "Move fast and break things." The idea is that if you never break anything, you're probably not moving fast enough.

Be Bold

Building great things means taking risks. This can be scary and prevents most companies from doing the bold things they should. However, in a world that's changing so quickly, you're guaranteed to fail if you don't take any risks. We have another saying: "The riskiest thing is to take no risks." We encourage everyone to make bold decisions, even if that means being wrong some of the time.

Be Open

We believe that a more open world is a better world because people with more information can make better decisions and have a greater impact. That goes for running our company as well. We work hard to make sure everyone at Facebook has access to as much information as possible about every part of the company so they can make the best decisions and have the greatest impact.

Build Social Value

Once again, Facebook exists to make the world more open and connected, and not just to build a company. We expect everyone at Facebook to focus every day on how to build real value for the world in everything they do.

Thanks for taking the time to read this letter. We believe that we have an opportunity to have an important impact on the world and build a lasting company in the process. I look forward to building something great together.

2) 알리바바 마윈(馬雲)[44]

서른에 접한 인터넷 "돈 된다" 직감… '양쯔강의 악어' 글로벌 거인 되다

영어에 미친 '싸움닭' 어릴 적부터 영어배우기 즐겨 외국인 보면 달려가 "헬로"

미국서 받은 인터넷 충격 만능 검색 도구 "바로 이거다" 귀국 즉시 인터넷 회사 창업

중국 진출한 이베이 격파 '수수료 공짜'로 밀어붙이기 이베이 결국 중국서 밀려나

약 40년 전 중국 항저우에 독특한 꼬마가 있었다. 키가 작고 삐쩍 말랐는데도 덩치 큰 아이들을 결코 두려워하지 않았다. '싸움닭' 같았다. 이 아이는 영어 배우길 좋아해 외국인이 눈에 띄면 다짜고짜 달려가 "헬로!" 하며 말을 걸었다.

열 살 무렵엔 외국인에게 영어를 배우려고 매일같이 시내 호텔로 달려가곤 했다. 외국인에게 다가가 말을 걸고 무료로 시내 관광 가이드 역할을 하기도 했다. 영어를 더 배우고 싶어 용돈을 모아 라디오를 산적도 있다. 영어만큼은 누구보다 잘했다. 그러나 수학을 잘 못해 대학입시에 두 차례나 낙방했다.

그는 사범대에 진학해 영어를 공부했다. 졸업 후엔 다시 시련이 닥쳤다. 취업하

44) 한국경제, 2014. 재인용 및 일부 편집.
<http://www.hankyung.com/news/app/newsview.php?aid=2014091745741>.

려고 여기저기 지원했지만 번번이 실패했다. KFC 점원에도 지원했다가 낙방했다. 결국 대학 영어강사로 취업했다. 말이 강사지 월급은 12달러에 불과했다.

“미국에서 인터넷 접하고 창업 결심”

알리바바 창업자인 마윈(馬雲) 회장에 관한 이야기다. 마 회장은 1999년 수출업자와 해외 바이어를 연결해주는 알리바바닷컴을 설립했다. 중국의 선구적인 인터넷 기업 중 하나다. 바로 이 알리바바가 19일 뉴욕증권거래소(NYSE)에 주식을 상장한다. 기업공개 규모가 250억 달러(약 25조9000억 원)로 역대 최대다.

마 회장의 알리바바 창업은 미국 방문에서 시작됐다. 서른 살 때인 1994년 미국을 처음 방문했을 때 미국인 친구 사무실에서 인터넷이란 것을 처음 접했다. 친구는 “이것이 인터넷이다. 여기서는 무엇이든 찾을 수 있다”고 설명했다. 마 회장은 검색창에 ‘beer(맥주)’를 입력했다. 많은 정보가 떴다. 그러나 중국어 검색 결과는 하나도 없었다. 마 회장의 남다른 점은 여기서도 나타난다. 검색 결과를 본 순간 ‘바로 이거다’라고 생각했다. 인터넷 기업을 창업하기로 마음먹은 것. 그는 귀국하자마자 ‘차이나 페이지스’라는 인터넷 회사를 차렸다. 중국 수출업자 목록을 작성해 해외 바이어와 연결해주는 사이트였다. 그는 직접 자료를 모으고 영어로 번역하는 등 몸으로 뛰었다.

창업할 때부터 ‘글로벌 기업’ 지향

첫 인터넷 회사는 잘 돌아가지 않았다. 돈을 벌지 못했다. 결국 회사를 접고 베이징으로 가서 회사원이 됐다.

그러나 창업하고 싶은 욕구를 견디지 못해 항저우로 내려가 1999년 자신의 아파트에서 알리바바를 창업했다. 1999년은 한국에서 네이버가 출범한 해다. 알리바바는 현재 기업가치에서 네이버의 일곱 배가 넘는 기업이 됐다.

알리바바를 창업한 1999년은 실리콘밸리에서 ‘닷컴 버블’이 한창 꺼지고 있을 때였다. 이런 시점에 창업한다는 것은 무모해 보였다. 마 회장은 자신의 아파트에서 공동 창업자 17명에게 창업 취지를 설명했다. 알리바바 성공 스토리를 담은 다큐멘터리 ‘양쯔강의 악어’를 보면 마 회장은 처음부터 ‘글로벌 웹사이트’를 지향했다.

이날 발언 요지는 이렇다. “우리 경쟁 상대는 중국 기업이 아니다. 실리콘밸리에 있는 기업들이다. 우리는 글로벌 기업이 돼야 한다. 실리콘밸리 사람들은 열심히 일한다. 오전 8시에 출근해 오후 5시에 정확히 퇴근하는 자세로는 이들을 이길 수 없다. 그렇게 하려거든 지금 당장 그만두는 게 낫다. 우리한테는 머리가 있고 강한 정신력이 있다."

'수수료 공짜'로 밀어붙여 이베이 꺾어

마 회장의 적극성은 비교 대상이 없을 정도로 대단했다. 어느 날 실리콘밸리 카페에서 알리바바를 회사명으로 택하려고 마음먹고 종업원에게 "알리바바를 아느냐?"고 물었다. "안다"고 했다. "무얼 아느냐?"고 물었다. "'열려라 참깨'를 안다"고 했다. 밖으로 나가 행인 20여명을 붙잡고 물어봤다. 다들 알리바바를 안다고 답했다. 그래서 회사명을 알리바바로 지었다.

마 회장의 '싸움닭' 근성은 이베이와의 싸움에서 여실히 드러났다. 알리바바는 이베이를 꺾기 위해 '수수료 공짜'를 기치로 내걸었다. 개인 간 거래를 중개해주는 게 사업인데 중개수수료를 받지 않기로 했다. 이베이가 투자자들의 성화 때문에 '수수료 공짜'로 맞대응할 수 없다는 걸 간파한 전략이었다. 결국 이베이는 알리바바에 져서 밀려났다.

알리바바는 뉴욕 증시 상장을 계기로 글로벌 기업을 꿈꾸고 있다. 지금까지는 자국 내에서 정부의 보이지 않는 지원을 받으며 승승장구했다. 해외에서도 깃발을 날리며 명실상부한 글로벌 기업으로 도약할지 지켜볼 일이다.

3) 소프트뱅크 손 마사요시[45)]

사람의 감정을 이해하는 로봇 페퍼(Pepper)를 만들고 일본 이동통신 회사로서 일본에 처음으로 아이폰을 판매하고, 야후 일본을 운영하기도 한 일본의 대표 IT 분야 투자회사인 소프트뱅크. 이 소프트뱅크를 이끄는 CEO는 한국계 일본인 손 마사요시, 손정의다. 그는 적절한 시기에 명확한 판단력으로 투자 결정을 내려 일본 내 최고 부자로서 등극했다. 재일교포 출신으로 수많은 차별과 역경을 이겨냈다.

---

45) 시선뉴스, "'선택과 집중'의 기업인 일본 소프트뱅크 CEO 손 마사요시", 2017. 재인용 및 일부 편집.
<http://www.sisunnews.co.kr/news/articleView.html?idxno=52115>.

"오르고 싶은 산을 결정하면 인생의 반은 결정된다."

손정의는 19살 때 자신의 '인생 50년 계획'을 세웠다. ▲ 20대의 이름을 알린다. ▲ 30대의 사업자금을 모은다. ▲ 40대에 한판 승부를 한다. ▲ 50대에 어느 정도의 사업, 비즈니스 모델을 완성시킨다. ▲ 60대에 다음 경영진에게 자리를 물려준다.

그는 20대의 소프트뱅크를 창업해 젊은 기업가로 이름을 알렸으며 30대에는 증시를 상장 시키고 야후에 투자해 야후 재팬을 설립했다. 40대에는 초고속 인터넷 도입, 보다폰을 인수하여 도쿄 내 이동통신사업 1위를 탈환했다. 50대에는 아시아의 대표 정보통신기술(ICT)그룹으로 발돋움 시켰다. 그는 60대의 목표를 위해 후진양성 기관인 '소프트뱅크 아카데미아'를 설립해 자신의 후진을 양성시키고 있다.

"무언가를 이루려면 덧셈이 아닌, 뺄셈 방식으로 접근하라"

그의 경영 철학 중 하나인 '뺄셈 방식'. 뺄셈 방식은 5년 후, 10년 후, 100년 후, 300년 후를 치열하게 고민하고 그로부터 역산해 지금 해야 할 일이 무엇인지를 생각하는 것이다. 그는 뺄셈 방식 관점을 통해 보다폰(Vodafone) 인수를 결정했다. 소프트뱅크가 거대 독점기업 NTT에 맞서 디지털 정보혁명을 이루고 싶었다. 2006년 NTT 도코모가 53%, KDDI 26% 보다폰 6%였다. 그는 10년 내에 NTT 도코모를 앞지르겠다는 포부를 선언했고 2014년 결국 그 목표를 이루게 된다. 이동통신사업에서의 그가 목표를 이룰 수 있던 것은 그의 뺄셈 방식으로 촘촘한 계획설립과 실행 덕분이다.

"망설여질 때일수록 먼 앞을 봐라.
2~3년 앞보다 20~30년 앞을 예측하는 게 쉬울 수 있다."

일본 소프트뱅크는 알리바바의 최대 주주다. 야후의 공동 창업자 제리양과 마윈은 우연한 만남으로 관계를 맺고 있었는데, 1999년 알리바바를 차린 마윈이 투자자를 찾고 있을 때, 손정의 회장을 소개시켜줬다. 한눈의 알리바바의 잠재력을 알아챈 손 회장은 만난 지 6분 만에 2000만 달러의 투자 결정을 내렸다. 14년 만에 59조 원을 벌어들이며 손 회장은 알리바바의 최대 주주가 됐다.

확고한 비전과 치밀한 분석, 과감한 승부수를 통해 일본 내 최고의 IT기업을 만든 손 마사요시. 그의 집요한 성격은 이미 아는 사람은 알고 있는 사실이라는 점.

창업을 하기 전 '오를 산'을 미리 정한 손 마사요시. 뚜렷한 목표 없이 헤메고 있는 이들에게 그의 삶은 좋은 본보기가 될 것이다.

4) 애플 스티브 잡스(Steven Paul "Steve" Jobs)[46]

"미국의 기업인으로, 애플의 창립자다.", "Stay hungry, stay foolish."

1976년 스티브 워즈니악, 로널드 웨인과 함께 애플을 공동 창업하고, 애플 2를 통해 개인용 컴퓨터를 대중화했다. 또한, GUI와 마우스의 가능성을 처음으로 내다보고 애플 리사와 매킨토시에서 이 기술을 도입하였다. 1985년 경영분쟁에 의

46) 퍼팩트맨, "스티브잡스의 성공스토리", 2015. 재인용 및 일부 편집. http://blog.naver.com/PostView.nhn?blogId=vjvorxmaos82&logNo=220339036661>.

해 애플에서 나온 이후 NeXT 컴퓨터를 창업하여 새로운 개념의 운영 체제를 개발했다. 1996년 애플이 NeXT를 인수하게 되면서 다시 애플로 돌아오게 되었고 1997년에는 임시 CEO로 애플을 다시 이끌게 되었으며 이후 다시금 애플을 혁신해 시장에서 성공을 거두게 이끌었다. 2001년 아이팟을 출시하여 음악 산업 전체를 뒤바꾸어 놓았다. 또한, 2007년 아이폰을 출시하면서 스마트폰 시장을 바꾸어 놓았고 2010년 아이패드를 출시함으로써 포스트PC 시대를 열었다.

스티브 잡스는 《인크레더블》과 《토이 스토리》 등을 제작한 컴퓨터 애니메이션 제작사인 픽사의 소유주이자 CEO였다. 월트 디즈니 회사는 최근 74억 달러어치의 자사 주식으로 이 회사를 구입하였다. 2006년 6월 이 거래가 완료되어 잡스는 이 거래를 통해 디즈니 지분의 7%를 소유한, 최대의 개인 주주이자 디즈니 이사회의 이사가 되었다.

한편 그는 2004년 무렵부터 췌장암으로 투병생활을 이어왔다. 그의 악화된 건강상태로 인하여 2011년 8월 24일 애플은 스티브 잡스가 최고경영책임자(CEO)를 사임하고 최고운영책임자(COO)인 팀 쿡이 새로운 CEO를 맡는다고 밝혔다. 잡스는 CEO직에서 물러나지만 이사회 의장직은 유지키로 했으나, 건강상태가 더욱 악화되어 사임 2개월도 지나지 않은 2011년 10월 5일에 56세의 나이로 사망하였다.

"스티브잡스의 주요 기업가정신[47]"

1) 완벽하라(Go for perfect)

아이팟이 출시되기 하루 전 애플의 직원들은 날밤을 샜다. 이어폰 잭을 꽂으면 '딸깍'하는 느낌이 시원하게 나야 하는데 잡스가 보기에 영 시원치 않았기 때문이다. 야심찬 물건을 내놓기 불과 하루 전이었지만 잡스는 개의치 않았다.

2) 전문가를 이용하라(Tap the experts)

잡스는 1등이 되기 위해 전문가와 손잡을 줄 알았다. 그는 컴퓨터 시스템 'NeXT' 로고 디자인을 위해 유명 건축가 I. M. Pei를 고용했고, 애플스토어 출시를 위해 Gap의 대표 Mickey Drexler을 이사진으로 영입했다.

3) 1등을 넘어서라(Be ruthless)

잡스는 기존 제품을 넘어서는 제품을 만들 때마다 자부심을 느꼈다. 그는 1세대

47) 박인규, "여의도 스티브잡스의 성공 10계명", 행복우물, 2011.

PDA인 팜파일럿을 능가하는 제품을 만드는데 애썼고, 후에는 휴대전화가 PDA를 넘어설 것이라 확신했다.

4) 특정 전문가들의 의견에 연연하지 마라(Shun focus groups)

"당신이 그것을 보여주기 전까지, 사람들은 자신이 원하는 것을 알지 못한다." 잡스의 유명한 어록이다. 그는 외부 전문가에게만 의존하지 않고, 시제품을 집에 가져가 몇 달간 직접 연구하기도 했다.

5) 연구를 멈추지 마라 (Never stop studying)

애플 브로셔 제작 초기 당시, 잡스는 Sony의 글자 폰트와 레이아웃, 종이 무게까지 일일이 분석했다. 초기 맥의 케이스 디자인을 기획할 땐 애플의 주차장을 돌아다니며 독일과 이태리 명품 차들의 체형을 직접 연구했다.

6) 간결하라(Simplify)

잡스의 디자인 철학은 간결함이었다. 그는 디자이너에게 아이팟 시제품의 전원 버튼을 포함한 모든 버튼을 제거하라고 했다. 디자이너는 불평했다. 그러나 이를 계기로 아이팟의 대명사인 원형 스크롤이 탄생했다.

7) 비밀을 지켜라(Keep your secrets)

애플의 비밀을 누구와도 이야기 하지 말라. 철저한 보안은 소비자들이 애플의 신제품을 더욱 주목하게 만들었다.

8) 팀은 작게(Keep teams small)

맥킨토시 초창기, 개발팀은 불과 100명이었다. 101번째로 고용이 되었다면 누군가는 나가야 했다. 잡스는 100명 직원의 이름을 외울 수 있다고 확신했다.

9) 채찍보다는 당근(Use more carrot than stick)

잡스는 냉정했지만 그의 카리스마는 직원들에게 강한 동기부여가 됐다. 그의 열정덕에 매킨토시(Mac) 개발팀은 3년 간 주당 90시간을 일했고, 매킨토시는 세계적으로 히트를 쳤다.

10) 견본품도 최고로 만들어라(Prototype to the extreme)

잡스는 하드웨어, 소프트웨어는 기본이고 애플스토어의 견본품까지 최고로 만들도록 했다.

〈스티브 잡스의 성공스토리〉

"가정 환경"

폴 잡스는 세일즈맨과 동시에 중고차를 사들인 후 수리하여 재판매하는 일을 하였는데, 스티브 잡스에게 기계에 대한 자신의 열정을 물려주려고 하였다. 예를 들면, 해체하여 다시 조립할 수 있는 물건을 주는 식이었다. 어린 시절 잡스의 집은 마운틴뷰에 있었는데, 폴 잡스는 차고 안에 있던 작업대의 반을 스티브에게 주며 보이지 않는 뒷부분도 앞면과 같이 신경을 쓰는 것이 중요하다는 철학을 전달해 주었다. 이는 후에 잡스의 제품 철학이 된다. 하지만 잡스는 실제로 기계를 다루는 데에는 큰 흥미를 보이지 않았다. 오히려 아버지가 부품을 구하기 위해 흥정을 하는 모습을 흥미롭게 지켜 보았다.

잡스의 집은 디아블로 가 286번지에 위치해 있었는데, 이 일대의 집들은 대부분 부동산 개발업자 조셉 아이클러가 지은 것이었다. 아이클러는 깨끗하고 심플하면서도 저렴한 주택들을 지었으며, 잡스는 아이클러의 깔끔한 디자인이 애플 컴퓨터가 애초부터 추구했던 디자인이라 밝혔다.

당시 캘리포니아에는 군수산업 붐이 일어났으며, 첨단 기술이 밀집된 지역이 되었다. 그 영향을 받아 잡스는 동네의 어른들에게 여러 질문을 하며 엔지니어링에 대한 흥미를 키워 갔다.

"고등학교"

잡스는 9학년이 되자마자 홈스테드 고등학교에 진학하였다. 고등학교 시절에 그는 다양한 경험을 하는데, 그 주가 되는 것이 반문화 운동이었다. 잡스는 반문화 운동에 빠져 있던 12학년의 여러 학생들과 많은 교류를 하며 전자공학과 수학, 과학 등에 대한 많은 이야기를 나누었으며 마약의 한 종류인 LSD와 반문화 운동 전반에 대해서도 흥미를 보였다. 잡스는 후에 실리콘밸리의 전설이 된 존 맥콜럼의 전자공학 수업을 듣기도 하였는데, 군대식 규율을 중요시하는 맥콜럼에게 권위에 대한 반감을 숨기지 않았다.

맥콜럼에게 미움을 사던 잡스와 달리, 후에 스티브 잡스와 함께 애플 사를 세울 스티브 워즈니악은 맥콜럼의 총애를 받던 학생이었다. 스티브 워즈니악은 스티브 잡스보다 다섯 살 많은 학생으로, 같은 동네에 살던 빌 페르난데스가 워즈니악에게 잡스를 소개해 주었다. 1971년, 워즈니악과 잡스는 애플의 탄생에 큰 기여를 한 블루 박스를 제작하고 판매하였다.

잡스는 초등학교 때부터 알고 지내던 래리 랭의 차고를 종종 방문하였는데, 래리 랭은 잡스에게 히스키트라는 아마추어 전자공학 키트에 관심을 가지게 하였고, 이 키트 덕분에 잡스는 어려서부터 전자제품의 작동원리를 익히게 되었다. 또한 래리 랭은 HP 탐구자 클럽에 잡스를 합류시켰다.

잡스는 이 클럽에서 거대한 몸집의 컴퓨터들을 볼 수 있었고, 잡스는 이 컴퓨터를 아주 인상적으로 바라보았다. 그는 후에 "거기서 나는 첫 데스크톱 컴퓨터를 봤어요. 9100A라고 불린 그것은 사실 계산기를 미화해 말하는 것이었지만 진정 최초의 데스크톱 컴퓨터이기도 했지요. 20킬로그램 정도 되는 거대한 몸집이었지만 정말 아름다웠어요. 첫눈에 반해 버렸지요."라고 말했다.

잡스는 고등학교 시절에 다양한 일을 하였는데, HP의 조립라인에서 반복되는 조립을 하는 일과 신문 배달, 전자 기기 상점에서 재고품을 정리하는 일 등이었다. 잡스는 HP에서 동료 직원들보다는 윗층에서 일하는 엔지니어들과 더 친해졌으며, 전자 기기 상점에서는 다양한 전자 기기들을 접하며 즐거워했다. 또한 잡스는 고등학교 때 자신이 해야 할 일에 대해서 어렴풋이나마 알게 되는데, 전자공학과 창작의 교차점에 서 있는 자신을 발견한 것이다. 그는 과학 분야가 아닌 다른 여러 분야의 책들도 관심을 가지고 많이 읽기 시작했고, 음악도 많이 들었다. 잡스는 특히 <리어 왕>과 <모비 딕>, 그리고 딜런 토마스의 시를 좋아했다.

"대학교 이후"

1974년 2월, 잡스는 캘리포니아 로스앨터스의 부모님 댁으로 돌아가 직장을 구하기 시작했고, 구인 광고에 "즐기면서 돈 버는 곳"이라고 적혀 있었던 비디오게임 제조사 아타리의 로비에 들어가 채용해 줄 때까지 버티고 있겠다고 고집을 부렸고, 결국 아타리의 공동 창업자이자 수석 엔지니어였던 앨 알콘에 의해 고용된다.

아타리에서도 잡스는 고집스러운 면과 남을 깔보는 성격을 내보였지만, 아타리의 창업자 놀런 부시넬은 잡스를 높게 평가하여 그가 야간 근무를 할 수 있도록 도왔다. 잡스는 아타리에서 몇몇 게임이 개선되도록 도왔으며, 복잡한 설명서를 읽을 필요가 없는 직관적이고 단순한 아타리 게임에 큰 영향을 받았다.

잡스는 아타리에서 일하던 도중인 1974년 초, 인도 순례 여행을 떠났고 7개월간의 여행 후 다시 아타리로 돌아와 일하였다. 부시넬은 잡스에게 브레이크아웃

(Breakout)이라는 벽돌 깨기 게임을 설계할 것을 지시했는데, 칩을 50개 미만으로 사용하면 줄어든 칩에 비례해 보너스를 주겠다고 약속했다. 잡스는 워즈니악에게 보수를 반씩 나누는 조건으로 도움을 청하고 워즈니악은 불과 4일 만에 45개의 칩만으로 게임을 설계해내지만, 잡스는 워즈니악에게 기본 수고비의 절반인 350달러만을 주었다. 잡스가 아타리로부터 받은 돈은 5,000달러였다.

5) 마이크로 소프트 빌게이츠(Bill Gates)[48]

"여러분의 지식과 능력을 남을 돕고 세상을 더 나은 곳으로 바꿔나가는 것에 써 주세요. 소프트웨어는 그것을 이룰 수 있는 '마법'을 제공할 것입니다."

- 빌 게이츠, 2008년 2월 19일, 스탠퍼드대 강연 내용 중

1975년 '소프트웨어'라는 개념조차 미미하던 시절에 소프트웨어의 가능성을 발견하고 작고(micro) 유연한(soft) 분야에 매진하겠다는 포부를 밝히며 MS를 창립한 사람이 있었다. 컴퓨터 업계의 황제라 불리는 빌 게이츠(Bill Gates)이다. 그는 당시 소프트웨어를 복제해 사용하는 걸 당연하게 여기던 분위기에 제동을 걸었다. 언론을 통해 소프트웨어 저작권에 대한 자기 생각을 적극적으로 피력하는 한편, 자신이 만든 베이직 복사본을 무단으로 사용하는 컴퓨터 사용자들에게 공개편지를 띄웠다.

"그건 도둑질이야!"

이후 소프트웨어 개발에 박차를 가한 빌 게이츠는 당시 최고의 컴퓨터 제조사였던 IBM으로부터 운영체제 소프트웨어 개발을 의뢰받고 MS 사상 최고의 축복이라 불리는 MS-도스(DOS)를 세상에 내놓게 된다. 이때부터 빌 게이츠는 억만장자 대열에 이름을 올리게 되었다.

하지만 현재에 만족할 빌 게이츠가 아니었다. 그는 도스의 인기가 한창이던 1983년부터 MS 내 '윈도우 개발팀'을 두고 차세대 운영체제 개발에 막대한 재원을 쏟아 부었다. 그리고 1995년 8월 24일, MS는 '포스트 도스' 시대를 열어갈 '윈도우95'를 출시했다. 도스가 텍스트를 입력해 명령을 내리는 방식이었다면, 윈도

---

48) 대통령의 특별한 만남, 2008. 재인용 및 일부 편집.
<http://www.pa.go.kr/portal/contents/stroll/special/view.do?bd_seq=48>.

우는 아이콘을 클릭해 컴퓨터에 명령을 내리는 간단한 방식이었다. 이는 PC의 대중화 선언을 의미했다. 뉴욕증시에서 MS는 연일 상한가를 달렸고 빌 게이츠는 세계 최고 부자의 위치에 오르며 미국 경영전문지 포브스가 선정하는 세계 억만장자 순위에서 1995년부터 2007년까지 1위 자리를 지켰다.

세계적인 소프트웨어 업체의 회장이자 세상에서 가장 부자인 빌 게이츠가 2008년 5월 6일 한국을 방문했다. 짧은 일정을 마치고 한국을 떠난 빌 게이츠는 그해 6월 27일 미국 워싱턴 주 레드먼드에 있는 MS 본사 컨퍼런스 룸에서 800여 명의 임직원이 지켜보는 가운데 퇴임식을 했다. 이 자리에서 빌 게이츠는 회사 창립 이후 가장 큰 실수가 무엇이었느냐는 질문에 "큰 변화를 읽지 못하고, 탁월한 인재들을 그 변화에 투입하지 못한 것"이라고 대답하며 "우리가 실수한다는 얘기는 맞다. 우리도 안다. 그러나 우리는 실수에서 배운다. 마이크로소프트의 탁월한 업적들이 바로 그런 결과이다."라고 강조했다.

실수를 두려워하지 않고 내일을 위해 오늘을 혁신하며 33년간 이끌어오던 마이크로소프트를 떠난 빌 게이츠는 2000년 아내와 공동으로 설립한 '빌&멜린다 게이츠 재단 (Bill & Melinda Gates Foundation)'을 통해 기부 사업을 펼치며 세계 최대의 기부자로 활동하고 있다.

"빌게이츠의 주요 기업가정신"

① 업종을 신중히 선택하라

당신이 즐길 수 있는 일을 하라. 광적인 정열 없이 생산적이 되는 것은 어렵다.

② 조심스럽게 고용하고 기꺼이 해고 시킬 준비를 하라

당신은 강팀을 필요로 한다. 아무리 경영을 잘한다 해도 변변치 못한 팀은 변변치 못한 결과를 낳기 때문이다. 그저 웬만큼 일하는 사람을 그대로 두는 것은 흔히 있는 실수다. 훌륭한 경영자는 그를 교체하거나 그가 분명히 성공할 수 있는 다른 일을 맡긴다.

③ 생산적인 환경을 조성하라

이것은 각 회사가 처한 상황에 따라 서로 다른 접근법을 요구하기 때문에 쉬운 일이 아니다. 모두에게 자신의 사무실을 주거나 아니면 모두를 열린 공간에 둠으로써 생산성을 극대화할 수 있다. 때로는 금전적인 인센티브를 도입할 수 있다. 대개는 여러 접근법의 조합이 요구된다.

④ 성공을 정의하라

당신의 직원들에게 성공이란 무엇이고 어떻게 그들의 업적을 측정할 수 있는지를 분명히 밝혀라. 목표는 현실적이어야 한다. 프로젝트의 작업 일정은 그 일을 직접 하는 사람에 의해서 정해져야 하는 것이다. 달성이 불가능한 목표는 조직을 좀먹는다.

⑤ 훌륭한 경영자가 되려면 사람을 좋아하고 대화에 능숙해야 한다

이것은 가장 하기 어려운 것이다. 사람들과 교류하는 것을 진정으로 즐기지 않는다면 그들을 잘 다루는 것은 어렵다.

⑥ 당신의 직원들이 당신보다 더 일을 잘 할 수 있도록 발전시켜라

당신의 기술을 그들에게 전수하라. 부하직원이 일을 잘해 당신 자리를 빼앗을지 모른다고 걱정이 되면 사장에게 『교육을 잘 시키는 대신 저에게 맡길 새로운 일이 있습니까』라 고 물어라. 많은 똑똑한 경영자들은 이 같은 방법으로 자신을 자유롭게 하고 미개척 분야에서 새로운 일을 해낸다.

⑦ 윤리를 확립하라

직원들에게 그들의 일이 회사와 고객에게 얼마나 중요한지를 느낄 수 있도록 하라. 훌륭한 성과를 얻었을 때는 모두가 그것을 함께 느낄 수 있어야한다.

⑧ 프로젝트를 직접 수행하라

직원들이 제일 싫어하는 상사는 일을 분배만 하고 정작 자신은 일하지 않는 사람이다.

⑨ 똑같은 결정을 두 번 내리지 말라

한 번에 확고한 결정을 내릴 수 있도록 시간과 생각을 잘 활용하고 다시 그 문제를 다루지 않도록 하라. 자신 없게 지나간 문제를 끄집어냈다가 같은 결정을 다시 내리는 것은 어리석은 일이다.

⑩ 직원들에게 누구를 기쁘게 할지를 알게 하라

그것은 당신일 수도 있고 당신의 사장일 수도 있으며 혹은 다른 사람 일수도 있다. 직원들이 『이 사람을 기쁘게 해줘야하나 다른 사람을 기쁘게 해야 하나』라고 고민하게 되면 당신은 조직에서 곤란을 겪게 될 것이다.

Ⅳ 아이템 발굴 및 선정

창업은 새로운 것을 만들어내고 새로운 것을 보호 또는 소유하기 위하여 지식재산권 출원을 통한 등록이 가능한 것을 기초로 한다. 즉, 창업하기 위해서는 아이템이라는 것을 발굴하고 선정하는 프로세스가 필요하다. 따라서 어떻게 하면 좋은 아이템을 발굴하고 선정할 수 있을지에 대하여 살펴보고자 한다.

그림 Ⅳ-1 창업 진행 프로세스

1 창업 아이템 발굴 개념 및 기초

(1) 창업 아이템 발굴 개념

창업 아이템 발굴은 창업자가 자신이 수행하고자 하는 창업의 아이템을 창업자 본인 또는 전문가 등의 도움을 받아 실현성과 가능성 등이 있는지를 확인하는 과정이라고 할 수 있다.

창업자 자신에게 맞는 창업 아이템을 발굴함으로써 창업자 스스로가 창업의 재미와 목표의식을 명확히 함으로써 창업진행 시 선택과 집중을 통한 성장가능성이 한층 더 높아질 수 있다. 아이템 발굴을 위한 기본적 질문은 다음과 같다.

그림 Ⅳ-2 창업 아이템 발굴에 대한 질문

상기 그림과 같이 대부분의 창업자는 본인이 좋아하거나 경험해본 것을 기초로 창업아이템을 검증 받아 보고 싶어 한다. 특히 주변의 친구나 아는 사람들이 "이런 제품이 있었으면 좋을 것 같은데" 또는 "창업자 당신이 하고 싶은 제품 정말 좋은 것 같다. 나오면 내가 사줄게" 등의 이야기를 해주면 창업자는 꼭 해당 제품을 만들어서 판매하고자 하는 의욕이 앞서게 된다.

그러나 창업자가 주의해야 할 것은 해당 제품에 대한 실제 고객과 시장에 대한 검증이 없다는 점이다. 다시 말해서 해당 제품이 정말 새로운 것인지 또는 기존 제품과 기술에 비해 발전된 모델인지, 주변의 친구나 아는 사람이 아닌 제3자의 고객이 정말로 필요로 하거나 원하거나 구매에 대한 욕구를 가지고 있는 지를 필히 세분화하여 검토할 필요성이 있다. 즉, 창업은 주변의 지인을 위한 것이 아닌 시장과 제3의 고객 중심으로 진행되어야 하고, 창업을 준비할 때에는 창업자 본인의 욕심과 의지만 가지고서는 창업수행이 어려움을 인지하고 필요에 따라 전문가 또는 창업지원기관 등의 도움을 받는 것도 중요하다.

(2) 창업 아이템 발굴을 위한 분석 체크리스트

위에서 설명한 창업 아이템 발굴을 위한 물음을 기초로 창업자 스스로가 창업 아이템 선정을 위한 분석 체크리스트를 만들어서 점검해 보는 과정이 필요하며, '창업 아이템 발굴을 위한 분석 체크리스트'의 예시를 제시하면 다음과 같다.

표 Ⅳ-1 창업 아이템 발굴 분석 체크리스트 예시

<table>
<tr><th rowspan="2">점검 내용</th><th colspan="3">점 수</th><th rowspan="2">비고</th></tr>
<tr><th>상
(예)</th><th>중</th><th>하
(아니오)</th></tr>
<tr><td>동일 또는 유사한 제품은 없는가?</td><td></td><td></td><td></td><td></td></tr>
<tr><td>동일 또는 유사한 기술은 없는가?</td><td></td><td></td><td></td><td></td></tr>
<tr><td>제품은 실제로 구현될 수 있는가?</td><td></td><td></td><td></td><td></td></tr>
<tr><td>정부의 인·허가 대상인가?</td><td></td><td></td><td></td><td></td></tr>
<tr><td>직접 생산할 수 있는가?</td><td></td><td></td><td></td><td></td></tr>
<tr><td>주문 생산할 수 있는가?</td><td></td><td></td><td></td><td></td></tr>
<tr><td>대체재가 있는가?</td><td></td><td></td><td></td><td></td></tr>
<tr><td>국내시장의 진입장벽은 없는가?</td><td></td><td></td><td></td><td></td></tr>
<tr><td>고객의 확보는 가능한가?</td><td></td><td></td><td></td><td></td></tr>
<tr><td>시장에 형성된 가격은 어떠한가?</td><td></td><td></td><td></td><td>평균 (　　)</td></tr>
<tr><td>자금조달 방법은 있는가?</td><td></td><td></td><td></td><td></td></tr>
<tr><td>순이익은 어떤가?</td><td></td><td></td><td></td><td></td></tr>
<tr><td>성장가능성은 어떤가?</td><td></td><td></td><td></td><td></td></tr>
<tr><td>수출은 가능한가?</td><td></td><td></td><td></td><td></td></tr>
<tr><td>경쟁사 해당 제품생명주기는 어떠한가? (도입, 성장, 성숙, 쇠퇴)</td><td></td><td></td><td></td><td>쇠퇴</td></tr>
</table>

표와 같이 아이템선정을 위한 분석 체크리스트를 작성하여 현재의 시장과 창업자의 수준을 살펴본다면 창업 아이템에 대한 선정 유무를 어느 정도 파악할 수 있을 것이다. 이를 통해서 창업자 본인은 새로운 아이템을 발굴 할 것인지, 해당 아이템을 좀 더 고도화하거나 신규적인 제품으로 개발하여 시장에 진입시킬 수 있는 전략 등을 수립하여 선택과 집중을 명확히 할 수 있는 기회를 도출할 수 있게 될 것이다.

2 자료(정보)수집 및 시장조사 방법

'창업 아이템 발굴을 위한 분석 체크리스트'를 확인할 경우 창업자 본인의 주관적인 생각을 바탕으로 할 경우 이는 문제가 있다. 따라서 체크리스트에 따른 확인절차로 객관화 할 수 있는 근거자료 수집과 시장조사에 대한 기본적 방법은 다음과 같다.

문헌적 자료(정보)수집	논문, 통계자료, 신문, 기업 경제연구소 발표 자료 등 (국회도서관, 인터넷, 관련 홈페이지 등)
기술적 자료(정보)수집	지식재산권 조회, 선행기술 조사 신청 (키프리스, 변리사 의뢰, 관련 기관 지원사업 신청 등)
시장조사 자료(정보)수집	오프라인(백화점, 대형할인마트, 시장 등)
	온라인(전자상거래 사이트, 검색 등)

그림 Ⅳ-3 자료(정보)수집 및 시장조사 방법

(1) 문헌적 자료(정보)수집

문헌적 자료(정보)수집은 ① 논문, ② 통계자료, ③ 신문, ④ 기업 등 발표 자료 등을 통해서 창업 아이템에 관한 최신 자료와 정보 등을 수집할 수 있다.

가능한 경우 창업자는 최신 자료를 중심으로 하되, 3년 이내의 자료를 중심으로 분석하고 검토하는 것이 좋다. 이는 시대와 시장 등이 수시로 변화하기 때문에 가능하면 최신 자료를 수집하는 습관이 창업자에게는 매우 중요하다.

또한 창업을 하였다고 하여 문헌적 자료 수집을 게을리 해서는 안 되며, 최신 트렌드 등을 확인하는 것이 창업자의 성공에 많은 도움이 된다. 문헌적 자료(정보)수집을 할 수 있는 홈페이지 등을 소개하면 다음과 같다.

그림 Ⅳ-4 한국교육학술정보원 홈페이지

그림 Ⅳ-5 국회도서관 홈페이지

그림 Ⅳ-6 한국연구재단(KCI) 홈페이지

그림 Ⅳ-7 삼성경제연구소 홈페이지

그림 Ⅳ-8 LG경제연구원 홈페이지

그림 Ⅳ-9 현대경제연구원 홈페이지

그림 Ⅳ-10 통계청 홈페이지

그림 Ⅳ-11 다음 홈페이지

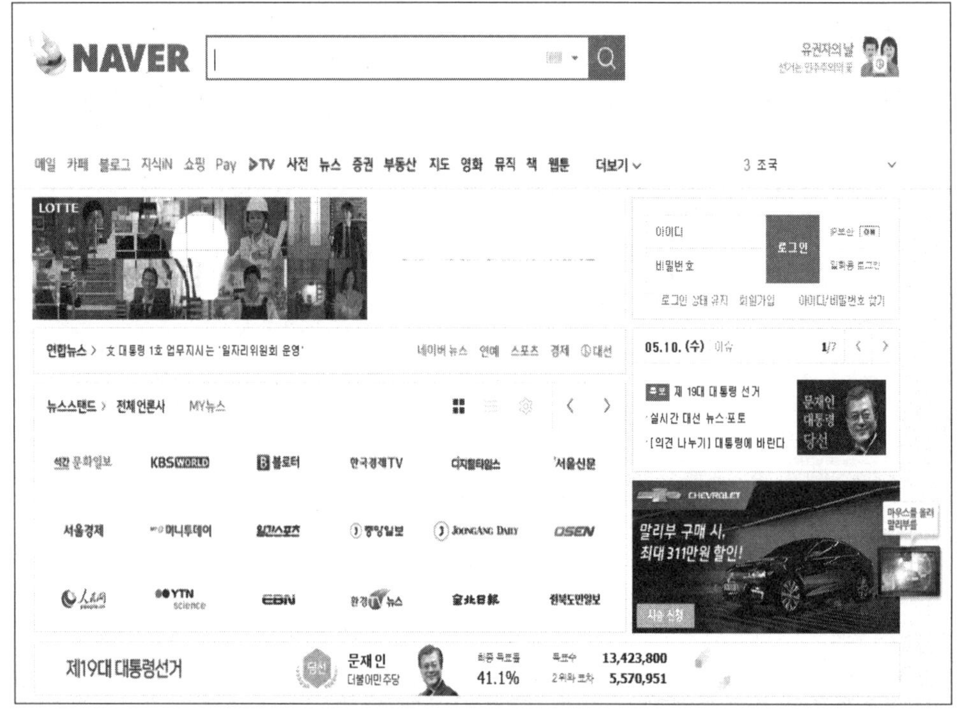

그림 Ⅳ-12 네이버 홈페이지

(2) 기술적 자료(정보)수집

기술적 자료와 관련하여 해당 창업 아이템에 대한 선행 기술이 제품화 또는 준비단계 중에 있는 것은 없는 지를 확인하기 위해 관련 기술 자료(정보)를 수집하고 분석 및 검토하는데 목적이 있다.

만약 제3자의 선행기술이 있거나 제품을 생산하여 판매 중인 자로부터 자신들의 제품이 창업자의 아이템과 동일 또는 유사하다고 주장하며 지식재산권을 침해하였다고 주장할 경우 창업자는 어떻게 대처할 수 있을까?

창업자의 아이템과 동일 또는 유사한 제품에 대하여 분쟁이 제기된 경우 창업자는 적극적으로 경고장에 대한 방어를 하여야 하는데 차이점 등이 없다고 가정할 경우 창업자에게는 불리한 상황으로 손해배상 등의 책임이 발생하게 된다. 따라서 창업아이템을 발굴한 경우 필히 선행 기술과 선행 제품이 있는지를 꼼꼼히 살펴보는 것이 현실적으로 매우 중요하다.

그림 Ⅳ-13 특허정보넷 키프리스 홈페이지

그림 Ⅳ-14 한국저작권위원회 홈페이지

그림 Ⅳ-15 지역지식재산센터 홈페이지

창업자는 본인의 아이템을 보호 및 침해를 방지하기 위해서라도 해당 그림의 홈페이지를 통해서 직접 살펴보는 노력이 중요하다.

만약 아이템의 사안 및 중요성에 따라 창업자가 직접 살펴볼 수 없는 경우 지역지식재산센터 전문가의 도움을 받거나 변리사 등을 통해서 선행기술조사를 의뢰하여 조사결과에 따른 안정성을 확보하는 것이 실무적으로 도움이 된다.

(3) 시장조사 자료(정보)수집

1) 시장조사의 필요성

창업 아이템 발굴과 관련하여 시장조사는 매우 중요한 요소라고 할 수 있다. 창업은 창업자가 생각하는 제품이 유일하다고 생각해서는 안 된다. 이미 유사한 제품이 존재하여 소비자에게 팔리고 있거나 위에서 살펴본 특허정보넷 상 특허가 출원되어 있거나 특허가 공개 또는 등록이 되는 경우가 있다.

특히 특허는 등록이 완료되지 않은 경우 특허출원인의 요청으로 비공개되어 있거나 또는 출원만 되어 있는 상태에서는 특허의 출원 유무 등을 파악할 수 없어 창업자가 시장을 통해 제품을 판매를 하던 중 특허 출원인으로부터 경고장을 받는 경우로 빈번히 발생한다. 즉, 위에서 살펴본 문헌적, 기술적 자료(정보)수집과 연계하여 시장조사를 동시에 진행하는 것이 좋다.

시장조사는 크게 오프라인과 온라인으로 구분할 수 있고, 최근에는 온라인을 통한 전자상거래가 활성화되어 오프라인의 상품 또는 제품이 대부분 소개되는 것이다. 다만, 온라인 판매의 경우 오프라인의 가격과 다르거나 카피(copy)된 유사제품 등이 존재하므로 권리를 가지고 있는 판매자의 제품인지를 확인하는 것이 지식재산권에 대한 침해를 사전에 예방하는 방법이다.

따라서 관련 시장이 있다면 온라인을 기초로 유사 또는 동일한 제품군을 정리하여 살펴보고, 내용상 홍보 또는 광고를 위해 소개되고 있는 기능 등을 꼼꼼히 분석하고 검토하여야 한다.

이후 필요에 따라 해당 상품 또는 제품이 판매되는 매장 등을 방문하여 점원(전문가)으로부터 창업자가 알고자 하는 지식 등을 확인하는 것과 직접 눈으로 상품 또는 제품을 보았을 때 창업자가 생각하는 방향성과 유사 또는 동일한지, 차별성이 있는지 등을 검토해 볼 수 있으므로 가능한 경우 직접 상품 또는 제품을 찾아 확인해 볼 것을 적극 추천하고 습관화 할 것을 제시한다.

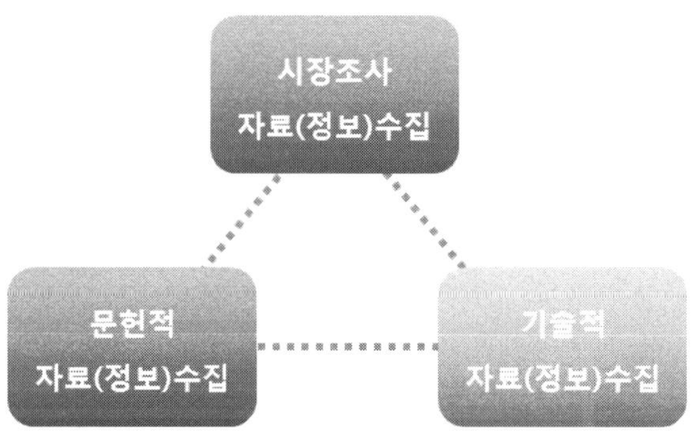

그림 Ⅳ-16 시장조사 자료(정보)수집 체계

즉, 시장조사를 통한 문헌적, 기술적 사항이 실제로 일치하는지와 제품에 대한 다양성을 확인하여 창업자가 기존의 제품과 기술보다 한층 더 업그레이드된 제품을 재구성하거나 신규아이템을 발굴하는데 많은 도움이 된다.

2) 시장조사의 분석 방법

가능한 경우 시장조사 또한 체크리스트를 사전에 작성하여 진행하는 것이 좋다. 그 이유는 현장에 직접 방문할 경우 중요한 체크사항을 놓칠 수 있기 때문으로 사전에 점검할 체크리스트를 작성하여 이를 기초로 시장조사를 진행한다면 원하는 정보 등을 빠짐없이 확인하고 분석 시 많은 도움이 된다.

표 Ⅳ-2 시장조사 분석 체크리스트 예시

<table>
<tr><th>시장조사 아이템 명칭</th><th colspan="4">디지털 마우스패드</th></tr>
<tr><td>시장조사 방법 및 목적</td><td colspan="4">시장조사는 오프라인을 통한 방법으로 진행하며, 제품에 대한 기능과 가격 등을 점검하고자 함</td></tr>
<tr><td>시장조사 장소(기간)</td><td colspan="4">L*디지털 목동점(20**.*.*)</td></tr>
<tr><td rowspan="2">시장조사 내용</td><td colspan="3">점수</td><td rowspan="2">비고</td></tr>
<tr><td>상
(예)</td><td>중</td><td>하
(아니오)</td></tr>
<tr><td>동일 또는 유사한 제품이 있는가?</td><td></td><td></td><td></td><td>제품회사 기재</td></tr>
<tr><td>동일 또는 유사한 기술이 있는가?</td><td></td><td></td><td></td><td>핵심기술 기재</td></tr>
<tr><td>창업자 아이템과 기능이 동일한가?</td><td></td><td></td><td></td><td>동일기능 기재</td></tr>
<tr><td>창업자 아이템과 차별성이 있는가?</td><td></td><td></td><td></td><td>차별성 기재</td></tr>
<tr><td>창업자가 생각하는 가격과 유사한가?</td><td></td><td></td><td></td><td>판매가격 기재</td></tr>
<tr><td>대체재가 있는가?</td><td></td><td></td><td></td><td>대체재 기재</td></tr>
<tr><td>디자인의 유사성이 있는가?</td><td></td><td></td><td></td><td>유사성 기재</td></tr>
<tr><td>경쟁사 해당 제품생명주기는 어떠한가?
(도입, 성장, 성숙, 쇠퇴)</td><td></td><td></td><td></td><td>해당 제품
생명주기 기재</td></tr>
<tr><td>시장진입에 문제가 있는가?</td><td></td><td></td><td></td><td>시장 진입 문제 기재</td></tr>
<tr><td>시장진출 시 성장가능성이 있는가?</td><td></td><td></td><td></td><td>성장가능성 기재</td></tr>
<tr><th colspan="5">시장조사 내용 분석</th></tr>
<tr><td colspan="5">창업자가 생각하는 아이템과 비교했을 때
- 유사제품 존재
- 기술성에 큰 차이가 없음
- 가격 상이</td></tr>
<tr><th colspan="5">개선방안</th></tr>
<tr><td colspan="5">창업자는 기존 제품과 기술에 대한 내용 중 차별성이라고 생각하는 사안인 디지털 마우스패드에 블루투스용 스피커를 설치하여 기능을 좀 더 강화하면 좋을 것이라 생각함</td></tr>
<tr><th colspan="5">결 론</th></tr>
<tr><td colspan="5">- 추가적으로 마우스패드에 블루투스용 스피커 기능이 있는 기술과 제품을 파악해보고 없는 경우 해당 기능을 보완 및 강화하여 창업아이템으로 확정할 것임
- 만약, 유사 제품 등이 있을 경우 해당 창업아이템을 포기하고 다른 아이템을 발굴하겠음</td></tr>
</table>

웹문서

유니콘 장**패드** 0.4mm **멀티 마우스** 키보드 **패드** 대형 표면 발수코팅

ㅎ 전 강추 합니다. (2016-10-25 11:14:02 에 등록된 네이버 페이 구매평) 유니콘 장**패드** 0.4mm **멀티 마우스** 키보드 **패드** 대형 표면 발수코팅 유니콘 장**패드** 0.4mm **멀티 마우스** 키보드 **패드** 대형...

m.ssnday.com/board/product/read.html?no=1718&board_no=4 써니데이

전자,**마우스패드**,**멀티마우스패드**/신소재/초극세사**마우스패드**...

> 컴퓨터/전자 > **마우스패드** > **멀티마우스패드**/신소재/초극세사**마우스패드** **멀티마우스패드**/신소재/초극세사 **마우스패드** 이미지 참조 이미지 참조 이미지 참조 실크인쇄-300매미만기본인쇄비3만원...

www.nanumg.com/product/product_view.asp?p_idx=101637 나눔G

라바 **멀티** 데스크 **마우스 패드**

11,815 [15%] 슈에뜨 USB 온 ₩ 11,200 [20%] [자연과 사람] ₩ 7,650 [15%] 라바 **멀티** 데스크 **마우스 패드** 800x300mm 고무혼합 (주)범우CI / 중국 약7일소요 품명 및 모델 라바 **멀티** 데스크...

casa.co.kr/shopping/product.jsp?productCd=PSOP01000109 까사

에테시안 **멀티** 3D **마우스패드**(쿠션)(CN6780) :: 1300K.com

MP-23 DM **마우스패드** PADRO DM-S2 5002 Analogue Mouse Pad Square STANDARD SPACE - **마우스 패드** 도라에몽 **마우스패드** 장**패드** 캐릭터 게이밍 생활방수 Copyrights 2001-2017 1300K.COM. ALL...

1300k.com/shop/goodsDetail.html?f_sp=cp&f_goodsno=215023432206 1300K

웹문서 더보기 >

동영상

책상위를 깔끔하게 정리할 수 있는 다용도 **마우스패드** - 이노젠 **멀티패드**

네이버블로그 2016.12.07

[[컴퓨터부품 판매점]] 컴퓨터부품,부천컴퓨터부품,부천역 컴퓨터부품,심곡본동컴퓨터부품cpu / Main Board 메인보드 / VGA그래픽...

네이버블로그 2014.08.15

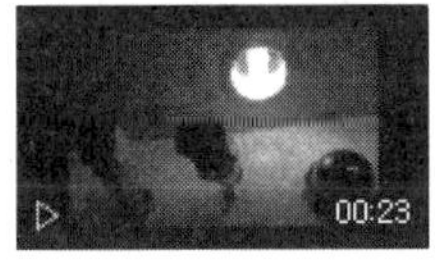

[[컴퓨터부품 판매점]] 컴퓨터부품,부천컴퓨터부품,부천역 컴퓨터부품,심곡본동컴퓨터부품cpu / Main Board 메인보드 / VGA그래픽...

네이버블로그 2014.04.27

휴대폰 거치대 기능을 갖춘 **멀티 마우스패드**

네이버블로그 2016.02.16

그림 Ⅳ-17 온라인 시장조사 자료(정보)수집

위의 표와 같이 시장조사 분석 체크리스트를 작성하여 구체적으로 시장조사내용을 작성하고 조사에 따른 분석과 개선방안을 제시해보고 최종 창업자의 결론을 도출한다면 창업 아이템을 발굴하고 창업을 진행하는데 많은 도움이 될 것이다. 개인적인 생각으로는 분석체크리스트는 1~2장 분량으로 하는 것이 좋으며, 필요시 사진촬영과 관련 자료 등을 첨부해 놓는 정도면 된다. 또한 시장조사가 끝났다고 하여 해당 체크리스트를 버리지 말고, 클리어 파일 또는 스캔 등을 통한 일자별로 관리를 할 경우 향후 필요에 따라 중요한 자료와 정보로 활용할 수 있다.

추가적으로 창업자가 고려하는 창업아이템이 대기업의 제품과 유사성이 있는 경우 다음의 홈페이지를 통해서 최근 조사된 시장조사 현황 및 정보 등을 수집 및 활용할 수 있다.

그림 Ⅳ-18 금융감독원 전자공시 시스템 홈페이지

해당 금융감독원의 전자공시 시스템을 통해서 대기업에서 수행하고 있는 또는 수행예정인 제품에 대한 현황을 확인할 수 있고, 해당 회사에 투자를 하고자 하는 투자자에게 투자설명을 세부적으로 제시하고 있어, 창업자의 입장에서는 해당 시장의 전망성 등을 분석하고 점검해 볼 수 있는 정보를 제공하기도 한다.

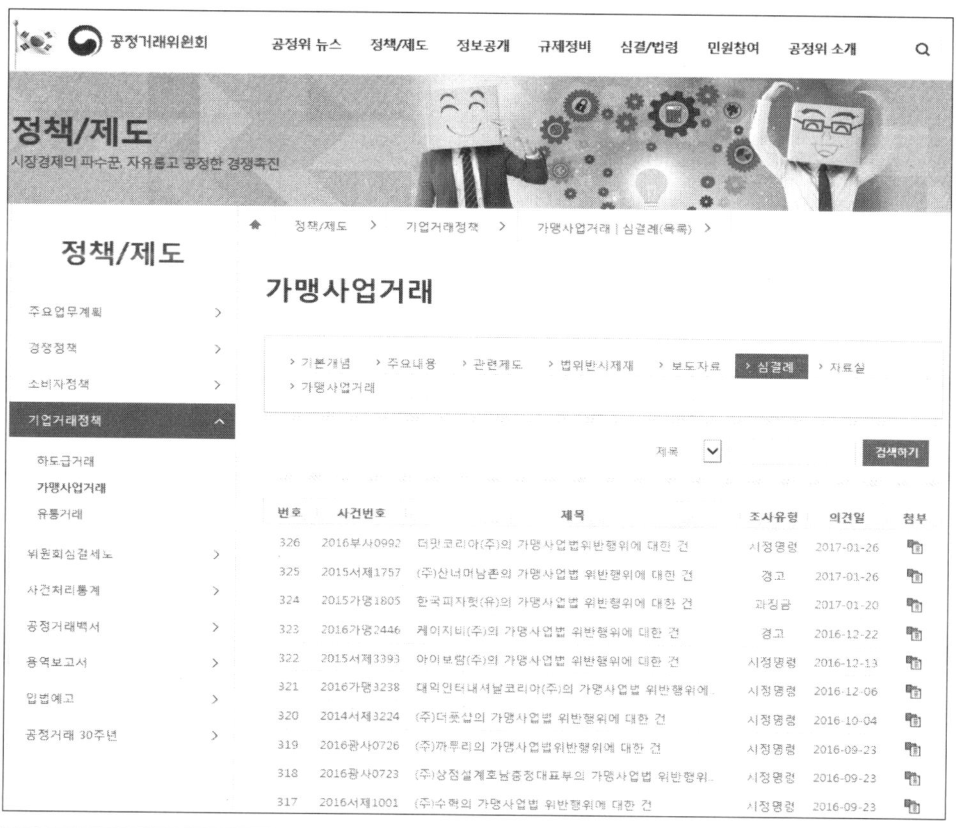

공정거래위원회

공정위 뉴스 · 정책/제도 · 정보공개 · 규제정비 · 심결/법령 · 민원참여 · 공정위 소개

정책/제도

시장경제의 파수꾼, 자유롭고 공정한 경쟁촉진

정책/제도 > 기업거래정책 > 가맹사업거래 | 심결례(목록) >

정책/제도

- 주요업무계획
- 경쟁정책
- 소비자정책
- 기업거래정책
  - 하도급거래
  - 가맹사업거래
  - 유통거래
- 위원회심결세노
- 사건처리통계
- 공정거래백서
- 용역보고서
- 입법예고
- 공정거래 30주년

가맹사업거래

> 기본개념 > 주요내용 > 관련제도 > 법위반시제재 > 보도자료 > 심결례 > 자료실 > 가맹사업거래

제목 | 검색하기

번호	사건번호	제목	조사유형	의견일	첨부
326	2016부사0992	더맛코리아(주)의 가맹사업법위반행위에 대한 건	시정명령	2017-01-26	
325	2015서제1757	(주)산너머남촌의 가맹사업법 위반행위에 대한 건	경고	2017-01-26	
324	2015가맹1805	한국피자헛(유)의 가맹사업법 위반행위에 대한 건	과징금	2017-01-20	
323	2016가맹2446	케이지비(주)의 가맹사업법 위반행위에 대한 건	경고	2016-12-22	
322	2015서제3393	아이보람(주)의 가맹사업법 위반행위에 대한 건	시정명령	2016-12-13	
321	2016가맹3238	대익인터내셔날코리아(주)의 가맹사업법 위반행위에..	시정명령	2016-12-06	
320	2014서제3224	(주)더풋샵의 가맹사업법 위반행위에 대한 건	시정명령	2016-10-04	
319	2016광사0726	(주)까투리의 가맹사업법위반행위에 대한 건	시정명령	2016-09-23	
318	2016광사0723	(주)상점설계호남충청대표부의 가맹사업법 위반행위..	시정명령	2016-09-23	
317	2016서제1001	(주)수혁의 가맹사업법 위반행위에 대한 건	시정명령	2016-09-23	

3) 피자전문점 시장현황

6　　2015년 기준 피자시장의 국내 시장규모는 약 1조 6천억 원 정도로 알려져 있으며, 2015년도 말 기준으로 공정거래위원회에 정보공개서를 등록한 피자전문점 브랜드 수는 40개에 달한다. 주요 피자전문점 브랜드의 매장 수 및 매출액은 아래 <표 4> 기재와 같다.

<표 4> 브랜드별 매장수 및 매출액

(단위: 개, 억 원)

연번	브랜드명	매장수(2015)			매출액	
		전체	가맹점	직영점	2014	2015
1	Mr.Pizza	411	392	19	1,428	1,103
2	Domino	417	319	98	1,805	1,953
3	Pizza Hut	341	338	3	1,142	893
4	Pizza Etang	305	304	1	691	610
5	PaPa Johns	100	63	37	287	327
6	Alvolo	227	221	6	99	145
7	뽕뜨락	283	283	0	70	105
8	Pizza school	529	529	0	29	59
9	피자나라치킨공주	263	262	1	314	455

* 자료출처: 공정거래위원회에 등록된 각 사 정보공개서

그림 Ⅳ-19 공정거래위원회 홈페이지 및 심결례 본문

해당 공정거래위원회의 홈페이지를 통해서는 대기업 및 프랜차이즈 창업관련 가맹본부에 대한 관리와 감독을 하는 공정거래위원회가 해당 기업에서 관련 법률을 위반하여 문제가 있는 경우 과태료 또는 과징금을 부과하게 된다. 해당 기업과의 행정적 처분조치가 완료가 된 경우 공정거래위원회에서는 심결례를 통해서 해당 기업이 잘못한 점은 무엇인지를 작성하면서 일반적으로 현재의 시장현황 등을 기재하는 것이 일반적인데 이러한 시장현황 등의 정보 또한 창업자에게는 매우 중요한 시장조사 정보로써 활용할 수 있다는 점에서 적극적으로 추천하는 바이다.

3 비즈니스 모델 Tool

(1) 비즈니스모델 캔버스(Business Model Canvas, BMC)

1) 개념 및 형태

비즈니스모델 캔버스(BMC)는 스위스 로잔 대학교 예스 피그누어대학교 예스 피그누어(Yves Pigneur)교수와 알렉산더 오스터 왈드(Alexander Osterwalder)가 2010년 "Business Model Generation" 저서를 통해 비즈니스모델(BM)을 소개한 툴이다. 비즈니스모델 툴을 통해서 해당 회사 조직이 제품(서비스)의 가치를 발굴하여 고객에게 소개하고 판매하여 수익을 발생시킬 수 있는지를 체계화시킨 것이라고 할 수 있다.

비즈니스모델은 4가지 영역(area)과 9가지의 블록(building blocks)으로 구성되어 있다. 4가지 영역은 WHO, WHAT, HOW, HOW MUCH로 구분할 수 있으며, 9가지의 블록은 고객 세분화, 고객 관계, 채널, 가치제안, 핵심 활동, 핵심 역량, 핵심 파트너, 수익원, 비용구조로 구분할 수 있다. 9가지의 블록을 4가지 영역으로 구분하여 살펴보면 다음의 그림과 같다.

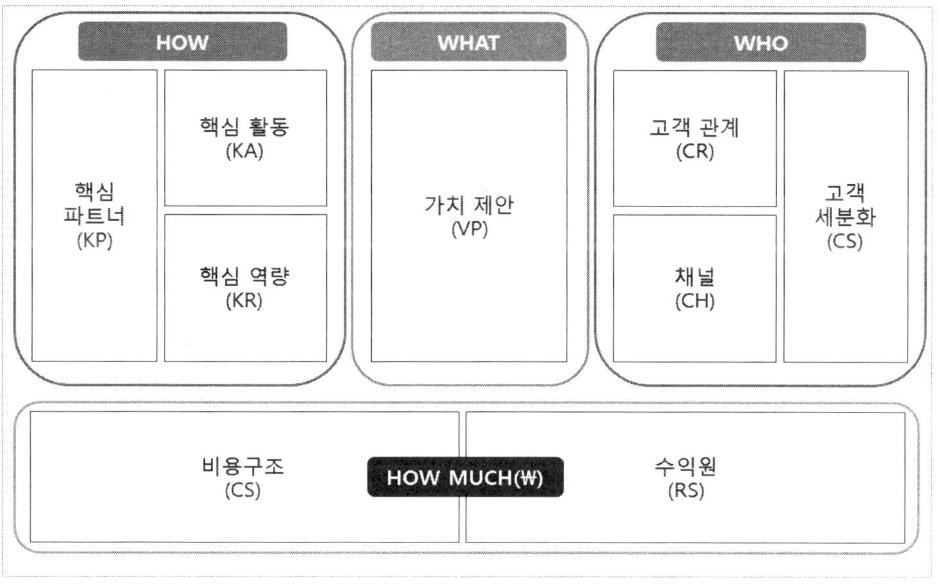

그림 Ⅳ-20 4가지 영역과 9가지 블록

2) BMC의 작성 방법 및 주요 내용

비즈니스모델 캔버스는 ① 고객세분화, ② 가치 제안, ③ 채널, ④ 고객 관계,⑤ 수익원, ⑥ 핵심 역량, ⑦ 핵심 활동, ⑧ 핵심 파트너, ⑨ 비용 구조의 순서로 작성하면 된다.

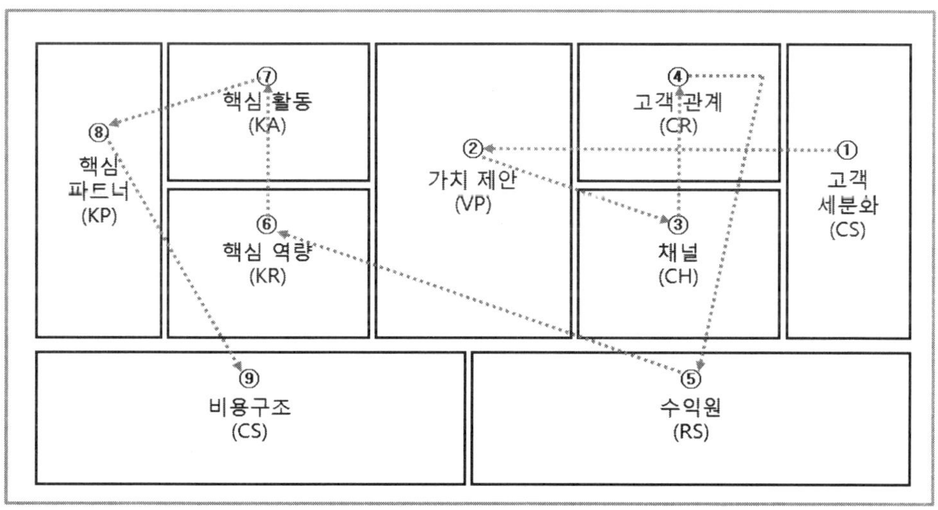

그림 Ⅳ-21 BMC 작성 Flow

9가지 블록은 개별적으로 작성되나 해당 순서에 따른 관련 내용을 기준으로 해당 창업 아이템과 일관성이 있도록 작성되어야하고, 작성된 내용을 통해서 비즈니스모델에 대한 분석과 판단에 따른 문제점 등을 도출하여 개선방안에 대한 유무를 판단하여 지속적으로 진행해야 하는지 또는 정리해야 하는지를 판단하는 중요한 지표로 활용될 수 있다.

앞의 그림에 대한 주요 내용을 정리하여 살펴보면 다음과 같다.

① 고객 세분화(Customer Segments, CS)

BM과 관련하여 가장 중요한 요소는 '고객은 누구로 하는가?'이다. 즉, 고객세분화를 어떻게 하느냐에 따라서 창업 아이템에 대한 방향성이 달라진다. 고객세분화를 '좁은 범위로 할 것인가? 넓은 범위로 할 것인가?'를 창업자는 시장분석 등을 통해서 결정을 하여야 한다.

일반적으로는 제5장에서 소개될 마케팅의 툴의 내용 중 STP(시장세분화전략)의 형식에 따라서 인구통계, 지역별 분류, 성별 분류, 고객가치추구, 고객심리 등의 유형으로 고객별 특성과 성향 등을 중심으로 파악하는 것이 일반적이다. 따라서 고객세분화를 위해서는 다음의 질문을 활용하면 좋다.

Question 1

- **누가 우리의 주요 고객인가?**
- **누구를 위한 제품을 만드는가?**
- **충성 고객은 누구인가?**
- **우리 제품을 원하는 사람은 누구인가?**

고객 세분화에 따른 고객유형은 고객을 포괄적으로 포함하는 시장으로 이미 형성되어 있는 군으로 '매스마켓', 통상적으로 창업자의 고객으로 적합한 '틈새시장', 2개 이상의 개별적 고객으로 구성된 '멀티사이드 시장'으로 구분된다.

② 가치 제안(Value Propositions, VP)

고객에게 창업자의 제품에 대한 가치를 제안하는 것은 매우 중요한 요소이다. 즉, 고객이 창업자의 제품에 대한 특징과 좋은 점을 모른다면 그냥 지나치기 쉽지만 창업자의 제품에 대한 좋은 점을 직접 또는 간접적으로 알게 되었을 때에는 한번 정도 관심을 줄 수 있기 때문이다.

Question 2

- **고객에게 전달할 가치는 무엇인가?**
- **고객은 우리가 제공한 가치를 통해 문제가 해결되는가?**
- **고객의 Needs, Want, Demand가 충족되었는가?**

가치 제안에 따른 가치는 기존의 제품 또는 서비스 등에 대한 성능, 디자인, 가격, 편의성과, 비용점감, 리스크 해결, 브랜드의 지위, 목표 등이 있다.

③ 채널(Channels, CH)

목표하는 고객에게 창업자의 제품 판매 또는 서비스 제공을 할 수 있는 방법을 말한다. 즉, 시장을 통해서 상품과 서비스가 원활하게 제공되도록 하는 것은 고객 만족을 위한 것으로 창업자는 채널을 명확히 구성 및 구축하는 것이 중요하다고 할 수 있다.

Question 3

- **가장 효과적인 채널은 무엇인가?**
- **비용을 가장 효율화 할 수 있는 채널은 무엇인가?**
- **창업자는 고객에게 어떻게 접근할 것인가?**

채널은 오프라인과 온라인으로 구분할 수 있으며, 오프라인은 매장 중심의 백화점, 대형할인점, 슈퍼마켓, 전문점, 도·소매점 등이 있으며, 온라인은 인터넷 쇼핑몰, 오픈 마켓 등이 대표적이다. 채널은 제품과 서비스에 대한 고객의 이해도를 기초로 구매를 위한 방법, 가치에 대한 전달 및 제안 방법, A/S 등이 주요 내용이 된다.

④ 고객 관계(Customer Relationships, CR)

목표로 하는 고객과 어떠한 방법으로 관계를 지속시킬 수 있는지에 대한 방법 등을 제시하는 것을 말한다. 즉, 충성고객을 유지시키는 방법, 고객의 이탈을 방지하는 방법, 신규고객으로 유치하는 방법 등을 정리하여 방향성과 전략을 수립할 수 있다.

Question 4

- **어떻게 고객을 확보할 것인가?**
- **어떻게 고객을 유지 시킬 것인가?**
- **어떻게 고객이 다른 제품과 서비스를 이용하게 할 수 있겠는가?**

'개별 어시스트 방식'을 통한 콜센터 상담, 판매직원 지원을 통해 고객에게 직접 상품에 대한 정보와 도움을 주고, 고객별 전담인력을 선정하여 적극적으로 응대하도록 한다. '셀프 서비스'를 통해서 고객이 직접 필요로 하는 사항을 해결할 수 있도록 하거나, '자동화 서비스'를 통한 개인별 온라인 맞춤형 서비스를 제공할 수 있다. 또한 창업자는 온라인 커뮤니티를 운영하거나 '코크리에이션'을 통한 고객들의 리뷰에 대한 반영 및 제품 개발에 직접 참여시키는 방법으로 고객에게 신뢰성을 제공할 수 있고 고객 확보 및 유지에 많은 도움이 될 수 있다.

⑤ 수익원(Revenue Streams, RS)

기업이 고객으로부터 판매를 통한 수익[49]을 발생시킬 수 있는 것을 말한다.

Question 5

- **고객들이 돈을 지불할 수 있는 가치는 무엇인가?**
- **고객은 왜 돈을 지불하는가?**
- **고객은 어떻게 돈을 지불하는가?**
- **고객은 어떻게 돈을 지불하고 싶어하는가?**
- **수익원은 전체 수익에 얼마나 반영되는가?**
- **고객과 채널은 정상적으로 통합되었는가?**

49) 수입 – 비용 = 수익

수익원은 '물품 판매'를 통해 직접 얻거나, 서비스 이용을 위한 '이용료 또는 가입비', 일정기간 자산을 이용할 수 있도록 권리를 제공하고 받는 대가인 '대여료 또는 임대료', 지식재산권 사용에 따른 '라이선싱 비용', 중개에 따른 '중개 수수료', 제품 또는 서비스 등의 브랜드 노출에 따른 '광고비' 등이 대표적이 예이다.

⑥ 핵심 자원(Key Resources, KR)

가치에 대한 성공적 실현을 위해서는 현실적으로 필요한 핵심 자원을 다양하게 보유 및 갖추고 있으면 창업 시 매우 유리하다.

Question 6

- **가치 실현을 위해서는 어떠한 핵심 자원이 필요한가?**
- **공급 채널의 확보 및 안정성을 위해서는 어떠한 핵심 자원이 필요한가?**
- **고객 관계를 위해서는 어떠한 핵심 자원이 필요한가?**
- **수익원을 위해서는 어떠한 핵심 자원이 필요한가?**

공장, 설비, 기계, 시스템, 물류 등의 '물적 자원'과 생산의 기술과 지식을 갖춘 인력, 개발자, 웹마스터, 투자자 등의 '인적 자원'이 필요하며, 지식재산권, 브랜드, 고객 DB 등의 '지적 자산', 현금, 신용, 주식 등의 '재무적 자원'을 대표적으로 제시될 수 있다.

⑦ 핵심 활동(Key Activities, KA)

창업자가 원활한 창업을 진행하기 위해 집중적으로 실행해야 하는 활동을 말히며, 창업지 중심의 진행이 되어야 한다.

Question 7

- **창업자는 가치를 제공하기 위해서 어떠한 활동을 해야 하는가?**
- **공급 채널의 확보를 위해서 어떠한 활동을 해야 하는가?**
- **고객 관계 유지를 위해서 어떠한 활동을 해야 하는가?**
- **수익원 창출을 위해서 어떠한 활동을 해야 하는가?**

제품에 대한 모델링과 설계, 제작 등의 '생산'과 고객중심의 문제에 대한 '해결방안', '플랫폼', '네트워크' 등이 필요하다.

⑧ 핵심 파트너(Key Partnerships, KP)

창업자가 창업을 하면서 역량 또는 자원 등의 부족함과 미비점을 보완해줄 수 있는 파트너를 찾거나 도움을 받아 창업 리스크를 해결 또는 최소화 할 수 있는 대책을 갖춘 자를 말한다.

Question 8

- **창업자에게 도움을 줄 수 있는 파트너는 누가 있는가?**
- **주요 공급자는 누가 있는가?**
- **창업자는 파트너로부터 어떠한 자원을 얻을 수 있는가?**
- **파트너는 어떠한 활동을 하는가?**
- **파트너는 어떠한 역량이 있는가?**

'업무적 지원관계', '경쟁사 기반의 전략적 파트너쉽', 안정적인 '구매자와 공급자 관계' 등의 유형이 있다.

⑨ 비용구조(Cost Structure, CS)

창업을 하면서 발생되는 전반적인 비용을 말한다. 또한 가치 제안과 고객 관계 유지, 수익원 창출 시 비용이 발생한다.

Question 9

- **창업자가 가장 중요하게 생각하는 비용은 무엇인가?**
- **핵심 자원 확보를 위한 발생 비용은 무엇인가?**
- **핵심 활동 수행을 위한 발생 비용은 무엇인가?**

매출액 변동에 민감하지 않은 비용으로 4대보험 기준 인건비, 임차료, 보험료, 정기적 광고비, 감가상각비 등의 '고정비'와 매출액 변동에 민감한 원재료비, 파트타임 인건비, 비정기적 광고비 등의 ‘변동비’가 있다.

비즈니스모델 캔버스(BMC)는 위에서 살펴본 9가지 블록을 통해서 창업자와 창업아이템에 대한 현재의 상황을 분석할 수 있고, 장·단점을 파악하여 사업전략 등을 수립할 수 있다. 마지막으로 해당 BMC에 대한 구조의 쉬운 이해를 위하여 내용을 최종 정리하면 다음과 같다.

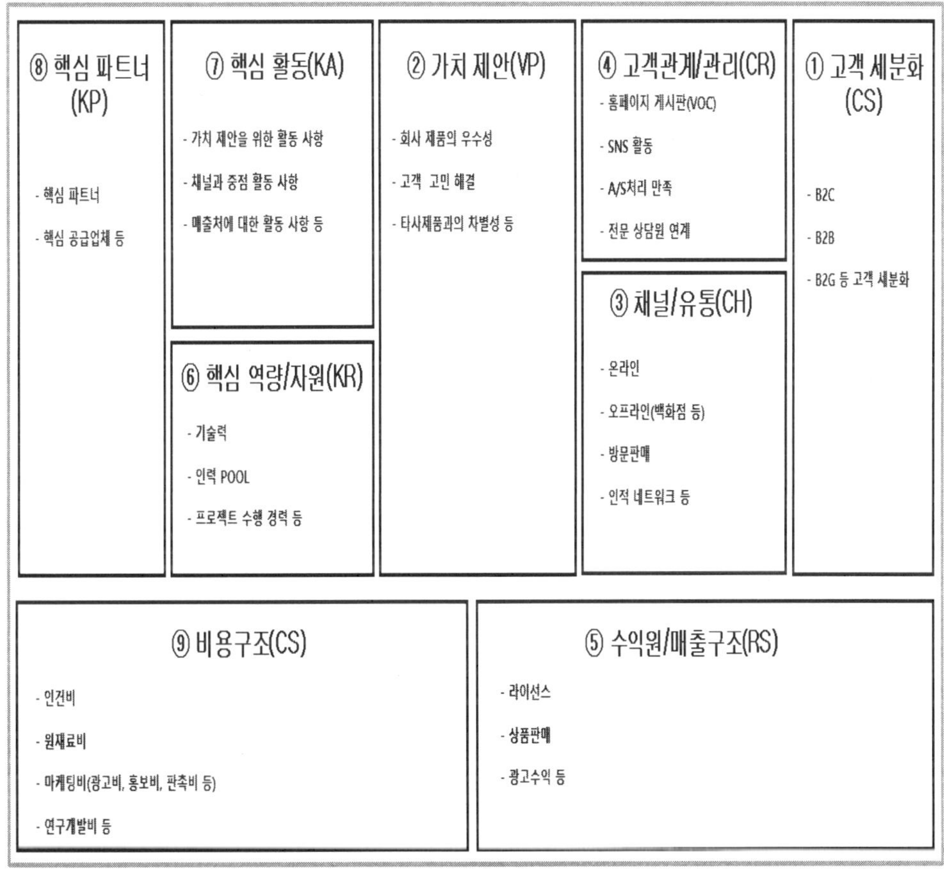

그림 Ⅳ-22 BMC 작성 구조

(2) 린 스타트업 캔버스(Lean Startup Canvas, LSC)

1) 개념

린 스타트업은 스탠퍼드 대학교의 스티브 블랭크(Steve Blank) 교수가 기본적 이론을 제시하여다. 린 스타트업은 실리콘밸리에서 시작된 창업전략으로 창업자가 범할 수 있는 리스크를 최소화 하기 위한 것이다. 해당 툴은 창업자의 시제품 또는 완제품 등을 기반으로 검증작업을 수행하면서 진행하는 것이 핵심이며, 창업자의 집중과 선택을 명확히 체계화하여 최상의 안정적인 창업을 유도하는 것에 목적이 있다.

2) 순환 구조

린 스타트업은 그림과 같이 ① 아이디어를 통해서 제품을 만든다. ② 제품을 생산하여 고객에게 판매하고 판매에 따른 고객의 반응 등을 측정한다. ③ 측정된 데이터를 가지고 고객이 불편해하는 사항 등을 분석 및 점검하는 학습을 진행한다. ④ 이후 단점 보완을 위한 ①과 같은 추가적 아이디어를 도출하여 개선작업을 통한 제품을 만들어 재생산하고 또다시 고객의 반응 등을 측정하여 데이터를 분석하고 학습을 통해서 최종 고객이 원하는 최상의 제품을 생산할 수 있도록 제시하는 툴이라고 할 수 있다. 이와 관련하여 린 스타트업 캔버스를 통한 내용의 구조 등을 살펴보면 다음과 같다.

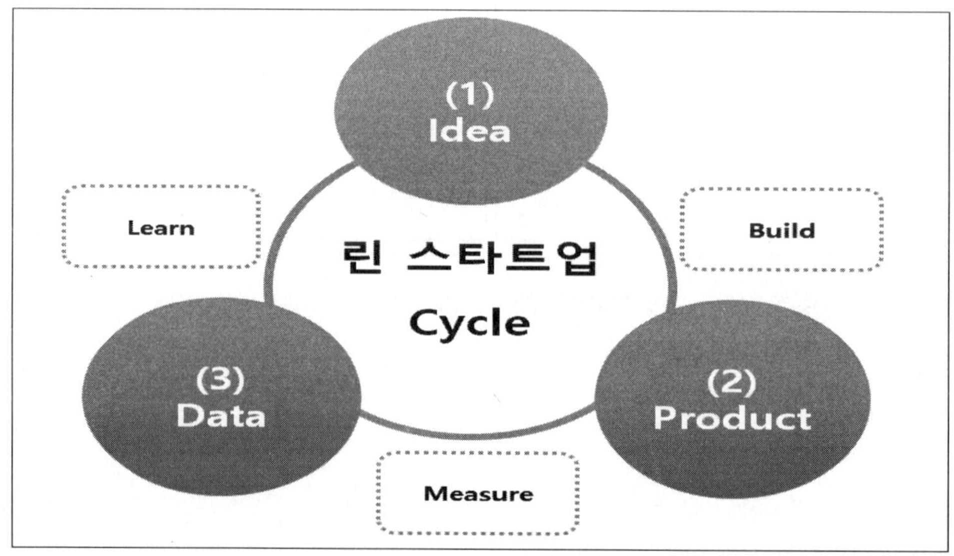

그림 Ⅳ-23 린 스타트업 Cycle

<table>
<tr>
<td>Problem
(고객문제_1)
- 가장 중요한 3가지 문제점</td>
<td>Solution
(솔루션_4)
- 가장 중요한 3가지 기능
- 가장 중요한 문제해결 방안 3가지</td>
<td rowspan="2">Unique Value Propositions
(고유가치제안_3)
- 회사제품을 구입해야 하는 이유와 타사 제품과의 차이점을 비교 설명
(알기 쉽고 설득력 있는 단일 메시지)</td>
<td>Competitive Advantage
(경쟁우위_9)
- 성실한 A/S처리
- 홈페이지 게시판
- 블러그 등 SNS활용
- VOC</td>
<td>Customer Segments
(고객세분화_2)
- 회사 제품이 필요한 고객
- 목표고객</td>
</tr>
<tr>
<td>Existing Alternatives
(문제대안)
- 문제해결을 위한 고객대안</td>
<td>Key Metrics
(핵심지표_8)
- 측정 해야 하는 중요 지표 및 활동</td>
<td>Channels
(채널_5)
- 고객도달방법</td>
<td>Early Adopters
(최우선거점고객)
- 가장 필요로 하는 고객
- 접근용이 고객</td>
</tr>
<tr>
<td colspan="2">Cost Structure(₩)
(비용구조_7)
- 인건비
- 운영비
- 재료비(원/부자재)
- 마케팅비(홍보비, 광고비, 판촉비 등)
- 시제품 또는 금형제작 비 등</td>
<td colspan="3">Revenue Streams(₩)
(매출구조, 수익원_6)
- 라이선스
- A/S 매출
- 매출모델 등</td>
</tr>
</table>

그림 Ⅳ-24 LSC 구조 및 작성방법

3) 성공 사례

린 스타드업은 창업자 외에도 회사의 신규사업개발자, 창업멘토, 창업컨설턴트, 창업자를 지원하는 인큐베이터 및 엑셀러레이터 등에게도 상황에 따라 필요한 툴이라고 할 수 있다. 린 스타트업을 적용하여 제품 개선작업을 통한 최종 제품으로 출시한 대표적인 사례는 다음과 같다.

> 2005년 애플과 모토로리는 휴대폰과 MP3를 결합한 락커(ROKR)라는 제품을 공동 개발하여 발표하였다. 당시 약 100곡의 노래만 저장할 수 있었고, 고객의 니즈인 전송속도가 매우 느려 시장에서 빛을 보지 못하고 퇴출되었다. 하지만 애플은 해당 실패사례를 기반으로 예쁜 디자인과, 빠르고 편리한 아이폰을 개발하여 현재의 공룡기업으로 성장하였다.

V 마케팅전략과 분석 기본 TOOL

창업은 마케팅과 전략 분석이 매우 중요한 요소이다. 창업을 시작할 때 4장에서 살펴본 바와 같이 아이템 발굴을 통한 시장에 대한 분석과 가능성, 신규성, 진보성 등을 파악하여 창업 아이템 선정 여부를 결정할 수 있도록 해준다. 또한 시제품이 나온 후 양산을 해도 된다고 판단될 때 집중적으로 홍보 및 광고 등의 전략을 수립하여야 하는 데 기본적 툴을 무시할 수는 없을 것이다.

창업을 처음 시도하는 창업자의 입장에서는 어떻게 해야 하는지에 대한 방향성을 모르는 상황에서 주변에서 SWOT분석, STP분석, 4P 마케팅 믹스 등 할 필요성도 없고, 아무런 의미가 없다고 말하는 경우도 있다. 하지만 창업을 함에 있어서 창업자는 돌다리도 두드려 가면서 건너야 한다고 본다.

따라서 현재 나의 상황을 냉정하게 파악해보고, 어떻게 제품이 판매될 수 있도록 할 것인지 등에 대한 분석을 철저히 준비하여 전략수립과 이행을 통해서 리스크를 최소화할 수 있도록 가장 기본이 되는 툴을 이해하는 것이 필요하다.

1 마케팅의 개념

마케팅에 대한 정의는 시대적 환경변화에 따라 새롭게 의미가 부여된다. 정의의 변경은 소비자의 구매패턴에 의한 영향에 민감한 것으로 볼 수 있으며, 미국마케팅학회(American Marketing Association, AMA)에서 제시한 마케팅에 대한 정의의 대상 기준을 살펴보면,

① 1985년 판매전략 방안을 기반으로 함

② 2004년 고객한정으로 변화함

③ 2007년 고객과 파트너 그리고 전체 사회를 포함한 조직과 관련된 모든 것을

마케팅의 대상으로 확대하였다.

미국마케팅학회(AMA)에서 제시한 마케팅에 대한 제시한 정의는 다음과 같다.

표 V-1 미국마케팅학회 마케팅 정의

년도	마케팅 정의
1985	개인이나 조직의 목적을 만족시키기 위하여 아이디어, 상품 그리고 서비스의 개념과 가격, 판촉 및 유통을 계획하고 수행하는 프로세스 Marketing is the process of planning and executing the conception, pricing, promotion, and distribution of ideas, goods and services to create exchange that satisfy individual and organizational objectives.
2004	조직과 그 이해관계자들을 위해서 고객에게 가치 있는 것을 창조하여 이를 알리고 전달하며, 또한 고객과의 관계를 관리하기 위한 조직의 기능 및 일련의 프로세스 Marketing is an organizational function and a set of processes for creating, communicating, and delivering value to customers and for managing customer relationships in ways that benefit the organization and its stakeholders.
2007	고객과 파트너 그리고 포괄적으로는 전체 사회에 유용한 가치를 제공하는 상품들을 창조하여 이를 알리고 전달하며 교환하는 활동과 일련의 제도 및 프로세스 Marketing is the activity, set of institutions, and processes for creating, communicating delivering, and exchanging offerings that have value for customers, clients, partners, and society at large.

종합해보면, 1985년의 마케팅 정의는 대상을 확대 적용하여 마케팅에 따른 의사결정을 명확하게 할 수 있도록 하는 관리 시스템을 중요하게 생각하였다.

2004년에는 1985년의 마케팅 정의에 고객관계관리(customer relationship management, CRM)를 추가로 적용시켜 고객을 한정으로 한 마케팅에 집중하였다. 즉, 마케팅에 대한 목표는 고객가치창출에 따른 수익성 확보에 가치를 두었다고 생각된다. 마지막으로 2007년에는 가치제공과 교환의 대상을 개인과 파트너 외에도 사회의 구성원으로 확대하여 전체적인 마케팅 활동으로 확대하였다.

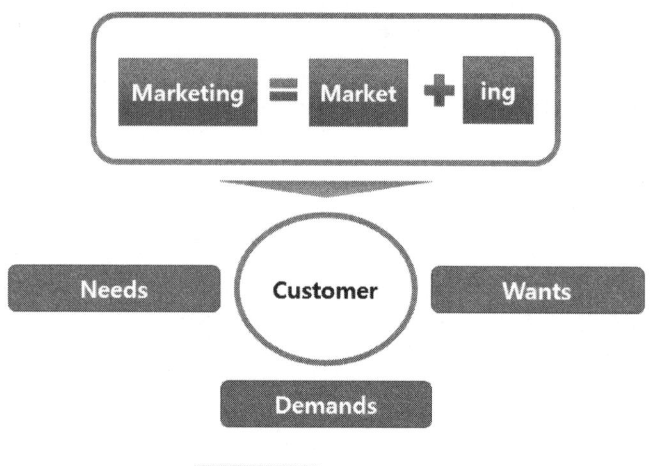

그림 V-1 마케팅 개념

마케팅은 고객의 Needs를 발견하고 해결을 위한 기획을 진행함에 있어서 고객의 Needs를 충족시킬 수 있는 요구 또는 대상 등의 Wants와 고객의 구매력을 발생시키는 요소인 Needs에 대한 Demands를 기초로 하여 고객의 만족도와 충성도를 높이는 방법과 수단이라고 할 수 있다.

2 환경 분석 기본 TOOL

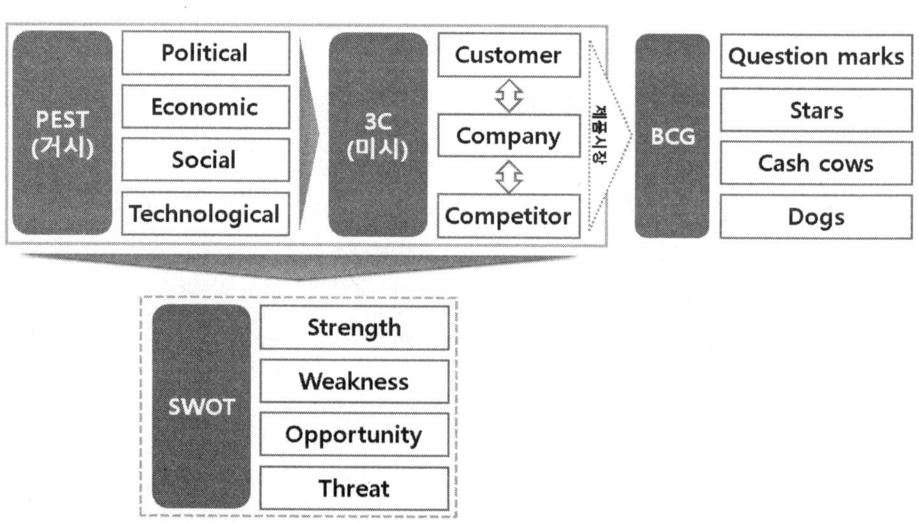

그림 V-2 환경 분석의 기본 개념

그림과 같이 환경 분석은 거시와 미시를 다각화하여 살펴보고 분석을 하여야 한다. 경영학에서는 다양한 분석 TOOL이 있으나 창업자의 입장에서 창업자가 집중하여 작성해보면 좋을 것 같은 TOOL을 선정하여 설명하고자 한다.

처음 창업을 시작하는 창업자의 입장에서는 창업자의 제품이 가장 우수하고 최고이며, 금방 물건만 나오면 성공할 것이라는 착오에 빠지기 쉽다. 그러나 이는 정말 신규성이 있으면서 사람에게 꼭 필요한 혁신적인 창업 아이템이 아니라면 곧 창업의 실패로 답을 얻게 되는 것이 현실이다.

창업은 창업 환경이 매우 중요한 요소로 아무리 좋은 제품이라도 세상에 오직 하나인 성격의 제품은 없다고 해도 과언이 아니며, 제품이 세상에 출시되면 이를 벤치마킹하여 더 고도화 시켜 더 우수한 제품으로 재탄생을 시켜 최초 발명자의 제품을 고객의 머릿속에서 잊혀 지게 하는 경우도 많다.

따라서 본 내용에서 다루어질 환경 분석에 관한 기본 TOOL은 현시대에 부합되지 않는다고 하여 그냥 무시하고 지나가거나 하찮게 생각할 것이 아니라 기초적인 내용부터 철저하고 신중하게 파악하여 창업자의 발걸음이 '꽃밭만 걸을 수 있기'를 간절히 바란다. 즉, 실패를 통해서도 많은 것을 얻고 배울 수 있으나 사전에 환경 분석을 통한 창업 리스크를 최소화한다면 더 신속하고 정확한 창업의 성장에 도움이 될 것이라고 확신한다.

(1) 거시환경 분석 'PEST'

표 Ⅴ-2 PEST 구성

Political	정치·제도	정부의 법규와 규제, 정책방향, 정책, 무역, 관세, 환경규제, 인·허가 등
Economic	경제	환율, 이자율, 금리변동, 경제성장률, 실업률, 국내외 경제동향, 유가변동, 원·부자재 가격변동, 시장성장율 등
Social	사회	연령, 고객 라이프 사이클, 소비 트렌드, 인구구조 변화, 인구증가율, 건강의식, 직업, 사회 안정성, 노동변화, 성별 증가추세, 소비자 인식 등
Technological	기술	지식재산권의 추이, IT산업과 기술 발전, 새로운 기술 발생, 연구개발(R&D), 혁신, 정보화, 기술동향, 글로벌 기술의 변화 등

PEST는 거시환경 분석에서 많이 활용된다. 대부분의 창업자는 PEST의 분석 없이 브레인스토밍, SWOT, STP, 4P만을 작성한 후 분석을 완료하였다고 생각하는 경우가 많다. 창업자는 '환경 분석의 기본 개념'프로세스에 따른 환경 분석을 통해 창업자 본인의 사업성과 시장성 등에 대한 사전 점검을 할 수 있다. 또한 이

를 통해서 리스크 방지와 창업자의 현재 수준을 파악할 수 있어 개선 및 보완을 해볼 수 있다는 장점이 있으므로 실무적으로 실시하는 프로세스임을 인지하여 창업자는 적극적으로 작성해보면 좋을 것이다.

1) 정치(Political)

정치에는 정부의 정책과, 법률, 제도 등의 내용으로 구성된다. 창업자가 아무리 경영을 잘한다고 하더라도 만약 정부의 정책과 법률 등에 어긋난 경우 창업자는 과태료, 과징금 등을 부과 받게 될 수 있다. 특히, 추가 사업을 추진할 경우 해당 사업이 인·허가가 필요한 사항인지, 인증 또는 성능점검을 받아야하는 것은 아닌지, 해당 인증 또는 성능점검 시 국내에 표준화되어 있는 것인지, 법률상 지켜야 할 사항은 무엇인지 등을 사전에 확인 및 검토를 하지 않았다면 아무리 좋은 사업이라고 하더라도 연구개발에 따른 많은 비용을 아무런 의미 없이 바닥에 버린 것과 같게 된다. 따라서 창업자는 경영뿐만 아니라 관련 법률과 정부의 정책 등에 민감하게 반응하여 안정적이면서도 합법적인 기준에서 창업을 할 수 있도록 준비하여야 할 것이다.

중점 확인 사항

프랜차이즈법(가맹사업법), 유통산업발전법, 창업지원법, 스마트콘텐츠산업 육성정책, 창업 육성정책, 창업지원정책, 무역정책(FTA 등), 지식재산권 제도 강화, 기타 법률 개정 등

2) 경제(Economic)

경제는 시장에 관한 부분이 가장 많이 존재하는 부분으로 국·내외 경제적 환경 변화에 창업자는 많은 관심을 가지고 있어야 한다. 즉, 경제상황에 따라 창업자의 입장에서는 매출 증감에 직접적인 영향이 있고, 환경변화로 인해 창업자의 창업에 기회 또는 위협이 존재한다고 해도 과언이 아니다. 대표적인 예로써 '다이소'는 국내의 경제가 어려울 당시 저가의 다양한 제품과 브랜드 인지도의 영향으로 오히려 더 고객을 확보하게 되어 고성장을 하였다. 이러한 타이밍에 맞춰 '다이소'의 저가 전략을 벤치마킹한 '천냥 마트' 등이 등장하였으나 사업의 성장과 성공으로는 연결되지 못했다.

중점 확인 사항

환율, 이자율, 금리변동, 경제성장률, 실업률, 국내외 경제동향, 유가변동, 원·부자재 가격변동, 시장성장율 등

3) 사회(Social)

사회는 사회와 문화적 트렌드에 대한 변화를 중심으로 고객의 소비 트렌드와 라이프 사이클, 인식 등 세분화하여 점검을 해보는 것이 중요하다.

대표적인 사례로 최근 사회는 "자신에게 경제적 여유만 있다면 혼자 살아도 괜찮다, 혼자 먹고 살기도 힘들다, 결혼은 포기한다, 육아를 포기 한다, 나에게 저축이란 없다, 돈을 벌면 버는 대로 나를 위해 사용한다, 여행이 좋다, 남에게 간섭받기 싫다, 혼자 밥 먹는 게 좋다 등"의 사유로 1인 가구 중심의 문화로 변화되어 가고 있다.

사회는 이러한 1인 가구를 대상으로 한 창업 아이템이 마구 쏟아져 나오는 현실에서 미래를 어둡게 보는 경우도 있으나 반대로 더 전문화된 사회의 발전이 있을 것이라 예측되기도 한다. 즉, 창업자의 입장에서 사회적, 문화적 분위기를 읽지 못하고 창업 아이템을 개발하여 출시 할 경우 성공할 수 있는 확률은 그 만큼 떨어지므로 창업자는 현실적인 사회적 방향을 애민하게 탐지하고 읽어낼 수 있는 능력을 키워야 한다.

중점 확인 사항

연령, 고객 라이프 사이클, 소비 트렌드, 인구구조 변화, 인구증가율, 건강의식, 직업, 사회 안정성, 노동변화, 성별 증가추세, 소비자 인식, 저출산, 결혼 기피현상, 사망유형 및 빈도 등

4) 기술(Technological)

기술은 사람에게 매우 중요한 삶의 질과 편리성에 많은 변화를 준다. 또한 사회의 변화는 앞서 설명한 4차 산업혁명과 같이 다양한 기술의 발전이 적극 반영된다. 창업자는 10년, 20년 동안 한 우물을 파면서 자신만의 기술력을 키웠다고 주장하나 해당 기술이 현대사회에 반영되지 못한다면 이는 자신만의 만족감으로 밖에는 인정되지 않을 것이다.

기술에 대한 대표적인 사례로 최근 MP3가 태어난 지 30년 만에 특허와 라이선

싱 계약이 만료되어 시장에서의 '사망선고'를 받았다고 기사화되었다.[50] MP3가 나올 당시, 사회는 카세트(소니, 파라소닉, 삼성 마이마이 등)와 CD플레이어가 고객들로부터 인기를 끌면서 지속적인 성장을 이어갔다.

하지만 이후 가볍고 소지하기 편하며, 다양한 기능을 제공하는 MP3 플레이어 기술이 나오면서 고객은 서서히 편리하고 다양한 기술을 가진 MP3에 주목하였고, 카세트와 CD플레이어의 시장은 급속히 추락하여 최근에는 거의 찾아 볼 수 없는 역사속의 제품이 되었다.

이후 MP3 시장이 본격적으로 활성화 될 무렵 누구나 한 개정도는 가지고 있을 휴대폰에 MP3 기능을 탑재하기 시작하면서 소비자는 휴대폰에 있는 MP3 기능만을 가지고도 충분히 사용하는데 문제가 없음을 인지하게 되었고, 패션으로의 MP3로 탈바꿈하기 위한 마케팅 등을 적극 시도하였으나 결국 고객은 냉담한 반응을 보이면서 MP3 플레이어 또한 역사 속으로 사라져 갔다. 이렇듯 새로운 기술의 발생은 기존제품에 대한 시장에 많은 영향을 주며, 새로운 기술과 아이템을 탄생시키고 있음을 알 수 있다.

중점 확인 사항

지식재산권의 추이, IT산업과 기술 발전, 새로운 기술 발생, 연구개발(R&D), 혁신, 정보화, 기술동향, 글로벌 기술의 변화 등

CASE **MP3 시대 저문다…특허 종료 선언의 의미**

독일 프라운호퍼 연구소는 14일 MP3 기술을 개발한 이 연구소와 기술 실시권을 갖고 있던 테크니컬러(구 톰슨 멀티미디어) 간 MP3 특허와 소프트웨어 사용권 계약이 끝났다고 밝혔다. MP3가 태어난지 30년 만이다.

1979년 소니가 최초로 출시한 휴대용 오디오 레코드 '워크맨'은 2013년 1월 단종될 때까지 30년간 오디오 역사의 한 획을 그었다. 2000년대 들어 PC 산업이 최고조에 이르고 대용량의 파일을 쉽게 휴대할 수 있는 MP3 플레이어가 등장하자 카세트 테이프는 빠르게 사라진다. 아날로그 대신 디지털 음원 시대가 도래한 것이다.

1987년 미국 AT&T 벨 연구소, 프랑스 톰슨사와 독일 프라운호퍼 집적회로 연구소에서 개발한 MP3(MPEG Audio Layer-3)는 비디오 압축 표준인 MPEG-1의 오디오 규격으로 개발된 손실압축 포맷이다. PCM 오디오 데이터를 사람이 듣는데 크게 영향을

50) CBS 노컷뉴스, 2017, http://www.nocutnews.co.kr/news/4785797

받지 않는 수준만을 표현한 무난한 음원 파일이라고 할 수 있다.

1998년 한국에서 개발된 최초의 MP3 플레이어 '엠피맨(mpman-F10)은 큰 주목을 받지 못했다. 당시만 해도 MP3는 파일은 PC 공간에서만 위력을 발휘했을 뿐 휴대용 MP3 기기는 존재하지 않았다.

디지털캐스트라는 이름 없는 중소기업은 추가 투자에 실패하며 우여곡절 끝에 재미교포 사업가에게 특허를 넘기게 된다. 쟁쟁한 기업들이 줄도산의 나락에 빠진 IMF 외환위기 영향도 컸다.

이후 미국에서 재탄생한 MP3 플레이어는 엄청난 인기를 끌고 국내 기업인 아이리버(레인콤)의 탄생에도 영향을 미친다. 세계 MP3 플레이어 시장은 한국 기업들이 휩쓸었다. 뛰어난 디자인과 대용량 메모리 탑재 제품을 잇따라 내놓으며 2000년대 초반까지 점유율 세계 1위를 놓치지 않았다.

원천기술을 가진 디지털캐스트의 특허권을 놓고 국내 업체들이 분쟁을 벌이는 사이 MP3는 쏟아져 나왔다. 하지만 오래가지 않았다. 맥 컴퓨터를 만들던 애플이 2005년 MP3 플레이어 '아이팟 나노'를 출시하면서다.

한국을 비롯한 세계 시장은 여전히 아이리버 등 한국산 제품을 중심으로 움직이고 있었지만 아이팟 나노 출현 이후 북미와 유럽, 그리고 일본 시장에서는 한국산 MP3 플레이어가 빠르게 자취를 감추기 시작했고, 한국 업체들은 도산하거나 사업부문을 매각하기 시작했다.

2007년 애플이 MP3 플레이어인 아이팟과 휴대폰을 결합한 터치 디스플레이 '아이폰'을 출시하면서 MP3 시장은 요동치기 시작한다.

한국은 불법복제·공유 등의 문제로 이미 MP3 음원 서비스가 자리를 잡은 상태였다. 휴대폰으로 쉽게 MP3 음원을 내려 받아 음악을 감상할 수 있다는 것은 MP3 플레이어 탄생 이후 디지털 콘텐츠 소비 형태를 혁신적으로 바꾸어 놓은 계기가 된다.

축음기가 등장한지 120년이 흐른 지금, 아이폰 탄생 10년이 되는 2017년 MP3는 공식적으로 상업적 종말을 선고 받았다.

여전히 MP3 파일을 사용하고 공유하고 생산하는 일은 계속되지만 기술이 발전하면서 과도한 '손실음원'은 메인 스트림 시장에서 퇴보하고 있다. MP3 기술이 개발된 지 20년 만이다.

프라운호퍼 연구소는 공식 성명을 통해 "지난 20년 동안 MP3를 오디오 코덱의 표준으로 만드는 데 커다란 도움을 준 라이선스 사용자 모두에게 감사한다"면서 "스트리밍 서비스나 TV, 라디오 방송 등 최신 미디어 서비스 대부분이 AAC나 MPEG-H와 같은 최신 ISO-MPEG 코덱을 사용한다. 이들 코덱은 MP3보다 더 낮은 비트율로 더 높은 음질과 더 많은 기능을 제공하고 있다"고 밝혔다.

AAC는 MPEG-4 규격에서 채택한 새로운 오디오 코덱으로 MP3보다 효율적이면서 음질은 CD의 원본 수준의 음질을 제공한다. 높은 음 분해 능력을 통해 최대 96kHz

(CD음질 44.1kHz)까지 샘플링을 할 수 있다. 스마트폰을 중심으로 프리미엄 오디오 시장도 크게 재편되는 추세다.

이미 CD 음질 수준의 음원 서비스를 하고 있는 스포티파이(Ogg)와 애플뮤직(AAC) 등 국내외 스트리밍 음원 업체들도 최근 무손실(Loseless) 음원까지 서비스를 확대하고 있다.

테이프, CD와 함께 MP3의 설자리도 계속해서 좁아지고 있지만 인류의 디지털 소비 행태를 혁신적으로 바꾼 공로와 함께 인류 역사의 한 페이지에 남게 됐다.

(2) 미시환경 분석 '3C'

3C는 창업자 회사를 중심으로 창업의 시장 환경을 고려한 변화를 파악하기 위한 시장 환경을 분석할 때 고객, 자사, 경쟁사에 대한 분석을 하여 비교분석을 하는 것이 매우 중요하며, 핵심적 파악내용은 다음과 같다.

① 고객(Customer)에 대한 분석은 고객의 니즈, 시장의 동향, 목표시장, 사업에 대한 기회 등을 파악한다. 질문의 예로써 창업자의 입장에서 사업기회와 잠재고객은 누구인가?

② 자사(Company)에 대한 분석은 현재의 회사 시장과 재무 상황, 시장점유율, 강점과 약점, 사업기회 등을 파악한다. 질문의 예로써 창업자의 현재 시장 위치은 어떻게 되는지와 창업자의 강정을 통한 시장진출 기회가 있는가?

③ 경쟁사(Competitor)에 대한 분석은 경쟁사 현황, 매출액, 신제품, 제품군, 성공 요인, 실패 요인, 강점과 약점 등에 관한 사항을 파악하면 된다. 질문의 예로써 현재의 경쟁자는 누구이고 향후 경쟁자는 누구인가?

④ 해당 3C에 Channel(판매경로, 유통경로)을 추가하여 유통구조에 대한 파악과 분석을 해놓는 것도 창업자에게는 필요하다. 질문의 예로써 창업자의 제품에 대한 현재의 유통경로의 문제점과 향후 새로운 유통경로는 없는가?

(3) 시장 및 제품경쟁분석 'BCG 매트릭스'

1) 개념 및 분석 방법론

BCG(Boston Consulting Group)는 1970년대 개발된 기업의 경영전략수립을 위한 분석도구로 사업포트폴리오(Business Portfolio)분석을 위한 기법으로 창업자 및 기업에서도 활용되고 있다. 이는 기존 또는 현재의 제품과 신제품 개발을 통한 현재시점의 사업영역수준을 정리하여 분석하고, 분석된 결과를 통해서 자금의 투자, 유지, 확산, 철수 등의 내부적 의사결정을 판단할 수 있도록 해주는 지표로 사용된다. 즉, 현재시점의 관련 제품에 대한 시장의 상황을 검토하고 제품수명주기에 따른 현황을 체크하여 시장관련 전략을 수립할 때 적극적으로 활용할 경우 많은 도움이 될 것이다.

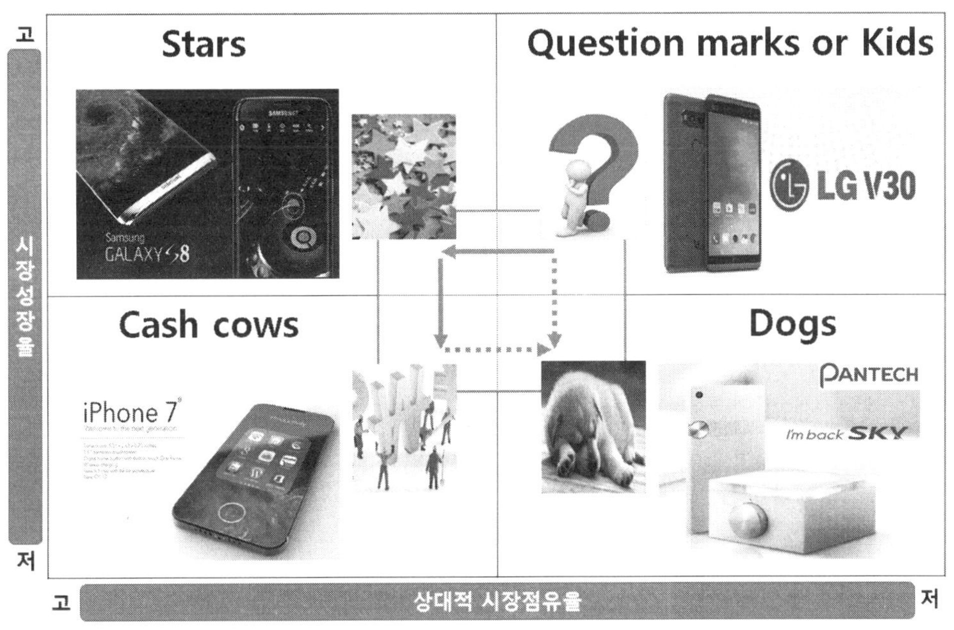

그림 Ⅴ-3 BCG 매트릭스 기본구조

해당 그림은 2017년 기준의 LG V30의 제품이 8월 또는 9월에 출시될 예정으로 국내 휴대폰 시장점유율을 기초로 매트릭스를 예시로 작성한 것이다.

LG V30이 신제품으로 출시되는 상황에서 삼성의 갤럭시 8과 아이폰 7이 앞서 출시된 제품과 휴대폰 시장에서 1차 철수를 하였다가 재진입을 하였으나 최종 철수를 확정한 팬택 휴대폰의 현 시장에 대한 수준 등을 분석한다. 내용을 분석할 경우 과거, 현재, 미래를 구분하여 시장에 대한 ① 성장율과 ② 시장점유율을 중심으로 자료수집과 내용을 구성하는 것이 중요하다.

표 V-3 시장성장율 VS 시장점유율 비교[51)]

구 분	내 용
시장성장율	- 외부환경요인임 - 사업분야에 대한 미래 전망 가능 - 기업의 자금 소요에 관련이 있음 - 시장성장율이 높을 경우 사업의 확장을 위한 지속적인 투자가 필요함 - 시장성장율이 낮을 경우 사업의 확장은 어려우므로 자금 소요 가 낮음
시장점유율	- 기업의 매출 등의 규모를 알수 있음 - 시장에서의 해당 제품에 대한 경쟁지위를 나타냄 - 누적생산량 축적에 따른 제품단위당 원가 절감의 경험곡선을 포함하고 있음. - 시장점유율이 높을수록 규모의 경제와 경제곡선에 의해 회사 는 타사보다 원가상의 우위를 보유하게 됨. - 두 축을 통한 사업부의 향후 유망성 등의 평가 가능 - 시장점유율은 자금창출과 긴밀한 관계가 있음 - 시장점유율이 높을 경우 해당 제품으로부터 잉여자금 창출 가능성이 높음

2) 해당 사업영역별 특성

① 물음표(Question Marks or Kids): 물음표 또는 문제아라는 표현으로도 사용된다. 물음표는 고성장, 저시장점유율을 의미하며, 신제품에 해당하는 경우이다.

물음표는 시장의 전망은 있으나 시장지위가 낮아 규모가 있는 기업들과 경쟁을 할 경우 성공 가능성이 있을지 알 수 없으나, 변수(틈새 등)에 의해 고객으로 하여금 관심을 받게 될 경우 성장 가능성이 있을 수도 있다. 즉, 물음표는 현금수요는 높은 반면, 낮은 시장점유율로 회사에 낮은 수익을 발생시키므로 현금에 관해서는 가장 좋지 않은 경우이다.

만약 시장점유율에 변화가 없는 경우 물음표는 많은 현금을 지속적으로 낭비할 수도 있어 선택과 집중에 따른 투자 또는 매각, 투자 중단 등의 의사결정이 필요하다.

② 별(Stars): 별은 고성장 고시장점유율을 의미하며, 경쟁이 치열한 제품이다.

별은 시장 지위를 유지하기 위해 많은 자금투자가 소요되며, 전체사업을 선도하면서 많은 수익을 창출해내는 역할을 한다. 즉, 순현금흐름과 균형을 이루는 경우가 많아 지속적인 별의 자리를 유지할 수 있도록 투자함으로써 높은 시장점유율을 필히 지속시켜야 한다. 다만, 시장성장률이 낮아지는 경

51) 김진수 외 4, 「기술창업론」, 탑북스, 2015, 343면, 재인용을 통한 내용 정리 및 보완.

우 현금젖소로 전환이 되므로 전략적으로 접근을 해야 한다.

③ **현금젖소**(Cash cows): 현금젖소는 저성장 고시장점유율을 의미하며, 독점시장이거나 수익성이 높은 제품이다. 이익과 현금 창출은 높아야하며, 낮은 성장으로 인해 필요한 투자는 낮게 책정되는 것이 일반적이어서 많은 자금이 남게 된다.

기업의 경우 해당 잉여자금을 통해서 새로운 별 제품으로 올라갈 수 있는 신사업 또는 물음표에 해당하는 제품의 주요한 투자적 재원으로 활용되기도 한다. 즉, 현금젖소에서 물음표에 해당하는 제품을 중심으로 투자되는 것이 가장 바람직한 현금흐름의 사용이라고 할 수 있다.

④ 개(Dogs): 개는 저성장 저시장점유율을 의미하며, 경쟁력이 없는 제품이다.

회사에 존재하는 개에 해당하는 제품의 수를 최소화하기 위한 노력을 적극적으로 하여야 하며, 가능한 경우 철수를 하는 것이 회사의 발전에 도움이 될 수 있다. 이 경우 제품에 대한 이익이 작다면 그만큼 투자해야하는 비용도 적거나 불필요하게 된다. 따라서 개는 현금을 창출해내지 못할 경우 신속히 철수여부를 결정하여 다른 곳에 집중을 하는 것이 더 생산적이라고 할 수 있다.

3) 창업적용

BCG매트릭스는 다양한 사업의 포트폴리오가 있는 기업의 경우 시장 진입 또는 철수, 투자 등의 전략수립을 위한 의사결정 수단으로 활용된다. 처음 창업을 시작하는 창업자의 경우 창업 제품에 대한 BCG매트릭스를 적용할 때 대부분 물음표(문제아) 또는 개의 사업영역에 해당하는 경우가 많다.

하지만 BCG매트릭스는 시장진입을 위한 의사결정 Tool로 활용되는 것이고 시장분석을 위한 것으로 실제 성장가능성이 있거나 매출이 지속적으로 발생하여 증가하고 있다면 창업자의 노력에 따라 별 또는 현금 젖소로 충분히 이동할 수도 있다. 따라서 창업자는 창업 제품 개발 단계에서 창업자의 제품이 어느 사업영역에 들어갈 수 있는지를 분석하여 예측해보는 것으로 활용하고 지속적인 성장을 할 수 있도록 인적·물적 네트워크를 적극 활용 및 투자 등 자금 유치에 적극적으로 노력하는 것이 필요하다.

(4) 내·외부적 환경 분석 'SWOT'

1) 개념

SWOT은 내부 환경인 강점(Strength) 및 약점(Weakness)과 외부 환경인 기회(Opportunity)와 위협(Threat)을 말하는 것으로 창업자가 전략적 목표를 수립함에 있어서 현재의 환경을 분석하고 검토하여 최종 방향성을 결정할 수 있도록 지원하는 Tool이다.

창업자가 내·외부적 환경 분석을 진행할 경우 창업자는 본인이 분석해보고자 하는 키워드(제품, 서비스 등)를 정하고, 해당 키워드를 기반으로 창업자 중심에서 내부적 사항과 외부적 사항을 기준에 따라 명확히 분류하여 객관적 자료 등을 통한 SWOT 내용을 작성할 경우 매우 효과적이다.

2) SWOT 분석 시 구성 내용

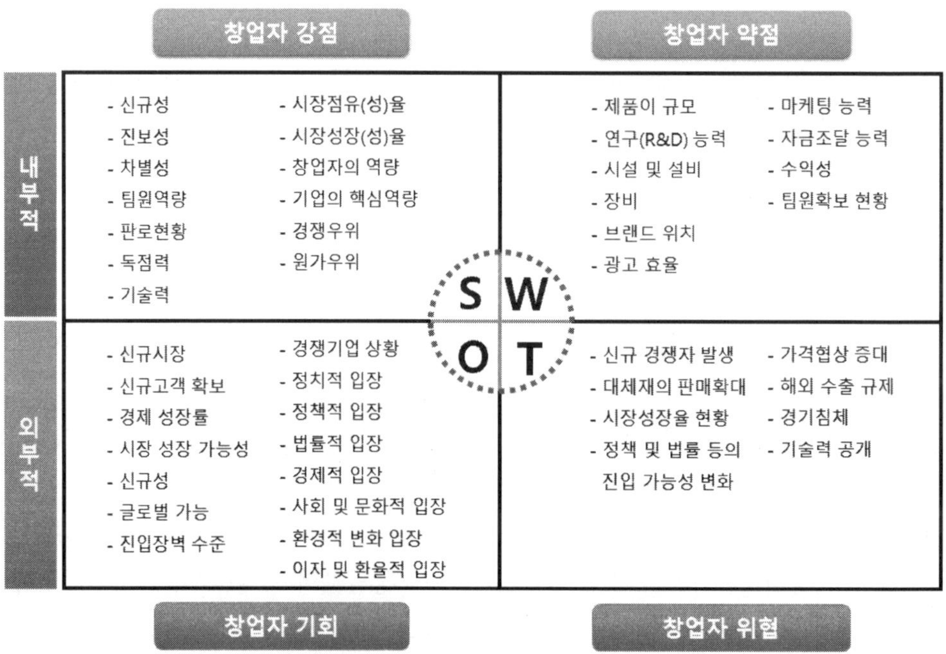

그림 V-4 SWOT 구성 내용 예시

해당 그림과 같이 내부적 강점과 약점의 내용 전체를 중심으로 창업자 중심의 현황을 분석하여 작성하고, 외부적 기회와 위협의 내용 전체를 중심으로 창업자의 입장에서 현황을 분석하고 작성하는 것이 핵심이다.

특히 해당 구성 내용의 예시 외에도 창업자에게 강점 및 약점이 되는 내용을 집중하여 도출하는 것이 중요한데 사전에 외부적 기회와 위협에 대한 내용을 자세하고 다양하게 도출하면 이후 내부적 강점과 약점을 병행하여 검토할 경우 창업자가 실질적으로 필요한 전략을 수립하는데 많은 도움이 된다.

3) SWOT 분석을 위한 체크리스트 도출방법 예시

SWOT 분석을 위한 내용 도출 체크리스트는 규정되어 있는 것은 없다. 창업자의 기준에서 필요하다고 생각되는 내·외부적 환 경분석 요소의 기준항목을 선별하여 정하고 이를 체크리스트로 작성하여 사용한다면 SWOT 분석 시 체계적이고 효율적인 진행을 할 수 있다.

① 외부적 분석을 위한 O·T 체크리스트 예시

구 분	기회(O)		위협(T)	
	내용	중요도	내용	중요도
제 품				
가 격				
광고 및 촉진				
유 통				

② 내부적 분석을 위한 S·W 체크리스트 예시

구 분	강점(S)		약점(W)	
	내용	중요도	내용	중요도
브랜드인지도				
제품특징				
차별성				
유통경로				
광고 및 판매역량				
판매원				
점유율				
충성고객				
연구개발 인력				
기술력				
가 격				

4) SWOT 전략수립 절차

① 시장의 외부적 기회요인과 위협요인을 도출, ② 창업자의 내부적 강점과 약점을 도출, ③ SWOT Matrix 작성, ④ SWOT Matrix 크로스 세분화를 통한 분석, ⑤ 마케팅전략 수립 후 진행여부를 최종 결정한다.

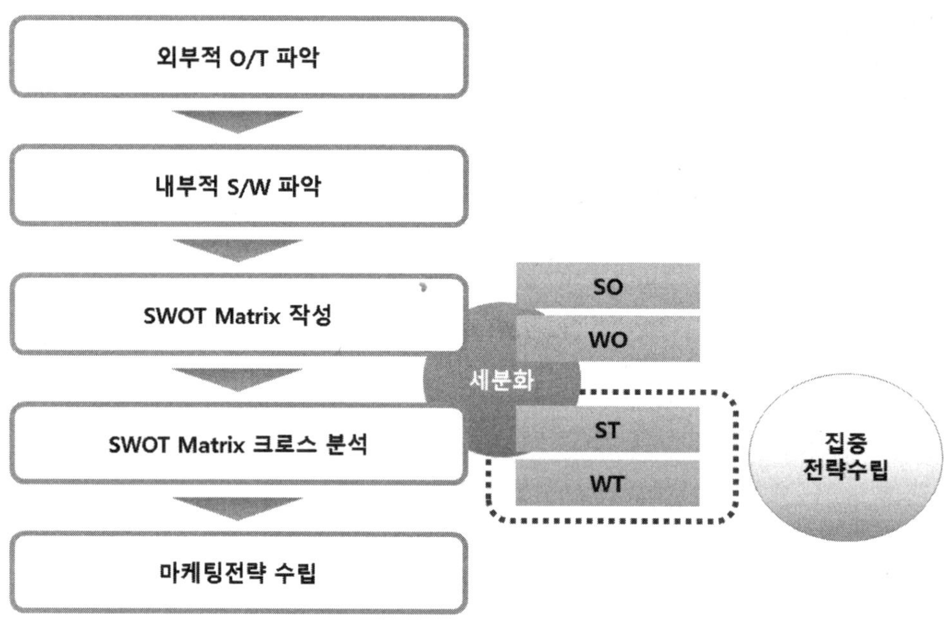

그림 V-5 SWOT 전략수립 기본 절차

5) SWOT Matrix 전략 및 대책방안 수립 예시

창업자는 SWOT 관련 내용을 작성하였다고 하여 SWOT 분석을 완료하였다고 생각하면 안 된다. SWOT 분석은 작성된 SWOT 분석의 내용을 기준으로 해당그림과 같이 S·O, W·O, S·T, W·T로 세분화하여 해당 내용에 따른 전략과 대책방안을 수립하여 창업자의 창업아이템을 목표시장에 안정적으로 진출시킬 수 있도록 체계적이고 종합적인 마케팅전략을 수립하여야 한다. 이후 창업자의 선택과 집중에 따른 진행여부를 결정하여 계획대로 진행하면 되며, SWOT Matrix에 대한 사용 예시는 다음과 같다.

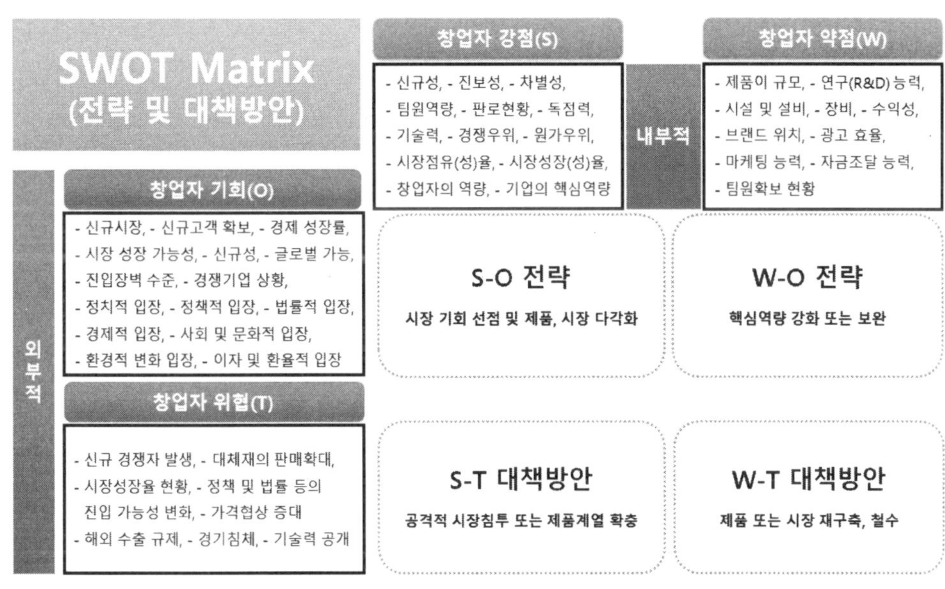

그림 V-6 SWOT Matrix 활용 방법

3 기본적 마케팅 전략수립 Process

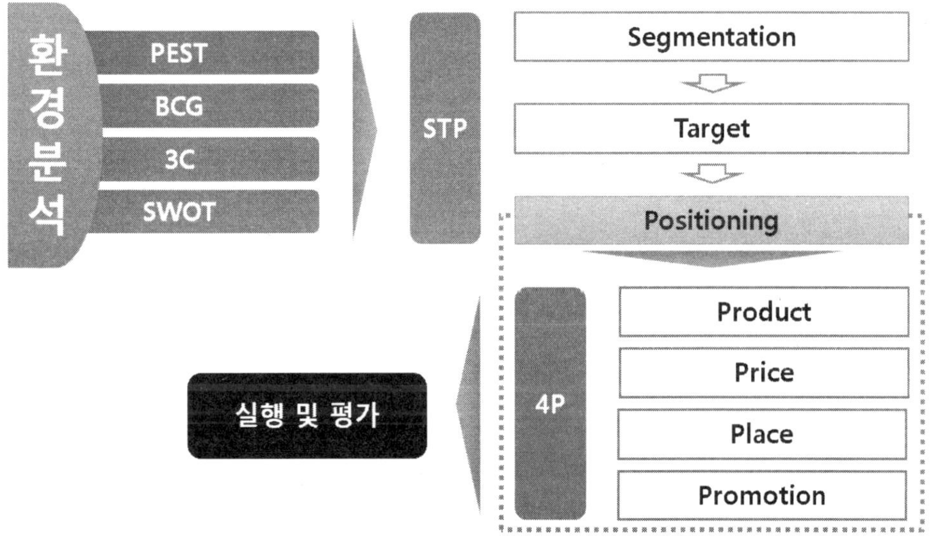

그림 V-7 마케팅 전략 수립 과정

PEST는 거시적 시장 환경을 중심으로 하고, 3C는 미시적 시장 환경에 대한 고객, 회사, 경쟁자에 대한 분석 등을 하는 것이 일반적이다. 시장 환경에 대한 분석이 완료되면 이후 시장에 대한 전략 수립 과정이 필요한데 이를 STP라고 한다. 또한 STP과정이 정리되고 나면 실행 계획방안을 수립하여 관리하여야 하는 데 이를 4P 즉, 마케팅 믹스라고 한다. 여기에서는 마케팅 전략 수립에 필요한 과정을 소개 하고자 한다.

(1) STP

1) STP 구조

① 시장세분화(Segmentation): 최적의 시장세분화를 할 수 있는 방법을 탐색하여 세분화 된 시장정보를 수집하는 것으로 고객 또는 잠재시장에 대한 서로 다른 needs 등을 분석해 보는 것이다.

② 표적시장(Target): 세분시장의 효과 등을 검토하여 가장 효율성을 낼 수 있는 세분화된 시장을 선택하여 결정한다. 즉, 세분시장의 매력도 등을 평가하여 한 개 또는 두 개 이상의 표적시장을 선정할 수 있다.

③ 포지셔닝(Positioning): 표적시장의 고객에게 경쟁사 상품 또는 제품 등을 자사와 구별할 수 있도록 고객의 마음속에서 자사를 집어넣은 것을 말한다. 즉, 4P 마케팅믹스 등을 통한 고객에게 자시의 이미지 등을 각인시켜 자사제품 등의 구매력을 향상 시킬 수 있다.

포지셔닝의 핵심은 고객의 Needs, Wants, Demands를 파악하고 분석하여 해당 사항을 세분화하고 세분화된 고객 군 중 최상의 효과를 낼 수 있는 표적시장을 선별하여 확정 후 자사가 판단하는 고객중심의 집중공략을 통해서 구매력 상승과 성장성 그리고 자사의 이미지를 부각시키기 위한 포지셔닝을 진행하는 것이다. 만약 세분시장이 2개 이상으로 선정된 경우 각각의 세분시장별로 마케팅믹스전략을 수립하여 실행하여야 한다.

2) 시장세분화((Segmentation)

시장세분화는 니즈 또는 상품을 통해 얻고자 하는 편리상의 이익이나 유사점 또는 인구통계적인 요인 등이 창업자가 생각하는 요건과 비슷한 소비자들을 소그룹을 분류하여 정리해보는 것이다.

① 시장세분화 목적

가. 소비자의 욕구, 구매동기 등을 분석 후 시장상황을 파악하여 변화하는 시장에 적극적으로 대응하기 위한 것이다.

나. 회사의 강점과 약점을 파악하여 방향성을 설정하고자 한다.

다. 표적시장을 객관적으로 결정하여 표적시장에 맞는 마케팅활동을 강화하고 제품에 대한 판매를 효율화 하고자 한다.

라. 기업의 제한 된 자원을 효과적으로 활용하여 시장의 실패를 최소화 하고자 한다.

② 시장세분화 전제조건

가. 정보의 측정 및 획득이 용이하여야 한다.

나. 수익성이 보장되어야 한다.

다. 접근 용이성과 전달성이 높아야 한다.

라. 명확한 구분이 되어야 한다.

마. 차별화된 반응성이 높아야 한다.

바. 일관성과 지속성을 갖추어야 한다.

③ 세분시장의 수 결정

세분시장의 수를 결정하여 정하는 것에는 명확한 기준이 없다. 창업자가 생각하는 기준에 따라 시장의 세분화는 달라진다.

창업자가 시장을 세분화함에 있어서 현재의 시장상황과 제품에 대한 생산능력, 창업 방향성 등의 기준을 고민하여 항목 분류표 등을 작성해보는 것이 효율적인 시장 세분화를 하는데 도움이 될 것이다. 또한 창업자는 시장세분화에 대한 변수를 필히 고려하여 시장 세분화를 할 경우 객관화된 세분시장의 수를 분류할 수 있을 것이다.

시장세분화 시 '시장을 무엇으로 나누면 좋을까?'를 생각해보아야 한다. 보편화되어 활용되고 있는 선정기준을 살펴보면 다음과 같다.

가. 인구 및 사회통계학적 변수: 성별, 나이, 가족 수, 소득수준, 직업, 종교, 인종, 생활주기, 인구 등

나. 생활유형변수: 관심거리, 라이프 스타일, 제품의 사용상황 등

다. 지리적 변수: 지역, 규모, 인구밀도 등

라 구매행동변수: 구매 시기, 구매수준, 브랜드 충성도 등

마 기타 마케팅 민감도와 추구 편익 등

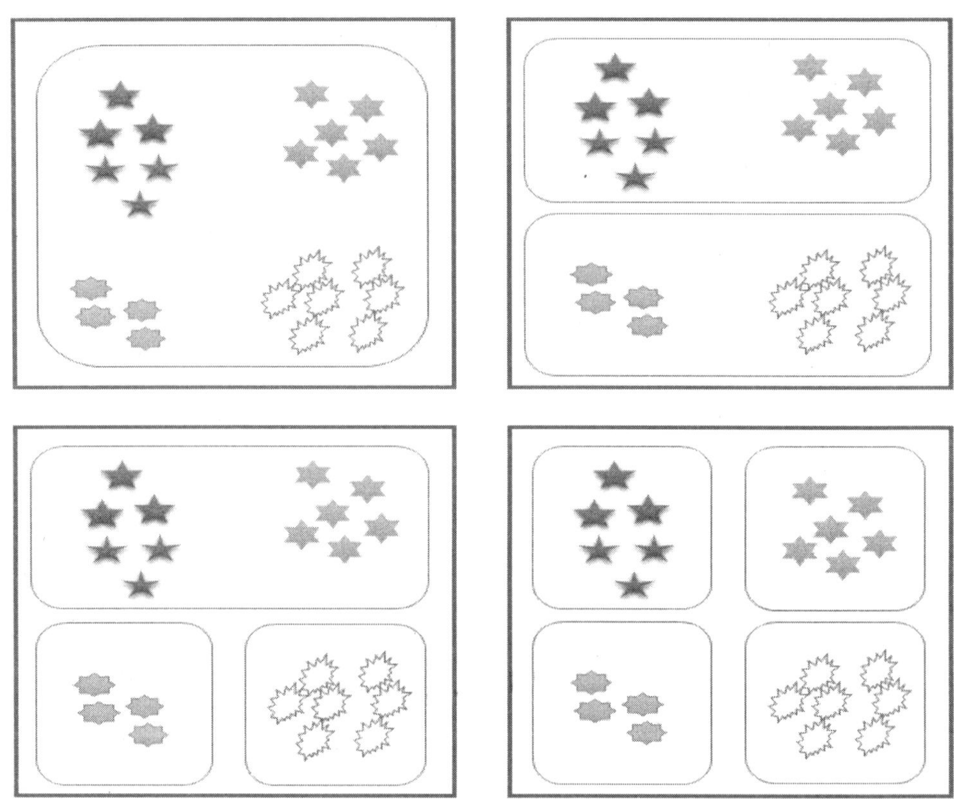

그림 V-8 세분시장의 수 분류 예시

해당 기준은 가장 많이 사용되는 기준이나 앞에서 설명한 바와 같이 창업자의 생각에 따른 방법을 항목 분류표를 작성하여 이를 기준으로 시장을 세분화하는 것도 방법론이 된다. 또한 시장세분화가 잘 되었는지를 검토해볼 경우

① '측정이 가능한 시장세분화로 되었는가?'로 시작하여 시장의 크기와 고객의 구매력을 측정하고 분석 할 수 있는 조건이어야 된다.
② '고객을 자주 만날 수 있는 접근성이 있는가?'인데 이는 창업자가 아무리 좋은 제품을 개발하여 생산한다고 하더라도 고객을 만날 수 없을 경우 해당 제품의 판매는 실패가 되어 해당 시장에서 철수하여야 하는 경우도 발생하기 때문이다.
③ '창업자에게 수익을 발생시켜 줄 수 있는 시장의 규모를 갖추고 있는가?'로

고객에게 제품을 판매하여 수익이 발생하지 않을 경우 창업자는 해당 시장에 제품을 판매할 가치가 없어 손실이 될 가능성이 있다. 따라서 창업자가 제품을 가지고 해당 시장에 진입할 경우 고객으로부터 관심을 받을 수 있는 시장인지를 꼼꼼히 점검해 보아야 한다.

④ '다른 회사와의 차별성이 있는가?'로 고객은 새롭거나 자신이 필요(needs)로 하는 제품이 있다면 구매해 볼 가능성이 높아진다. 즉, 고객 또는 세분시장마다 Needs의 기준이 다르기 때문에 창업자는 해당 세분시장의 Needs와 고객의 Needs를 분석 및 파악하여 마케팅전략을 적극 활용하여 시장에 제시하는 것이 중요하다.

3) 표적시장(Target)

표적시장은 앞서 세분화 시킨 시장을 중심으로 가장 효율적으로 창업자가 활용할 수 있는 시장을 최종 선정하는 과정이라고 할 수 있다. 즉, 과거시장의 Data를 통해서 현재 기준의 시장에 대한 Data를 분석하여 창업자의 제품이 표적시장에 진입되었을 때 향후 이익을 창출 시킬 수 있는지와 창업자가 추구하는 목표 등과 적절히 일치되는지 여부를 적극 고려하여야 한다.

① **표적시장 선정방법**: 표적시장을 선정하는 방법으로 '세분시장이 얼마나 크고 성장 가능성이 있을까?'와 '진입장벽, 경쟁자 현황, 대체재, 시장 접근가능성, 창업자의 협상력, 고객의 협상력 등이 있는가?'를 종합적으로 판단하여 최상의 표적시장을 선정하여야 한다.

② **시장선택 접근방법**: 시장선택을 위한 접근방법으로는 ① 비차별적 마케팅 전략인 시장의 구분 없이 전체 시장을 하나로 보고 전략을 수립하는 방법, ② 차별적 마케팅 전략인 시장을 여러 개로 세분화하여 해당 시장에 맞는 제품을 개발 및 생산하여 전략을 수립하는 방법, ③ 집중적 마케팅 전략인 창업자가 하나의 시장만을 선택하고 창업자의 자원을 이용한 선택과 집중을 하는 전략을 수립하는 방법으로 구분하여 정리해볼 수 있다.

해당 시장선택 접근 방법을 활용한 전략적 예시를 살펴보면 다음과 같다.

가. 하나의 세분시장에 집중

나. 전문적 제품만을 취급하는 세분시장 선택: 3D프린터, 공학용 기계를 대학교에 공급

다. 특정 시장에 광범위한 제품범위 제공: 화학약품, 실험도구 등

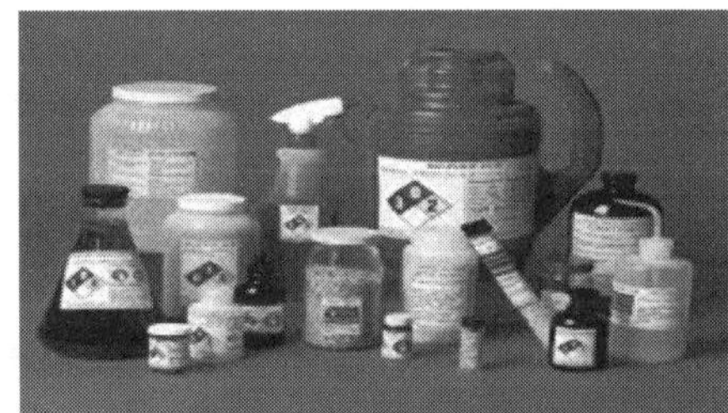

라. 전체 세분시장에 모든 제품 제공: CJ 고추장, 대상 된장 등

마. 2개 이상의 세분시장에 단일제품 제공: Risk 분산 및 Pilot test

4) 포지셔닝(Positioning)

① 개념 및 정의: 1972년 라이스(Ries)와 트라우트(Trout)가 '포지셔닝'이라는 말을 사용하였고, "인간의 마음속에 뛰어드는 길"이라고 정의하였다. 현대적 포지셔닝에 대한 정의는 "상품, 서비스, 기업의 이미지를 소비자들에게 인식시키는 것"으로 정의되고 있으나, 큰 변화 없이 유사한 개념으로 사용되고 있다.

결국 포지셔닝은 아는 사람 누군가가 나에게 또는 제3자가 지나가는 길에 다른 사람과 이야기 하면서 '고추장'을 이야기 했을 때 자신이 좋아하는 고추장 브랜드(CJ 해찬들, 대상 청정원 등)가 머리와 가슴 속에서 이미지와 맛 등이 연상되는 것이 성공적인 포지셔닝이다.

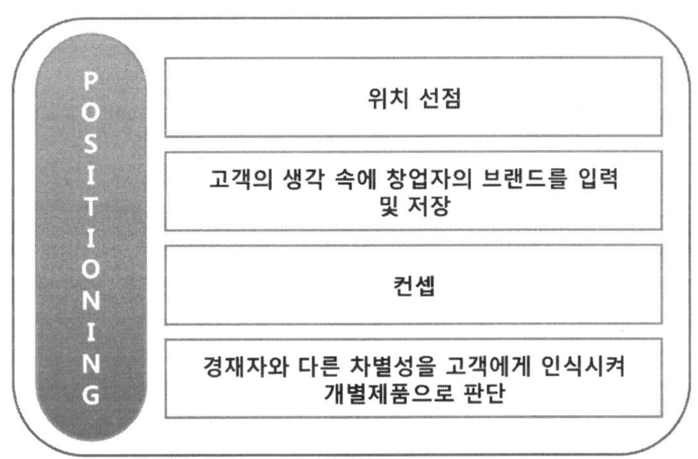

그림 V-9 포지셔닝 정의

② 성공적인 포지셔닝을 위한 검토: 성공적인 포지셔닝을 위해서는 앞서 배운 목표시장을 명확히 선정하여 목표시장에서 창업자의 이미지를 고객에게 인정받을 수 있는 최상의 컨셉을 기획하고 실행하여야 한다. 즉, 고객 판매 제안(USP)을 통한 '고객이 창업자의 제품을 꼭 선택을 해야만 하는 이유는 바로 이것이다.'를 결정하여 적극적인 홍보와 광고를 진행하는 것이 일반적이다.

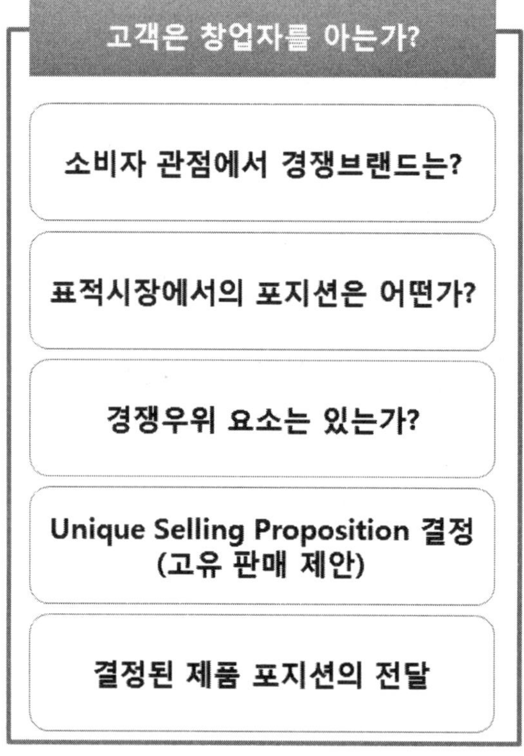

그림 V-10 성공적인 포지셔닝을 위한 검토 방법

③ 포지셔닝 전략: 포지셔닝 전략으로는 다음과 같이 정리하여 살펴 볼 수 있다.

가. 경쟁상대에 대한 재포지셔닝(Re-positioning)

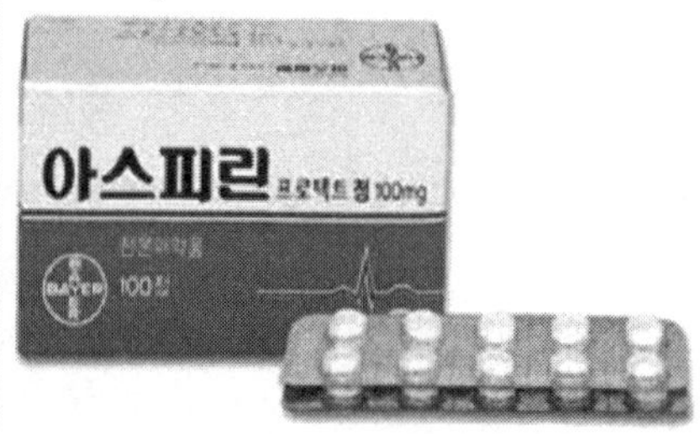

나. 1등 그룹으로의 형성: 3대 생명보험사

다. 현재의 위상 강조(대항 포지셔닝)

라. 최초로 기억되는 기업(선도의 법칙)

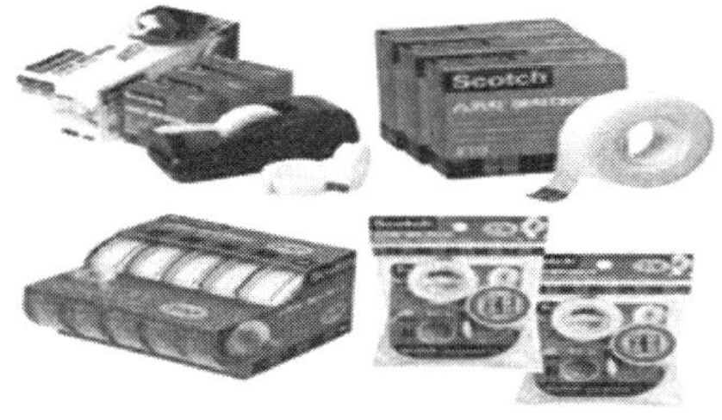

마. 지속적인 이미지 전달에 집중: 불임전문병원을 통한 병원 특화

④ 성공적인 USP 전략을 위한 방향제시: USP는 하나의 단어 또는 한 줄의 짧은 문장 등으로 창업자 또는 창업자의 제품을 고객에게 인식 시켜 서비스 또는 제품의 구매로 연결이 되었다면 성공적인 USP가 된다. 이와 관련하여 성공적인 USP 전략을 위한 방향을 제시하면 다음과 같다.52)

가. 셀링 포인트(selling point)가 중요한가?
나. 다른 창업자 또는 기업의 제품과 차별화 되어 있는가?
다. 다른 창업자 또는 기업의 제품 및 성능 등에 비해 우월한가?
라. 고객들에게 객관적으로 위의 내용을 전달 할 수 있는가?
마. 다른 창업자 또는 기업보다 우선하여 선점하고 있는가?
바. 고객의 구매할 수 있는 가능한 가격인가?
사. 기업의 입장에서 원부자재 상승이 있는 경우에도 이익을 낼 수 있는가?

이러한 내용을 중심으로 USP를 선정할 때 창업자의 브랜드에 대한 가치가 창출될 수 있을 것이다.

⑤ 지각도: 고객의 마음속에 브랜드에 대한 인식과 가치 등을 정리하여 그림 또는 그래프 등으로 나타내는 것을 말한다. 지각도는 전략적으로, '경쟁자의 핵심적 기준', '표적시장 또는 틈새시장 발견', 상대적 포지션을 파악하여 분석하기 위함이다.

지각도에 대한 작성을 위해서는

가. 소비자에게 직접 물어보는 방법을 활용할 수는 있으나 상황에 따른 변화로 신뢰성이 떨어진다.
나. 경영관리자의 경험에 따른 주관적인 판단을 통해서 시장의 진출에 따른 척도를 파악할 수 있다.
다. 통계에 따른 방법으로 리서치 조사 등을 통한 분석을 통해서 최상의 방법을 강구 및 보완할 수 있다.

해당 작성방법들을 통해서 다수의 고객, 경영관리자, 제조업체들이 생각하는 있는 브랜드 또는 가치가 현재의 시장에 없다면 창업자는 이에 해당하는 아이템을 발굴하여 개발하고 생산하여 판매를 할 경우 해당 고객들의 문제를 해결해 줌으로써 틈새시장에 진출하여 선점할 수 있다.

52) 김상훈, 「김상훈 교수의 마케팅 핵심원리와 실전전략」, 크레듀, 2006, 51-52면(재인용을 통한 재구성).

(2) 4P(마케팅 믹스) + 3P

4P(마케팅 믹스)

Product (제품전략)	Price (가격전략)	Place (유통전략)	Promotion (촉진전략)
물리적 차별화	다운 가격 (Pricing Skimming)	직접유통방식	광고 (Advertising)
서비스 차별화	침투 가격 (Penetrating Pricing)	간접유통방식	판매촉진 (Sales Promotion)
	높은 가격(고가) (Prestige Pricing)	혼합유통방식	PR (Public Relations)
	미끼 가격 (Bait & Hook Pricing)		인적 판매 (Personal Selling)
	가격 프로모션 (Price Promotion)		직접 판매 (Direct Selling)
			전시회 (Trade Show)
			온라인 기반 (Online)

+

3P(서비스 기반)

- People (사람)
- Process (처리)
- Physical Evidence (촉진 전략)

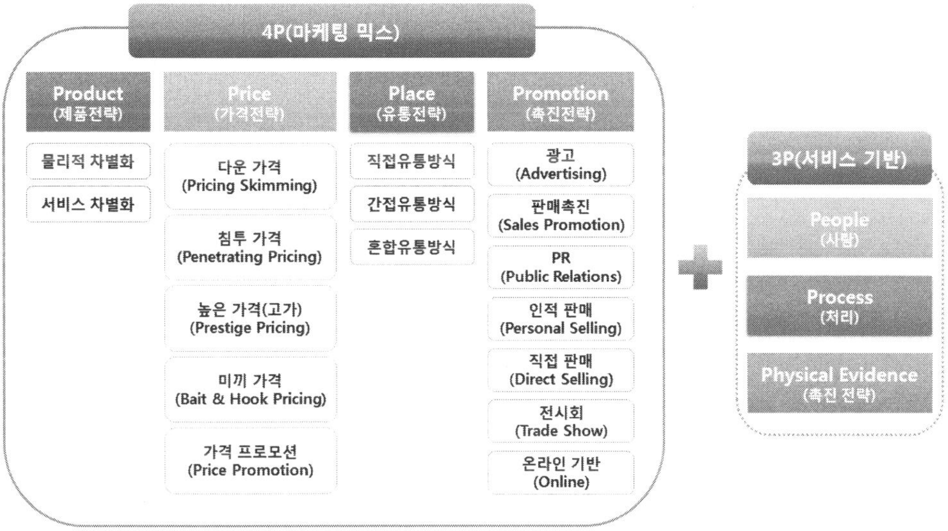

그림 Ⅴ-11 4P + 3P 구조

마케팅믹스는 STP의 포지셔닝을 위한 구체적인 전략을 수립할 수 있도록 지원하는 Tool이다. 즉, 세분시장을 통해서 고객과 표적시장을 최종 결정하고, 해당 표적시장에서 창업자가 효율적으로 영업활동을 할 수 있도록 진행하기 위한 기본적 요소로써 창업자의 기업 이미지를 고객에게 제대로 인식시키기 위한 방법론으로 4P 마케팅믹스를 주로 활용되고 있다. 또한 '믹스(mix)'는 해당 4P를 통해서 마케팅 전략을 도출한다는 의미로 사용된다.[53)]

1) 제품전략(Product)

제품전략은 상품기획부터 생산, 판매, 사용, 구매, 고객의 욕구충족 등 모든 과정을 포함한다. 즉, 고객이 창업자의 상품에 대하여 만족하게 되면 또 다시 창업자의 제품으로 추가 구매하게 되고 재구매의 빈도가 지속되면서 충성고객으로 까지 발전하게 된다.

이후 신상품을 추가 기획하여 생산할 경우 고객의 필요성과 욕구를 충족시키기 위한 리서치를 적극적으로 추진하면서 고객의 소리(Voice of customer, VOC)등을 통해 지속적인 상품을 개선 및 보완할 경우 품질이 더 좋고 활용성과 구매력이

53) 김진수 외 4, 앞의 서적, 243-251면(재인용을 통한 1)부터 4)의 전반적 내용과 사례 보완).

높은 제품을 생산하고 출시할 수 있게 된다.

위에서 살펴본바와 같이 제품전략은 물리적 차별화와 서비스 차별화로 구분할 수 있다. ① '물리적 차별화'는 제품의 종류와 디자인, 성능, 효능, 기능, 품질 등에서 다른 회사의 제품에는 없는 또는 진보시킨 특징을 추가한 것이다. ② '서비스 차별화'는 물건을 판매한 후 발생되는 A/S, 고객센터, 품질보증, CRM 등의 서비스를 다른 회사보다 더 좋고 더 확실하게 운영하는 것이다. 이를 통해 고객으로부터 창업자의 제품의 신뢰성을 지속화하고 고객만족도를 통한 제품의 재구매 및 자체적 구전 마케팅 등으로 이어져 새로운 고객을 창출시킬 수 있으며, 이를 통한 제품판매가 자연스럽게 발생될 수 있는 발판이 될 수도 있다.

2) 가격전략(Price)

가격전략은 기업이 생산한 제품과 고객의 필요성을 연결하는 과정에서 교환계약을 실현시키는 중요한 역할을 하는 것이다. 그러나 유사 또는 동일한 제품을 판매하는 경쟁사간에 치열한 판매전쟁으로 가격을 낮추거나 1+1과 같은 촉진전략의 한 부분으로 편입되는 현상으로 변질되어 가고 있다.

기업은 이미지 또는 이익률을 제고하고자 하는 경우와 차별화된 Pull 마케팅이 가능할 경우 '고가정책'을 주로 활용한다. 또한 시장점유율을 확대하거나, 경영악화를 조장하기 위한 경우에는 '할인가(저가)정책'을 사용하고, 일반대중시장에 집중할 경우에는 '보급가 전략'을 사용하기도 한다.

위에서 살펴본바와 같이 가격전략에 따른 가치 기반 가격을 정리하여 살펴보면 다음과 같다.

① 다운 가격(Pricing Skimming)

처음 신제품을 출시할 경우 높은 가격으로 판매를 하다가, 제품에 대한 판매가 낮아지면 가격도 동시에 낮추는 방법을 가지고 간다.

예로써 어떠한 점퍼가 있는데 처음에는 돈이 있는 고객을 대상으로 하다가 어느 정도 제품판매에 따른 평준화가 될 무렵 그 동안 비싸서 살 수 없었던 고객을 통해서 할인된 가격으로 판매함으로써 지속적으로 고객확보를 통한 판매를 하는 방식으로 일반적으로 가장 많이 적용되고 있는 방식이라고 할 수 있다.

② 침투가격(Penetrating Pricing)

보급화를 위한 목적도 있으며, 판매량과 시장점유율을 극대화하기 위한 방식이다. 이는 브랜드에 대한 이미지를 확대시키는 반면 판매에 따른 수익은 다소 낮으며, 가격을 인상할 경우 고객의 이탈이 예상되어 원가를 통한 비용 절감이 매우 중요한 가격전략이 된다.

③ 높은 가격(Prestige Pricing)

고가전략은 회사의 품위나 명성 유지를 위한 고급화 전략을 위해 사용되는 경우의 가격전략이다. 고객은 높은 가격일수록 제품의 스펙은 높고 좋다는 인식을 하고 있어 남들과 다름을 보여주기 좋아하는 고객을 대상으로 한다.

예로써 명품 백, 명품 의류, 명품 만년필, 명품 신발 등이 있으며, 최근에는 마니아층을 통한 한정판이라는 마케팅을 통해 고가전략이 활성화 되고 있다.

④ 미끼 가격(Bait and Hook Pricing)

낚시 가격이라고도 한다. 최근 HP 등 프린터 업계에서는 프린터와 떼어 놓을 수 없는 잉크, 토너 등의 소비재 판매를 적극 확대만 하더라도 충분한 이익이 발생하기 때문에 프린터는 무상으로 제공하되, 사용한 만큼의 비용을 고객이 매월 HP에게 지급하면서 잉크 등을 보충할 경우 추가적 요금을 받는 방식의 가격전략으로, 실과 바늘이 함께 필요한 제품군에서는 적극 활용되고 있다.

⑤ 가격 프로모션(Price Promotion)

판매촉진전략과 같이 가격을 일시적으로 할인해주거나 제품 구매 시 사은품 등을 추가로 제공하는 방식이다. 이는 대부분 신제품이 출시될 경우 경쟁회사와의 차별성과 고객유인을 위한 방법으로 활용된다. 또한 신제품 이외에도 기존 제품의 재고를 정리하기 위한 방법으로도 적극 활용되고 있다.

중요한 것은 가격 할인 또는 추가적 사은품 등을 제공한 이후 정상적인 가격으로의 판매 시 고객으로부터 외면당할 수 있는 리스크도 존재한다.

3) 유통전략(Place)

유통전략은 제품이 생산되어 고객에게 판매되어 배송되는 과정까지에서 발생되는 생산자, 도매상, 소매상, 물류, 고객 모두를 포함하는 활동이다.

유통은 오프라인에 따른 매장 이외에도 인터넷 쇼핑몰 등에 의한 온라인 판매로 구분할 수 있으며, 최근에는 O2O(Online to Offline)연계 방식도 추가되어 다양한 방식의 유통을 통한 판매를 할 수 있다.

유통경로는 ① 직접유통, ② 간접유통, ③ 혼합유통의 방식이 있다.

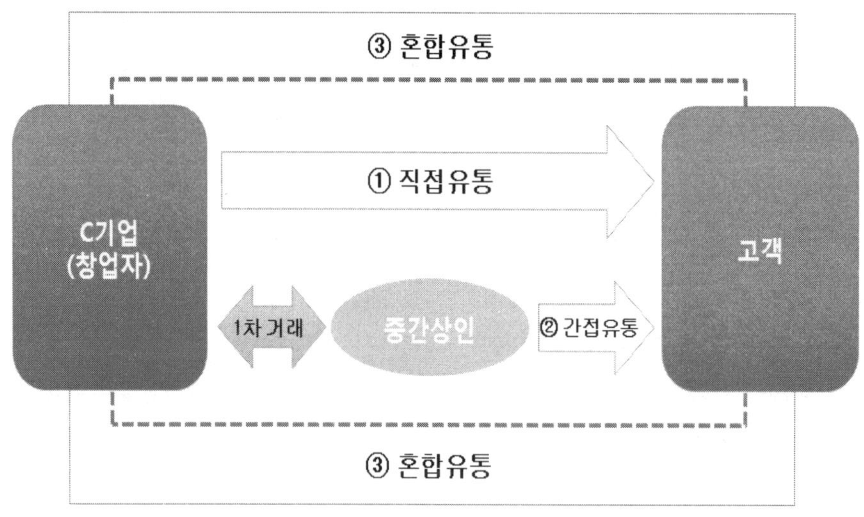

그림 V-12 유통경로 FLOW

저자가 식자재전문유통회사인 C기업에서 근무를 해본 경험을 바탕으로 해당 그림의 방법에 따른 사례는 다음과 같다.

① C기업은 직접 운영하는 대형매장과 온라인 쇼핑몰을 통해서 고객에게 직접 제품을 판매하였고, 결제가 완료된 경우 고객의 요청에 따라 안전하게 물건 배송까지 완료하면서 상호신뢰를 바탕으로 지속적인 '직접유통'을 하였다.

② 이러한 유통과정에서 중간상인(실무에서는 '중상'이라는 표현으로 사용되기도 함)이 있어 C기업을 통한 물건을 직접 구매 후 중간상인 본인의 명의로 거래처에 물건을 판매하는 '간접유통' 방식도 있었다.

③ 또한 거래처의 분산으로 인해 거래 또는 배송이 어렵다고 판단될 경우 i) C기업은 대형매장과 온라인을 통한 직접 판매만 하고, ii) 시장 등 동일한 지역으로 자주 방문하는(동선의 일치) 중간상인에게 해당 거래처를 연결해주어 거래관계가 성립될 시 중간상인은 C기업으로부터 물건을 구매하여 배송을 하고 이익을 취하는 간접유통을 같이 혼합한 유통형태를 추진하였다.

이로 인해 고객을 지속적으로 유치 및 확보할 수 있어 상호 WIN-WIN에 따른 매출증대 등 좋은 결과를 내었던 경우가 있었다.

4) 촉진전략(Promotion)

촉진전략은 고객이 창업자의 제품을 적극 구매할 수 있도록 유도하는 전략으로 창업자의 직접적인 매출로 연결됨과 동시에 브랜드를 고객에게 각인시켜 지속적인 재구매가 발생할 수 있도록 하는 것이 핵심이다. 일반적인 촉진전략에 대한 예시를 살펴보면 다음과 같다.

① 광고(Advertising)

광고 전략은 텔레비전, 라디오, 신문, 옥외광고, 배너 등을 통해서 간접적으로 고객에게 창업자의 제품을 소개 및 전달하는 방식이다. 광고는 고객에게 자주 노출을 시킬 경우 각인시킬 수는 있으나 즉시성과로 연결될 수 있을지에 대해서는 장담할 수 없으며, 매체에 따라 고비용이 발생할 수도 있다는 단점이 있다.

그림 V-13 롯데리아 롱 치즈스틱 광고54)

② PR(Public Relations)

PR전략은 보도자료 등을 통해서 창업자 회사의 제품 및 서비스, 기술 등에 대한 특허, 인증, 수상 등의 내용을 외부에 전달하는 것이다.

또한 제품이나 서비스에 대한 구매를 즉시 유도하는 것보다는 창업자의 기업에 대한 구체적이고 좋은 이미지를 부각시켜 제공함으로써 고객이 서서

54) http://reinastory.tistory.com/23

히 창업자의 기업에 대한 좋은 인식을 통해 제품 또는 서비스에 대한 관심을 가지고 구매까지 유도할 수 있도록 하는 전략이라고 할 수 있다.

이엔이, 이엔수(아연 이온수 공급장치), 고품질 물 제공

입력 2017-04-13 11:22:00 수정 2017-04-13 11:22:00

지속적인 연구개발투자 기술력 확보

㈜이엔이(대표 고성호)는 이엔水(아연 이온수 공급장치)와 독립전원 전기방식 시스템 등을 제조하는 혁신형 기업으로 2012년 설립 이후 전주대 창업선도대학 창업사관학교를 최우수 성적으로 졸업하고 벤처기업, 이노비즈기업으로 지정됐다.

이 회사는 기술개발개발을 통해 10건의 특허와 4건의 특허출원, 해외출원 1건을 등록했으며 전북중소기업청 우수기업 표창장, 산업통상자원부장관상, 아시아창업보육협회 기술이전상, 전북투자벤처로드쇼 우수상 등을 수상하는 영광을 안았으며, ISO9001, ISO14001, 품질인증(Q mark), KC인증 등을 보유하고 있다. 그동안 이엔이는 태양광발전, 신재생에너지공급의무화제도(RPS) 사업에 활발히 참여해 왔다. 연구개발 투자를 통해 신공법 개발과 전문인력 육성을 통해 설계, 시공 및 감리 품질을 강화해왔으며, 소형열병합발전시스템과 히트펌프시스템을 하나로 묶어 각 시스템의 단점을 보완하여 최적의 에너지시스템을 구성하였다. 이 시스템은 고효율 발전설비를 설치하여 기존 발전설비 대비 온실가스 저감효과가 뛰어나 전기, 열에너지 이용 효율을 상승시킬 수 있고 공기열, 폐기열, 해수열, 지열, 하천수열 등 미활용 에너지의 열을 회수하여 열에너지를 재생산 공급할 수 있는 시스템이다.

그림 V-14 창업기업 ㈜이엔이 홍보[55)]

55) 한국경제, http://www.hankyung.com/news/app/newsview.php?aid=201704136987a

즉, 창업자를 중심으로 설명을 하면 창업을 처음 시작하는 창업자의 제품군이 대기업, 중견기업, 중기업, 소기업 등에서 어느 정도 자리를 잡은 제품이라면 이들을 상대로 창업자의 제품이 우수함에도 불구하고 소개가 되거나 빛을 볼 수 있는 기회가 제한이 된다.

이 경우 창업자는 창업실패로 인해 좋은 제품을 사장시켜야 한다는 결론이 도출될 수 있는데 그럼에도 불구하고 창업자의 입장에서는 돌파구를 찾고자 많은 노력을 할 것이다.

이때 창업자에게 창업자 제품의 우수성을 소개할 수 있는 기회는 특허등록, 인증서, 성능점검의 우수성 등이 있다면 앞서 말한 기업과의 차별성과 성능 등이 더 좋다는 것을 고객에게 적극적으로 소개를 한다면 틈새시장이 나올 수도 있고 고객이 그런 창업회사도 있었다는 것을 인지하게 되어 향후 필요시 구매로까지 연결될 수 있는 효과가 있다.

③ 인적판매(Personal Selling)

영업 또는 방문판매 방식으로 고객에게 직접 방문하여 판매하는 방식으로 화장품, 보험, 카드 등 인맥을 통해서 판매를 하는 것이 도움이 되는 제품군 등에서 적극 활용된다.

④ 직접판매(Direct Selling)

직접판매는 전화, TV홈쇼핑, 카탈로그, DM(우편) 등을 통해 판매하는 방식으로 다단계라고도 한다. 고객에게 제품에 대한 기능 등을 소개하고, 고객의 판단으로 제품을 직접 구매할 수 있도록 하는 방법이다.

⑤ 판매촉진(Sales Promotion)

판매촉진전략은 창업자의 제품을 고객이 구매하는데 도움이 될 수 있도록 할인판매, 1+1, 샘플추가제공, 이벤트, 직접체험 등의 추가적 제품과 서비스를 제공하는 방식으로 촉진전략에서 활성화되어 있는 방식이다.

그림 V-15 맥도널드 판매촉진 사례[56)]

⑥ 전시회 참가(Trade Show)

창업자는 관련 업종의 전시회 및 박람회에 적극적으로 참여하여야 한다. 최근 정부기관에서는 창업자가 글로벌 전시회에 참여하고자 할 경우 적극 지원해주는 사업이 많아졌다.

창업자는 전시회를 통해서 제품을 최대한 준비하여 전시하고 전시회를 통해서 관심 있는 고객은 구매를 할 수도 있으며, 관련 업체는 창업자와 추가적 인터뷰를 통해서 관련 업체가 찾는 제품이거나 관련이 있는 제품인 경우 적극적으로 구매의사를 제시할 수 있는 기회가 발생될 수 있다.

즉, 창업자는 제품을 생산한 이후 국내에 많은 업체를 만날 수 없어 판로를 구축하지 못하는 사례가 많은데 이러한 단점을 보완할 수 있는 판로가 전시회라고 하더라도 과언이 아닐 것이다.

56) 맥도널드, http://www.mcdonalds.co.kr/www/kor/main/main.do

그림 Ⅴ-16 에어랩_노즈클린 제품 중국전시회 참가 사례

⑦ 온라인 기반 촉진전략(Online Promotion Strategy)

온라인 기반 촉진전략은 활성화되어있는 Web과 Mobile을 통해서 제품을 홍보하거나 광고를 하는 등의 다양한 방식을 사용하고 있다.

해당 방식은 저비용으로 가능하여 창업자가 선호하지만 현재에는 창업자 외에 기업에서도 적극 활용하고 있고 고객에게 노출빈도가 높다. 즉, 창업자의 홈페이지 제작을 통한 방법으로 홈페이지를 통해서 제품을 소개하고 전자상거래(구매)까지 이어지게 할 수 있어 편의성이 제공된다. 또한 포털사이트를 통한 광고제휴에 따른 배너광고와 페이스북, 유튜브 등 SNS를 통해서도 적극적으로 활용되고 있다.

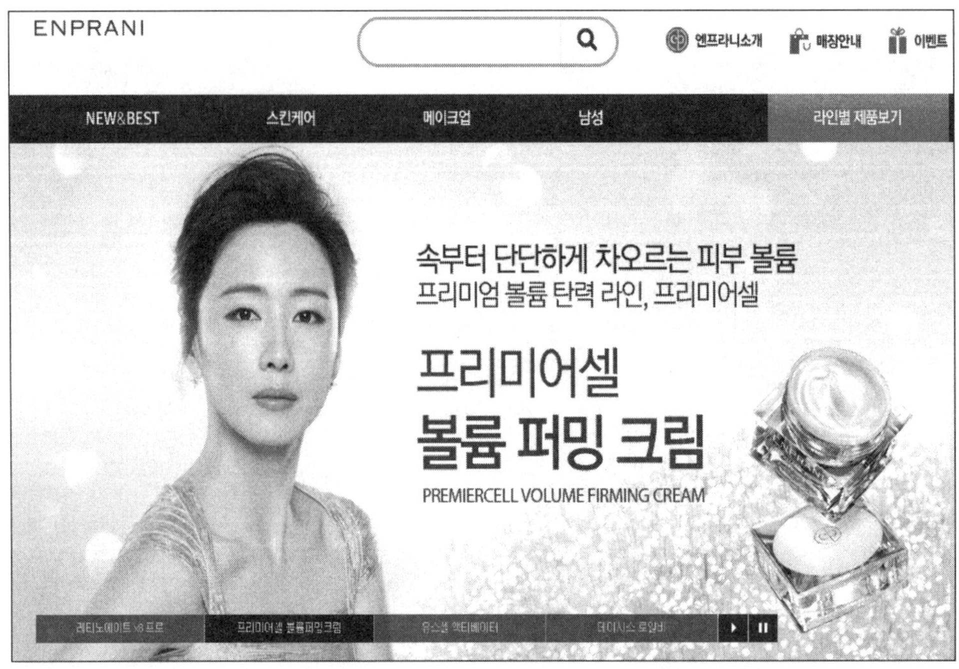

그림 V-17 엔프라니 화장품 회사의 광고[57)]

5) 사람(Person)

서비스를 직접 수행하거나 상품을 직접 생산하는 행위를 사람이 함에 따라 사람의 능력, 예절, 신뢰성, 소통, 외모, 말투 등 인적요인들을 통해 기업의 차별성 및 마케팅으로 활용된다. 대표적인 사례로 자동차 판매장, 항공사 또는 호텔, 핸드폰 판매 등에서 전문성을 갖추고 근무를 하는 직원 등이 있다.

6) 프로세스(Process)

서비스 프로세스를 표준화하여 무형적인 서비스를 유형화하는 중요한 요인으로 사고가 날 경우 병원에 입원하는 절차 및 보험에 관한 사항을 효율적으로 처리하는 마케팅전략이다.

7) 유형적 증거(Physical Evidence)

금융기관의 창구를 새로 단장하거나, 마트 및 백화점의 매장 분위기를 스스로 바꾸는 행위, 근무자의 복장, 디자인, 물건 배치, 음악, 분위기 등이 유형화 작업에 속하며, 이는 소비자의 불안감을 최소화하기 위한 전략이다.

---

57) ㈜엔프라니, http://www.enpranishop.com/FrontStore/iStartPage.phtml

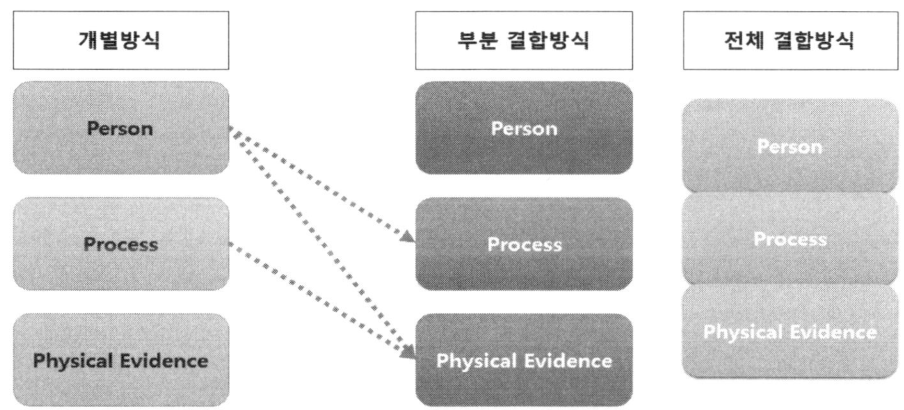

그림 Ⅴ-18 서비스 기반 3P 활용방식 유형

해당 그림과 같이 사람과 프로세스 그리고 유형적 증거는 4P를 확장하여 고객에게 서비스기반의 정보제공과 업무처리, 매장의 독창적 컨셉 등을 통해 고객의 만족도를 높이기 위한 방법으로 탄생되었다고 할 수 있다.

즉, 창업자가 필요로 하는 가치 또는 방법론을 가지고 다양한 사람, 프로세스, 유형적 증거를 필요에 따른 전략만을 활용할 수도 있고, 사람과 프로세스, 사람과 유형적 증거, 프로세스와 유형적 증거의 결합, 사람과 프로세스와 유형적 증거를 전체 결합한 방법으로 다양하게 활용할 수 있다.

사람과 프로세스와 유형적 증거 전체를 결합하여 활용한 방식의 사례는 '애플스토어'가 대표적이다.

그림 Ⅴ-19 애플스토어 사례[58)]

58) http://blog.naver.com/kminji0416/220818324837

Ⅵ 자금조달 및 창업지원제도

창업자는 자금이 없는 경우 아무리 창업기획을 완벽하게 작성하고 팀원 또는 직원이 현재 업무를 분담하여 운영하고 있다하더라도 결국엔 자금의 빈곤으로 인해 창업에 대한 시제품 한번 만들어보지 못한 체 창업을 정리하여야 하는 상황이 발생된다.

그림 Ⅵ-1 창업지원 사이트 '창업넷'

정부에서는 창업자를 바람직한 방향으로 육성하여 창업에 따른 산업발전을 통한 핵심 재원을 확보하기 위해서 다양한 방식으로 자금해결을 위한 노력을 적극적으로 추진하고 있다. 다만, 문제가 되는 것은 정부창업지원금만을 노리는 일명 창업헌터들로 인해 정상적으로 창업을 하고자 노력하는 많은 창업자에게 피해가 발생하고 있는 것이 현실이며, 정부는 창업헌터에 대한 법적 조치 및 해결 할 수 있는 규제방안의 강구를 더 확대하여야 할 것이다.

본장에서는 자금조달에 관한 사항과 창업지원제도에 대한 Map을 정리하여 살펴보고 창업자가 자금조달을 위한 방향을 설정할 수 있도록 기초적 이해를 위한 내용으로 살펴보고자 한다.

1 기업성장단계와 자금유치 유형[59)]

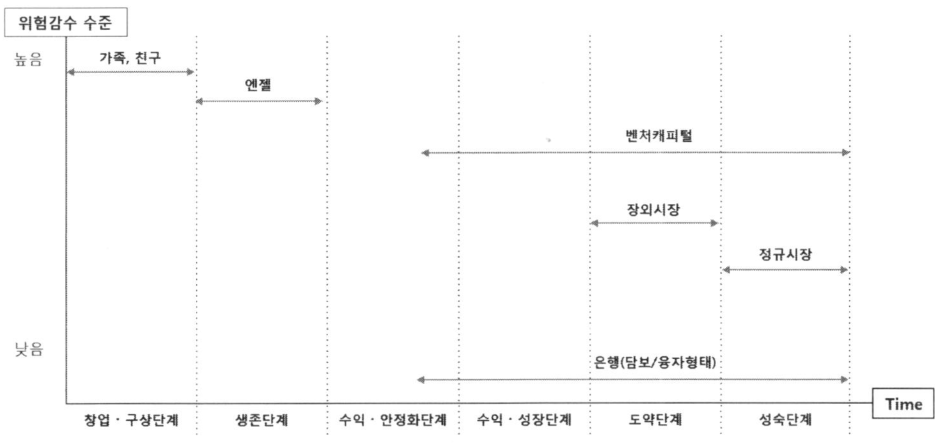

그림 Ⅵ-2 자금유치 유형

일반적으로 창업자가 최초 자금조달을 하는 방법은 다음과 같다.

① 창업자 본인의 자금을 최대한 사용하고, 그 다음 부모님과 친구 등 지인들을 대상으로 자금을 대여하거나 투자로 유치하는 등의 행동을 한다.

② 이후 창업자는 창업관련 공모전 또는 창업지원 사업 등을 통해서 시제품제작 비용 및 마케팅 지원비 등을 받아서 업무를 진행하나 해당 공모전과 창업지원 사업은 한계성이 있다.

59) 정보통신정책연구원, "엔젤의 유형과 엔젤자금 유치 벤처기업의 성향 분석", 2000.

③ 또한 창업자는 자금을 전부 사용한 경우 2차적으로 금융기관을 통한 융자를 시도하거나 특허 등의 기술이 있을 경우 기술보증보험 또는 중소기업진흥공단 등을 통해서 벤처확인을 통한 보증을 받아 금융권으로부터 대출을 받는다.

④ 창업자는 대출받은 자금 등을 다 사용하기 전에 미래를 위해서 3차적으로 IR 등의 참가를 통해서 투자기관을 통한 투자 유치, 벤처캐피탈에 의한 투자 유치, 엔젤투자자를 통한 투자 유치 등의 방법을 강구하나 실제 창업자의 창업 아이템이 투자로 까지 연결되는 것은 일명 '하늘에 별 따기'와 같다.

즉, 창업자는 초기에는 가족 또는 지인 등을 통한 자금을 빌려 창업에 사용을 하나 한계성이 있고, 투자자 또는 금융기관 또한 미래를 알 수 없는 창업자에 Risk를 감수하면서 까지 쉽게 자금을 투자해주거나 융자 해줄 것을 기대하기란 어려운 것이 현실이다. 그림의 단계와 같이 창업자는 해당 기준에 따른 자금을 지원 받고 지속적인 성장을 위해 노력하는 것이 가장 이상적이나, 현실의 벽인 진입할 수 있는 높은 벽을 허물어야 하는 것 또한 창업자의 중요한 몫이 된다.

2 엔젤투자와 벤처캐피탈

(1) 비교

구 분	엔젤투자	벤처캐피탈
투자단계	성장 초기단계 선호	창업 후 초기성장단계 선호
지원내용	노하우 및 자금지원 등	자금지원
투자동기	고수익성, 지인, 인연 등	고수익성
투자재원	개인자산(투자펀드 작음)	투자자 모집(투자펀드 큼)
자격요건	제한 없음	법적요건
위험허용도	높음	낮음
투자수익성	높음	낮음
피투자자의 위치	투자자와 근거리	제한 없음
신분노출	비공개	공개
접촉계기	우연적 만남	협의 후 만남
형 태	클럽	회사 또는 조합

벤처캐피탈은 창업지원법 제16조와 동법 시행령 제11조에 의거하여 벤처조합을 결성할 경우 약정 총액의 40%를 창업 또는 벤처기업에 의무적으로 투자하도록 규정하고 있다. 즉, 약정 총액이 10억 원인 벤처조합을 결정할 경우 4억 원에 대해서는 의무적으로 창업 또는 벤처기업에 투자하여야 한다.

(2) 엔젤투자(Angel Investor)의 개념

엔젤투자는 창업자가 '죽음의 계곡(Death Valley)' 단계에 있을 때 창업자가 엔젤투자자에게 투자설명을 하여 선정된 경우 소액의 필요한 자금을 직접 투자하는 것이다. 엔젤투자자는 창업자로부터 주식으로 대가를 받아 경영에 대한 자문과 멘토링 등을 실시하여 창업기업이 더 성장할 수 있도록 적극적인 지원을 하고 창업자의 기업 가치를 저변 확대하여 '투자이익'을 회수하는 것이 주요한 목적이다.

(3) 벤처캐피탈(Venture Capital, VC)의 개념

벤처캐피탈은 고위험의 창업자에게 투자하고 창업자는 VC에게 지분을 제공하여 창업자의 성장에 따른 약정된 이익을 취하는 투자전문가로 형성된 전문적 투자집단이다. 즉, 창업자가 기술은 있으나 경영운영이 미흡하거나 자본금이 낮아 추가적 성장에 어려움이 있다고 판단되는 경우 초기투자를 진행하여 적극적인 경영지원과 멘토링을 통해서 창업자를 성장시켜 투자금을 회수하는 것이 일반적인 형태이다.

투자방법으로는 창업자로부터 투자설명을 듣고 가치가 있다고 판단되는 창업자를 선정하여 창업자의 신주인수 또는 지분을 출자하거나, 무담보 전환사채 또는 무담보 신주 인수권부 사채를 인수하기도 하며, 직접적인 프로젝트 투자를 진행하기도 한다.

3 주요 창업지원자금제도

(1) 창업기업지원 자금 대상

창업지원법 시행령 제2조 내지 제3조의 규정에 의거하여 사업 개시일로부터 7년 미만인 중소기업 또는 창업을 준비 중인 자를 대상으로 한다.

(2) 창업기업 육성정책 포트폴리오[60]

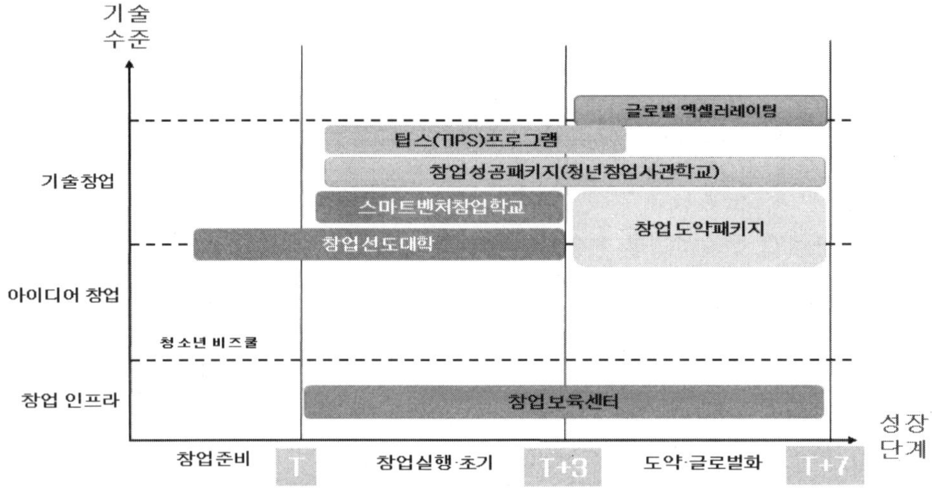

기술 수준
글로벌 액셀러레이팅
팁스(TIPS)프로그램
기술창업
창업성공패키지(청년창업사관학교)
스마트벤처창업학교
창업도약패키지
창업선도대학
아이디어 창업
청소년 비즈쿨
창업 인프라
창업보육센터
성장 단계
창업준비
T
창업실행·초기
T+3
도약·글로벌화
T+7

그림 Ⅵ-3 창업기업 육성정책 포트폴리오

우수 기술창업자를 발굴하고 지속적인 선별과 성장단계별 액셀러레이팅을 통해 글로벌 시장에서 통하는 스타벤처 육성을 목표로 하고 있다.

(3) 창업지원 중앙부처 현황과 주요지원 사항

창업지원 사업에 대한 중앙부처의 현황과 주요지원 사항으로 중소기업청과 미래창조과학부에서 가장 많은 지원을 하고 있으며, 위에서 아래로의 정리가 지원사업의 규모가 된다.[61]

창업지원 사업을 중앙부처에서 중복적으로 운영을 하다 보니, 창업자들에게 혼동을 초래하게 되면서 최근 해당 창업관련 업무를 한 개의 중앙부처에서 운영하려는 움직임도 있다.

또한 단계적으로 창업관련 지원 사업 등을 한눈에 볼 수 있도록 해당 지원 사업에 대한 전체적인 정리를 하여 운영하고 있는 홈페이지가 앞서 설명한 '창업넷'으로 창업자는 해당 홈페이지를 자주 방문하는 것이 창업을 할 때 많은 도움이 될 것이다.

60) 중소기업청, "2017년도 주요 업무계획", 2017, 22면. 재인용하여 작성

61) 중소기업청, "2017 창업지원사업', 배포자료, 2017. 해당 자료를 통한 정리를 함.

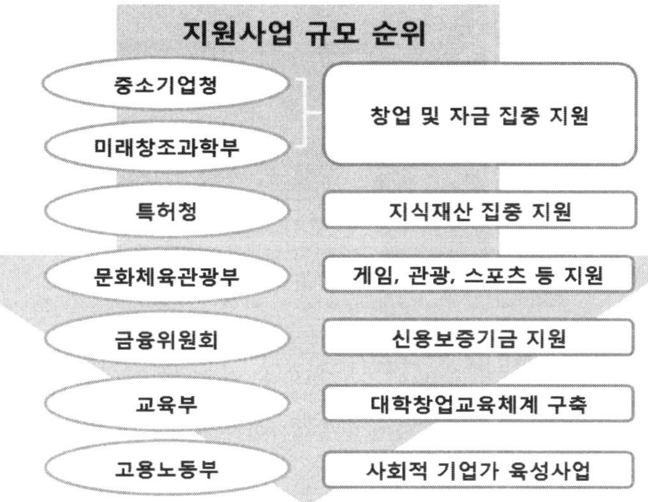

그림 Ⅵ-4 창업지원 중앙부처 및 주요지원 사항

(4) 창업지원제도 Map

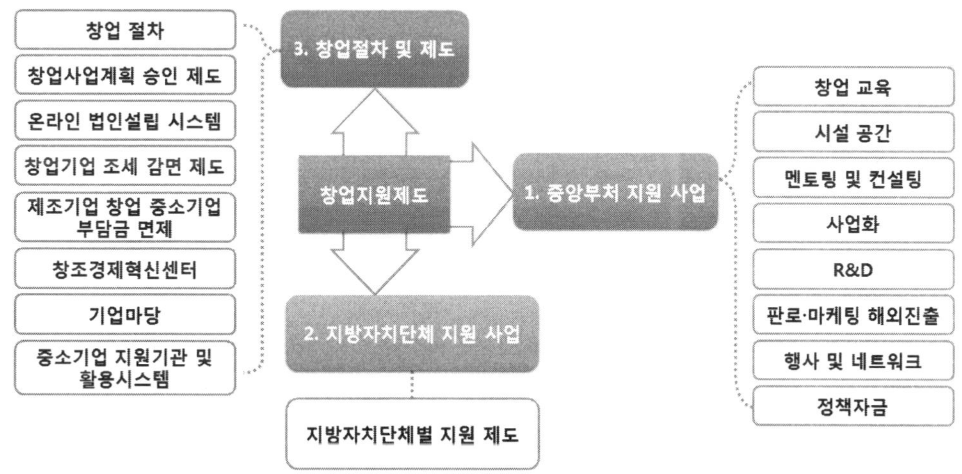

그림 Ⅵ-5 창업지원 중앙부처 및 주요지원 사항

창업지원제도는 ① 중앙부터 지원 사업, ② 지방자치단체 지원 사업, ③ 창업절차 및 제도로 구분되며, '창업넷' 홈페이지를 통해서 세부적인 제도 등을 살펴볼 수 있다. 창업자는 해당 창업지원제도 Map을 기반으로 자신에게 필요한 창업지원이 무엇인지를 파악하여 해당 기관 또는 해당 홈페이지를 통해서 살펴보고 필요에 따라 지원하면 창업 시 도움이 될 것이다.

Ⅶ 사업계획서

본 장에서는 사업계획서 작성 시 창업자가 기본적으로 이해하고 있어야 할 필요 사항을 설명하고, 2017년 창업선도대학 「창업아이템 사업화」 '(예비)창업자 사업계획서'양식을 샘플로 제시하고자 한다.

해당 사업계획서 양식은 창업진흥원에서 해당 창업지원사업관련 배포하는 자료로써, 다른 기관의 창업지원사업에 따른 사업계획서도 있음을 미리 알아두면 좋을 것이다.

대부분의 사업계획서 양식의 내용은 유사하므로 어떠한 사업계획서가 되든 창업자의 입장에서 직접 작성해보고 작성된 내용에 대한 전문가의 도움을 받는 것도 창업자에게는 많은 도움이 될 것이다.

최근 정부에서는 창업의 확산과 발전을 위해서 창업관련 업무를 맡고 있는 정부기관은 (예비)창업자를 위해서 다양한 프로그램과 교육 그리고 전문 멘토링 제도 등을 무상으로 지원하고 있으므로 (예비)창업자는 창업넷 등을 통한 필요한 정보와 사항을 찾아서 적극 활용해 볼 것을 권장한다.

1 사업계획서 개념

(1) 개념

사업계획서는 앞서 살펴보았던 본서의 전체적 내용들(아이템 발굴, 시장 및 환경조사, 마케팅, 자금조달 등)을 총망라하여 창업자가 실제로 하고자 하는 창업 아이템에 대한 정리를 해보는 것이라고 이해하면 된다. 즉, 창업자가 언제, 어디서, 무엇을, 어떻게, 왜 등의 질문과 해야만 하는 객관적인 이유를 가지고 창업 아이템에 대해서 지금까지 고민해본 내용을 최종 정리해보는 것이다.

창업자는 사업계획서를 작성함에 있어서 '기획'은 창업자가 '무엇을' 할 것인가에 대한 생각만을 고민하여 작성한 것이라면, '계획'은 '무엇을 + 어떻게' 할 것인가를 작성하여 방법과 일정 등에 맞추어 실행할 수 있도록 하는 것이 매우 중요하다.

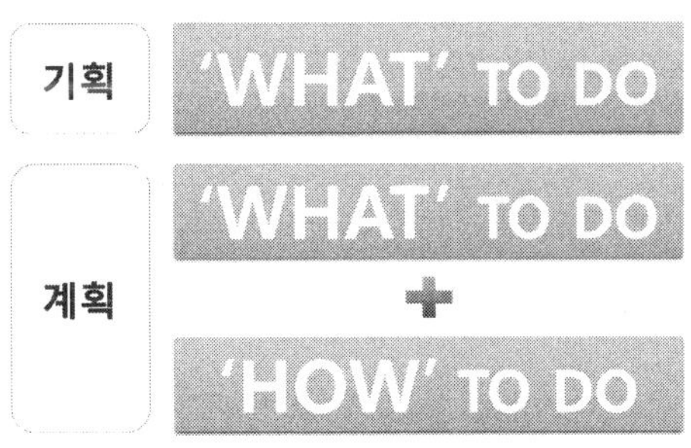

그림 Ⅶ-1 기획과 계획의 차이점

(2) 사업계획서의 활용도

창업자는 사업계획서를 통해서 창업자가 생각하는 '사업성', '성장성', '시장진출 가능성', '수익성', '필요비용' 등을 외부 전문가(업체, 창업전문가 등)로부터 검증을 받아볼 수 있다. 창업자는 외부 전문가로부터 검증을 받아 알게 된 '부족한 점, 미비 점, 보완 사항, 꼭 해결해야하는 사항 등'을 그냥 무시하고 넘어가서는 안 된다.

오히려 창업자의 열정과 창업 목적을 명확히 재정립하여 최대한 재점검을 통해 재분석하고, 객관적인 자료를 토대로 최종 보완할 사항을 재작성하여 마무리를 하다보면 창업자 본인이 몰랐던 부분을 더 깊게 이해하고 알게 되면서 성장과 함께 창업전문가로 거듭나게 될 것이다.

사입계획서는 실무직으로 ① 칭업자 이진에 이미 사업을 하고 있는 사업자가 자신의 회사 제품을 타 회사와 회의를 하면서 제품 소개 및 사업자의 현재 상황을 설명하여 거래를 성사시키거나, 공동사업을 유치한다거나, 투자 등을 유치할 목적으로 활용되는 것이 일반적이라고 이해하면 된다. ② 또한 창업자의 경우에도 사업계획서를 통해서 완성 또는 미완성된 아이템을 가지고 현재의 상황을 점검하거나, 창업지원금 유치, 투자금 유치, 제품 구매 제안 등을 목적으로 하는 것이 일반적이다.

즉, 이미 사업을 하고 있는 사업자 또는 (예비)창업자는 사업계획서를 통해서 본인의 제품을 설명하고, 투자 등의 자금유치와, 제품 판매를 목적으로 하고 있는 바, 사업계획서는 사업자 또는 창업자에게는 매우 중요하게 취급되는 문서임을 알 수 있다.

2 사업계획서의 핵심요소

그림 Ⅶ-2 사업계획서 작성 핵심요소

그림과 같이 사업계획서의 핵심요소는 아이디어, 기술, 사람, 자금, 시장이 함께 구성되어 돌아가는 체계로 이루어져 있으며, 이중 하나라도 빠지는 경우에는 창업 또는 사업의 진행상 어려움이 발생된다.

간단한 예로써 물건을 만들었으나 판매할 시장이 없다면 어떻게 되겠는가? 또한 자금이 없다면 물건은 어떻게 만들 수 있는가? 당연한 경영과 시장의 논리가 적용되는 것이다.

(1) 아이템&아이디어

아이템&아이디어는 창업을 하는 배경과 목적이 된다. 고객 또는 본인의 불편했었던 사항 등을 해결하기 위한 방향성을 제시하는 것으로 고객에게 판매할 제품 또는 서비스 등이 된다. 중요한 것은 이미 다른 창업자 또는 사업자가 개발하여 팔고 있는 제품을 그대로 copy하여 판매하는 경우 이는 특허 등의 침해로 손해배상 등의 문제가 제기될 수 있다.

따라서 창업자는 아이템 발굴 및 선정 시 제3자의 지식재산권을 침해하지 않는다는 전제하에 신규성, 진보성, 차별성이 있는 아이템&아이디어를 최종 채택하는 것이 중요하다.

(2) 기술

기술은 창업자가 선정한 아이템&아이디어와 관련하여 창업자 본인의 기술인지를 확인하면서 타사 제품과의 차별성과 특징을 검토하게 되고 평가 시 주요한 요소로 취급된다. 또한 창업자의 역량으로 해당 기술에 대한 이해와 해결 능력 등 전문성이 있는지를 파악하는 것이 중요한 포인트이다.

특히 기술은 아이템&아이디어를 선정할 때 창업자가 최우선으로 고려하는 요소로써 본인의 기술력 없이 아웃소싱을 통한 제작을 진행할 경우 문제발생 시 처리능력은 떨어지고 추가적 비용이 지속적으로 발생하게 되며, 클레임 등에 대한 신속한 대응 및 처리가 취약하여 고객을 순식간에 잃어버리는 경우가 있으므로 창업자는 본인이 잘 할 수 있거나 이해하고 있는 기반의 기술을 적용한 창업 아이템&아이디어를 고려하는 것이 중요하다.

(3) 사람

사람은 창업자의 역량과 팀원 또는 직원에 대한 역량을 기본으로 보며, 일반적으로 사업계획서에 작성해놓은 조직도 등을 통해서 창업자의 조직운영의 방향성과 능력을 점검한다. 또한 창업자의 입장에서 창업자를 지원해 줄 수 있는 인적 네트워크는 어떻게 되며, 실제 해당 창업에 도움이 되는 사람들로 구성이 되어 있는지 통해서 창업자가 전문가와의 교섭 및 활용 능력 등이 있는 지를 판단해 볼 수 있는 지표가 되기도 한다.

(4) 자금

자금은 창업자가 아무리 좋은 제품 또는 아이디어를 가지고 있다고 하더라도 자금을 확보하지 못한다면 무용지물이 된다. 즉, 제품을 생산하지 못하거나 추가적인 연구개발(R&D)을 할 수 없어 고객에게 제품을 공개하거나 홍보 등을 할 수 없어 창업을 정리해야하는 상황이 연출되기 때문이다.

실제로 창업자는 해당 자금을 유치하지 못해 창업을 포기 하는 사례가 빈번히 발생하는 것이 현실이다. 따라서 창업자는 자금을 조달할 수 있는 방안을 개발 및 연구하는 것을 게을리 해서는 안 되며, 자기자본을 적극 투입하여 사용하여야 한다.

더 나아가 지식재산권 확보와 제품 판매 등을 통한 성장성을 기초로 정부지원 자금신청, 금융권 대출, 엔젤투자, 벤처캐피탈 등에 적극적으로 의뢰 및 도전하여야 한다.

(5) 시장

시장은 국내와 해외의 시장이 있으며, 더 나아가 오프라인 시장과 온라인 시장이 있다. 제품이 만들어진 경우 시장을 통해 판로를 구축하지 못했다면 창업자의 제품은 세상의 빛도 못보고 사장되어야 하는 상황이 발생된다. 즉, 창업자는 해당 제품이 나오기 전에 가능한 한 판로 구축을 통해서 최대한의 시장 확보를 해놓아야 한다. 특히 제품의 완성도에 따라 국내·외 박람회와 전시회 등의 참가를 적극적으로 추진하여 제품이 많은 고객에게 노출될 수 있도록 하는 것이 매우 중요하다.

3 사업계획서 작성 유의사항

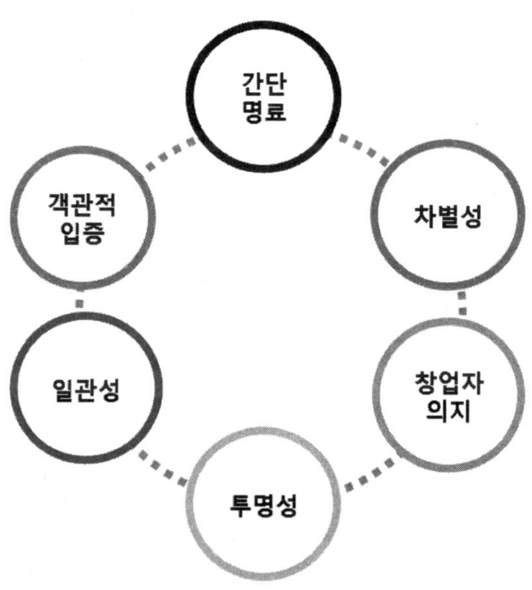

그림 Ⅶ-3 사업계획서 작성 유의사항

(1) 간단·명료

사업계획서는 전문가에게 잘 보이기 위한 목적으로 작성하는 것이 아니다. 사업계획서의 내용을 전문가가 아닌 말단 직원이 읽더라도 창업자가 무엇을 하고자 하는 것임을 파악할 수 있도록 간단하고 명료하게 작성해주는 것이 핵심이라고 할 수 있다.

과거에는 사업계획서를 많이 작성하는 창업자가 창업의 의지와 열정이 강하다고 생각한 적도 있었으나 실제 무의미함과 내용의 중복, 허위내용 등으로 채워진 분량 늘리기로 인해 사업계획서의 본질이 무너지는 순간도 있었다. 이에 대한 개선방안으로 최근 창업지원을 하는 기관의 사업계획서 작성 페이지 수는 대략 5~20장 미만으로 제한하고 있다.

즉, 실무적으로도 아무리 최고의 전문가라고 하더라도 짧은 시간에 많은 내용과 창업 아이템을 이해하고 분석하기란 사실상 어렵고, 우수한 창업자를 놓칠 수 있는 문제도 분명히 있다.

따라서 최근에는 심플한 사업계획서를 통해서 창업자를 이해하고, 필요에 따라 창업자로부터 발표 또는 발표 평가를 통해 궁금한 사항을 물어볼 수 있으므로 쉽고 명확한 용어의 사용과 키워드 중심의 사업계획서를 작성하는 것이 현실적으로도 필요하다.

(2) 객관적 입증

사업계획서상 내용은 창업자의 주관과 입증되지 않은 내용을 마치 확정된 내용인 것으로 오인시키는 경우 향후 문제가 발생될 수 있다. 따라서 창업자는 국회도서관, 통계청, 기관 통계자료, 논문자료, 인터넷 기사 등 객관성을 유지하면서 사업계획서를 작성하는 것이 중요하며, 항상 인용한 자료에 대해서는 출처를 명확히 기재하여 향후 검증 시에도 이상이 없음을 보장시켜 주는 것이 좋다.

주의사항으로 아무리 객관적인 자료라고 하더라도 현재가 2017년 이라고 한다면 거꾸로 최소 1년 이내, 최대 3년 이내의 자료를 최대한 활용하는 것이 바람직하다. 해당 기간 내의 자료가 없다면 현존하는 자료를 사용하는 것도 문제가 되지는 않으나 최근 관련 자료가 없음을 내용상 가볍게 작성하여 양해를 구하되, 해당 자료가 추가로 존재하지 않는다는 것은 해당 창업 아이템에 대한 시장성이 약하거나 시장이 소멸되었음을 알려주는 신호가 될 수도 있다. 그러므로 창업자는 조금 더 창업 아이템에 대한 시장조사 등을 적극적으로 시도하여 창업자의 판단에 따라 창업 아이템을 지속적으로 더 끌고 나가는 것이 타당한지를 재판단해 보는 자세도 필요하다.

(3) 차별성

사업계획서 작성 시 시장분석과 타사 제품과의 비교분석에 따른 방법으로 "창업자의 제품이 타사 제품에 비해 장점은 무엇이고, 단점이 무엇이며, 스펙은 어떻게 되며, 가격은 어떻게 되는데 최종 창업자의 제품은 이러한 특징을 가지고 있어 타사 제품에 비해 무엇이 더 좋다 또는 어떠한 기술이 더 좋다."라는 것을 일목요연하게 제시함으로써 차별성과 우수성 등을 쉽게 확인하고 인정할 수 있도록 하여야 한다.

(4) 일관성

사업계획서를 작성함에 있어서 창업을 처음 시작하는 창업자는 하고 싶은 말이 많고, 아직 창업자의 아이템에 대한 확신이 없어 내용을 작성하다보면 엉뚱한 이야기로 흘러가서 엉뚱한 이야기로 결론을 내리는 경우가 실제로 발생한다.

예로써 창업자의 아이템과 제목은 분명히 세탁기로 배경을 시작하였는데, 시장조사와 환경 분석은 세탁기가 아닌 식기세척기로 되어 있고 최종 결론은 세탁기와 식기세척기 두 가지를 모두 혼재하고 있는 경우 해당 사업계획서는 부적합하다고 판단하고 창업자의 신뢰를 잃게 된다.

따라서 창업자는 세탁기라는 키워드로 시작을 했다면 시장조사와 환경 분석 또한 세탁기를 전제로 하여야 하고(대체재 또는 유사제품으로 해당 제품의 시장을 일부 소개하는 것도 가능은 함), 결론 또한 해당 세탁기를 통한 수익성과 사업추진일정 등을 제시하는 것으로 마무리하는 것이 좋다.

(5) 창업자의 의지

사업계획서상 배경 또는 선정 동기 등은 창업자의 생각과 의지, 능력 등을 제시하는 내용으로 작성을 하는 것이 일반적이다. 전문가들은 해당 내용을 검토하면서 창업자의 실행능력과 기술, 그리고 전체적인 판매계획 등이 가능한 가를 판단하게 되므로 가능한 한 솔직하고 명확하게 작성을 하는 것이 바람직하다.

(6) 투명성

사업계획서를 통해서 창업자의 투명성을 검토하게 되는데 해당 창업 아이템이 본인의 진짜 아이템인지를 확실히 해주어야 한다.

특허가 있다면 특허에 관한 사항을 명확히 제시해주거나, 해당 창업 아이템으로 공모전 등에 진출하여 상금 등을 탄 경우가 있다면 언제, 어디서, 무슨 상으로 얼마를 받았었다는 등의 내용을 명확히 알려주어야 한다. 즉, 창업자 본인의 아이템이 아니면서 본인의 아이템인 것으로 속여 진행을 할 경우 침해 등으로 문제가 발생될 수 있기 때문이다.

4 창업지원 제외 대상 업종

No	대상 업종	코드번호 세세분류
1	금융 및 보험업 – 정보통신기술을 활용하여 금융서비스를 제공하는 업종제외	K64~66
2	부동산업	L68
3	숙박 및 음식점업 – 호텔업, 휴양콘도 운영업, 기타 관광숙박시설 운영업 및 상시근로자 20명 이상의 법인인 음식점 제외	I55~56
4	무도장 운영업	91291
5	골프장 및 스키장 운영업	9112
6	기타 갬블링 및 베팅업	9124
7	기타 개인 서비스업(그외 기타 개인 서비스업은 제외)	96
8	그 밖에 제조업이 아닌 업종으로서 산업통상자원부령으로 정하는 업종	–

5 기술 분야 창업 업종

구분	지원분야	핵심기술	비고
신산업창출	5개 분야	17개	
미래성장동력	19개 분야	77개	
계	24개 분야	94개	

(1) 신산업창출 분야

지원분야	핵심기술	관련아이템
ICT융합	전기차	주행성능, 차체경량화, 충전서비스 등
	스마트카	스마트카관련 카메라, 센서, SW개발 등
	산업용무인기	항법장치, 고기능 기술개발 등
	지능형로봇	병원용로봇, 물류로봇 등
	웨어러블 디바이스	스마트섬유, 소재, 부품개발, 인증 등
	스마트홈	표준화, 플랫폼, 연동 주변기기 등
첨단신소재	탄소섬유	보급형·초고강도 탄소섬유 개발 등
	마그네슘	자동차, 항공기 등 관련 산업연계 소재 개발 등
	타이타늄	타이타늄 소재 제조 기술개발 등
에너지신산업	ESS(Energy Storage System)	송배전용, 소규모가정용 장치 등
	태양광	태양광관련 소재, 부품 등
	스마트그리드	스마트미터, 에너지관리시스템 등 제품-서비스-솔루션 개발 등
바이오헬스케어	의약	진단·치료 또는 예방하기위해 신체구조 또는 기능에 영향을 미치는 것을 목적으로 사용되는 약품
	헬스케어	개인건강정보 통합·활용 시스템 등
	의료기기	수술기기, 체외진단기기 등 병원 연계형 의료기기 개발
의료관광서비스	의료 예약·진찰·처방 등 원스톱 서비스	질병의 치료·간호·예방·관리 및 재활을 위한 의료서비스를 일괄적으로 제공하는 서비스
	의료 코디네이터	환자 – 의료진 연계, 예약관리, 홍보 및 경영개선 등에 참여하며 공항교통·숙박·관광 서비스

(2) 미래성장동력 분야

지원분야	핵심기술	관련아이템
지능형 로봇	로봇지능 기술	로봇인식, 이동, 조작, 소셜, 지능 체계 등
	인지기능의 HRI기술	표정, 제스처, 대화 인식 기술 등
	로봇시스템 설계 기술	안전로봇기술, 직관적 교시 기술, 그리퍼 기술 등
	로봇부품 기술	로봇센서 기술, 로봇구동기 기술, 로봇제어기 기술 등
착용형 스마트기기	핵심부품 기술	시장수요 기반의 착용형 스마트 기기 사용자의 의도나 명령 입력 또는 출력 기술, 안전한 정보 처리기술, 가볍고 유연한 소재를 활용한 플렉시블 배터리 전원 기술 등
	응용디바이스 서비스	레저, ICT융합 상용화 기술을 접목, 안전, 의료, 재난 방지 등 특수업무 활용, 개방형 스마트교육 및 학습활동지원하여 사용자와 기기의 연결 기술 등

지원분야	핵심기술	관련아이템
실감형 콘텐츠	실감형 영상콘텐츠 기술	실세계 사람 배경 등을 컴퓨터 그래픽, 비전, 3D, UHD, 홀로그램, 입체음향 등을 이용하여 전달하는 기술 등
	지능형 인터랙션 기술	실공간 혹은 가상공간의 환경구현을 위한 AR·MR·VR의 기술과 인간친화적 인터페이싱기술인 NUI·NUX 기술, 환경적응형 콘텐츠 기술 등
	인포콘텐츠 기술	사용자 성향과 환경에 적합한 콘텐츠 분석·검색, 콘텐츠의 구성과 표현에 다수가 참여하여 콘텐츠 활용 편의성 증대하는 소셜클라우드 협업 기술 등
	감성·뉴로 콘텐츠 기술	뇌파신호 판독하여 콘텐츠와 상호작용 하는 뉴로 콘텐츠 기술, 인간-기기-공간의 자연스러운 감성·인지웨어 기술, 오감인식, 감성UI·UX 기술 등
	빅콘텐츠 유통플랫폼 기술	콘텐츠 패키징·분산·전송, 콘텐츠 안전한 소비위한 환경, 저작권 보호기술, SNS 및 빅데이터서비스의 결합한 콘텐츠 응용서비스 등
스마트 바이오 생산시스템	마이크로나노 생산시스템	자동생산시스템, 배양시스템, 분리정제시스템 등
	에너지기계	의약품 제조기기 등
	정밀가공시스템	융복합 분석기기, 공정기기 등
가상훈련 시스템	가상체감 기술	현실감있는 가상환경 및 체감표현을 위한 SW, HW 생산 등
	원격협업기술	가상환경 저작 및 모사, 모션플랫폼 등 가상현실의 호환성 및 생태계 조성 등
	시뮬레이터	군사용, 의료용, 산업용, 스포츠용 등의 시뮬레이터 제작 등
	기능훈련 서비스	의료, 플랜트, 레저 등 기능훈련 서비스 개발 등
스마트 자동차	주변상황 인식 센싱 시스템	레이더기반 주행상황인지 모듈, 영상기반 주행상황 인지 모듈, 확장성·범용성·보안성 기반 V2X 통신모듈, 자율주행용 도로·지형속성 정보를 포함한 디지털맵, 보급형 고정밀 복합 측위 모듈 등
	클라우드기반 자율주행	클라우드맵 기반 주행상황 인지 및 플랫폼 기술, 수백Mbps급 V2X 통신 및 보안 시스템, 스마트 드라이빙 클라우드 센터 기반 서비스, 커넥티드드라이빙 컴퓨팅 시스템 등
	차세대 차량사물통신	운전자 수용성 기반 자율주행 HVI 차세대 IVN(In-Vehicle Network) 기반 제어기 기술 등
	스마트 액츄에이터 기술	Fail Safety 기반 스마트 액츄에이터 모듈, 사고원인 규명 ADR(Autonomous-driving Data Recorder) 모듈 개발 등
	스마트 자율 협력 주행 도로시스템	도로교통 상황정보 수집기술, 전자지도 플랫폼 기술, 자율협력도로 및 자동차 연계, 실증 기술 등
5G 이동통신	5G 무선전송 용량 증대	Massive MIMO, Advanced Duplex, LTE- Unlicensed, mmWave 기반 광대역통신, 차세대 Wi-Fi 기술 등
	이동 네트워크	고성능인프라, 차량간 직접통신, 차량형 이동셀 기술, 멀티플로우(Multi-flow) 기술 등

지원분야	핵심기술	관련아이템
	저지연·고신뢰 기술 및 다수 다비이스 수용	Short TTI, New Waveform, Fast 상향 링크, 대규모·다수연결 디바이스 기술 등
	5G 소형셀 기술	Ultra-Dense Network(UDN) 무선 송 기술, 무선 백홀기술, 멀티RAT, 다층셀 클라우드 RAN기술, Ultra-Dense 소형셀 가상화 구조, Advanced SON기술 등
	모바일 홀로그램 및 초다시점 서비스 플랫폼	박막형 홀로그래픽 패널 기술, 모듈형 홀로그래픽 콘텐츠 변환 기술, 콘텐츠 획득 및 고속화 기술, 콘텐츠 저작 기술, 양방향 실감 인터랙션 기술 등
심해저·극한환경 해양플랜트	심해 Oil & Gas 플랜트 엔지니어링 기술	Oil & Gas 개발을 위한 해저·해상 통합 FEED 기술, 해저·해상 통합 지능형 진단 및 감시시스템,해저·해상 통합 지능형 진단 및 감시시스템 등
	부유식 해상플랫폼 상부공정(Topside Process) 시스템	고효율 수분 제거 (Dehydration)시스템, 고농도 CO2 천연가스 처리시스템, 천연가스에 다량 포함된 CO2를 처리하는 시스템, 친환경 산성가스처리(Sweetening)시스템, 신개념 NGL((Natural Gas Liquid) 회수 시스템, MEG 회수 및 주입 시스템, 해저·해상 통합플랜트 전력공급/제어/감시 시스템 등
	심해 Oil & Gas 플랜트 설치기술	해저 Foundation 및 StableLowering 기술, 고정밀 Dynamic Positioning 제어 및 해석 기술, 심해 URF 설치 설계/해석 기술 등
	심해저 생산 및 처리 시스템	고속대용량 심해저 원유분리 시스탬, 심해저 다상유동 펌프 시스템, 심해저 해수주입 시스템, 심해용 URF(Umbilical/Riser/Flowline), 심해저 대용량 Manifold & Template 등
	극한환경 해양플랜트 통합 설계 기술	극한환경 해양플랜트 기본설계 패키지(Basic DesignPackage), 극한환경 해양플랜트 위험도 관리 기술, 극한환경 해양플랜트 위험도 관리 기술 등
	극지용 해양 플랜트 빙성능 엔지니어링 기술	구조성능 엔지니어링 기술, 빙저항·운동성능 엔지니어링 기술개발, 방한성능 최적화 기술 등
수직이착륙 무인항공기	엔진개발	기체, 엔진, 임무장비, 항공전자장비, 통지, 통제 지원 장비 제조기술 등
	완제기 개발	군단정찰용, 스마트무인기, 근접감시정찰용, TR-6X 틸트로터, 중고도, 사단정찰용, 차기 군단 등 무인기 개발 및 제조 등
맞춤형 웰니스 케어	빅데이터 공유 보안 기술	데이터접근 통제 기술, 익명화 기술 등
	개인건강기록 연동·통합, 저장 및 교환 표준체계	용어·코드 표준화, 건강정보 연계 기술 등
	라이프로그 데이터 획득 및 저장 기술	라이프로그 데이터 획득 기술, 데이터 전송시 정보 위·변조 방지, 데이터 저장을 위한 정보 모델 등
	개인 건강정보 기반 데이터 저장·분석·서비스	데이터 연계기술, 정형·비정형 데이터 저장, 대용량 데이터 저장·분석 기술 등
	개인 맞춤형 건강관리 예측 시스템	데이터 추론 기술, Alert/reminder 기술 등

지원분야	핵심기술	관련아이템
직류 송배전 시스템	핵심부품	스위치, 수동소자, 제어기 등 부품 제작 등
	모듈	DC차단기, VBE(Valve Base Equipment, 제어시스템), 전력 제어 차단 및 계측·감시 기능 등
	시스템	DC차단기를 결합하여 다중 Point(1:N) 연계 가능한 매쉬형 직류 송배전 시스템 등
초소형 발전 시스템	기반기술	공정설계, 시뮬레이션, 공정 효율화 기술, 소재 기술 등
	핵심기기	터빈 설계 제작 기술, 압축기 설계 제작 기술, 열교환기 설계 제작 기술 등
	발전시스템 설계·건설 운영	초임계 CO2 발전 시스템 설계기술 등
	열원 연계와 확장 기술	원자력, 석탄화력, 복합화력, 신재생 열원연계 등
신재생 에너지 하이브리드 시스템	NRE-H 기반 고효율 융복합 분산형/독립형 발전 및 제어 기술	태양광-연료전지-ESS 하이브리드 발전/전력저장 기술, 바이오연료-NRE-H 기술, 신재생에너지 하이브리드시스템 통합제어 기술개발, 열전소자 등 타 기술분야를 활용한 신재생 에너지 하이브리드 발전, 계간축열 기반의 열에너지 활용 기술 등
	NRE-H 고효율 MCFC 융복합발전 및 청정가스 변환시스템	MCFC-압력차발전기(Tubor Expander Gene rator) 복합발전 기술, MCFC 복합발전을 통한 고효율청정가스 생산기술 등
	제로에너지빌딩을 위한 NRE-H 통합솔루션 시스템 기술	건물의냉난방, 채광조절, 열 및 전기생산 등을 통합적으로 구현할 수 있는 다기능, 고효율의 건물 외피시스템 기술 등
	NRE-H 친환경 자동차 충전 시스템	NRE-H 고효율 전기/수소 생산 및 변환 기술 등
	NRE-H 시스템 ICT융합 플랫폼 기술	신재생에너지원 가용 환경평가 및 최적에너지 Mix 구성 Engineering 기술 등
재난안전 시스템	스마트 재난상황 관리 시스템	스마트, 시뮬레이션, 시큐리티, 세이프티 빅보드 시스템 등
	국토관측센서 기반 감시평가 예측 기술	X-net 기반 수문정보 생성 및 예측기술, 위성기반 가뭄·하천건천화 평가 및 예측기술, 위성, radar, AWS 기반 홍수재해 평가 및 예측기술, 수자원 정보서비스 플랫폼기술 등
	재난상황 조망 시스템	ICT 기반 재난현장 무선통신망 확보 및 긴급지원 기술 등
	도시지하매설물 모니터링 관리시스템	IoT 기반 재난재해 예측 및 대응 기술, 지하매설물 실시간 전역 위험 감시 기술,도시철도 지하구조물 및 주변 지반 감시 기술, 지하수 및 지질 환경 실시간 예측 기술 등
지능형 반도체	지능형반도체 설계기반 기술	프로세서 Core 기술, 반도체 SoC IP, 반도체설계 SW Tool, SW-SoC 융합서비스 개발도구 기술 등
	스마트 인지·제어 지능형 반도체(SW-SoC) 기술	지능형센서, 인지신호 처리·제어 SW-SoC 융합 기술, 고정밀 센서 신호처리 반도체, 웰니스케어 지능형반도체 기술 등

지원분야	핵심기술	관련아이템
	스마트 통신의 지능형반도체(SW-SoC) 기술	고속 이동통신 SW-SoC 기술, 광대역 네트워크 SW-SoC 기술, 초저전력 Connectivity SW-SoC 기술, 고신뢰성 보장을 위한 SW-SoC 융합 기술 등
	초고속 컴퓨팅의 지능형반도체(SW-SoC) 기술	신경모사지능형컴퓨팅SW-SoC기술, 지능형 메모리 SW-SoC기술, 지능형반도체 경량·고신뢰 SW 기술, 빅데이터 고속처리 SW-SoC 기술, IoT향 저전력 프로세서 기술 등
	고효율 전력에너지용 지능형반도체 기술	에너지 하베스팅 반도체기술, 에너지고효율전력관리SW-SoC 기술, 고효율 전력변환 SW-SoC 융합 기술 등
융복합 소재	창의소재	현대판 연금술 기반 가스분리막 및 촉매소재, 휴리스틱스 최적화기술기반 LED용 형광체, 스핀궤도결합에 의한 스위칭용이 소재, 멀티레벨 컴퓨팅 구현을 위한 스마트소재, 자기동기화 바이오 소재, 오감증진용 자기조절 자기조립 소재 기술 등
	탄소섬유복합재	탄소섬유 저가화 기술, 탄소섬유 표면처리기술, 복합재료용 열가소성 수지기술, 금속 기반 복합재료, 탄소섬유 인증 및 표준화 기술, 금속대체 소재기술, 고내열 소재 기술 등
	하이퍼 플라스틱	고내열 투명소재 기술, 구조부품용 고강성 복합소재 기술, 친환경 수퍼엔지니어링 플라스틱, 수퍼엔지니어링 플라스틱 기능성 향상 중합, 전장부품용 하이퍼 플라스틱 소재개발, UTH용 소재부품개발, 고강성/고탄성 하이퍼 플라스틱 개발 등
	타이타늄	저원가 고품질 Ti생산기술, 생활소재용 Ti산화물 제조기술, Ti중간재 제조기술, Ti제조 및 고성능 합금기술, Ti부품 제조공정기술 등
사물 인터넷	디바이스 기술	초경량 저전력 IoT 디바이스 플랫폼 기술, 자율제어/고신뢰 IoT 디바이스 플랫폼 기술, 개방형 HW/SW 플랫폼 기술, 초소형 저전력 스마트 센서 모듈 기술 등
	네트워크 기술	다중 디바이스 연결을 위한 액세스 네트워크 기술, 자율 디바이스 연결을 위한 서비스 인지형 네트워크 기술, 이종기기간 연동을 위한 복합 IoT 게이트웨이 기술 등
	플랫폼 기술	분산구조 기반의 IoT 플랫폼 기술, 실시간성 보장형 IoT 플랫폼 기술, 이종 플랫폼의 Federation 기술 등
	보안 기술	IoT 프라이버시 보호 기술, 하드웨어기반 IoT 보안 기술, 코로스 레이어 보안기술 등
빅데이터	고성능 빅데이터 처리 및 저장 관리 기술	고속 네트워크 통합형 분산처리 고성능화 기술, 성능가속기 기반 고성능 처리 기술, 성능가속기 기반 고성능 저장 관리 기술, 다양한 응용 패턴 통합 지원 기술 등
	빅데이터 플랫폼 자원 관리 및 운영 최적화 기술	이종의 다양한 워크로드 인지형 자원관리 기술, 작업 처리율 향상을 위한 작업 스케쥴링 기술, 최적의 성능 도출형 플랫폼 운영관리 기술 등

지원분야	핵심기술	관련아이템
	예측형 시뮬레이션 및 지능 알고리즘 기반 분석 기술	지능형 예측 분석 기술, 이종 데이터소스 융합 분석 기술, 협업 분석 기술, 모사현실 모델링 프레임워크 기술 등
	빅데이터 원천기술	빅데이터 분석기술, 빅데이터 어플라이언스 구축 기술, 워크플로우 기반 적용 시나리오 구현기술, 데이터 품질 정량화 및 최적화 기술, 빅데이터 유통 인프라 구축 기술 등
첨단소재 가공시스템	첨단소재 가공시스템	첨단소재의 효율적인 가공을 위한 가공·검사 장비, 개방형 CNC, 운영 S/W 등을 패키지 개발 등
	첨단공구	첨단소재 가공성을 향상시키기 위한 공구형상 설계, 내마모성, 수명향상을 위한 표면처리 기술을 통해 첨단소재 전용 공구개발 등
	하이퍼텍스	탄소섬유복합재 적층을 통하여 절삭가공 전단계의 CFRP 반제품 생산장비 및 성형장비개발 등

6 사업계획서 양식(창업진흥원 2017년 창업선도대학)

창업기업 사업계획서 작성 목차

구분	항 목	세부항목
일반현황	1. 기본 현황	**1-1. 기본정보** (아이템명, 성명, 생년월일, 신청 사업비 등 기재)
		1-2. 신청분야 세부정보 (신청분야, 기술분야 창업자 세부정보 기재)
	2. 창업자 현황	**2-1. 창업 배경** (창업을 시작하게 된 동기 및 목표 등 기재)
		2-2. 보유역량 (대표자 및 기업이 보유하고 있는 경험, 기술력, 노하우 등 기재)
창업 아이템 현황	3. 창업아이템 개요	**3. 창업아이템 소개 총괄표** (창업아이템 소개, 경쟁 제품 및 서비스 분석, 국내외 목표시장 등 기재)
	4. 창업아이템의 기술성	**4-1. 기술의 개요** (사업 신청한 아이템(제품 또는 서비스)의 기술에 대한 구체적 기재)
		4-2. 기술의 차별성 및 독창성 (사업 신청한 아이템과 경쟁하는 국·내외 아이템과의 차별성 기재)
		4-3. 제품(서비스)의 구현계획 (실현가능한 제품(서비스)의 제작 소요기간 및 방법 등을 기재)

구분	항 목	세부항목
		4-4. 사업모델(BM)의 차별성 (제품(서비스)의 판매방식, 사업모델(BM)의 확보로 수익모델 차별화 정도, 홍보 및 판매전략의 구체성과 차별성 기재)
	5. 창업아이템의 시장성	**5-1. 내수시장 전략(경쟁 및 판매가능성)** (내수시장 중심의 주 소비자층, 시장진출 전략, 그간 실적 등 구체적 기재)
		5-2. 해외시장 전략(경쟁 및 판매가능성) (해외시장(글로벌) 진출 실적, 역량, 수출망 확보계획 등 구체적 기재)
사업 추진계획	6. 성과 창출 계획	**6-1. 매출** (매출 창출 전략 및 방법, 추진 시기 등 구체적으로 기재)
		6-2. 수출 (해외시장을 중심으로 목표시장 및 분석 현황, 진출 전략 등 기재)
		6-3. 기술개발 (기업의 기술개발 역량, 연구장비 보유현황, 연구전담요원 현황을 기재)
		6-4. 투자유치 (향후 투자유치 추진전략 및 방법 등 기재)
		6-5. 고용 (사업 추진에 따른 현재 고용인원 및 향후 고용계획, 직원의 복지 수준 향상을 위한 성과공유제 도입현황을 기재)
	7. 향후 추진일정	**향후 추진일정** (시장조사, 시제품개발, 기술자문, 홈페이지 제작 등 세부 추진계획)

해당 사업계획서 양식을 통해서 창업자의 입장에서 본인의 실제 아이템 또는 가상의 아이템을 가지고 직접 작성을 해볼 것을 권한다.

해당 사업계획서의 양식은 창업진흥원에서 창업선도대학 예비창업자를 선발하기 위해서 표준화된 사업계획서 양식을 배포한 것으로 최근의 창업 트렌드와 이슈에 맞게 목차가 구성되어 있으며, 기술 창업자와 일반창업(BM)자를 대상으로 작성할 수 있게 되어 있다.

또한 해당 사업계획서의 구성 상 각 항목마다 어떠한 방향으로 내용을 작성해야 하는지 친절하게 코멘트가 되어 있어 실전적으로 해당 교재를 통한 창업의 이해를 충분히 한 학습자라면 초안 작성에 큰 어려움은 없을 것이라고 생각되는바 필히 작성해보길 바란다.

2017 창업선도대학 「창업아이템 사업화」 (예비)창업자 사업계획서

※ 본문 5 ~ 15page 내외로 작성(증빙서류 등은 제한 없음), '기울인 글자 안내 문구'는 삭제하고 검정색 글씨로 작성하여 제출, 양식의 목차, 표는 변경 또는 삭제 불가(행추가는 가능, 해당사항이 없는 경우 공란으로 유지)하며, 필요 시 사진(이미지) 또는 표 추가 가능

Ⅰ. 일반현황

(1) 기본현황

1-1) 기본정보

※ 개인사업자는 '개업연월일', 법인사업자는 '회사성립연월일'을 기재 (최초 설립한 사업자 기준)

<table>
<tr><td colspan="3">창업아이템명</td><td colspan="5"></td></tr>
<tr><td colspan="3">신청자 성명</td><td></td><td>생년월일</td><td>1900.00.00</td><td>성별</td><td>남 / 여</td></tr>
<tr><td colspan="3">직업</td><td>일반인 / 대학생 / 대학원생 / ...</td><td>창업유무</td><td colspan="3">예비창업자 / 기창업자(O년차)</td></tr>
<tr><td colspan="3">개업연월일
(회사성립연월일)</td><td>2000. 00. 00</td><td>사업자
구분</td><td colspan="3">예비창업자 / 예비창업팀 / 개인사업자 / 법인사업자 / 공동대표(개인, 법인)</td></tr>
<tr><td rowspan="4">사업비
구성계획
(백만원)</td><td colspan="2">정부지원금</td><td>00백만원</td><td rowspan="4">투자유치
금액
(누적,
백만원)</td><td colspan="3" rowspan="4">00백만원</td></tr>
<tr><td rowspan="2">대응
자금</td><td>현금</td><td>00백만원</td></tr>
<tr><td>현물</td><td>00백만원</td></tr>
<tr><td colspan="2">합계</td><td>00백만원</td></tr>
</table>

1-2) 신청분야 세부정보

※ 기술분야 신청자는 '2017년 창업선도대학 (예비)창업자 1차 모집 공고(2017.3.27)'의 모집분야-자격요건을 확인 후 자격충족 시 신청
※ 조건 ②에 해당되는 신청자의 업종은 '2017년 창업선도대학 (예비)창업자 1차 모집 공고(2017.3.27) [참고 4]'의 지원분야 중 선택하여 기재

<table>
<tr><td rowspan="2">신청분야
(택 1)</td><td>기술
분야</td><td colspan="3">□ 전문기술인력 2인 이상의 팀창업 또는 예비창업팀

□ 전문기술인력(대표) & 투자유치 금액 5천만 원 이상
□ 전문기술인력(대표)</td></tr>
<tr><td>BM
분야</td><td colspan="3">□ 학생 및 일반인 & 투자유치 금액 5천만 원 이상
□ 학생 및 일반인</td></tr>
<tr><td colspan="5">기술분야 창업자 세부정보(BM분야 창업자는 작성 불필요)</td></tr>
<tr><td colspan="2">팀창업 여부</td><td>*여 / 부*</td><td>구성원 명단
(팀창업 시 작성)</td><td>*김○○(대표이사), 이○○(이사), 박○○(감사)*</td></tr>
<tr><td rowspan="2">대표
(기업)
현황</td><td>조건 ①
해당 시</td><td colspan="3">• *대표자: 대학교수 / 대학원생 / 석사 / 박사 / 연구원 / 엔지니어(경력 0년)*
• *팀원 1: 대학교수 / 대학원생 / 석사 / 박사 / 연구원 / 엔지니어(경력 0년)*</td></tr>
<tr><td>조건 ②
해당 시</td><td colspan="3">• (업종) *ICT 융합, 첨단신소재....*
• (창업아이템 개요) *간략히 2줄 이내*</td></tr>
</table>

(2) 창업자 현황

2-1) 창업배경

※ 창업배경: 창업을 하게 된 동기와 창업을 통해 이루고자 하는 목표를 기재

○

-

2-2) 보유역량

※ 기업을 경영함에 있어서 대표자 및 기업이 보유하고 있는 경험, 기술력, 노하우 등을 기재 (경력, 전공, 입상실적 등)

○ 대표자 역량

-

Ⅱ. 창업아이템 현황

(3) 창업아이템 개요

창업아이템 소개	• ※ 핵심기능, 소비자층, 사용처 등 주요 내용을 중심으로 간략히 기재	
경쟁사 제품 또는 서비스 분석	• ※ 경쟁제품(유사제품)의 주요기능 및 차별점 등을 간략히 기재	
국내외 목표시장	• ※ 국내 외 목표시장, 판매 전략 등을 간략히 기재	
이미지	*아이템의 특징을 나타낼 수 있는 참고사진(이미지) 또는 설계도 삽입*	*아이템의 특징을 나타낼 수 있는 참고사진(이미지) 또는 설계도 삽입*
	사진(이미지) 또는 설계도 제목	*사진(이미지) 또는 설계도 제목*

(4) 창업아이템의 기술성

4-1) 기술의 개요

※ 사업 신청한 아이템(제품 또는 서비스)의 기술에 대해서 구체적으로 기재

○

-

4-2) 기술의 차별성 및 독창성

※ 사업 신청한 아이템(제품 또는 서비스)과 경쟁하는 국내외 아이템(업체)의 기술 및 이와 차별화된 점 구체적으로 기재

○

-

4-3) 제품(서비스)의 구현계획

※ 실현가능한 제품(서비스) 제작 소요기간 및 제작방법을 구체적으로 기재

○

-

4-4) 사업모델(BM)의 차별성

※ 제품(서비스) 판매방식, 반복구매와 지속성장 사업모델(BM)의 확보로 수익모델 차별화 정도, 홍보 및 판매전략의 구체성과 차별성 기재

○

-

4-5) 최종 결과물 산출계획

※ 사업종료 시 제출할 창업아이템(제품, 서비스 등)에 대한 구체적 내용 기재(필요 시 그림 포함)

○

-

(5) 창업아이템의 시장성

5-1) 내수시장 전략 (경쟁 및 판매가능성)

※ 내수시장 규모를 중심으로 주 소비자층, 주 타겟시장, 진출시기, 시장진출 및 판매 전략, 그간 성과 등을 구체적으로 기재

○

-

○ 내수시장 진출 실적

※ 관련실적이 없는 경우 '해당사항 없음'으로 기재

유통채널명	진출시기	판매 아이템	판매금액
롯데마트	*2014.2.14. ~ 2014.2.22.*		*ㅇㅇㅇ백만원*

5-2) 해외시장 전략 (경쟁 및 판매가능성)

○ 글로벌 진출 실적

※ 관련실적이 없는 경우 '<u>해당사항 없음</u>'으로 기재

수출국가수	수출액	수출품목수	수출품목명
ㅇ개국	*ㅇㅇㅇ백만원*	*ㅇㅇ개*	*ㅇㅇㅇ, ㅇㅇㅇ, ㅇㅇㅇ*

○ 글로벌 진출 역량

※ 관련실적이 없는 경우 '<u>해당사항 없음</u>'으로 기재

해외특허 건수 (출원 제외)	국제인증 건수	외국 현지기업과 MOU, NDA 등 국제협약체결 건수
ㅇ건	*ㅇㅇ건*	*ㅇㅇ건*

○ 수출 분야 핵심인력 현황: 00명

※ 수출인력이 없는 경우 '<u>해당사항 없음</u>'으로 기재
※ 수출분야 핵심인력 예시
- 임직원 중 수출 또는 무역관련 회사 경력자, 임직원 중 1년 이상 해외 근무 경험자, 임직원 중 해외학위(학사 이상) 보유자 등

성 명	직 급	주요 담당업무	경력 및 학력
			00무역회사 경력 3년
			베트남 현지 무역업체 2년 근무

○ 글로벌 홍보물 보유 현황: 00개

※ 글로벌 홍보물 기준: 외국인 대상의 홈페이지, 모바일 앱, 홍보 동영상, 카탈로그 등을 홍보물로 인정하고, 동일한 홍보물을 다양한 언어로 제작한 경우 1개로 인정

-

〈홍보물 이미지〉	〈홍보물 이미지〉
〈 홍보물 제목(영어 외 O개 언어) 〉	〈 홍보물 제목(영어 외 O개 언어) 〉

○ 기타 해외시장 진출 전략

※ 해외시장을 중심으로 목표시장 및 분석 현황, 주 소비자층, 시장 진출 및 판매 전략, 그간 성과 등을 기재하고 수출망 확보 계획을 구체적으로 수립

구분	내 용
수출망 형태	거래알선사이트, 무역유관기관, 해외홍보매체, 각종 사절단 및 전시회, 직접방문 등으로 구분
수출망 개요	'수출망 형태'별 주요정보 기재 – 거래알선사이트: 운영주체, 바이어보유 수, 주요취급품목, 이용절차 등 – 무역유관기관: 기관명, 지원내용, 이용절차 등 – 해외홍보매체: 운영주체, 독자 수, 주요취급품목, 이용절차 등 – 각종 사절단 및 전시회: 운영주체, 바이어보유 수, 방문객 현황, 주요취급품목, 행사의 특장점 등 – 직접방문: 국내 또는 현지 네트워크와의 연계계획이 있는 경우 업체개요, 방문계획, 네트워크 구축정도 등
추진일정	수출망 확보를 위한 구체적 추진 일정을 기재(시작～종료)

-

수출국가	수출망 형태	수출망 개요	추진일정

Ⅲ. 사업 추진계획

(6) 성과 창출 계획

6-1) 매출

※ 매출 창출 전략 및 방법, 추진 시기 등 구체적으로 기재

○

6-2) 수출

※ 해외시장을 중심으로 목표시장 및 분석 현황, 진출 전략 등 기재

○

6-3) 기술개발

○ 기술개발 역량

※ 연구개발비: 경상비(인건비, 기타경상비), 자본적 지출(기계장치, 투지건물, 컴퓨터 소프트웨어 등)의 합계

2015년			2016년			2017년 (계획)		
연구개발 투자비율			연구개발 투자비율			연구개발 투자비율		
연구 개발비(a)	매출액 (b)	$\frac{a}{b}$x100	연구 개발비(a)	매출액 (b)	$\frac{a}{b}$x100	연구 개발비(a)	매출액 (b)	$\frac{a}{b}$x100
백만원	백만원	%	백만원	백만원	%	백만원	백만원	%

○ 연구장비 보유 현황

※ 창업아이템과 직접적으로 연관있는 장비를 중심으로 최대 5개까지 기재
(PC, 노트북 등 단순 사무기기 작성 불필요)
※ 취득예정인 기자재는 취득연도에 '예정'으로 기재

순번	장비명	제작사	용도	취득연도	취득금액 (백만원)
1					
2					
3					
4					
5					

○ 연구전담요원 현황

※ 연구전담요원 대상자 기준
① 3년 미만 기업
- *자연계(자연과학·공학·의학계열)분야 학사 이상자*
- *국가자격법에 의한 기술·기능분야 기사 이상*
- *자연계분야 전문학사로 해당 연구분야 2년 이상 경력자(3년제는 1년 이상 경력자)*
- *국가기술자격법에 의한 기술·기능분야 산업기사로 해당 연구분야 2년 경력자*
- *마이스터고 또는 특성화고 졸업자로 해당 연구분야 4년이상 경력자*
- *기능사 자격증 소지자의 경우 관련 연구분야 경력 4년 이상*
- *대표이사가 연구전담요원 자격을 갖춘 경우*

② 산업디자인 분야 및 지식기반서비스 분야를 주업종으로 하는 경우
- *자연계분야 전공자가 아니더라도 가능*
- *학사 이상으로 연구개발활동과 관련분야를 전공하였거나, 해당 분야에서 1년 이상 근무한 자*
- *전문학사로 해당 분야에서 2년(비관련 전공자는 3년)이상 근무한 자*
- *국가기술자격법 제9조 제2호에 따른 서비스분야 1급 이상의 자격을 가진 자*
- *국가기술자격법 제9조 제2호에 따른 서비스분야 2급 소유자로서 해당 분야에서 2년 이상 근무한 자*

성 명	직 급	주요 담당업무	학력 및 경력

6-4) 투자유치

※ 엔젤투자, VC(벤처캐피탈), 크라우드 펀딩 등의 투자처, 향후 투자유치 추진전략 및 방법 등 기재

○

-

6-5) 고용

○ 현재 재직인원 및 고용계획

현재 재직인원 (대표자 제외)	명	추가 고용계획(1년이내)	명

○ 추가 인력 고용계획

※ 사업 추진에 따른 현재 고용인원 및 향후 고용계획을 기재

No	주요 담당업무	요구되는 경력 및 학력 등	채용시기
1	*S/W 개발*	*IT분야 전공 학사 이상*	*'16. 8*
2	*해외 영업 (베트남, 인도네시아)*	*글로벌 업무를 위해 영어회화가 능통한 자*	
3	*R&D*	*기계분야 전공 석사 이상*	

○ 성과공유제 도입현황 및 계획

※ 중소기업 성과공유제 개요
– 중소기업 근로자의 임금 또는 복지 수준 향상을 위해 사업주가 근로자간에 성과를 공유하는 제도 (중소기업 인력지원 특별법 제27조의 2)
** 대중소기업 상생협력 촉진에 관한법률 제8조(상생협력 성과의 공평한 배분)의 성과공유제와는 다른 제도임*

구 분		내 용
현금	경영 성과급	기업 차원에서 이익 또는 이윤 등의 경영성과가 발생했을 때 해당 성과를 회사 종업원들과 공유하는 경영활동
	직무 발명보상	종업원, 법인의 임원 또는 공무원이 개발한 직무발명을 기업이 승계 소유하도록 하고, 종업원 등에서 직무발명의 대가에 상응하는 정당한 보상을 해주는 제도
주식	우리사주	'우리 회사 주식 소유제도'의 줄임말로, 근로자가 자신이 근무하는 회사의 주식을 취득 보유할 수 있도록 하는 제도
	주식매수 선택권 (스톡옵션)	회사가 정관으로 정하는 바에 따라 임직원 등에게 미리 정해진 가격으로 신주를 인수하거나 회사의 주식을 매수할 수 있는 권리를 부여하는 것
공제 및 기금	내일채움 공제	5년 이상 장기재직한 핵심인력에게 중소기업과 핵심인력의 공동적립금과 복리이자를 성과보상금 형태로 지급하는 제도
	과학기술 인공제회	과학기술인에 대한 생활안정과 복리를 도모하기 위해서 설립된 공제기구
	사내근로 복지기금	근로자의 복지를 위해 기업이 이익금을 출연해 조성한 기금

** 출처: 중소기업 성과공유제 활성화 방안, 중소기업연구원, 2016*

제도명	도입 여부	주요내용	실적*
내일채움공제	완료 ('16.10)	정관 취업규칙 등 내부 규정과 주요내용을 발췌하여 기재	근로자 2인 적용
사내근로복지기금	예정 ('17.06)	기금조성 및 기금법인 설립, 운용규정 마련	00백만원

(7) 향후 추진일정

추진내용	추진기간	세부내용
제품보완, 신제품 출시	2016.0.0. ~ 2016.0.0.	OO 기능 보완, 신제품 출시
홈페이지 제작	2016.0.0. ~ 2016.0.0.	홍보용 홈페이지 제작
글로벌 진출	2016.0.0. ~ 2016.0.0.	베트남 OO업체 계약체결
투자유치 등	2016.0.0. ~ 2016.0.0.	VC, AC 등

※ 시장조사, BM개발, 기술자문, 홈페이지 제작, 특허출원 등 향후 추진일정을 세부적으로 기재

Ⅷ 창업자를 위한 중소기업회계기준 이해

1 도입 배경 및 기준

「중소기업회계기준」은[62)]「상법」 제446조의2[63)]와 동법 시행령 제15조제3호[64)]에 의거하여 법무부 장관이 금융위원회와 중소기업청장과의 협의를 통해서 고시한 규정으로 창업자가 창업을 할 때 가장 어려워하는 회계를 쉽게 이해하고 처리할 수 있도록 지원하기 위하여 도입한 제도이다.

'중소기업회계기준의 적용대상'은 외부감사대상기업 또는 공공기관이 아닌 모든 주식회사를 적용대상으로 하며,「상법」시행령 제15조제3호를 기준으로 적용대상을 판단하면 된다.

해당 중소기업회계기준을 적용할 수 있는 대상과 회계기준을 살펴보면 그림과 같고, 적용대상 업체는 해당 관련 회계기준을 기초로 회계처리를 성실히 이행하여야 하며, 규정을 구체적으로 살펴보면 다음과 같다.

---

62) [법무부고시 제2013-0029호, 2013.2.1.제정, 2014.1.1.시행].

63) 상법 제446조의2 (회계의 원칙)
회사의 회계는 이 법과 대통령령으로 규정한 것을 제외하고는 일반적으로 공정하고 타당한 회계 관행에 따른다.

64) 상법 시행령 제15조(회계 원칙)
법 제446조의2에서 "대통령령으로 규정한 것"이란 다음 각 호의 구분에 따른 회계기준을 말한다.
1.「주식회사의 외부감사에 관한 법률」 제2조에 따른 외부감사 대상 회사: 같은 법 제13조 제1항에 따른 회계처리기준
2.「공공기관의 운영에 관한 법률」 제2조에 따른 공공기관: 같은 법에 따른 공기업·준정부기관의 회계 원칙
3. <u>제1호 및 제2호에 해당하는 회사 외의 회사 등: 회사의 종류 및 규모 등을 고려하여 법무부장관이 금융위원회 및 중소기업청장과 협의하여 고시한 회계기준</u>

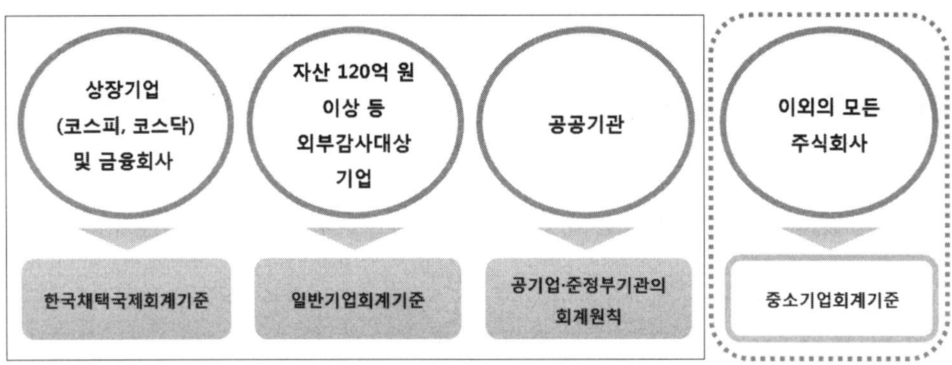

그림 Ⅷ-1 회계기준 적용대상[65)]

위의 그림과 같이 회계기준 적용대상은 상법에 따르며, 외부감사의 대상은 외부감사법 시행령 제2조[66)]와 같다.

---

65) 중소기업중앙회, 「일반기업 회계기준보다 알기 쉽고 간편한 중소기업 회계기준 안내서」, 중소기업중앙회 중소기업회계기준지원센터(2013), 33면.

66) 외부감사법 제2조(외부감사의 대상)

① 법 제2조에 따라 외부의 감사인에 의한 회계감사(이하 "외부감사"라 한다)를 받아야 하는 주식회사는 다음 각 호의 어느 하나에 해당하는 주식회사로 한다.<개정 2014.6.30, 2014.9.3>

1. 직전 사업연도 말의 자산총액이 120억 원 이상인 주식회사(그 주식회사가 분할하거나 다른 회사와 합병하여 새로운 회사를 설립한 경우에는 설립시의 자산총액이 120억 원 이상인 주식회사를 말한다)
2. 주권상장법인(「자본시장과 금융투자업에 관한 법률」에 따른 주권상장법인을 말한다. 이하 같다)과 해당 사업연도 또는 다음 사업연도 중에 주권상장법인이 되려는 주식회사(주권상장법인과 합병이나 주식의 포괄적 교환 등 증권선물위원회가 정하는 방법을 통하여 주권상장법인이 되려고 하거나 해당 주식회사의 주권이 상장되는 효과가 있게 하려는 경우의 해당 주식회사를 포함한다)
3. 직전 사업연도 말의 부채총액이 70억 원 이상이고 자산총액이 70억 원 이상인 주식회사(그 주식회사가 분할하거나 다른 회사와 합병하여 새로운 회사를 설립한 경우에는 설립 시의 부채총액이 70억 원 이상이고 자산총액이 70억 원 이상인 주식회사를 말한다)
4. 직전 사업연도 말의 종업원(「근로기준법」 제2조제1항제1호에 따른 근로자 중 다음 각 목의 어느 하나에 해당하는 사람을 제외한다. 이하 같다) 수가 300명 이상이고 자산총액이 70억 원 이상인 주식회사(그 주식회사가 분할하거나 다른 회사와 합병하여 새로운 회사를 설립한 경우에는 설립 시의 종업원 수가 300명 이상이고 자산총액이 70억 원 이상인 주식회사를 말한다)

또한 한국채택국제회계기준을 적용하여 재무제표와 연결재무제표를 작성하여야 하는 회사는 외부감사법 제13조에서 규정하고 있는 동법 시행령 제7조의2 제1항의 ① 주권상장법인(코넥스시장 상장법인 제외), ② 동법 시행령 제4조제9항제1호 각 목외의 부분 본문에 따른 주식회사(코넥스 시장에 주권을 상장하려는 법인 제외), ③ 「금융지주회사법」에 따른 금융지주회사(동법 제22조에 따른 전환대상자 제외), ④ 「은행법」에 따른 은행, ⑤「자본시장과 금융투자업에 관한 법률」에 따른 투자매매업자, 투자중개업자, 집합투자업자, 신탁업자 및 종합금융회사, ⑥ 「보험업법」에 따른 보험회사, ⑦ 「여신전문금융업법」에 따른 신용카드업자이다.

즉, 위에서 제시한 한국채택국제회계기준, 일반기업회계기준, 공기업·준정부기관의 회계원칙에 해당하지 않는 이외의 모든 주식회사가 '중소기업회계기준'의 대상이 된다. 본 장은 '중소기업회계기준'의 규정을 중심으로 내용을 정리한다.

가. 일용근로자

나. 3개월 이내의 기간을 정하여 근로하는 사람

다. 「파견근로자보호 등에 관한 법률」 제2조제5호에 따른 파견근로자

② 법 제2조제2호에서 "대통령령으로 정하는 주식회사"란 법 제4조제1항에 따른 감사인 선임기간의 종료일 현재 다음 각 호의 어느 하나에 해당하는 주식회사(감사인을 선임한 후 다음 각 호의 어느 하나에 해당하게 된 주식회사로서 증권선물위원회가 인정하는 주식회사를 포함한다)를 말한다. <개정 2010.11.15>

1. 지방자치단체가 자본금의 2분의 1 이상을 출자한 주식회사
2. 「자본시장과 금융투자업에 관한 법률」에 따른 투자회사
3. 「기업구조조정투자회사법」에 따른 기업구조조정투자회사
4. 「은행법」에 따른 은행으로부터 당좌거래의 정지처분 중에 있는 주식회사. 다만, 「채무자 회생 및 파산에 관한 법률」에 따라 회생절차의 개시가 결정된 주식회사는 제외한다.
5. 청산중이거나 1년 이상 휴업 중인 주식회사
6. 「상법」에 따라 합병절차가 진행 중인 회사로서 해당 사업연도 내에 소멸될 주식회사
7. 제1호부터 제6호까지의 규정에 준하는 사유로 증권선물위원회가 외부감사를 실시할 필요가 없다고 인정하여 지정하는 주식회사

[전문개정 2009.12.31.]

2 일반기업회계기준과의 비교

(1) 중소기업회계기준의 간소화

'중소기업회계기준'은 중소기업에서 자주 발생하는 거래를 중심으로 중소기업의 회계에 대한 부담감 최소화와 선택권을 제시하고 있다.[67]

① 재무제표 작성범위를 축소하여 현금흐름표의 작성을 제외하며, 자본변동표와 이익잉여금처분계산서 중 택일하여 작성할 수 있고, 주석은 권장사항으로 함
② 비교재무제표 작성이 일반적인 원칙이나 해당 연도 분 즉, 당기 재무제표만을 작성하는 것도 가능
③ 추상적이거나 복잡한 규정은 수정하고 법인세법을 일부 수용함
④ 자산평가는 원칙적으로 취득원가를 기준으로 작성하도록 함
⑤ 회계정책의 변경 시 과거 오류 수정 시에 소급하여 전기 재무제표를 수정할 필요 없이 당기와 이후 기간에만 반영하되, 변동효과는 당기 영업외손익에 반영하도록 함
⑥ 각 자산별 감가상각법을 지정함
⑦ 상각 후 원가측정 시 유효이자율법 대신 정액법 사용가능하도록 하여, 금융상품의 취득원가와 현재가치의 차이를 정액법으로 관리할 수 있도록 함
⑧ 이자수익, 배당금 수익 현금수취시점의 수익인식을 가능하도록 함
⑨ 매도가능증권 평가손익(기타 포괄손익)을 당기손익에 반영하여 처리 가능하도록 함

(2) 일반기업회계기준 특례와의 비교

일반기업회계기준상 규정되어 있는 '중소기업회계처리 특례규정'은 현행 그대로 유지되고 있으나 해당 내용이 '중소기업회계기준'에 대부분 반영되어 있다. 이를 비교해보면 다음과 같다.

---

67) 중소기업중앙회, 상게서, 34-35면.

표 Ⅷ-1 중소기업회계처리 특례와 중소기업회계기준 비교[68)]

구 분	중소기업회계처리 특례	중소기업회계기준
시가 없는 파생상품	계약시점 후 평가 면제	규정 없음 (일반기업회계기준 참조)
시장성 없는 지분증권	취득원가 측정 가능	취득원가 측정 원칙
지분법	적용 면제	지분법 정보 미요구
장기연불조건 매매거래, 장기금전 대차거래 등	채권·채무현재가치 평가 면제	수용(그 밖의 장기 매매거래도 현재가치 평가 면제)
주식기준 보상거래	(주식결제형) 지분상품실제 행사, 발행 전까지 회계처리 면제	규정 없음(일반기업회계기준 참조)
단기용역매출, 건설형 공사 계약	용역제공 완료일, 공사 등 완성 일에 수익인식	수용
장기할부 매출	할부금회수기일에 수익 인식	수용
유형·무형자산의 내용연수, 잔존가치 결정	법인세법 적용	수용
법인세비용	법인세법 등에 의해 납부해야 할 금액으로 인식	원칙으로 수용
중단된 사업부문	정보 주석 기재 면제	중단사업관련 규정 없음

3 중소기업회계기준 고시

제1. 총칙

제1조 (목적) 중소기업회계기준(이하 '이 기준'이라 한다)은 상법 시행령 제15조제3호에 따른 주식회사의 회계처리와 재무보고에 관한 기준을 정함을 목적으로 한다.

제2조 (적용) 이 기준은 상법 시행령 제15조제3호에 따른 주식회사(이하 '회사'라 한다)의 회계처리에 적용한다. 다만, 회사가 「주식회사의 외부감사에 관한 법률」 제13조에 따른 회계기준(한국채택국제회계기준 또는 일반기업회계기준을 말한다)을 적용하는 경우에는 그러하지 아니하다.

제3조 (회계정책의 선택) 거래, 그 밖의 사건 또는 상황에 적용되는 회계정책은 이

68) 중소기업중앙회, 전게서, 36면.

기준을 적용하여 결정한다. 다만, 구체적으로 적용할 수 있는 기준이 없는 경우 일반기업회계기준을 참조하여 회계 처리한다.

제4조 (재무제표) ① 이 기준에서 재무제표는 다음 각 호의 서류로 구성된다. 다만, 제3호와 제4호의 경우 하나를 선택하여 작성한다.

1. 대차대조표
2. 손익계산서
3. 자본변동표
4. 이익잉여금 처분계산서 또는 결손금처리계산서

② 재무제표는 직전 회계연도 분과 해당 회계연도 분을 비교하는 형식으로 작성한다. 다만, 해당 회계연도 분만 작성할 수 있다.

③ 재무제표가 이 기준에 따라 작성된 경우에는 각 재무제표 아래에 중소기업회계기준에 따라 작성되었다는 사실을 기재한다.

제5조 (항목의 통합 및 구분 표시) ① 성격이나 금액이 중요하지 아니한 항목은 성격이 비슷한 항목에 통합하여 표시할 수 있다.

② 성격과 금액이 중요한 항목은 그 내용을 잘 나타낼 수 있는 적절한 항목으로 구분하여 표시한다.

제2. 대차대조표

제6조 (대차대조표 작성기준) ① 대차대조표는 회계연도 말 현재 회사의 자산, 부채와 자본에 대한 정보를 제공하는 재무보고서이다.

② 대차대조표에는 회계연도 말 현재의 모든 자산, 부채 및 자본을 적정하게 표시한다. [별지 제1호 서식 참조]

③ 대차대조표 구성요소의 정의는 다음 각 호와 같다.

1. '자산'이란 과거의 거래나 사건의 결과로 현재 회사가 통제하고 미래에 경제적 효익을 창출할 것으로 예상되는 자원을 말한다.
2. '부채'란 과거의 거래나 사건의 결과로 현재 회사가 부담하고 있고 미래에 자원이 유출되거나 사용될 것으로 예상되는 의무를 말한다.
3. '자본'이란 회사의 자산 총액에서 부채 총액을 차감한 잔여 금액으로 회사의 자산에 대한 주주의 잔여청구권을 말한다.

④ 자산과 부채는 각각 다음 각 호의 조건을 충족하는 경우에 대차대조표에 인

식한다.

1. 자산: 해당 항목에서 발생하는 미래경제적 효익이 회사에 유입될 가능성이 매우 높고, 그 원가를 신뢰성 있게 측정할 수 있다.
2. 부채: 해당 의무를 이행하기 위하여 경제적 자원이 유출될 가능성이 매우 높고, 의무의 이행에 소요되는 금액을 신뢰성 있게 측정할 수 있다.

⑤ 자산, 부채 및 자본은 다음 각 호에 따라 구분한다.

1. 자산은 회계연도 말부터 1년 이내에 현금화되거나 실현될 것으로 예상되면 유동자산으로, 그 밖의 경우는 비유동자산으로 구분하고, 유동자산과 비유동자산은 다음 각 목과 같이 구분한다.
   가. 유동자산: 당좌자산, 재고자산
   나. 비유동자산: 투자자산, 유형자산, 무형자산, 기타비유동자산
2. 부채는 회계연도 말부터 1년 이내에 상환 등을 통하여 소멸할 것으로 예상되면 유동부채로, 그 밖의 경우는 비유동부채로 구분한다.
3. 자본은 자본금, 자본잉여금, 자본조정과 이익잉여금 또는 결손금으로 구분한다.

⑥ 자산과 부채는 유동성이 높은 항목부터 배열한다.

⑦ 자산과 부채는 상계하여 표시하지 않는다. 다만, 회사가 채권과 채무를 상계할 수 있는 법적 권리를 가지고 있고, 채권과 채무를 차액으로 결제하거나 동시에 결제할 의도가 있다면 상계하여 표시한다.

⑧ 가지급금이나 가수금 등은 그 내용을 나타내는 적절한 항목으로 표시한다.

제7조 (당좌자산) ① '당좌자산'이란 재고자산에 속하지 않는 유동자산을 말한다.

② 당좌자산에는 현금 및 현금성자산, 단기투자자산, 매출채권, 선급비용, 미수수익, 미수금과 선급금 등이 포함된다.

③ 매출채권, 대여금, 미수금, 미수수익 등에 대한 대손충당금은 해당 자산의 차감계정으로 대차대조표에 표시한다.

제8조 (매출채권 등의 양도) 매출채권, 대여금 등을 양도하는 경우, 그 자산을 대차대조표에서 제거하고 장부금액과 수취한 대가의 차액은 매출채권처분손익 등 당기손익으로 인식한다.

제9조 (재고자산) ① '재고자산'이란 일상적인 사업과정에서 판매하기 위하여 보유하거나 생산과정에 있는 자산과 생산 또는 용역 제공 과정에 투입될 자산을 말한다.

② 재고자산에는 상품, 제품, 반제품, 재공품, 원재료와 저장품 등이 포함된다.

③ 재고자산평가충당금은 재고자산 각 항목의 차감계정으로 대차대조표에 표시한다.

제10조 (투자자산) ① '투자자산'이란 장기적인 투자 수익 등과 같이 주된 영업활동이 아닌 부수적인 활동의 결과로 보유하는 자산을 말한다.

② 투자자산에는 투자부동산, 장기투자증권과 장기대여금 등이 포함된다.

제11조 (유형자산) ① '유형자산'이란 재화를 생산하거나 용역을 제공하기 위하여, 또는 타인에게 임대하거나 직접 사용하기 위하여 보유한 물리적 형체가 있는 자산으로 1년을 초과하여 사용할 것으로 예상되는 자산을 말한다.

② 유형자산에는 토지, 건물, 구축물, 기계장치, 차량운반구와 건설 중인 자산 등이 포함된다.

③ 유형자산의 감가상각누계액과 손상차손누계액은 유형자산 각 항목의 차감계정으로 대차대조표에 표시한다.

④ 유형자산을 폐기하거나 처분하는 경우 그 자산을 대차대조표에서 제거하고 처분금액과 장부금액의 차액을 유형자산처분손익으로 인식한다.

제12조 (무형자산) ① '무형자산'이란 재화를 생산하거나 용역을 제공하기 위하여, 또는 타인에게 임대하거나 직접 사용하기 위하여 보유한, 물리적 형체가 없는 비화폐성자산을 말한다.

② 무형자산에는 지식재산권, 개발비, 컴퓨터소프트웨어, 광업권, 임차권리금과 영업권 등이 포함된다.

③ 무형자산은 상각누계액과 손상차손누계액을 취득원가에서 직접 차감한 잔액으로 대차대조표에 표시한다.

④ 무형자산을 처분하는 경우 그 자산을 대차대조표에서 제거하고 처분금액과 장부금액의 차액을 무형자산처분손익으로 인식한다.

제13조 (기타비유동자산) ① '기타비유동자산'이란 투자자산, 유형자산 및 무형자산에 속하지 않는 비유동자산을 말한다.

② 기타비유동자산에는 임차보증금, 장기매출채권, 장기선급비용과 장기미수금 등이 포함된다.

제14조 (유동부채) ① '유동부채'란 회계연도 말부터 1년 이내에 상환 등을 통하여 소멸할 것으로 예상되는 부채를 말한다.

② 유동부채에는 단기차입금, 매입채무, 미지급법인세, 미지급비용, 미지급금, 선수금, 선수수익, 예수금과 유동성장기부채 등이 포함된다.

제15조 (비유동부채) ① '비유동부채'란 유동부채를 제외한 모든 부채를 말한다.
② 비유동부채에는 장기매입채무, 사채, 장기차입금과 퇴직급여충당부채 등이 포함된다.

제16조 (매입채무 등의 제거) 매입채무, 차입금, 사채 등이 소멸하거나 제3자에게 이전되는 경우, 그 부채를 대차대조표에서 제거하고 장부금액과 지급한 대가(양도한 비현금자산이나 부담한 부채를 포함한다)의 차액은 당기손익으로 인식한다.

제17조 (종업원급여) ① 종업원이 근무용역을 제공한 때 이에 대한 대가의 금액을 신뢰성 있게 측정할 수 있다면 급여로 인식하고, 이미 지급한 금액을 차감한 후 추가로 지급해야 하는 금액을 미지급비용으로 인식한다.
② 퇴직금제도의 경우 회계연도 말 현재 모든 종업원이 일시에 퇴직한다면 지급해야 할 퇴직일시금에 상당하는 금액을 퇴직급여충당부채로 인식한다.
③ 확정급여형퇴직연금제도의 경우 다음 각 호에 따라 회계 처리한다.

1. 회계연도 말 현재 모든 종업원이 일시에 퇴직한다면 지급해야 할 퇴직일시금에 상당하는 금액을 퇴직급여충당부채로 인식한다.
2. 확정급여형퇴직연금제도에서 운용되는 자산은 하나로 통합하여 퇴직연금운용자산으로 표시한다.
3. 퇴직연금운용자산은 퇴직급여충당부채의 차감계정으로 표시한다. 다만, 퇴직연금운용자산이 퇴직급여충당부채보다 큰 경우에는 그 초과액을 투자자산의 퇴직연금운용자산으로 표시한다.

④ 확정기여형 퇴직연금제도의 경우 해당 회계연도에 대해 회사에서 납부해야 하는 부담금(기여금)을 퇴직급여로 인식하고, 회계연도 말 현재 아직 납부하지 않은 기여금은 미지급비용으로 인식한다.

제18조 (그 밖의 충당부채) ① 타인의 채무 등에 관한 보증, 계류 중인 소송사건, 하자보수 약정 등은 지출의 시기 또는 금액이 확실하지 않더라도 제6조 제3항 제2호 부채의 정의와 같은 조 제4항 제2호 부채의 인식조건을 모두 충족한다면 충당부채를 인식한다.
② 충당부채로 인식하는 금액은 현재의무의 이행에 소요되는 지출에 대해 회계연도 말 현재 관련된 사건과 상황에 대한 불확실성을 고려한 최선의 추정치이다.

③ 상황이 달라져서 더 이상 제1항의 충당부채의 인식 조건을 충족하지 아니하게 되면, 관련 충당부채는 환입하여 당기에 이익으로 인식한다.

제19조 (자본금) '자본금'이란 상법 제451조69)에 따른 자본금을 말한다.

제20조 (자본잉여금) ① '자본잉여금'이란 주주와의 자본거래에서 발생하여 자본을 증가시키는 잉여금을 말한다.

② 자본잉여금에는 주식발행 초과금, 자기주식처분이익과 감자차익 등이 포함된다.

제21조 (자본조정) ① '자본조정'이란 자본거래에 해당하지만 자본금 또는 자본잉여금으로 분류할 수 없는 항목과 당기에 손익으로 인식되지 않은 평가차손익의 누계액을 말한다.

② 자본조정에는 자기주식, 주식할인발행차금, 감자차손, 자기주식처분손실, 해외사업환산손익 등이 포함된다.

제22조 (이익잉여금 또는 결손금) 이익잉여금(또는 결손금)이란 손익계산서에 보고된 손익에 다른 자본항목에서 이입된 금액을 가산한 금액에서 주주에 대한 배당, 자본금 전입과 자본조정 항목의 상각 등으로 처분된 금액을 차감한 잔액을 말한다.

제3. 손익계산서

제23조 (손익계산서 작성기준) ① 손익계산서는 한 회계연도의 회사의 경영성과에 대한 정보를 제공하는 재무보고서이다.

② 손익계산서에는 그 회계연도에 속하는 모든 수익과 이에 대응하는 모든 비용을 적정하게 표시한다.

---

69) 상법 제451조 (자본금)

① 회사의 자본금은 이 법에서 달리 규정한 경우 외에는 발행주식의 액면총액으로 한다.

② 회사가 무액면주식을 발행하는 경우 회사의 자본금은 주식 발행가액의 2분의 1 이상의 금액으로서 이사회(제416조 단서에서 정한 주식발행의 경우에는 주주총회를 말한다)에서 자본금으로 계상하기로 한 금액의 총액으로 한다. 이 경우 주식의 발행가액 중 자본금으로 계상하지 아니하는 금액은 자본준비금으로 계상하여야 한다.

③ 회사의 자본금은 액면주식을 무액면주식으로 전환하거나 무액면주식을 액면주식으로 전환함으로써 변경할 수 없다.

③ 손익계산서는 다음 각 호에 따라 작성한다. [별지 제2호 서식 참조]

1. 모든 수익과 비용은 그것이 발생한 회계연도에 배분되도록 회계 처리한다. 이 경우 발생한 원가가 자산으로 인식되는 경우를 제외하고는 비용으로 인식한다.
2. 수익과 비용은 그 발생 원천에 따라 명확하게 분류하고, 수익항목과 이에 관련되는 비용항목은 대응하여 표시한다.
3. 수익과 비용은 총액으로 표시하는 것을 원칙으로 한다. 다만, 이 기준에서 수익과 비용을 상계하도록 요구하는 경우에는 상계하여 표시하고, 허용하는 경우에는 수익과 비용을 상계하여 표시할 수 있다.
4. 손익계산서는 다음 각 목과 같이 구분하여 표시한다. 다만, 제조업, 판매업 및 건설업 외의 회사는 매출총이익(또는 손실)을 구분하여 표시하지 아니할 수 있다.
   가. 매출액
   나. 매출원가
   다. 매출총이익(또는 손실)
   라. 판매비와관리비
   마. 영업이익(또는 손실)
   바. 영업외수익
   사. 영업외비용
   아. 법인세비용차감전순이익(또는 손실)
   자. 법인세비용
   차. 당기순이익(또는 손실)

제24조 (수익의 인식 시점) ① 재화를 판매하거나 용역을 제공하고 이에 대한 대가를 받을 권리를 갖게 되었을 때 수익을 인식한다. 다만, 회수기간이 1년 이상인 할부매출은 할부금회수기일에 수익을 인식할 수 있다.

② 용역 제공과 건설형 공사계약의 경우, 진행률과 이미 발생한 원가와 거래를 완료하기 위하여 투입해야 할 원가를 신뢰성 있게 측정할 수 있다면 대가를 받을 권리를 갖게 된 것으로 보아 진행률에 따라 용역이 제공되거나 공사 또는 제작이 진행되는 회계연도에 걸쳐 수익을 인식한다. 다만, 1년 내에 완료·완성되는 용역 및 건설형 공사계약은 각각 용역 제공을 완료한 날과 공사 또는 제작을 완성한 날에 수익을 인식할 수 있다.

③ 이자수익과 배당금수익은 다음 각 호에 따라 인식한다. 다만, 각 회계연도의 손익에 미치는 영향이 중요하지 않다면 실제로 현금을 받은 시점에 수익을 인식할 수 있다.

1. 이자수익: 유효이자율법이나 정액법을 적용하여 기간의 경과에 따라 인식한다.
2. 배당금수익: 배당금을 받을 권리와 금액이 확정되는 시점에 인식한다.

제25조 (수익의 측정) 수익은 재화를 판매하거나, 용역을 제공하거나, 자산을 사용하게 하여 받았거나 받을 대가로 측정하고, 매출에누리, 매출할인과 매출환입은 수익에서 차감한다.

제26조 (매출액) '매출액'이란 회사의 주된 영업활동에서 발생한 제품, 상품 또는 용역 등의 총매출액에서 매출에누리, 매출할인과 매출환입을 차감한 금액을 말한다.

이 경우 일정 기간의 거래수량 또는 거래금액에 따라 매출액을 실질적으로 감소시키는 것은 매출에누리에 포함한다.

제27조 (매출원가) ① '매출원가'란 제품, 상품 또는 용역 등의 매출액에 직접 대응되는 원가를 말한다.

② 재고자산의 순실현가능가치(일상적인 사업과정의 추정판매가격에서 판매할 때까지 발생하는 추정원가를 차감한 금액을 말한다. 이하 같다)가 장부금액보다 하락하여 발생한 평가손실은 매출원가에 가산한다.

③ 재고자산의 평가손실환입은 최초 장부금액을 초과하지 않는 범위로 한정하고, 매출원가에서 차감한다.

④ 재고자산의 장부 수량과 실제 수량의 차이에서 발생하는 재고자산 감모손실 가운데 정상적으로 발생한 부분은 매출원가에 가산한다.

제28조 (매출총이익) 매출총이익(또는 손실)은 매출액에서 매출원가를 차감하여 산출한다.

제29조 (판매비와 관리비) ① '판매비와 관리비'란 제품, 상품 또는 용역 등의 판매활동과 회사의 관리 활동에서 발생하는 비용을 말하며, 매출원가에 속하지 아니하는 모든 영업비용이 포함된다.

② 판매비와 관리비에는 급여, 퇴직급여, 복리후생비, 임차료, 접대비, 감가상각비, 무형자산상각비, 세금과공과, 광고선전비, 연구비, 경상개발비와 대손상각비 등이 포함된다.

③ 영업활동과 관련된 비용이 감소하여 발생하는 퇴직급여충당부채환입과 대손충당금환입 등은 판매비와관리비의 부(-)의 금액으로 표시한다.

④ 연구단계와 개발단계에서 발생한 지출은 발생한 회계연도에 판매비와 관리비로 인식한다. 다만, 개발단계에서 발생한 지출이 제6조 제3항 제1호 자산의 정의와, 같은 조 제4항 제1호 자산의 인식 조건을 모두 충족한다면 무형자산의 개발비로 인식한다.

제30조 (영업이익) 영업이익(또는 손실)은 매출총이익(또는 손실)에서 판매비와관리비를 차감하여 산출한다.

제31조 (영업외수익) ① '영업외수익'이란 회사의 주된 영업활동이 아닌 활동에서 발생한 수익과 차익을 말한다.

② 영업외수익에는 이자수익, 배당금수익(주식배당액은 제외한다), 임대료, 단기투자자산처분이익, 단기투자자산평가이익, 외환차익, 외화환산이익, 장기투자증권손상차손환입, 유형자산처분이익, 사채상환이익과 전기오류수정이익 등이 포함된다.

제32조 (영업외비용) ① '영업외비용'이란 회사의 주된 영업활동이 아닌 활동에서 발생한 비용과 차손을 말한다.

② 영업외비용에는 이자비용, 기타 대손상각비, 단기투자자산처분손실, 단기투자자산평가손실, 재고자산 감모손실(비정상적으로 발생한 부분에 한정한다), 외환차손, 외화환산손실, 기부금, 장기투자증권손상차손, 유형자산 처분손실, 사채상환손실과 전기오류 수정 손실 등이 포함된다.

제33조 (법인세비용차감전순이익) 법인세비용차감전순이익(또는 손실)은 영업이익(또는 손실)에 영업외수익을 가산하고 영업외비용을 차감하여 산출한다.

제34조 (법인세비용) '법인세비용'이란 법인세법에 따라 납부하여야 할 금액인 법인세와 이에 부가되는 세액을 말하며, 과거 회계연도와 관련된 법인세 추납액 또는 환급액도 포함한다.

제35조 (당기순이익) 당기순이익(또는 손실)은 법인세비용차감전순이익(또는 손실)에서 법인세비용을 차감하여 산출한다.

제4. 자산·부채의 평가

제36조 (자산의 평가기준) ① 자산은 최초에 취득원가로 인식한다.

② 교환, 현물출자, 증여, 그 밖에 무상으로 취득한 자산은 공정가치(합리적인 판단력과 거래 의사가 있는 독립된 당사자 사이의 거래에서 자산이 교환되거나 부채가 결제될 수 있는 금액을 말한다. 이하 같다)를 취득원가로 한다. 다만, 같은 종류의 자산(토지와 건물을 제외한다)을 교환하였을 때에는 제공한 자산의 장부금액을 취득원가로 한다.

③ 이 기준에서 별도로 정하는 경우를 제외하고는, 자산의 진부화, 물리적인 손상 또는 시장가치의 급격한 하락 등으로 자산의 순공정가치(공정가치에서 처분부대원가를 차감한 금액을 말한다. 이하 같다)가 장부금액보다 중요하게 낮으면 장부금액을 순공정가치로 조정하고, 그 차액을 손상차손으로 인식한다.

④ 과거 회계연도에 인식한 손상차손이 더 이상 존재하지 않거나 감소하였다면 자산의 순공정가치가 장부금액을 초과하는 금액은 손상차손환입으로 인식한다. 다만, 손상차손환입으로 증가된 장부금액은 과거에 손상차손을 인식하기 전 장부금액의 감가상각 또는 상각 후 잔액을 초과할 수 없다.

제37조 (재고자산의 평가) ① 재고자산의 취득원가는 매입원가 또는 제조원가를 말한다.

② 재고자산의 취득 과정에서 정상적으로 발생한 부대원가는 취득원가에 포함하고, 매입에누리, 매입할인과 매입환출은 취득원가에서 차감한다. 이 경우 일정기간의 거래 수량 또는 금액에 따라 매입액을 실질적으로 감소시키는 것은 매입에누리에 포함한다.

③ 취득이 시작된 날부터 의도한 용도로 사용·판매할 수 있는 상태가 될 때까지 1년 이상이 걸리는 재고자산의 취득 자금에 포함된 차입금의 이자비용 등은 법인세법 제28조[70]를 준용하여 해당 자산의 취득원가에 포함할 수 있다.

---

70) 법인세법 제28조 (지급이자의 손금불산입)

① 다음 각 호의 차입금의 이자는 내국법인의 각 사업연도의 소득금액을 계산할 때 손금에 산입하지 아니한다.

1. 채권자가 불분명한 사채의 이자
2. 「소득세법」제16조 제1항 제1호·제2호·제5호 및 제8호에 따른 채권·증권의 이자·할인액 또는 차익 중 그 지급받은 자가 불분명한 채권·증권의 이자·할인액 또는 차익으로서 대통령령으로 정하는 것

④ 재고자산이 파손, 부패 등과 같이 물리적으로 손상되거나, 장기간 판매되지 아니하거나, 진부화되어 판매가치가 하락하는 등으로 순실현가능가치가 취득원가보다 중요하게 낮아지면 순실현가능 가치를 장부금액으로 한다.

⑤ 재고자산의 단위 원가는 개별법, 선입선출법, 평균법, 후입선출법 또는 매출가격환원법(소매재고법)을 사용하여 결정한다.

第38조 (유형자산과 무형자산의 평가) ① 유형자산과 무형자산의 취득원가는 구입가격 또는 제작원가와 의도하는 방식으로 자산을 가동하는 데 필요한 장소와 상태에 이르게 하는 데 직접 관련되는 원가를 포함하며, 매입에누리, 매입할인과 매입 환출을 차감한 금액을 말한다.

② 유형자산과 무형자산의 취득 자금에 포함된 차입금의 이자비용 등은 법인세법 제28조에 따라 해당 자산의 취득원가에 포함할 수 있다.

③ 유형자산과 무형자산의 생산능력을 향상시키거나 내용연수를 연장시키는 등 자산의 가치를 실질적으로 높이는 지출(이하'자본적 지출'이라 한다)은 해당 자산의 장부금액에 가산하고, 원상을 회복시키거나 능률을 유지하기 위한 지출은 발생한 회계연도의 비용으로 인식한다.

④ 최초 인식 후에 유형자산과 무형자산의 장부금액은 다음 각 호에 따라 결정한다.

1. 유형자산: 취득원가(자본적 지출을 포함한다. 이하 이 조에서 같다)에서 감가상각 누계액과 손상차손 누계액을 차감한 금액

---

3. 대통령령으로 정하는 건설자금에 충당한 차입금의 이자
4. 다음 각 목의 어느 하나에 해당하는 자산을 취득하거나 보유하고 있는 내국법인이 각 사업연도에 지급한 차입금의 이자 중 대통령령으로 정하는 바에 따라 계산한 금액(차입금 중 해당 자산가액에 상당하는 금액의 이자를 한도로 한다)
   가. 제27조제1호에 해당하는 자산
   나. 제52조제1항에 따른 특수관계인에게 해당 법인의 업무와 관련 없이 지급한 가지급금 (假支給金) 등으로서 대통령령으로 정하는 것

② 건설자금에 충당한 차입금의 이자에서 제1항제3호에 따른 이자를 뺀 금액으로서 대통령령으로 정하는 금액은 내국법인의 각 사업연도의 소득금액을 계산할 때 이를 손금에 산입하지 아니할 수 있다.

⑤ 제1항 각 호에 따른 지급이자의 손금불산입에 관한 규정이 동시에 적용되는 경우에는 대통령령으로 정하는 순위에 따라 적용한다.

⑥ 제1항에 따른 차입금 및 지급이자의 범위와 계산 등에 관하여 필요한 사항은 대통령령으로 정한다.

2. 무형자산: 취득원가에서 상각누계액과 손상차손누계액을 차감한 금액

⑤ 취득원가에서 잔존가치를 차감하여 결정되는 유형자산의 감가상각대상금액과 무형자산의 상각대상금액은 해당 자산을 사용할 수 있는 때부터 내용연수에 걸쳐 배분한다.

⑥ 잔존가치는 다음 각 호에 따라 결정한다. 다만, 잔존가치는 법인세법 제23조[71]에 따라 결정할 수 있다.

1. 유형자산: 내용연수가 끝나는 시점의 예상처분대가에서 예상처분원가를 차감한 금액으로 추정한다.
2. 무형자산: 잔존가치는 없는 것으로 한다. 다만, 경제적 내용연수보다 짧은 상각기간을 정한 경우, 상각기간이 끝나는 시점에 잔존가치가 존재할 가능성이

---

71) 법인세법 제23조 (감가상각비의 손금불산입)

① 고정자산에 대한 감가상각비는 내국법인이 각 사업연도에 손금으로 계상한 경우에만 대통령령으로 정하는 바에 따라 계산한 금액(이하 이 조에서 "상각범위액"이라 한다)의 범위에서 해당 사업연도의 소득금액을 계산할 때 이를 손금에 산입하고, 그 계상한 금액 중 상각범위액을 초과하는 부분의 금액은 손금에 산입하지 아니한다. 다만, 해당 내국법인이 법인세를 면제·감면받은 경우에는 해당 사업연도의 소득금액을 계산할 때 대통령령으로 정하는 바에 따라 감가상각비를 손금에 산입하여야 한다.

② 제1항 본문에도 불구하고 「주식회사의 외부감사에 관한 법률」 제13조 제1항 제1호에 따른 회계처리기준(이하 "국제회계기준"이라 한다)을 적용하는 내국법인이 보유한 고정자산 중 유형고정자산과 대통령령으로 정하는 내용연수가 비한정인 무형고정자산의 감가상각비는 개별 자산별로 다음 각 호의 구분에 따른 금액이 제1항에 따라 손금에 산입한 금액보다 큰 경우 그 차액의 범위에서 추가로 손금에 산입할 수 있다.

1. 2013년 12월 31일 이전 취득분: 국제회계기준을 적용하지 아니하고 종전의 방식에 따 라 감가상각비를 손금으로 계상한 경우 제1항 본문에 따라 손금에 산입할 감가상각비 상당액(이하 이 조에서 "종전감가상각비"라 한다)
2. 2014년 1월 1일 이후 취득분: 기획재정부령으로 정하는 기준내용연수를 적용하여 계산한 감가상각비 상당액(이하 이 조에서 "기준감가상각비"라 한다)

③ 제1항 및 제2항에 따른 고정자산은 토지를 제외한 건물, 기계 및 장치, 특허권 등 대통령령으로 정하는 자산으로 한다.

④ 제1항 또는 제2항에 따라 감가상각비를 손금으로 계상한 내국법인은 대통령령으로 정하는 바에 따라 감가상각비에 관한 명세서를 납세지 관할 세무서장에게 제출하여야 한다.

⑤ 제1항 및 제2항을 적용할 때 감가상각비의 손금계상방법, 상각범위액을 초과하는 금액의 처리, 국제회계기준 적용 시기의 결정, 종전감가상각비 및 기준감가상각비의 계산 등에 필요한 사항은 대통령령으로 정한다.

매우 높다면 제1호를 준용할 수 있다.

⑦ 유형자산과 무형자산의 내용연수는 자산의 예상 사용기간이나 생산량 등을 고려하여 합리적으로 결정한다. 이 경우 무형자산의 상각기간은 독점적·배타적인 권리를 주는 관계 법령이나 계약에서 정해진 경우를 제외하고는 20년을 초과할 수 없다. 다만, 내용연수는 법인세법 제23조에 따라 결정할 수 있다.

⑧ 유형자산의 감가상각방법과 무형자산의 상각방법은 다음 각 호에서 정하는 방법 중 하나를 선택한다. 다만, 사업결합에서 발생한 영업권에는 정액법을 사용한다.

1. 유형자산: 정액법, 정률법, 생산량비례법
2. 무형자산: 정액법, 생산량비례법

⑨ 잔존가치 또는 내용연수에 대한 추정이 변경되거나 감가상각방법· 상각방법이 변경되는 경우에는 전진적으로 회계 처리하여 그 효과를 당기와 그 이후의 회계연도에 반영한다.

제39조 (유가증권의 평가) ① 유가증권의 취득원가에는 거래원가를 포함한다. 다만, 시장가격이 있는 유가증권의 경우 해당 자산의 거래원가를 최초 인식하는 시점에 비용으로 회계처리한다.

② 시장가격이 있는 유가증권은 시장가격으로 평가하고 시장가격 변동에 따른 보유손익은 단기투자자산평가손익 등으로 회계 처리한다. 이 경우 시장가격이 있는 유가증권이란 한국거래소가 개설한 유가증권시장, 코스닥시장 또는 공신력 있는 외국의 증권거래시장(뉴욕증권거래소, 런던 증권거래소 등)에서 거래되는 지분증권과 채무증권을 말한다. 다만, 시장가격으로 평가해 온 유가증권이 시장성을 잃으면 그 시점의 장부금액 으로 평가한다.

③ 시장가격이 없는 주식, 출자금 등의 지분증권은 취득원가로 측정한다.

④ 시장가격이 없는 국채·공채, 회사채 등의 채무증권은 장부금액과 만기 금액에 차이가 있는 경우 그 차이를 상환기간에 걸쳐 유효이자율법이나 정액법으로 상각하여 장부금액과 이자수익에 반영한다.

⑤ 시장가격이 없는 유가증권에 손상이 발생하였다는 객관적인 증거가 있으면 회수가능액을 추정하여 장부금액과의 차이를 손상차손으로 인식한다. 다만, 손상차손을 인식할 필요가 없다는 명백한 증거가 있거나 손상 차손 금액이 중요하지 않은 경우에는 손상차손을 인식하지 않을 수 있다.

⑥ 손상차손이 회복된 경우에는 이전에 인식하였던 손상차손 금액을 한도로 하

여 회복된 금액을 손상차손환입으로 인식한다.

제40조 (매출채권 등의 평가) ① 제36조 제1항에도 불구하고 매출채권, 대여금, 미수금, 미수수익 등(이하 '매출채권 등'이라 한다)은 현재가치평가를 아니할 수 있다.

② 매출채권 등의 장부금액과 만기금액에 차이가 있는 경우 그 차이를 상환기간에 걸쳐 유효이자율법이나 정액법으로 상각하여 장부금액과 이자 수익에 반영한다.

③ 원금이나 이자 등의 일부 또는 전부를 회수하지 못할 가능성이 있는 매출채권 등은 합리적이고 객관적인 기준에 따라 대손추산 액을 산출하여 대손충당금으로 설정하고, 기존 대손충당금 잔액과의 차이는 대손상각비로 인식한다.

④ 매출채권 등의 원금이나 이자 등의 일부 또는 전부를 회수할 수 없게 된 경우, 대손충당금과 상계하고, 대손충당금이 부족한 경우에는 그 부족액을 대손상각비로 인식한다.

⑤ 제3항과 제4항의 경우 매출채권에 대한 대손상각비는 판매비와관리비의 대손상각비로, 그 밖의 채권에 대한 대손상각비는 영업외비용의 기타대손상각비로 구분한다.

제41조 (매입채무 등의 평가) ① 매입채무, 차입금, 사채, 미지급금, 미지급비용, 예수금 등(이하 '매입채무 등'이라 한다)은 부담하는 채무액으로 최초에 측정한다. 다만, 현재가치평가를 아니할 수 있다.

② 매입채무 등의 장부금액과 만기금액에 차이가 있는 경우 그 차이를 상환기간에 걸쳐 유효이자율법이나 정액법으로 상각하여 장부금액과 이자 비용에 반영한다.

제42조 (외화거래) ① 외화로 이루어지는 거래는 최초에 그 거래일의 외화와 원화 사이의 현물환율을 외화금액에 적용하여 인식한다.

② 화폐성외화자산·부채는 매 회계연도 말에 마감환율로 다시 환산하고, 비화폐성외화자산·부채는 해당 자산을 취득하거나 해당 부채를 부담한 당시의 환율로 환산한다.

③ 화폐성외화자산·부채의 환산에서 발생하는 외화환산손익 및 결제시점에 발생하는 외환차손익은 해당 손익이 발생하는 회계연도의 손익으로 인식한다.

제5. 회계정책·회계추정의 변경과 오류수정

제43조 (회계정책 및 회계추정의 변경) ① 재무제표를 작성할 때 채택한 회계정책이나 회계추정은 비슷한 종류의 사건 또는 거래의 회계처리에도 동일하게 적용한다.

② '회계정책의 변경'이란 재무제표의 작성에 적용하던 회계정책을 다른 회계정책으로 바꾸는 것을 말한다. 이 경우 회계정책의 변경에는 재고 자산의 단위원가결정방법 변경과 유형자산의 감가상각방법 변경 등이 포함된다.

③ 이 기준에서 변경을 요구하거나, 회계정책의 변경을 반영한 재무제표가 신뢰성 있고 더 목적 적합한 정보를 제공하는 경우에만 회계정책을 변경할 수 있다.

④ '회계추정의 변경'이란 환경의 변화, 새로운 정보의 입수 또는 경험의 축적에 따라 회계적 추정치의 근거와 방법 등을 바꾸는 것을 말한다. 이 경우 회계추정에는 대손의 추정, 재고자산의 진부화 여부에 대한 판단과 평가, 충당부채의 추정, 감가상각자산의 내용연수 또는 잔존가치의 추정 등이 포함된다.

⑤ 회계정책 또는 회계추정의 변경은 전진적으로 회계 처리하여 그 효과가 당기와 그 이후의 회계연도에 반영되도록 한다.

제44조 (오류수정) ① '오류수정'이란 전기 또는 그 이전 회계연도의 재무제표에 포함된 회계적 오류를 당기에 발견하여 수정하는 것을 말한다.

② 당기에 발견한 전기 또는 그 이전 회계연도의 오류는 당기에 영업외손익의 전기오류 수정손익으로 회계 처리한다.

제6. 자본거래

제45조 (주식의 발행) ① 주식(상환우선주 등을 포함한다)을 발행하는 경우에는 다음 각 호에 따라 회계 처리한다.

1. 주식의 발행금액이 액면금액보다 큰 경우: 그 차액을 자본잉여금의 주식발행초과금으로 회계 처리한다.
2. 주식의 발행금액이 액면금액보다 작은 경우: 그 차액을 주식발행초과금의 범위에서 상계하고, 남아있는 금액이 있으면 자본조정의 주식할인발행차금으로 회계 처리한다.

② 이익잉여금 처분 등으로 상각되지 않은 주식할인발행차금은 향후 발생하는

주식발행초과금과 우선적으로 상계한다.

③ 자본잉여금이나 이익잉여금을 자본금에 전입하여 주주에게 무상으로 신주를 발행하는 경우에는 주식의 액면금액을 주식의 발행금액으로 한다.

제46조 (자기주식의 취득과 처분) ① 주식을 발행한 회사가 발행된 주식을 다시 취득하는 경우에는 그 취득원가를 자본조정의 자기주식으로 회계 처리한다.

② 자기주식을 처분하는 경우에는 다음 각 호에 따라 회계 처리한다.

1. 처분금액이 장부금액보다 큰 경우: 그 차액을 자본잉여금의 자기주식처분이익으로 회계 처리한다.
2. 처분금액이 장부금액보다 작은 경우: 그 차액을 자기주식처분이익의 범위에서 상계하고, 남아있는 금액이 있으면 자본조정의 자기주식처분손실로 회계 처리한다.

③ 이익잉여금 처분 등으로 상각되지 않은 자기주식처분손실은 향후 발생하는 자기주식처분이익과 우선적으로 상계한다.

제47조 (주식의 소각) ① 자기주식을 소각하는 경우에는 다음 각 호에 따라 회계 처리한다.

1. 주식의 취득원가가 액면금액보다 작은 경우: 그 차액을 자본잉여금의 감자차익으로 회계 처리한다.
2. 주식의 취득원가가 액면금액보다 큰 경우: 그 차액을 감자차익의 범위에서 상계하고, 남아있는 금액이 있으면 자본조정의 감자차손으로 회계 처리한다.

② 감자차손이 이익잉여금 처분 등으로 상각되지 않고 남은 잔액은 향후 발생하는 감자차익과 우선적으로 상계한다.

③ 발행한 주식을 이익으로 소각하는 경우에는 소각하는 주식의 취득원가에 해당하는 이익잉여금을 감소시킨다.

④ 주주에게 순자산을 반환하지 않으면서 주식의 액면금액이나 주식 수를 감소시키는 경우에는 감소되는 액면금액 또는 감소되는 주식 수에 해당하는 액면금액을 자본잉여금의 감자차익으로 회계 처리한다.

제48조 (배당) ① 주주에게 현금으로 배당하는 경우에는 그 배당액을 이익잉여금에서 차감한다.

② 주주에게 주식으로 배당하는 경우에는 발행주식의 액면금액을 배당액으로 하여 자본금을 증가시키고 이익잉여금을 감소시킨다.

제7. 특수거래

第49조 (리스거래) ① '리스거래'란 리스제공자가 자산의 사용권을 합의된 기간 동안 리스이용자에게 이전하고, 리스이용자는 사용료를 지급하는 계약을 말한다.

② 자산의 소유권이 실질적으로 리스이용자에게 이전되는 리스거래는 금융리스로, 그 밖의 경우는 운용리스로 분류한다. 이 경우, 소유권이 실질적으로 이전되는지는 계약의 형식이 아닌 거래의 실질적인 내용에 따라 판단한다.

③ 운용리스이용자는 보증잔존가치를 차감한 최소 리스료를 보다 체계적으로 인식할 수 있는 기준이 없다면, 리스기간에 걸쳐 균등하게 배분하여 비용으로 인식한다. 이 경우 '최소 리스료'란 리스이용자가 리스제공 자에게 지급해야 하는 금액을 말한다.

④ 금융리스이용자는 리스자산을 장기할부로 구입한 것으로 보아 최소 리스료를 리스제공자의 내재이자율로 할인한 금액과 리스자산의 공정가치 중 적은 금액을 금융리스자산과 금융리스부채로 인식하고, 금융리스자산은 리스이용자가 보유한 다른 유사한 자산과 일관성 있게 감가상각 한다.

第50조 (정부보조금과 공사부담금) ① 정부보조금은 해당 보조금에 부수되는 조건을 준수하고, 이를 수취할 것이라는 확신이 있을 때 인식한다.

② 자산의 취득과 관련하여 정부보조금(비화폐성 자산을 포함한다)을 받은 경우에는 다음 각 호에 따라 회계 처리한다.

1. 관련 자산을 취득하기 전: 정부보조금의 금액을, 받은 자산(받은 자산을 일시적으로 운용하기 위해 취득한 다른 자산을 포함한다)의 차감계정으로 회계 처리한다.
2. 관련 자산을 취득하는 시점 및 이후: 정부보조금의 금액을 관련 자산의 차감계정으로 회계처리하고, 관련 자산의 내용연수에 걸쳐 (감가)상각금액과 상계하며, 해당 자산을 처분할 때 그 잔액을 처분손익에 반영한다. 다만, 정부보조금의 금액을 관련 자산의 취득금액에서 직접 차감할 수 있다.

③ 수익과 관련하여 정부보조금을 받은 경우에는 다음 각 호에 따라 회계처리한다.

1. 정부보조금을 사용하기 위하여 특정한 조건을 충족해야 하는 경우: 조건을 충족하기 전까지는 받은 정부보조금을 부채(선수수익)로 회계 처리한다.
2. 정부보조금이 특정 비용을 보전할 목적으로 지급된 경우: 해당 비용과 상계

한다.

3. 정부보조금에 대응되는 비용이 없는 경우: 회사의 주된 영업활동과 직접적인 관련이 있다면 영업수익으로, 그 밖의 경우에는 영업외수익으로 회계 처리한다.

④ 공사부담금의 회계처리는 제1항부터 제3항까지를 준용한다.

제51조 (사업결합) ① 합병, 영업양수도 등과 같은 사업결합을 하는 경우, 취득일에 별도로 식별되는 취득 자산과 인수 부채는 취득일의 공정가치로 측정한다. 다만, 다음 각 호의 어느 하나에 해당하면 해당 자산이나 부채를 피취득자의 장부금액으로 측정할 수 있다.

1. 취득일의 공정가치가 피취득자의 장부금액과 중요한 차이가 없는 경우
2. 공정가치를 측정하기 어려운 경우

② 이전대가가 제1항에 따라 측정된 자산과 부채의 순액보다 큰 경우 그 차이를 무형자산의 영업권으로 인식한다.

③ 이전대가가 제1항에 따라 측정된 자산과 부채의 순액보다 작은 경우 그 차이를 염가매수차익으로 하여 당기에 이익으로 인식한다. 다만, 법인세법 제44조의 2[72]에 따라 회계 처리할 수 있다.

---

72) 법인세법 제44조의2 (비적격 합병 시 합병법인에 대한 과세)

① 합병법인이 합병으로 피합병법인의 자산을 승계한 경우에는 그 자산을 피합병법인으로부터 합병등기일 현재의 시가(제52조제2항에 따른 시가를 말한다. 이하 이 관에서 같다)로 양도받은 것으로 본다. 이 경우 피합병법인의 각 사업연도의 소득금액 및 과세표준을 계산할 때 익금 또는 손금에 산입하거나 산입하지 아니한 금액, 그 밖의 자산·부채 등은 대통령령으로 정하는 것만 합병법인이 승계할 수 있다.

② 합병법인은 제1항에 따라 피합병법인의 자산을 시가로 양도받은 것으로 보는 경우로서 피합병법인에 지급한 양도가액이 피합병법인의 합병등기일 현재의 자산총액에서 부채총액을 뺀 금액(이하 이 관에서 "순자산시가"라 한다)보다 적은 경우에는 그 차액을 제60조제2항제2호에 따른 세무조정계산서에 계상하고 합병등기일부터 5년간 균등하게 나누어 익금에 산입한다.

③ 합병법인은 제1항에 따라 피합병법인의 자산을 시가로 양도받은 것으로 보는 경우에 피합병법인에 지급한 양도가액이 합병등기일 현재의 순자산시가를 초과하는 경우로서 대통령령으로 정하는 경우에는 그 차액을 제60조제2항제2호에 따른 세무조정계산서에 계상하고 합병등기일부터 5년간 균등하게 나누어 손금에 산입한다.

④ 제1항부터 제3항까지의 규정에 따른 익금산입액 및 손금산입액의 계산과 그 산입방법 등에 관하여 필요한 사항은 대통령령으로 정한다.

제8. 자본변동표

제52조 (자본변동표) ① 자본변동표는 자본의 크기와 그 변동에 관한 정보를 제공하는 재무보고서이다.

② 자본변동표에는 자본의 각 항목별로 다음 각 호와 같이 구분하여 기초잔액, 변동사항과 기말 잔액을 표시한다. [별지 제3호 서식 참조]

1. 자본금의 변동: 유상증자(감자), 무상증자(감자)와 주식배당 등에 의하여 발생한다.
2. 자본잉여금의 변동: 유상증자(감자), 무상증자(감자), 결손금처리 등에 의하여 발생하며, 주식발행초과금과 기타자본잉여금으로 구분하여 표시한다.
3. 자본조정의 변동: 자기주식은 구분하여 표시하고, 기타자본조정은 통합하여 표시할 수 있다.
4. 이익잉여금의 변동: 연차배당(현금배당과 주식배당으로 구분한다), 중간배당, 그 밖의 전기 말미처분이익잉여금의 처분 및 당기순이익(또는 당기순손실)으로 구분하여 표시한다.

제9. 이익 잉여금 처분 계산서 및 결손금처리계산서

제53조 (이익 잉여금 처분계산서) ① 이익잉여금처분계산서는 이익잉여금의 처분사항을 보고하는 재무보고서이다.

② 이익잉여금처분계산서의 항목은 다음 각 호와 같이 구분하여 표시한다. [별지 제4호 서식 참조]

1. 미처분 이익잉여금: 전기이월 미처분 이익 잉여금(또는 전기 이월 미처리 결손금)에 중간 배당액 및 당기순이익(또는 당기순손실) 등을 차감하거나 가산한 금액으로 한다.
2. 임의적립금등의 이입액: 임의적립금 등을 이입하여 당기의 이익 잉여금 처분에 충당하는 경우에는 그 금액을 미처분 이익 잉여금에 가산하는 형식으로 표시한다.
3. 이익잉여금 처분액: 이익잉여금의 처분은 다음 각 목의 항목으로 구분하여 표시한다.

   가. 이익준비금

   나. 기타법정적립금

다. 이익잉여금 처분에 의한 상각 등: 주식할인발행차금상각, 자기주식처분손실잔액 등으로 구분한다.

라. 배당금: 당기에 처분할 배당액을 현금배당과 주식배당으로 구분하여 표시한다.

마. 임의적립금

4. 차기 이월 미처분 이익잉여금: 미처분 이익잉여금과 임의 적립금 이입액의 합계에서 이익 잉여금 처분액을 차감한 금액으로 한다.

제54조 (결손금처리계산서) ① 결손금처리계산서는 결손금의 처리사항을 보고하는 재무보고서이다.

② 결손금처리계산서의 항목은 다음 각 호와 같이 구분하여 표시한다.
[별지 제5호 서식 참조]

1. 미처리 결손금: 전기 이월 미처리 결손금(또는 전기 이월 미처분 이익잉여금)에 중간 배당액 및 당기순이익(또는 당기순손실) 등을 차감하거나 가산한 금액으로 한다.
2. 결손금 처리액: 임의 적립금 이입액, 기타 법정 적립금 이입액, 이익 준비금 이입액, 자본 잉여금 이입액으로 구분하여 표시한다.
3. 차기 이월 미처리 결손금: 미처리 결손금에서 결손금처리액을 차감한 금액으로 한다.

제10. 주석

제55조 (주석의 정의) '주석'이란 대차대조표·손익계산서와 자본변동표 또는 이익잉여금처분계산서(또는 결손금처리계산서)에 표시된 항목을 구체적으로 설명하거나 세분화하는 정보와 해당 재무제표의 인식 조건을 충족하지 못하는 항목에 대해 추가적으로 제공하는 정보를 말한다.

제56조 (주석 기재 사항) 다음 각 호의 사항은 주석으로 기재할 수 있다.

1. 중소기업회계기준에 따라 재무제표를 작성하였다는 사실
2. 이 기준에서 둘 이상의 회계정책 가운데 하나를 선택할 수 있게 하는 경우, 적용된 회계정책
3. 회계정책의 변경과 오류수정의 내용
4. 매입채무, 차입금, 사채, 미지급금 등 현금 등으로 상환하여야 하는 부채의

주요 내용

5. 제공한 담보·보증의 주요 내용
6. 특수관계인(법인세법 시행령 제87조[73])의 정의에 따른다)과의 중요한 거래의 내용
7. 타인으로부터 제기된 회계연도 말 현재 진행 중인 소송 사건의 내용, 소송금액, 진행 상황 등
8. 매출채권 등을 양도한 경우, 만기가 도래하지 않은 부분의 금액과 양도의 조건
9. 정부보조금 또는 공사부담금을 관련 자산에서 직접 차감한 경우 해당 회계연도에 수령한 정부보조금 또는 공사부담금의 금액 및 관련 내용
10. 대차대조표, 손익계산서, 자본변동표 또는 이익잉여금처분계산서(또는 결손금처리계산서)의 본문에 표시되지 않는 사항으로서 재무제표를 이해하는 데 필요한 추가 정보

---

73) 법인세법 시행령 제87조 (특수관계인의 범위)

① 법 제52조제1항에서 "대통령령으로 정하는 특수관계인"이란 법인과 다음 각 호의 어느 하나의 관계에 있는 자(이하 "특수관계인"이라 한다)를 말한다. 이 경우 본인도 「국세기본법」 제2조 제20호 각 목외의 부분 후단에 따라 특수관계인의 특수관계인으로 본다.

1. 임원의 임면권의 행사, 사업방침의 결정 등 당해 법인의 경영에 대하여 사실상 영향력을 행사하고 있다고 인정되는 자(「상법」 제401조의2 제1항의 규정에 의하여 이사로 보는 자를 포함한다)와 그 친족
2. 주주등(소액주주등을 제외한다. 이하 이 관에서 같다)과 그 친족
3. 법인의 임원·사용인 또는 주주등의 사용인(주주등이 영리법인인 경우에는 그 임원을, 비영리법인인 경우에는 그 이사 및 설립자를 말한다)이나 사용인외의 자로서 법인 또는 주주등의 금전 기타 자산에 의하여 생계를 유지하는 자와 이들과 생계를 함께 하는 친족
4. 해당 법인이 직접 또는 그와 제1호부터 제3호까지의 관계에 있는 자를 통하여 어느 법인의 경영에 대하여 지배적인 영향력을 행사하고 있는 경우 그 법인
5. 해당 법인이 직접 또는 그와 제1호부터 제4호까지의 관계에 있는 자를 통하여 어느 법인의 경영에 대하여 지배적인 영향력을 행사하고 있는 경우 그 법인
6. 당해 법인에 100분의 30 이상을 출자하고 있는 법인에 100분의 30 이상을 출자하고 있는 법인이나 개인
7. 당해 법인이 「독점규제 및 공정거래에 관한 법률」에 의한 기업집단에 속하는 법인인 경우 그 기업집단에 소속된 다른 계열회사 및 그 계열회사의 임원

② 제1항 제4호 및 제5호에 따른 지배적인 영향력을 행사하고 있는지 여부는 「국세기본법 시행령」 제1조의2 제4항에 따른다.

제11. 부 칙

제1조 (시행일) 이 기준은 2014년 1월 1일 이후 최초로 시작되는 회계연도부터 적용한다. 다만, 2013년 1월 1일 이후 최초로 시작되는 회계연도부터 적용할 수 있다.

제2조 (최초 적용에 관한 경과조치) ① 이 기준을 처음 적용한 회계연도 전에 발생한 거래 또는 사건 등으로 인하여 재무제표에 표시되는 항목은 그 직전 회계연도 말의 장부금액을 이 기준에 따른 최초 장부금액으로 본다. 다만, 특정 항목이 실질을 반 영하지 못하는 경우 최초 장부금액을 수정하고, 그에 따른 영향은 기초 이익잉여금(적절하다면 자본의 다른 항목)에 반영한다.

② 제1항 본문에 따라 재무제표를 작성하는 경우 종전 회계기준에 따른 기타 포괄손익 누계액(해외사업환산손익, 현금흐름위험회피 파생상품 평가손익은 제외한다)은 이익잉여금으로 재분류한다.

③ 다음 각 호의 사항은 주석으로 기재할 수 있다.

1. 직전 회계연도까지 적용한 회계기준의 명칭
2. 제1항 단서에 따라 이 기준을 처음 적용하면서 일부 항목을 수정한 경우 다음 각 목의 사항
   가. 수정한 항목
   나. 자산 또는 부채의 기초 장부금액에 미친 영향
   다. 이익잉여금 등 기초 자본에 미친 영향

제12. 별지서식

[별지 제1호 서식]

대 차 대 조 표

제×기 20××년×월×일 현재
제×기 20××년×월×일 현재

회사명 (단위: 원)

과 목	당 기		전 기	
자 산				
유동자산		×××		×××
당좌자산		×××		×××
현금 및 현금성자산	×××		×××	
단기투자자산	×××		×××	
매출채권	×××		×××	
(–) 대손충당금	(×××)		(×××)	
선급비용	×××		×××	
미수수익	×××		×××	
미수금	×××		×××	
(–) 대손충당금	(×××)		(×××)	
선급금	×××		×××	
……	×××		×××	
재고자산		×××		×××
상품	×××		×××	
제품	×××		×××	
재공품	×××		×××	
원재료	×××		×××	
저장품	×××		×××	
……	×××		×××	
비유동자산		×××		×××
투자자산		×××		×××
투자부동산	×××		×××	
장기투자증권	×××		×××	
장기대여금	×××		×××	
……	×××		×××	

과 목	당 기		전 기	
유형자산		×××		×××
토지	×××		×××	
건물	×××		×××	
(–) 감가상각누계액	(×××)		(×××)	
구축물	×××		×××	
(–) 감가상각누계액	(×××)		(×××)	
기계장치	×××		×××	
(–) 정부보조금	(×××)		(×××)	
(–) 감가상각누계액	(×××)		(×××)	
차량운반구	×××		×××	
(–) 감가상각누계액	(×××)		(×××)	
건설중인자산	×××		×××	
……	×××		×××	
무형자산		×××		×××
지식재산권	×××		×××	
개발비	×××		×××	
컴퓨터소프트웨어	×××		×××	
광업권	×××		×××	
임차권리금	×××		×××	
영업권	×××		×××	
……	×××		×××	
기타비유동자산		×××		×××
임차보증금	×××		×××	
장기매출채권	×××		×××	
장기선급비용	×××		×××	
장기미수금	×××		×××	
……	×××		×××	
자 산 총 계		×××		×××
부 채				
유동부채		×××		×××
단기차입금	×××		×××	
매입채무	×××		×××	
미지급법인세	×××		×××	
미지급비용	×××		×××	
미지급금	×××		×××	
선수금	×××		×××	
선수수익	×××		×××	

과 목	당 기		전 기	
예수금	×××		×××	
유동성장기부채	×××		×××	
……	×××		×××	
비유동부채		×××		×××
장기매입채무	×××		×××	
사채	×××		×××	
장기차입금	×××		×××	
퇴직급여충당부채	×××		×××	
……	×××		×××	
부 채 총 계		×××		×××
자 본				
자본금		×××		×××
보통주자본금	×××		×××	
우선주자본금	×××		×××	
자본잉여금		×××		×××
주식발행초과금	×××		×××	
자기주식처분이익	×××		×××	
감자차익	×××		×××	
……	×××		×××	
자본조정		×××		×××
주식할인발행차금	×××		×××	
자기주식	×××		×××	
자기주식처분손실	×××		×××	
감자차손	×××		×××	
……	×××		×××	
이익잉여금(또는 결손금)		×××		×××
법정적립금	×××		×××	
임의적립금	×××		×××	
미처분이익잉여금 (또는 미처리결손금)	×××		×××	
자 본 총 계		×××		×××
부채 및 자본 총계		×××		×××

이 대차대조표는 중소기업회계기준에 따라 작성되었습니다.

[별지 제2호 서식]

손 익 계 산 서

제×기 20××년×월×일부터 20××년×월×일까지
제×기 20××년×월×일부터 20××년×월×일까지

회사명 (단위: 원)

과 목	당 기		전 기	
매출액		×××		×××
매출원가		×××		×××
기초제품(또는 상품)재고액	×××		×××	
당기제품제조원가 (또는 당기상품매입액)	×××		×××	
기말제품(또는 상품)재고액	(×××)		(×××)	
매출총이익(또는 매출총손실)		×××		×××
판매비와관리비		×××		×××
급여	×××		×××	
퇴직급여	×××		×××	
복리후생비	×××		×××	
임차료	×××		×××	
접대비	×××		×××	
감가상각비	×××		×××	
무형자산상각비	×××		×××	
세금과공과	×××		×××	
광고선전비	×××		×××	
연구비	×××		×××	
경상개발비	×××		×××	
대손상각비	×××		×××	
……	×××		×××	
영업이익(또는 영업손실)		×××		×××
영업외수익		×××		×××
이자수익	×××		×××	
배당금수익	×××		×××	
임대료	×××		×××	
단기투자자산처분이익	×××		×××	
단기투자자산평가이익	×××		×××	
외환차익	×××		×××	
외화환산이익	×××		×××	

장기투자증권손상차손환입	×××		×××	
유형자산처분이익	×××		×××	
사채상환이익	×××		×××	
전기오류수정이익	×××		×××	
......	×××		×××	
영업외비용		×××		×××
이자비용	×××		×××	
기타대손상각비	×××		×××	
단기투자자산처분손실	×××		×××	
단기투자자산평가손실	×××		×××	
재고자산감모손실	×××		×××	
외환차손	×××		×××	
외화환산손실	×××		×××	
기부금	×××		×××	
장기투자증권손상차손	×××		×××	
유형자산처분손실	×××		×××	
사채상환손실	×××		×××	
전기오류수정손실	×××		×××	
......	×××		×××	
법인세비용차감전순이익 (또는법인세비용차감전순손실)		×××		×××
법인세비용		×××		×××
당기순이익(또는 당기순손실)		×××		×××

이 손익계산서는 중소기업회계기준에 따라 작성되었습니다.

[별지 제3호 서식]

자 본 변 동 표

제×기 20××년×월×일부터 20××년×월×일까지
제×기 20××년×월×일부터 20××년×월×일까지

회사명 (단위: 원)

구 분	자본금	자본 잉여금	자본조정	이익 잉여금	총 계
20××.×.×(보고금액)	×××	×××	×××	×××	×××
연차배당				(×××)	(×××)
처분후 이익잉여금				×××	×××
중간배당				(×××)	(×××)
당기순이익(손실)				×××	×××
자기주식 취득			(×××)		(×××)
20××.×.×	×××	×××	×××	×××	×××
20××.×.×(보고금액)	×××	×××	×××	×××	×××
연차배당				(×××)	(×××)
처분후 이익잉여금				×××	×××
중간배당				(×××)	(×××)
유상증자(감자)	×××	×××			×××
당기순이익(손실)				×××	×××
해외사업환산손익			×××		×××
20××.×.×	×××	×××	×××	×××	×××

이 자본변동표는 중소기업회계기준에 따라 작성되었습니다.

[별지 제4호 서식]

이익잉여금처분계산서

제 × 기	20××년×월×일부터 20××년×월×일까지	제 × 기	20××년×월×일부터 20××년×월×일까지
처분예정일	20××년×월×일	처분확정일	20××년×월×일

회사명 (단위: 원)

구 분	당 기		전 기	
미처분이익잉여금		×××		×××
전기이월미처분이익잉여금 (또는 전기이월미처리결손금)	×××		×××	
중간배당액	×××		×××	
당기순이익(또는 당기순손실)	×××		×××	
임의적립금 등의 이입액		×××		×××
×××적립금	×××		×××	
×××적립금	×××		×××	
합 계		×××		×××
이익잉여금처분액		×××		×××
이익준비금	×××		×××	
기타법정적립금	×××		×××	
주식할인발행차금상각액	×××		×××	
배당금	×××		×××	
현금배당	×××		×××	
주식배당	×××		×××	
……	×××		×××	
차기이월미처분이익잉여금		×××		×××

이 이익잉여금처분계산서는 중소기업회계기준에 따라 작성되었습니다.

[별지 제5호 서식]

결손금처리계산서

제 × 기	20××년×월×일부터 20××년×월×일까지	제 × 기	20××년×월×일부터 20××년×월×일까지
처리예정일	20××년×월×일	처리확정일	20××년×월×일

회사명 (단위: 원)

구 분	당 기		전 기	
미처리결손금		×××		×××
전기이월미처리결손금 (또는 전기이월미처분이익잉여금)	×××		×××	
중간배당액	×××		×××	
당기순이익(또는 당기순손실)	×××		×××	
결손금처리액		×××		×××
임의적립금이입액	×××		×××	
법정적립금이입액	×××		×××	
자본잉여금이입액	×××		×××	
차기이월미처리결손금		×××		×××

이 결손금처리계산서는 중소기업회계기준에 따라 작성되었습니다.

Ⅸ 창업법률의 이해와 창업 기본법

1 창업법률의 이해와 활용방법

창업자에게 창업법률은 관심이 없거나 어렵다고 생각하여 그냥 무시하고 넘어가려는 경향이 많다. 제5장 내용 중 PEST Part의 '정치'에 관한 내용을 통해서 살펴본 바와 같이 법률과 제도를 무시한 상태에서 창업을 시작한다거나 새로운 사업을 추진할 경우 상황에 따라 규정위반에 따른 과징금·과태료를 부과 받게 되거나 투자비용 손실 발생 등으로 인해 시작도 못해보고 정리를 해야만 하는 사례가 발생할 수도 있다.

창업자는 최소한 창업의 기초가 되는 법률에는 무엇이 있는지를 파악하고 필요에 따라서 해당 법조문을 찾아 읽어보는 노력을 하여야 한다. 또한 대략 법률의 내용을 파악 후 이해가 안 되는 부분에 대해서는 변호사, 법무사, 변리사, 기타 법률 전문가 및 법률지원 서비스사업을 통해서 자문을 요청하여 답을 구하면 창업자에게 많은 도움이 될 것이다.

본 장에서는 창업법률의 기초가 되는 「창업지원법」과 「가맹사업법_프랜차이즈」에 대한 규정을 그대로 정리하여 읽어볼 수 있도록 하였으며, 법률은 수시로 개정이 되므로 법제처(http://www.law.go.kr/main.html)를 통해서 항상 최신 개정된 내용으로 확인하려는 노력이 필요하다.

창업자는 창업지원법을 통해서 국내 창업에 대한 제도와 방향성 등을 정부가 어떻게 진행하고 있는 지를 살펴보고, 정부의 창업지원제도를 정리해보는 것이 우선이며, 창업넷(http://www.k-startup.go.kr/main.do) 홈페이지를 통해서 각종 창업자료와 지원 사업을 살펴보면 창업시 많은 도움이 된다.

또한 프랜차이즈 창업을 하고자 하는 경우 가맹사업법을 통해서 ① 가맹본부의 역할과 책임 등에 관한 사항과, ② 가맹희망자 또는 가맹점사업자의 역할과 책임 등에 관한 사항을 분리하여 살펴보는 것이 중요하다. 특히 가맹사업은 절차적으로 가맹본부가 가맹희망자에게 정보공개서와 가맹계약서 기타 가맹사업에 필요한 자료를 제공하도록 규정하고 있다.

즉, 창업법률은 창업자의 기준에서 알고자 하는 내용 또는 처리하고자 하는 내용을 취합하여 정리하는 것이 중요한데 규정에 따른 내용을 정리할 경우 창업자가 준수하여야 할 규정절차와 업무적 프로세스 등을 동시에 작성하면서 다른 사람이 업무를 처리할 때에도 쉽게 알 수 있도록 '업무처리 Map'을 작성해서 구비해 놓는 다면 이후 창업법률에 따른 업무처리 시 리스크를 최소화하면서 쉽고 빠르게 업무를 추진 및 진행할 수 있는 능력을 키울 수 있을 것이다.

창업법률 대표적 기본 구조	관련 법률
창업 기본	중소기업창업 지원법, 가맹사업법(프랜차이즈), 벤처기업법 등
지식재산관련	특허법, 실용신안법, 디자인법, 상표법, 저작권법, 부정경쟁방지 및 영업비밀보호에 과한 법률 등
계약, 손해배상, 채권 등 사람 관련	민법(물권, 채권, 가족법 등), 민사소송법
법인설립 및 상거래 등 사업자 관련	상법(상행위, 법인, 보험, 해상 등)
사기, 횡령 등 형벌 관련	형법, 민사소송법
인·허가 등 행정관련	행정법, 행정소송법
채용, 퇴직 등 관련	근로기준법, 고용보험법, 국민건강보험법 등
기타	독점규제법, 표시광고법, 소비자기본법, 전자상거래법, 식품위생법, 농수산물 원산지표시법, 개인정보보호법, 정보통신망법, 위치정보법, 유통관리법, 물류관리법, 게임산업법, 등

그림 Ⅸ-1 창업법률의 기본 구조

2 중소기업창업 지원법

창업지원법

제1장 총칙
제1조 목적
제2조 정의
제3조 적용 범위
제4조 창업지원계획의 수립 등
제4조의2 창업촉진사업의 추진 등
제4조의3 재창업지원 및 성실경영 평가
제4조의4 지역특화산업 창업의 지원
제5조 창업 정보의 제공
제6조 창업보육센터사업자의 지정 등
제7조 창업 교육
제7조의2 대학 내 창업지원 전담조직의 설립 · 운영 등
제8조 창업대학원의 지정 등
제9조 기금의 우선 지원
제9조의2 창업지원정책협의회
제 9조의3 중소기업창업투자회사 전문인력 육성 등

제2장 중소기업창업투자회사
제10조 등록
제11조 권리 · 의무의 승계
제12조 신청에 따른 등록의 말소
제13조 등록 등의 공고
제14조 중소기업창업투자회사의 공시
제15조 중소기업창업투자회사의 행위 제한
제15조의2 대주주의 행위제한
제16조 중소기업창업투자회사의 투자 의무
제17조 중소기업창업투자회사의 해외투자 요건
제18조 자금의 차입 등
제19조 결산 보고

제2장의2 액셀러레이터 <신설 2016.5.29>
제19조의2 액셀러레이터의 등록 등
제19조의3 초기창업자의 선발 및 투자
제19조의4 초기창업자에 대한 전문보육 등
제19조의5 개인투자조합의 결성 등
제19조의6 창업보육센터의 액셀러레이터 전환 지원
제19조의7 액셀러레이터 육성 시책 수립 · 시행
제19조의8 민관 공동 창업자 발굴 · 육성
제19조의9 준용

제3장 중소기업창업투자조합
제20조 조합의 결성 등
제21조 업무의 집행 등
제22조 중소기업창업투자조합 재산의 관리와 운용
제23조 결산 보고
제24조 업무집행조합원의 탈퇴
제24조의2 조합원의 지분양도
제25조 해산
제26조 청산결과 보고와 등록의 말소
제27조 조합 재산의 보호
제28조 수익처분
제29조 조합의 공시
제30조 「민법」의 준용

제4장 중소기업상담회사
제31조 중소기업상담회사의 등록
제32조 용역비의 지원

제5장 창업 절차 등
제33조 사업계획의 승인
제34조 사전 협의
제35조 다른 법률과의 관계
제36조 법령 제정 · 개정 시의 협의
제37조 사업계획 승인의 취소 등
제38조 창업민원처리기구의 설치
제39조 창업진흥전담조직의 설치
제39조의2 청년기업가정신 재단법인에 대한 출연 등
제39조의3 부담금의 면제
제39조의4 사업분리에 의한 창업 시 공장등록 특례
제39조의5 재택창업지원시스템 설치 · 운영

제6장 보칙
제40조 보고와 검사
제41조 삭제 <2009.4.1>
제42조 임직원에 대한 제재 등
제42조의2 경영 건전성 기준 등
제43조 등록의 취소 등
제44조 청문
제45조 권한의 위임 · 위탁
제46조 비슷한 명칭의 사용 금지
제47조 업무기준의 고시
제47조의2 공모창업투자조합에 관한 특례
제48조 벌칙
제49조 양벌규정

제7장 벌칙
제50조 과태료

창업지원법 시행령

제1장 총칙
제1조 목적
제2조 창업의 범위
제2조의2 재창업의 범위
제3조 사업의 개시일
제4조 창업에서 제외되는 업종
제5조 창업지원계획의 수립 등
제5조의2 창업촉진사업에 대한 출연 또는 보조의 절차 등
제5조의3 창업촉진사업
제5조의4 창업촉진사업 추진 시 우대 대상
　　예비청년창업자 등의 범위
제6조 창업보육센터사업자의 지정
제7조 국유재산 사용료의 감면
제7조의2 공유재산 사용료의 감면
제7조의3 대학 내 창업지원 전담조직의 업무
제8조 기금의 우선지원
제8조의2 정책협의회의 구성
제8조의3 정책협의회의 기능
제8조의4 정책협의회의 운영

제2장 중소기업창업투자회사
제9조 중소기업창업투자회사의 등록요건
제10조 중소기업창업투자회사의 행위 제한
제11조 중소기업창업투자회사의 투자의무비율
제12조 중소기업창업투자회사의 해외투자한도
제13조 중소기업창업투자회사의 결산 보고 등

제2장의2 창업기획자(액셀러레이터)
제13조의2 액셀러레이터의 등록요건
제13조의3 초기창업자에 대한 지원

제3장 중소기업창업투자조합
제14조 중소기업창업투자조합의 등록요건 및 절차
제15조 등록원부의 비치 등
제16조 중소기업창업투자조합의 투자의무비율 등
제17조 조합의 결산 보고 등
제18조 해산사유 등
제19조 투자수익의 산정 방식 등

제4장 중소기업상담회사
제20조 중소기업상담회사의 등록요건
제21조 용역 대금의 지원

제5장 창업 절차 등
제22조 사업계획의 승인
제23조 창업민원처리협의회의 설치
제24조 사업계획 승인에 관한 업무처리지침
제25조 사전 협의 절차
제26조 다른 행정기관과의 협의기간
제27조 사업계획 승인의 취소 등
제28조 중소기업창업민원실의 설치 · 운영
제29조 창업진흥전담조직의 설치 및 운영 등
제29조의2 부담금 면제의 절차 및 방법
제29조의3 재택창업지원시스템의 처리 업무

제6장 보칙
제30조 업무운용 상황 등의 보고와 검사
제31조 경영 건전성 기준
제31조의2 등록취소의 예외
제31조의3 액셀러레이터에 대한 등록취소 및 지원중단의 기준
제31조의4 중소기업상담회사 등에 대한 등록취소 등의 기준
제32조 업무의 위탁 등
제32조의2 고유식별정보의 처리
제32조의3 규제의 재검토

제7장 벌칙
제33조 과태료의 부과기준

창업지원법 시행규칙

제1조 목적
제2조 사업분리의 요건
제3조 창업보육센터의 사업계획
제4조 창업보육센터사업자의 지정신청
제5조 중소기업창업투자회사의 등록
제6조 지위승계신고
제7조 등록말소신청
제8조 창업투자회사의 행위제한
제9조 투자의 범위
제9조의2 액셀러레이터의 등록
제9조의3 초기창업자에 대한 지원
제10조 중소기업창업투자조합의 등록원부 등
제11조 청산결과 보고
제12조 중소기업상담회사의 등록
제13조 용역 대금의 지원신청
제14조 사업계획의 승인신청
제15조 창업민원처리협의회의 구성 · 운영
제16조 사업계획의 사전협의 신청
제16조의2 부담금 면제 신청
제17조 창업보육센터사업자의 운영 실적 기준
제18조 삭제 <2009.6.2>

그림 Ⅸ-2 창업지원법의 조문

(1) 중소기업창업 지원법

중소기업창업 지원법은 창업지원법이라고도 하며, 2017.7.26.에 시행된 [법률 제14839호, 2017.7.26., 타법개정] 규정을 기준으로 작성한다.

제1장 총 칙

제1조(목적) 이 법은 중소기업의 설립을 촉진하고 성장 기반을 조성하여 중소기업의 건전한 발전을 통한 건실한 산업구조의 구축에 기여함을 목적으로 한다.

제2조(정의) 이 법에서 사용하는 용어의 뜻은 다음과 같다.
<개정 2016.1.27., 2016.5.29.>

1. “창업”이란 중소기업을 새로 설립하는 것을 말한다. 이 경우 창업의 범위는 대통령령으로 정한다.

1의2. “재창업”이란 중소기업을 폐업하고 중소기업을 새로 설립하는 것을 말한다. 이 경우 재창업의 범위는 대통령령으로 정한다.

2. “창업자”란 중소기업을 창업하는 자와 중소기업을 창업하여 사업을 개시한

날부터 7년이 지나지 아니한 자를 말한다. 이 경우 사업 개시에 관한 세부 사항은 대통령령으로 정한다.

2의2. “재창업자”란 중소기업을 재창업하는 자와 중소기업을 재창업하여 사업을 개시한 날부터 7년이 지나지 아니한 자를 말한다. 이 경우 사업 개시에 관한 세부 사항은 대통령령으로 정한다.

2의3. “초기창업자”란 창업자 중에서 중소기업을 창업하여 사업을 개시한 날부터 3년이 지나지 아니한 자를 말한다.

3. “중소기업”이란 「중소기업기본법」 제2조에 따른 중소기업을 말한다.

4. “중소기업창업투자회사”란 창업자에게 투자하는 것을 주된 업무로 하는 회사로서 제10조에 따라 등록한 회사를 말한다.

4의2. “창업기획자”(액셀러레이터)란 초기창업자 등의 선발 및 투자, 전문보육을 주된 업무로 하는 자로서 제19조의2에 따라 등록한 자(이하 “액셀러레이터”라 한다)를 말한다.

5. “중소기업창업투자조합”이란 창업자에게 투자하고 그 성과를 배분하는 것을 주된 목적으로 하는 조합으로서 제20조에 따라 등록한 조합을 말한다.

6. “중소기업상담회사”란 중소기업의 사업성 평가 등의 업무를 하는 회사로서 제31조에 따라 등록한 회사를 말한다.

7. “창업보육센터”란 창업의 성공 가능성을 높이기 위하여 창업자에게 시설·장소를 제공하고 경영·기술 분야에 대하여 지원하는 것을 주된 목적으로 하는 사업장을 말한다.

제3조(적용 범위) 이 법은 창업에 관하여 적용한다. 다만, 다음 각 호의 어느 하나에 해당하는 업종의 중소기업에 대하여는 적용하지 아니한다. <개정 2011.4.4., 2016.5.29.>

1. 금융 및 보험업. 다만, 정보통신기술을 활용하여 금융서비스를 제공하는 업종으로서 대통령령으로 정하는 업종은 제외한다.
2. 부동산업
3. 그 밖에 대통령령으로 정하는 업종

제4조(창업지원계획의 수립 등) ① 중소벤처기업부장관은 창업을 촉진하고, 창업자의 성장·발전을 위한 중소기업 창업지원계획을 세워 고시하여야 한다.

② 정부는 창업자 및 대통령령으로 정하는 창업지원에 관한 사업을 하는 자에 대하여 필요한 자금을 투자·출연·보조·융자하거나 그 밖에 필요한 지원을 할

수 있다.

③ 중소벤처기업부장관은 제1항의 창업지원계획을 수립하기 위하여 관계 중앙행정기관의 장 및 지방자치단체의 장에게 관련 자료의 제공을 요청할 수 있다. <신설 2010.6.8.>

제4조의2(창업촉진사업의 추진 등) ① 중소벤처기업부장관은 중소기업의 창업을 촉진하고 창업자의 창업 성공률을 향상시키기 위하여 다음 각 호의 사업을 추진하거나 필요한 시책을 수립·시행할 수 있다. <개정 2013.8.6., 2015.2.3.>

1. 유망한 예비창업자(중소기업을 창업하려는 자를 말한다. 이하 같다)의 발굴·육성 및 그에 대한 지원
2. 창업자의 우수한 아이디어 사업화에 대한 지원
3. 기업, 창업 관련 단체 등을 통한 예비창업자 또는 창업자의 발굴·육성
4. 예비창업자 또는 창업자의 해외 진출 지원
5. 그 밖에 창업교육 및 창업 기반시설 확충 등 대통령령으로 정하는 사업

② 중소벤처기업부장관은 제1항에 따른 사업을 추진하는 경우에는 대통령령으로 정하는 예비청년창업자 또는 청년창업자를 우대할 수 있다.
<신설 2015.2.3.>

③ 중소벤처기업부장관은 제1항에 따른 사업을 추진하기 위하여 필요하다고 인정하는 경우에는 예산의 범위에서 대학, 연구기관, 공공기관, 창업 관련 단체, 중소기업 및 예비창업자에게 해당 사업을 수행하는 데에 드는 비용의 전부 또는 일부를 출연하거나 보조할 수 있다. <개정 2015.2.3.>

④ 제3항에 따른 출연 및 보조의 절차 및 방법 등에 관한 사항은 대통령령으로 정한다. <개정 2015.2.3.>

[본조신설 2010.6.8.]

[제목개정 2013.8.6.]

제4조의3(재창업지원 및 성실경영 평가) ① 중소벤처기업부장관은 재창업을 활성화하고, 재창업자의 사업 성공률을 높이기 위하여 재창업자의 특성을 고려한 중소기업 재창업지원계획을 수립할 수 있다.

② 중소벤처기업부장관은 제1항에 따른 계획에 따라 창업 후 폐업 또는 파산 등으로 재창업을 하려는 자에 대하여 재창업지원에 필요한 다음 각 호의 사업을 추진할 수 있다.

1. 우수한 기술과 경험을 보유한 재창업희망 중소기업인의 발굴 및 재창업 교육

2. 재창업에 장애가 되는 각종 부담 및 규제 등의 제도개선
3. 조세·법률 상담 등 재창업을 위한 상담 지원
4. 교육센터의 지정·운영 등 재창업지원 시설의 확충
5. 재창업에 필요한 자금 지원 및 금융 정책 관련 정보 제공
6. 재창업 교육 및 상담을 위한 전문가 양성
7. 그 밖에 재창업지원과 관련하여 중소벤처기업부장관이 필요하다고 인정하는 사업

③ 중소벤처기업부장관은 제1항에 따른 계획의 수립을 위하여 필요한 경우에는 관계 중앙행정기관의 장 및 지방자치단체의 장에게 관련 자료의 제공을 요청할 수 있다.

④ 중소벤처기업부장관은 재창업을 하려는 자 및 재창업을 한 자가 재창업 전의 기업을 분식회계, 고의부도, 부당해고 등을 하지 아니하고 성실하게 경영하였는지 여부 등을 평가(이하 "성실경영 평가"라 한다)하여 출연, 보조, 융자 등 재정지원을 제한하거나 지원 대상자 선별에 활용할 수 있다.

⑤ 중소벤처기업부장관은 성실경영 평가에 필요한 경우 본인의 동의를 받아 관계 행정기관의 장에게 다음 각 호의 자료의 제공을 요청할 수 있다.

1. 「형의 실효 등에 관한 법률」 제5조의2제2항에 따른 범죄경력자료 및 수사경력자료(기업경영과 관련된 범죄경력자료 및 수사경력자료에 한정한다)
2. 「근로기준법」 등 노동 관계 법령 위반사실에 관한 자료
3. 그 밖에 심사를 위하여 필요한 자료로서 대통령령으로 정하는 자료

⑥ 중소벤처기업부장관은 성실경영 평가에 필요한 기준을 정하여 고시할 수 있다.

[전문개정 2016.1.27.]

제4조의4(지역특화산업 창업의 지원) ① 중소벤처기업부장관은 지역의 고용창출 및 지역경제 활성화를 위하여 지역특화산업에 속하는 업종의 창업을 촉신하는 계획을 수립할 수 있다.

② 지방자치단체의 장은 제1항에 따른 계획에 따라 해당 지방자치단체의 지역특화산업의 기술과 경험을 보유한 예비창업자 또는 창업자의 발굴·육성 및 그에 대한 지원 등의 사업을 추진할 수 있다.

③ 중소벤처기업부장관은 제1항에 따른 계획의 수립을 위하여 필요한 경우에는 지방자치단체의 장에게 관련 자료의 제출을 요청할 수 있다.

[본조신설 2015.2.3.]

제5조(창업 정보의 제공) 정부는 창업자에 대하여 창업 및 중소기업의 성장과 발전에 필요한 자금, 인력, 기술, 판로, 입지 등에 관한 정보를 제공하기 위하여 필요한 시책을 강구하여야 한다.

제6조(창업보육센터사업자의 지정 등) ① 창업보육센터를 설립·운영하는 자(설립·운영하려는 자를 포함한다. 이하 "창업보육센터사업자"라 한다)로서 이 법에 따른 지원을 받으려는 자는 다음 각 호의 요건을 갖추어 중소벤처기업부장관의 지정을 받아야 한다. <개정 2008.2.29., 2013.3.23.>

1. 다음 각 목의 시설을 갖출 것
   가. 창업자가 이용할 수 있는 시험기기나 계측기기 등의 장비
   나. 10인 이상의 창업자가 사용할 수 있는 500제곱미터 이상의 시설
2. 경영학 분야의 박사학위 소지자, 「변호사법」에 따른 변호사, 그 밖에 대통령령으로 정하는 전문인력 중 2명 이상을 확보할 것
3. 창업보육센터사업을 수행하기 위한 사업계획 등이 중소벤처기업부령으로 정하는 기준에 맞을 것

② 국가는 「국유재산법」 및 그 밖의 다른 법령에도 불구하고 창업의 성공가능성을 높이기 위하여 필요한 경우 창업보육센터에 입주한 자(이하 "입주자"라 한다)에 대하여 국유재산의 사용료를 감면할 수 있다. <개정 2013.8.6.>

③ 국가가 제2항에 따라 국유재산의 사용료를 감면하는 경우 입주자에 대한 국유재산의 연간 사용료는 해당 재산가액에 100분의 1 이상을 곱한 금액의 범위에서 대통령령으로 정하는 금액으로 한다. <신설 2013.8.6.>

④ 국유재산을 사용허가하는 경우 그 기간은 「국유재산법」 제35조에서 정하는 바에 따른다. <신설 2013.8.6.>

⑤ 지방자치단체는 「공유재산 및 물품 관리법」 및 그 밖의 다른 법령에도 불구하고 입주자에게 공유재산의 사용료를 대통령령으로 정하는 바에 따라 감면할 수 있다. <신설 2013.8.6.>

[법률 제12009호(2013.8.6.) 부칙 제2조의 규정에 의하여 이 조 제2항, 제3항, 제4항은 2022년 12월 31일까지 유효함]

제7조(창업 교육) 중소벤처기업부장관은 창업 저변을 확충하기 위하여 청소년, 대학생 및 창업자 등에게 창업 교육을 할 수 있다.

제7조의2(대학 내 창업지원 전담조직의 설립·운영 등) ① 대학은 대학 내 창업촉진사

업을 수행하기 위하여 학교규칙으로 정하는 바에 따라 창업지원업무를 전담하는 조직(이하 “창업지원 전담조직”이라 한다)을 둘 수 있다.
② 중소벤처기업부장관은 창업지원 전담조직의 운영에 필요한 경비를 출연하거나 그 밖에 필요한 지원을 할 수 있다.
③ 창업지원 전담조직이 이 법에 따른 지원을 받으려면 그 회계를 수입과 지출 내역이 명백하도록 대학 내 다른 회계와 구분하여 처리하여야 한다.
④ 창업지원 전담조직의 업무 및 제3항에 따른 회계 운영에 필요한 사항은 대통령령으로 정한다.
[본조신설 2013.8.6.]

제8조(창업대학원의 지정 등) ① 중소벤처기업부장관은 「고등교육법」 제29조제1항에 따른 대학원 중에서 창업 분야 전문인력 양성을 목적으로 하는 대학원(이하 “창업대학원”이라 한다)을 지정하여 예산의 범위에서 그 운영 등에 필요한 경비를 출연하거나 그 밖에 필요한 지원을 할 수 있다.
② 중소벤처기업부장관은 창업대학원의 지정·지원 등에 관하여 필요한 사항을 고시하여야 한다.

제9조(기금의 우선 지원) 「중소기업진흥에 관한 법률」 제63조에 따른 중소기업창업 및 진흥기금(이하 “중소기업창업 및 진흥기금”이라 한다)을 관리하는 자는 중소기업창업투자회사 또는 중소기업창업투자조합에 대하여 중소기업창업 및 진흥기금을 지원할 때 투자 실적 등이 대통령령으로 정하는 기준에 해당하는 자에게 먼저 지원할 수 있다. <개정 2008.12.19., 2009.5.21.>

제9조의2(창업지원정책협의회) ① 창업촉진 및 재창업지원 정책에 관하여 필요한 사항을 관계 중앙행정기관 및 창업지원기관과 협의하기 위하여 중소기업청에 창업지원정책협의회를 둔다.
② 제1항에 따른 창업지원정책협의회의 구성, 기능, 운영 및 그 밖에 필요한 사항은 대통령령으로 정한다.
[본조신설 2016.1.27.]

제9조의3(중소기업창업투자회사 전문인력 육성 등) 중소벤처기업부장관은 중소기업창업투자회사의 원활한 운영과 창업자 및 벤처기업에 대한 투자를 촉진하기 위하여 다음 각 호의 사업에 대하여 지원을 할 수 있다.
1. 제10조제2항제3호에 따른 중소기업창업투자회사 전문인력 육성

2. 외국인 투자자금 유치
3. 그 밖에 창업자 및 벤처기업에 대한 투자를 촉진하기 위하여 대통령령으로 정하는 사업
[본조신설 2016.1.27.]

제2장 중소기업창업투자회사

제10조(등록) ① 다음 각 호의 어느 하나에 해당하는 사업을 영위하는 회사로서 이 법에 따른 지원을 받으려는 자는 중소벤처기업부령으로 정하는 바에 따라 중소벤처기업부장관에게 중소기업창업투자회사로 등록하여야 한다. 중소기업창업투자회사가 등록한 사항 중 회사명과 소재지 등 중소벤처기업부령으로 정하는 중요 사항을 변경하려는 경우에도 또한 같다. <개정 2008.2.29., 2009.12.30., 2013.3.23., 2013.8.6., 2015.1.28.>

1. 창업자에 대한 투자
2. 「벤처기업육성에 관한 특별조치법」에 따른 벤처기업에 대한 투자
2의2. 「중소기업 기술혁신 촉진법」 제15조 및 제15조의3에 따른 기술혁신형·경영혁신형 중소기업에 대한 투자
3. 중소기업창업투자조합 및 「벤처기업육성에 관한 특별조치법」 제4조의3에 따른 한국벤처투자조합의 결성과 업무의 집행
4. 해외 기업의 주식 또는 지분 인수 등 중소벤처기업부장관이 정하는 방법에 따른 해외투자
5. 중소기업이 개발 또는 제작하며, 다른 사업과 회계의 독립성을 유지하는 방식으로 운영되는 사업에 대한 투자
6. 제1호, 제2호, 제2호의2, 제3호부터 제5호까지의 사업에 딸린 사업으로서 중소벤처기업부장관이 정하는 사업

② 중소기업창업투자회사는 다음 각 호의 요건을 모두 갖추어야 한다.
<개정 2007.8.3., 2009.12.30., 2013.8.6., 2014.1.21., 2016.1.27.>

1. 「상법」에 따른 주식회사로서 납입자본금의 규모와 차입 비중이 대통령령으로 정하는 요건을 충족할 것
2. 임원이 다음 각 목의 어느 하나에 해당하지 아니하는 자일 것. 이 경우 사목과 아목은 대표이사에게만 적용한다.
   가. 미성년자·피성년후견인 또는 피한정후견인

나. 파산 선고를 받고 복권되지 아니한 자
다. 금고 이상의 실형을 선고받고 그 집행이 끝나거나(집행이 끝난 것으로 보는 경우를 포함한다) 집행이 면제된 날부터 5년이 지나지 아니한 자
라. 금고 이상의 형의 집행유예를 선고받고 그 유예기간 중에 있는 자
마. 「유사수신행위의 규제에 관한 법률」이나 그 밖에 대통령령으로 정하는 금융 관련 법령을 위반하여 벌금 이상의 형을 선고받고 그 집행이 끝나거나(집행이 끝난 것으로 보는 경우를 포함한다) 집행이 면제된 날부터 5년이 지나지 아니한 자
바. 이 법에 따라 등록이 취소된 중소기업창업투자회사의 취소 당시의 임원이었던 자(그 등록취소 사유의 발생에 관하여 직접 책임이 있거나 이에 상응하는 책임이 있는 자 또는 창업 투자 업무에 적합하지 아니하다고 판단되는 자로서 각각 대통령령으로 정하는 자만 해당한다)로서 등록이 취소된 날부터 5년이 지나지 아니한 자
사. 금융거래 등 상거래에서 약정한 날짜 이내에 채무를 갚지 아니한 자로서 대통령령으로 정하는 자
아. 다른 중소기업창업투자회사의 대주주(대통령령으로 정하는 출자자를 말한다. 이하 이 조에서 같다) 또는 임직원
자. 제12조에 따라 말소하기 전에 제43조에 따른 취소 사유가 있었던 경우에는 그 말소 당시의 임원(제43조에 따른 등록취소 사유에 직접 책임이 있거나 이에 상응하는 책임이 있는 자로서 대통령령으로 정하는 자만 해당한다)에게 그 사유를 통보한 후 그 통보를 받은 날부터 5년(등록 말소일부터 7년을 초과하는 경우에는 등록 말소일부터 7년으로 한다)이 지나지 아니한 자
차. 제42조제1항제1호에 따라 면직 또는 해임된 날부터 5년이 지나지 아니한 자

2의2. 대주주가 대통령령으로 정하는 사회적 신용을 갖출 것
3. 대통령령으로 정하는 기준에 따른 상근하는 전문인력과 시설을 보유할 것
4. 창업투자회사와 투자자 간, 특정 투자자와 다른 투자자 간의 이해상충을 방지하기 위한 체계를 갖출 것

③ 제2항제2호의2에서 정한 요건을 갖추지 못한 자가 새로 주식을 취득하여 대주주가 된 경우에는 해당 취득 주식에 대하여 의결권을 행사할 수 없다. <신설

2013.8.6.>

④ 중소벤처기업부장관은 제2항제2호의2에서 정한 요건을 갖추지 못한 자가 새로 주식을 취득하여 대주주가 된 경우에는 6개월 이내의 기간을 정하여 해당 취득 주식의 처분을 명할 수 있다. <신설 2013.8.6.>

제11조(권리·의무의 승계) ① 중소기업창업투자회사가 그 영업을 양도하거나 합병을 하면 그 영업을 양수한 자 또는 합병한 후 존속하는 법인이나 합병으로 설립되는 법인은 이 법에 따른 중소기업창업투자회사로서의 지위를 승계한다. 다만, 그 영업을 양수한 자 또는 합병한 후 존속하는 법인이나 합병으로 설립되는 법인이 제10조제2항 각 호의 요건을 모두 갖추지 아니한 경우에는 그러하지 아니하다.

② 제1항에 따라 중소기업창업투자회사로서의 지위를 승계한 자는 승계한 날부터 30일 이내에 중소벤처기업부령으로 정하는 바에 따라 중소벤처기업부장관에게 이를 신고하여야 한다. <개정 2008.2.29., 2013.3.23.>

제12조(신청에 따른 등록의 말소) ① 중소기업창업투자회사는 제10조제1항 각 호의 사업을 영위하기가 불가능하거나 어려운 경우에는 중소벤처기업부령으로 정하는 바에 따라 그 등록의 말소를 신청할 수 있다. <개정 2008.2.29., 2013.3.23.>

② 중소벤처기업부장관은 중소기업창업투자회사가 제1항에 따른 등록 말소신청을 하면 지체 없이 그 등록을 말소하여야 한다.

제13조(등록 등의 공고) 중소벤처기업부장관은 중소기업창업투자회사가 다음 각 호의 어느 하나에 해당하면 지체 없이 그 내용을 관보에 공고하고 컴퓨터 통신 등을 이용하여 일반인에게 알려야 한다.

1. 제10조제1항에 따라 등록을 한 경우
2. 제12조제2항에 따라 등록을 말소한 경우
3. 제43조제1항에 따라 등록을 취소한 경우

제14조(중소기업창업투자회사의 공시) ① 중소기업창업투자회사는 다음 각 호의 사항을 공시(公示)하여야 한다. <개정 2013.8.6., 2016.5.29.>

1. 조직과 인력에 관한 사항
2. 재무와 손익에 관한 사항
3. 중소기업창업투자조합의 결성 및 운영 성과에 관한 사항
4. 제42조의2제3항에 따른 경영개선 조치를 요구받은 경우와 제43조제6항에 따

른 업무정지, 시정명령 또는 경고를 받은 경우 그 조치에 관한 사항

② 제1항에 따른 공시의 시기 및 방법 등에 필요한 사항은 중소벤처기업부장관이 정한다.

제15조(중소기업창업투자회사의 행위 제한) ① 중소기업창업투자회사는 다음 각 호의 어느 하나에 해당하는 행위를 하여서는 아니 된다. 다만, 중소기업창업투자회사의 자산 운용의 건전성을 해칠 우려가 없는 경우로서 대통령령으로 정하는 경우에는 그러하지 아니하다.

1. 제3조 단서에 따른 업종을 영위하는 기업에 투자하는 행위
2. 「독점규제 및 공정거래에 관한 법률」 제9조에 따른 상호출자제한기업집단에 속하는 회사에 투자하는 행위
3. 대통령령으로 정하는 금융기관의 주식을 취득하거나 소유하는 행위
4. 창업보육센터 등 대통령령으로 정하는 범위의 업무용 부동산을 제외한 부동산(이하 "비업무용부동산"이라 한다)을 취득하거나 소유하는 행위. 다만, 담보권의 실행으로 비업무용부동산을 취득하는 경우에는 그러하지 아니하다.
5. 그 밖에 설립 목적을 해치는 것으로서 대통령령으로 정하는 행위

② 중소기업창업투자회사는 제1항제4호 단서에 따라 담보권의 실행으로 비업무용부동산을 취득한 경우에는 1년의 범위에서 중소벤처기업부령으로 정하는 기간에 이를 처분하여야 한다. <개정 2008.2.29., 2013.3.23.>

제15조의2(대주주의 행위제한) ① 중소기업창업투자회사의 대주주(대통령령으로 정하는 그의 특수관계인을 포함한다. 이하 같다)는 중소기업창업투자회사의 이익에 반하여 대주주 자신의 이익을 얻을 목적으로 다음 각 호의 어느 하나에 해당하는 행위를 하여서는 아니 된다.

1. 중소기업창업투자회사에 부당한 영향력을 행사하기 위하여 외부에 공개되지 아니한 자료 또는 정보의 제공을 요구하는 행위. 다만, 「상법」 제466조에 따른 권리의 행사에 해당하는 경우에는 그러하지 아니하다.
2. 경제적 이익 등 반대급부의 제공을 조건으로 다른 주주와 담합하여 중소기업창업투자회사의 투자활동 등 경영에 부당한 영향력을 행사하는 행위
3. 중소기업창업투자회사로 하여금 위법행위를 하도록 요구하는 행위
4. 금리, 수수료, 담보 등에 있어서 통상적인 거래조건과 비교하여 해당 중소기업창업투자회사에 현저하게 불리한 조건으로 대주주 자신이나 제3자와의 거래를 요구하는 행위

5. 그 밖에 제1호부터 제4호까지에 준하는 행위로서 대통령령으로 정하는 행위
② 중소벤처기업부장관은 중소기업창업투자회사의 대주주가 제1항을 위반한 행위가 있다고 인정되는 경우에는 중소기업창업투자회사 또는 대주주에게 필요한 자료의 제출을 요구할 수 있다.
[본조신설 2013.8.6.]

제16조(중소기업창업투자회사의 투자 의무) ① 중소기업창업투자회사는 등록 후 3년이 지난 날까지 납입자본금의 100분의 50의 범위에서 대통령령으로 정하는 비율의 금액 이상을 제10조제1항제1호, 제2호, 제2호의2, 제3호 및 제5호의 사업에 사용하여야 한다. 이 경우 같은 항 제1호, 제2호, 제2호의2 및 제5호의 사업에 사용한 금액을 산정할 때 신규로 발행되는 주식 또는 무담보전환사채의 인수 등 중소벤처기업부령으로 정하는 용도로 사용한 금액에 한하여 이를 포함하여 산정한다. 다만, 중소기업창업투자회사가 대통령령으로 정하는 일정 규모 이상의 중소기업창업투자조합을 결성하여 운영하는 경우에는 그러하지 아니하다.
<개정 2008.2.29., 2009.12.30., 2013.3.23., 2013.8.6.>
② 중소기업창업투자회사는 등록 후 3년이 지난 날 이후에도 제1항에 따른 투자의무비율을 유지하여야 하며, 중소기업창업투자회사가 투자회수·경영정상화 등 중소벤처기업부장관이 인정하는 사유로 제1항에 따른 투자의무비율을 유지하지 못하면 중소벤처기업부장관은 1년 이내의 범위에서 투자의무 이행 유예기간을 줄 수 있다. <개정 2013.8.6.>
③ 제1항에도 불구하고 중소기업창업투자회사가 개인 또는 「벤처기업육성에 관한 특별조치법」 제13조에 따른 개인투자조합이 3년 이상 보유한 창업자의 주식(신규로 발행하는 주식을 인수한 경우에 한정한다)을 인수한 경우에는 해당 인수 금액을 제1항에 따른 투자의무비율 금액에 포함하여 산정한다.
<신설 2013.8.6.>

제17조(중소기업창업투자회사의 해외투자 요건) ① 중소기업창업투자회사는 납입자본금의 100분의 10 이상의 금액을 제16조제1항에 따라 중소벤처기업부령으로 정하는 용도로 제10조제1항제1호, 제2호 및 제2호의2에 따른 사업에 사용한 경우에는 그 사업에 사용한 금액의 범위에서 같은 항 제4호에 따른 해외투자를 할 수 있다. 다만, 등록한 지 3년이 지난 중소기업창업투자회사는 제16조제1항에 따른 중소기업창업투자회사의 투자의무비율을 달성한 경우에 해외투자를 할 수 있다. <개정 2008.2.29., 2009.12.30., 2013.3.23.>

② 제1항에 따른 해외투자 한도는 납입자본금의 100분의 40의 범위에서 대통령령으로 정하는 비율로 한다.

제18조(자금의 차입 등) ① 중소기업창업투자회사는 그 사업 수행을 위하여 필요하면 정부, 정부가 설치한 기금, 국내외 금융기관, 외국정부 또는 국제기구로부터 자금을 차입할 수 있다.

② 중소기업창업투자회사는 그 사업 수행에 필요한 재원을 충당하기 위하여 자본금과 적립금 총액의 10배의 범위에서 사채를 발행할 수 있다.

제19조(결산 보고) 중소기업창업투자회사는 대통령령으로 정하는 바에 따라 회계연도마다 결산서를 중소벤처기업부장관에게 제출하여야 한다.

제2장의2 액셀러레이터 <신설 2016.5.29.>

제19조의2(액셀러레이터의 등록 등) ① 제19조의3과 제19조의4에 해당하는 사업을 영위하는 자로서 이 법에 따른 지원을 받으려는 자는 중소벤처기업부령으로 정하는 바에 따라 중소벤처기업부장관에게 액셀러레이터로 등록하여야 한다. 액셀러레이터가 등록한 사항 중 법인명과 소재지 등 중소벤처기업부령으로 정하는 중요 사항을 변경하려는 경우에도 또한 같다.

② 액셀러레이터는 다음 각 호의 요건을 모두 갖추어야 한다.

1. 다음 각 목의 어느 하나에 해당하는 법인으로서 해당 각 목의 요건을 갖출 것
   가. 「상법」에 따른 회사: 납입자본금이 대통령령으로 정하는 금액 이상일 것
   나. 「민법」 등에 따른 비영리법인: 제19조의3과 제19조의4에 해당하는 사업에 출연한 재산이 대통령령으로 정하는 금액 이상일 것. 이 경우 비영리법인은 해당 사업의 수입과 지출이 명백하도록 「법인세법」 제113조에 따라 비영리법인 내 다른 사업과 각각 별개의 회계로 기록하여야 한다.
2. 임원이 다음 각 목의 어느 하나에 해당하지 아니하는 자일 것
   가. 미성년자·피성년후견인 또는 피한정후견인
   나. 파산 선고를 받고 복권되지 아니한 자
   다. 금고 이상의 실형을 선고받고 그 집행이 끝나거나(집행이 끝난 것으로 보는 경우를 포함한다) 집행이 면제된 날부터 5년이 지나지 아니한 자
   라. 금고 이상의 형의 집행유예를 선고받고 그 유예기간 중에 있는 자
   마. 「유사수신행위의 규제에 관한 법률」이나 그 밖에 대통령령으로 정하는

금융 관련 법령을 위반하여 벌금 이상의 형을 선고받고 그 집행이 끝나거나(집행이 끝난 것으로 보는 경우를 포함한다) 집행이 면제된 날부터 5년이 지나지 아니한 자

3. 제19조의3과 제19조의4에 해당하는 사업을 수행하기 위한 사업계획 등이 중소벤처기업부령으로 정하는 기준에 맞을 것
4. 대통령령으로 정하는 기준에 따른 상근 전문인력과 시설을 보유할 것

[본조신설 2016.5.29.]

제19조의3(초기창업자의 선발 및 투자) ① 액셀러레이터는 지원할 초기창업자를 선발하여 대통령령으로 정하는 금액 이상을 투자하여야 한다.

② 액셀러레이터가 제1항에 따라 초기창업자를 선발할 때에는 창업자 선발대회 또는 그 밖의 공정한 방법에 따라야 한다.

[본조신설 2016.5.29.]

제19조의4(초기창업자에 대한 전문보육 등) ① 액셀러레이터는 초기창업자의 성공가능성을 높이기 위하여 대통령령으로 정하는 기간 이상 다음 각 호에 해당하는 사항을 지원(이하 이 장에서 "전문보육"이라 한다)하여야 한다.

1. 사업 모델 개발
2. 기술 및 제품 개발
3. 시설 및 장소의 확보
4. 그 밖에 중소벤처기업부령으로 정하는 지원

② 액셀러레이터는 전문보육의 성과를 제고하기 위하여 초기창업자에 대하여 다음 각 호에 해당하는 사항을 추가적으로 지원할 수 있다.

1. 투자자와의 제휴
2. 초기창업자 홍보
3. 다른 기업과의 인수·합병
4. 초기창업자의 해외 진출
5. 그 밖의 중소벤처기업부령으로 정하는 지원

[본조신설 2016.5.29.]

제19조의5(개인투자조합의 결성 등) ① 액셀러레이터는 초기창업자에 투자할 목적으로 「벤처기업육성에 관한 특별조치법」 제13조에 따른 개인투자조합을 결성할 수 있다.

② 제1항에 따른 개인투자조합의 운용 등에 관하여는 「벤처기업육성에 관한 특별조치법」 제13조제2항부터 제11항까지와 제13조의2 및 제13조의3을 준용한다. 이 경우 제13조제5항과 제13조의2에서의 "벤처기업과 창업자"는 "초기창업자"로 본다.
[본조신설 2016.5.29.]

제19조의6(창업보육센터의 액셀러레이터 전환 지원) 중소벤처기업부장관은 제6조제1항에 따른 창업보육센터가 액셀러레이터로 전환할 경우 필요한 비용의 전부 또는 일부를 지원할 수 있다.
[본조신설 2016.5.29.]

제19조의7(액셀러레이터 육성 시책 수립·시행) 정부는 국제적 역량을 갖춘 액셀러레이터를 육성하기 위하여 필요한 시책을 수립·시행할 수 있다.
[본조신설 2016.5.29.]

제19조의8(민관 공동 창업자 발굴·육성) ① 중소벤처기업부장관은 창업자의 성장·발전을 위하여 액셀러레이터와 공동으로 창업자를 발굴·육성하기 위한 사업을 시행할 수 있다.
② 중소벤처기업부장관은 제1항에 따른 창업자 발굴·육성 사업을 효율적으로 추진하기 위하여 액셀러레이터 중에서 다음 각 호의 어느 하나에 해당하는 자를 해당 사업의 운영자(이하 이 장에서 "사업 운영자"라 한다)로 선정할 수 있다.
1. 「벤처기업육성에 관한 특별조치법」 제2조의2에 따른 벤처기업
2. 「벤처기업육성에 관한 특별조치법」 제4조의9에 따른 전담회사
3. 제2조제4호에 따른 중소기업창업투자회사
4. 대기업(「중소기업기본법」 제2조에 따른 중소기업이 아닌 기업을 말한다)
5. 그 밖의 중소벤처기업부장관이 정한 기준에 해당하는 자
③ 중소벤처기업부장관은 사업 운영자가 발굴한 창업자 중에서 유망한 자에 대하여는 연구개발비 또는 창업자금 등을 우선하여 지원할 수 있다.
④ 제2항에 따른 사업 운영자 선정에 관한 세부기준은 중소벤처기업부장관이 정한다.
[본조신설 2016.5.29.]

제19조의9(준용) 액셀러레이터의 등록, 운영 등에 관하여 제19조의2부터 제19조의8까지에서 정한 사항을 제외하고는 제11조부터 제14조까지를 준용한다. 이 경

우 제11조부터 제14조까지에서 “중소기업창업투자회사”는 “액셀러레이터”로, 제11조제1항에서 “제10조제2항”은 “제19조의2제2항”으로, 제12조제1항에서 “제10조제1항 각 호”는 “제19조의3 및 제19조의4”로, 제14조제1항제3호에서 “중소기업창업투자조합”은 “제19조의5에 따른 개인투자조합”으로 본다.
[본조신설 2016.5.29.]

제3장 중소기업창업투자조합

제20조(조합의 결성 등) ① 다음 각 호의 어느 하나에 해당하는 자와 그 외의 자가 출자하여 중소기업창업투자조합을 결성하는 경우에는 대통령령으로 정하는 바에 따라 중소벤처기업부장관에게 등록하여야 한다. 등록 사항을 변경하는 경우에도 또한 같다. <개정 2016.1.27.>

1. 중소기업창업투자회사
2. 「여신전문금융업법」 제41조에 따른 신기술사업금융업자
3. 「벤처기업육성에 관한 특별조치법」 제4조의3제1항제3호에서 규정한 유한회사 또는 유한책임회사로서 중소벤처기업부장관이 정한 요건을 모두 충족한 회사

② 중소기업창업투자조합은 조합의 채무에 대하여 무한책임을 지는 1인 이상의 조합원(이하 “업무집행조합원”이라 한다)과 출자액을 한도로 하여 유한책임을 지는 유한책임조합원으로 구성한다. 이 경우 업무집행조합원은 다음 각 호의 어느 하나에 해당하는 자로 하되, 그중 1인은 제1항 각 호에 해당하는 자이어야 한다. <개정 2009.12.30., 2016.1.27.>

1. 「벤처기업육성에 관한 특별조치법」 제4조의3제1항 각 호의 어느 하나에 해당하는 자
2. 「국가재정법」 제8조제1항에 따른 기금관리주체로서 같은 법 별표 2에 따른 기금을 관리·운용하는 자
3. 법률에 따라 공제 사업을 경영하는 법인
4. 그 밖에 대통령령으로 정하는 자

③ 제2항 전단에도 불구하고 제47조의2제1항에 따른 공모창업투자조합을 결성하는 경우 업무집행조합원은 1인으로 한다. <신설 2009.12.30.>

④ 중소기업창업투자조합의 업무집행조합원은 중소기업창업투자조합 운영 중에 제1항 각 호의 다른 회사로 변경할 수 없다. <신설 2016.1.27.>

⑤ 조합원은 조합 규약에서 정하는 바에 따라 출자금액의 전액을 한꺼번에 출자하거나 나누어 출자할 수 있다. <개정 2009.12.30., 2016.1.27.>

⑥ 중소기업창업투자조합의 출자금액, 조합원 수 및 존속 기간 등 등록 요건과 그 운영 등에 필요한 사항은 대통령령으로 정한다.
<개정 2009.12.30., 2016.1.27.>

제21조(업무의 집행 등) ① 중소기업창업투자조합의 업무는 업무집행조합원이 집행한다.

② 업무집행조합원은 선량한 관리자의 주의로 제1항에 따른 업무를 집행하여야 한다. 이 경우 자기 또는 제삼자의 이익을 위하여 중소기업창업투자조합의 재산을 사용하여서는 아니 된다.

③ 중소기업창업투자조합은 등록 후 3년이 지난날까지 출자금의 100분의 50의 범위에서 대통령령으로 정하는 비율의 금액 이상을 제16조제1항 및 제3항에 따라 중소벤처기업부령으로 정하는 용도로 제10조제1항제1호, 제2호, 제2호의2 및 제5호에 따른 사업에 사용하여야 한다. 다만, 중소기업창업투자조합이 투자회수 등 중소벤처기업부장관이 인정하는 사유로 등록 후 3년이 지난날까지 대통령령으로 정하는 비율의 금액을 달성하지 못하면 중소벤처기업부장관은 1년 이내의 범위에서 투자의무 이행 유예기간을 줄 수 있다.
<개정 2008.2.29., 2009.1.30., 2009.12.30., 2013.3.23., 2013.8.6.>

④ 업무집행조합원은 중소기업창업투자조합의 업무를 집행할 때 자금차입, 지급보증 또는 담보제공을 하여서는 아니 된다.

⑤ 업무집행조합원의 중소기업창업투자조합 업무의 집행에 관하여는 제15조를 준용한다. 이 경우 "중소기업창업투자회사"는 "중소기업창업투자조합"으로 본다.

⑥ 중소기업창업투자조합의 해외투자에 관하여는 제17조를 준용한다. 이 경우 "중소기업창업투자회사"는 "중소기업창업투자조합"으로, "납입자본금"은 "출자금"으로 본다.

제22조(중소기업창업투자조합 재산의 관리와 운용) ① 업무집행조합원은 중소기업창업투자조합 재산을 다음 각 호에서 정하는 바에 따라 관리하여야 한다. <개정 2007.8.3.>

1. 중소기업창업투자조합 재산의 보관을 「자본시장과 금융투자업에 관한 법률」에 따른 신탁업자에 위탁할 것
2. 신탁업자를 변경하는 경우에는 조합원 총회의 승인을 받을 것

② 제1항에 따른 수탁회사는 다음 각 호의 업무를 한다.

1. 중소기업창업투자조합 재산의 보관 및 관리
2. 업무집행조합원의 중소기업창업투자조합 재산 운용 지시에 따른 자산의 취득 및 처분의 이행

③ 업무집행조합원은 중소기업창업투자조합 재산으로 「자본시장과 금융투자업에 관한 법률」 제8조의2제4항제1호에 따른 증권시장으로서 중소벤처기업부장관이 정하는 시장에 상장된 법인의 주식을 취득하는 경우에 출자금 총액의 100분의 20을 초과하여 투자할 수 없다. <개정 2007.8.3., 2009.1.30., 2013.5.28., 2014.1.21.>

제23조(결산 보고) 제21조제1항에 따른 업무집행조합원은 대통령령으로 정하는 바에 따라 해마다 중소기업창업투자조합의 사업연도가 끝난 뒤 3개월 이내에 그 결산서를 중소벤처기업부장관에게 제출하여야 한다.

제24조(업무집행조합원의 탈퇴) 업무집행조합원은 다음 각 호의 어느 하나에 해당하는 경우가 아니면 중소기업창업투자조합에서 탈퇴할 수 없다.

1. 중소기업창업투자회사의 등록이 취소된 경우
2. 중소기업창업투자회사가 파산한 경우
3. 중소기업창업투자조합 조합원 전원의 동의가 있는 경우

제24조의2(조합원의 지분양도) ① 업무집행조합원은 다른 조합원 전원의 동의를 받지 아니하면 그 지분의 전부 또는 일부를 타인에게 양도하지 못한다.

② 유한책임조합원의 지분은 조합계약에서 정하는 바에 따라 양도할 수 있다.

③ 유한책임조합원의 지분을 양수한 자는 양도인의 조합에 대한 권리·의무를 승계한다.

[본조신설 2016.1.27.]

제25조(해산) ① 중소기업창업투자조합은 다음 각 호의 어느 하나에 해당하는 사유가 있는 때에는 해산한다. <개정 2009.12.30.>

1. 존속기간의 만료
2. 유한책임조합원 전원의 탈퇴
3. 중소기업창업투자회사인 업무집행조합원 전원의 탈퇴
4. 중소기업창업투자회사인 업무집행조합원 전원의 등록의 말소
5. 그 밖에 대통령령으로 정하는 사유

② 중소기업창업투자조합에 제1항제3호 및 제4호에 해당하는 사유가 발생하면 유한책임조합원 전원의 동의로 대통령령으로 정하는 바에 따라 그 사유가 발생한 날부터 3개월 이내에 중소기업창업투자회사인 업무집행조합원을 가입하게 하여 중소기업창업투자조합을 계속할 수 있다. <개정 2009.12.30.>

③ 중소기업창업투자조합이 해산하는 경우에는 그 업무집행조합원이 청산인이 된다. 다만, 해당 조합의 규약에서 정하는 바에 따라 업무집행조합원 외의 자를 청산인으로 선임할 수 있다.

④ 중소기업창업투자조합의 해산 당시에 출자금액을 초과하는 채무가 있으면 업무집행조합원이 그 채무를 변제하여야 한다.

제26조(청산결과 보고와 등록의 말소) ① 제25조제3항에 따른 청산인이 청산사무를 끝마친 경우에는 중소벤처기업부령으로 정하는 바에 따라 지체 없이 그 결과를 중소벤처기업부장관에게 보고하여야 한다. <개정 2008.2.29., 2013.3.23.>

② 중소벤처기업부장관은 제1항에 따른 보고를 받으면 지체 없이 그 중소기업창업투자조합의 등록을 말소하여야 한다.

제27조(조합 재산의 보호) 중소기업창업투자조합 조합원의 채권자가 조합원에 대하여 채권을 행사할 때에는 「민법」 제704조와 제712조에도 불구하고 그 조합원이 중소기업창업투자조합에 출자한 금액의 범위에서 이를 행사할 수 있다.

제28조(수익처분) 중소기업창업투자조합은 업무집행조합원인 중소기업창업투자회사에 조합 규약에서 정하는 바에 따라 투자수익에 따른 성과보수를 지급할 수 있으며, 성과보수 지급을 위한 투자수익의 산정 방식 등에 필요한 사항은 대통령령으로 정한다.

제29조(조합의 공시) 업무집행조합원은 다음 각 호의 서류를 사무소에 갖추어 두고 누구든지 열람할 수 있도록 하여야 한다.

1. 해당 중소기업창업투자조합의 규약
2. 매 회계연도의 결산서
3. 그 밖에 조합의 운영에 관한 서류로서 중소벤처기업부장관이 고시하는 것

제30조(「민법」의 준용) 중소기업창업투자조합에 관하여 이 법에 규정한 것 외에는 「민법」 중 조합에 관한 규정을 준용한다.

제4장 중소기업상담회사

제31조(중소기업상담회사의 등록) ① 다음 각 호의 사업을 영위하는 회사로서 이 법에 따른 지원을 받으려는 자는 중소벤처기업부령으로 정하는 바에 따라 중소벤처기업부장관에게 중소기업상담회사로 등록하여야 한다. 중소기업상담회사가 등록한 사항 중 회사명과 소재지 등 중소벤처기업부령으로 정하는 중요 사항을 변경하려는 경우에도 또한 같다. <개정 2008.2.29., 2010.6.8., 2013.3.23.>

1. 중소기업의 사업성 평가
2. 중소기업의 경영 및 기술 향상을 위한 용역
3. 중소기업에 대한 사업의 알선
4. 중소기업의 자금 조달·운용에 대한 자문 및 대행
5. 창업 절차의 대행
6. 창업보육센터의 설립·운영에 대한 자문
7. 제1호부터 제6호까지의 사업에 딸린 사업으로서 중소벤처기업부장관이 정하는 사업

② 제1항에 따른 중소기업상담회사는 다음 각 호의 요건을 모두 갖추어야 한다. <개정 2014.1.21.>

1. 「상법」에 따른 회사로서 납입자본금이 대통령령으로 정하는 금액 이상일 것
2. 임원이 다음 각 목의 어느 하나에 해당하지 아니하는 자일 것
   가. 미성년자·피성년후견인 또는 피한정후견인
   나. 파산선고를 받고 복권되지 아니한 자
   다. 금고 이상의 실형을 선고받고 그 집행이 끝나거나(집행이 끝난 것으로 보는 경우를 포함한다) 집행이 면제된 날부터 3년이 지나지 아니한 자
   라. 금고 이상의 형의 집행유예를 선고받고 그 유예기간 중에 있는 자
   마. 금융거래 등 상거래에서 약정한 날짜 이내에 채무를 갚지 아니한 자로서 대통령령으로 정하는 자
3. 대통령령으로 정하는 기준에 따른 전문인력 및 시설을 보유할 것

제32조(용역비의 지원) 중소벤처기업부장관은 중소기업상담회사가 창업자에게 용역을 제공하면 대통령령으로 정하는 바에 따라 그 용역 대금의 일부를 지원할 수 있다.

제5장 창업 절차 등

제33조(사업계획의 승인) ① 창업자는 대통령령으로 정하는 바에 따라 사업계획을 작성하고, 이에 대한 시장·군수 또는 구청장(자치구의 구청장만을 말한다. 이하 같다)의 승인을 받아 사업을 할 수 있다. 사업자 또는 공장용지의 면적 등 대통령령으로 정하는 중요 사항을 변경하려는 경우에도 또한 같다.
<개정 2013.8.6.>
② 시장·군수 또는 구청장은 제1항에 따른 사업계획의 승인을 할 때에는 그 공장의 건축면적이 「산업집적활성화 및 공장설립에 관한 법률」 제8조에 따른 기준공장면적률에 적합하도록 하여야 한다.
③ 시장·군수 또는 구청장은 제1항에 따른 사업계획의 승인 신청을 받은 날부터 20일 이내에 승인 여부를 알려야 한다. 이 경우 20일 이내에 승인 여부를 알리지 아니한 때에는 20일이 지난 날의 다음 날에 승인한 것으로 본다.
④ 중소벤처기업부장관은 창업에 따른 절차를 간소화하기 위하여 제1항에 따른 사업계획 승인에 관한 업무를 처리할 때 필요한 지침을 작성하여 고시할 수 있다.

제34조(사전 협의) ① 창업자는 제33조제1항에 따른 사업계획의 승인을 신청하기 전에 시장·군수 또는 구청장에게 사업계획의 승인 가능성 등에 관하여 사전 협의를 요청할 수 있다.
② 제1항에 따른 사전 협의 절차 등에 필요한 사항은 대통령령으로 정한다.

제35조(다른 법률과의 관계) ① 제33조제1항에 따라 사업계획을 승인할 때 다음 각 호의 허가, 인가, 면허, 승인, 지정, 결정, 신고, 해제 또는 용도폐지(이하 이 조에서 "허가등"이라 한다)에 관하여 시장·군수 또는 구청장이 제4항에 따라 다른 행정기관의 장과 협의를 한 사항에 대하여는 그 허가등을 받은 것으로 본다.
<개정 2007.12.27., 2008.3.21., 2009.1.30., 2009.6.9., 2010.4.15., 2010.5.31., 2010.6.8., 2011.4.14., 2011.7.21., 2014.1.14., 2016.1.19., 2016.12.27.>

1. 「산업집적활성화 및 공장설립에 관한 법률」 제13조제1항에 따른 공장설립 등의 승인
2. 「사방사업법」 제14조에 따른 벌채 등의 허가와 같은 법 제20조에 따른 사방지(砂防地) 지정의 해제
3. 「공유수면 관리 및 매립에 관한 법률」 제8조에 따른 공유수면의 점용·사용허

가, 같은 법 제17조에 따른 점용·사용 실시계획의 승인 또는 신고 및 같은 법 제28조에 따른 공유수면의 매립면허

4. 삭제 <2010.4.15.>
5. 「하천법」 제30조에 따른 하천공사의 허가와 같은 법 제33조에 따른 하천의 점용허가
6. 「산지관리법」 제14조 및 제15조에 따른 산지전용허가, 산지전용신고, 같은 법 제15조의2에 따른 산지일시사용허가·신고 및 같은 법 제21조에 따라 산지전용된 토지의 용도변경 승인과 「산림자원의 조성 및 관리에 관한 법률」 제36조제1항 및 제4항에 따른 입목벌채 등의 허가와 신고
7. 「사도법」 제4조에 따른 사도(私道)의 개설허가
8. 「국토의 계획 및 이용에 관한 법률」 제56조제1항에 따른 개발행위의 허가, 같은 법 제86조에 따른 도시·군계획시설사업의 시행자 지정 및 같은 법 제88조에 따른 실시계획의 작성·인가
9. 「농지법」 제34조제1항에 따른 농지의 전용허가, 같은 법 제35조제1항에 따른 농지의 전용신고 및 같은 법 제40조제1항에 따른 용도변경의 승인
10. 「초지법」 제23조에 따른 초지의 전용허가 또는 전용 신고
11. 「국유재산법」 제30조에 따른 국유재산의 사용허가 및 같은 법 제40조에 따른 도로, 하천, 도랑 및 제방의 용도폐지
12. 「도로법」 제61조제1항에 따른 도로의 점용허가
13. 「환경영향평가법」에 따른 소규모 환경영향평가 협의
14. 「농어촌정비법」 제23조제1항 본문에 따른 농업생산기반시설의 사용허가
15. 「장사 등에 관한 법률」 제27조제1항에 따른 타인의 토지 등에 설치된 분묘 개장(改葬)의 허가
16. 「공유재산 및 물품 관리법」 제20조제1항에 따른 행정재산의 사용허가·수익허가 및 같은 법 제11조에 따른 행정재산의 용도폐지
17. 「부동산 거래신고 등에 관한 법률」 제11조에 따른 토지거래계약에 관한 허가

② 제33조제1항에 따라 사업계획의 승인을 받은 공장에 대해 「건축법」 제11조에 따른 건축허가를 할 때 해당 시장·군수 또는 구청장이 다음 각 호의 허가, 인가, 승인, 동의, 심사 또는 신고(이하 이 조에서 "승인등"이라 한다)에 관하여 제4항에 따라 다른 행정기관의 장과 협의를 한 사항에 대하여는 그 승인등을 받은 것으로 본다. <개정 2007.5.17., 2008.3.21., 2009.6.9., 2010.6.8., 2011.8.4.,

2012.8.13., 2014.1.14., 2015.1.6., 2015.1.28., 2017.1.17.>

1. 「도로법」 제61조제1항에 따른 도로의 점용허가
2. 「하수도법」 제24조에 따른 점용허가와 같은 법 제27조제3항 및 제4항에 따른 배수설비의 설치신고
3. 「하수도법」 제34조제2항에 따른 개인하수처리시설설치의 신고
4. 「소방시설 설치·유지 및 안전관리에 관한 법률」 제7조제1항에 따른 건축허가등의 동의, 「소방시설공사업법」 제13조제1항에 따른 소방시설공사의 신고와 「위험물안전관리법」 제6조제1항에 따른 제조소등의 설치허가
5. 「대기환경보전법」 제23조, 「물환경보전법」 제33조, 「소음·진동관리법」 제8조 및 「가축분뇨의 관리 및 이용에 관한 법률」 제11조에 따른 배출시설의 설치허가 또는 설치신고
6. 「폐기물관리법」 제29조제2항에 따른 폐기물처리시설의 설치승인 또는 설치신고
7. 「수도법」 제52조와 제54조에 따른 전용수도설치의 인가
8. 「전기사업법」 제62조에 따른 자가용전기설비의 공사계획 인가 또는 신고
9. 「총포·도검·화약류 등의 안전관리에 관한 법률」 제25조제1항에 따른 화약류간이저장소 설치의 허가
10. 「건축법」 제11조제1항에 따른 건축허가, 같은 법 제14조제1항에 따른 건축신고, 같은 법 제20조제1항과 제3항에 따른 가설건축물의 건축허가 또는 건축신고 및 같은 법 제83조제1항에 따른 공작물 축조의 신고
11. 「토양환경보전법」 제12조에 따른 특정토양오염관리대상시설 설치의 신고
12. 「액화석유가스의 안전관리 및 사업법」 제5조에 따른 가스용품 제조사업의 허가와 같은 법 제8조에 따른 액화석유가스 저장시설의 설치허가
13. 「고압가스 안전관리법」 제4조에 따른 고압가스의 제조허가와 고압가스저장소 설치의 허가, 같은 법 제5조제1항에 따른 용기, 냉동기 및 특정설비의 제조등록, 같은 법 제20조제1항에 따른 특정고압가스 사용신고
14. 「산업안전보건법」 제48조제4항에 따른 유해·위험방지계획서의 심사 및 같은 법 제49조의2제3항에 따른 공정안전보고서의 심사

③ 제33조제1항에 따라 사업계획의 승인을 받은 공장에 대하여 「건축법」 제22조에 따라 건축물의 사용승인을 할 때 해당 시장·군수 또는 구청장이 다음 각 호의 검사, 신고, 동의 또는 신청(이하 이 조에서 “검사등”이라 한다)에 관하여

제4항에 따라 다른 행정기관의 장과 협의를 한 사항에 대하여는 그 검사등을 받은 것으로 본다. <개정 2007.5.17., 2008.3.21., 2009.6.9., 2010.6.8., 2011.8.4., 2014.6.3., 2015.1.6., 2015.1.28., 2017.1.17.>

1. 「하수도법」 제37조에 따른 준공검사
2. 「소방시설 설치·유지 및 안전관리에 관한 법률」 제7조제1항에 따른 사용승인의 동의, 「소방시설공사업법」 제14조에 따른 소방시설공사의 완공검사와 「위험물안전관리법」 제9조에 따른 제조소등의 완공검사
3. 「폐기물관리법」 제29조제4항에 따른 폐기물처리시설 사용개시의 신고
4. 「대기환경보전법」 제30조제1항 및 「물환경보전법」 제37조에 따른 배출시설등의 가동개시 신고
5. 「총포·도검·화약류 등의 안전관리에 관한 법률」 제43조에 따른 완성검사
6. 「먹는 물 관리법」 제23조제1항에 따른 먹는샘물제조업의 조건부 영업허가
7. 「전기사업법」 제63조에 따른 자가용전기설비의 사용 전 검사
8. 「액화석유가스의 안전관리 및 사업법」 제36조제2항에 따른 저장시설 설치와 가스용품 제조시설의 완성검사
9. 「고압가스 안전관리법」 제16조제3항에 따른 고압가스의 제조, 저장소 설치, 용기 등의 제조시설 설치공사의 완성검사 및 같은 법 제20조에 따른 특정고압가스시설의 완성검사
10. 「국토의 계획 및 이용에 관한 법률」 제62조제1항과 같은 법 제98조제2항에 따른 준공검사
11. 「공간정보의 구축 및 관리 등에 관한 법률」 제64조제2항에 따른 토지 이동등의 등록 신청

④ 시장·군수 또는 구청장이 제33조에 따른 사업계획의 승인 또는 「건축법」 제11조제1항 및 같은 법 제22조제1항에 따른 건축허가와 사용승인을 할 때 그 내용 중 제1항부터 제3항까지에 해당하는 사항이 다른 행정기관의 권한에 속하는 경우에는 그 행정기관의 장과 협의하여야 하며, 협의를 요청받은 행정기관의 장은 대통령령으로 정하는 기간에 의견을 제출하여야 한다. 이 경우 다른 행정기관의 장이 그 기간에 의견을 제출하지 아니하면 의견이 없는 것으로 본다. <개정 2008.3.21.>

[시행일: 2018.1.18.] 제35조

제36조(법령 제정·개정 시의 협의) 관계 행정기관의 장은 제33조에 따른 사업계획

의 승인, 창업자의 공장에 대한 「건축법」 제11조제1항의 건축허가나 같은 법 제22조제1항의 사용승인과 관련되는 사항을 법령으로 제정하거나 개정하려면 미리 중소벤처기업부장관과 협의하여야 한다. <개정 2008.3.21.>

제37조(사업계획 승인의 취소 등) ① 시장·군수 또는 구청장은 사업계획의 승인을 받은 자가 다음 각 호의 어느 하나에 해당하면 사업계획의 승인과 공장 건축허가를 취소하거나 해당 토지의 원상회복을 명령할 수 있다. <개정 2013.8.6.>

1. 사업계획의 승인을 받은 날부터 대통령령으로 정하는 기간이 지난 날까지 공장의 착공을 하지 아니하거나 공장착공 후 대통령령으로 정하는 기간 이상 공사를 중단한 경우
2. 사업계획의 승인을 받은 공장용지를 「산업집적활성화 및 공장설립에 관한 법률」 제15조에 따른 공장설립등의 완료신고를 하기 전에 다른 사람에게 양도한 경우. 다만, 창업자에 양도한 경우에는 그러하지 아니하다.
3. 사업계획의 승인을 받은 공장용지를 다른 사람에게 임대하거나 공장이 아닌 용도로 활용하는 경우
4. 사업계획의 승인을 받은 후 대통령령으로 정하는 기간이 지난 날까지 공장 건축을 끝내지 아니한 경우

② 시장·군수 또는 구청장은 제1항에 따른 원상회복명령을 위반하여 원상회복을 하지 아니하면 대집행(代執行)에 따라 원상회복을 할 수 있다.

③ 제2항에 따른 대집행의 절차에 관하여는 「행정대집행법」을 적용한다.

④ 시장·군수 또는 구청장은 제1항에 따라 사업계획의 승인을 취소하려면 청문을 하여야 한다.

제38조(창업민원처리기구의 설치) ① 정부는 민원인의 편의를 위하여 특별시·광역시·특별자치시·도·특별자치도 또는 시·군·구의 창업에 관련된 민원을 종합적으로 접수하여 처리할 수 있는 기구(이하 이 조에서 "중소기업창업민원실"이라 한다)를 설치할 수 있다. <개정 2013.8.6.>

② 중소기업창업민원실의 설치 및 운영에 필요한 사항은 대통령령으로 정한다.

제39조(창업진흥전담조직의 설치) ① 중소벤처기업부장관은 창업을 촉진하기 위한 업무를 전담하는 조직(이하 이 조에서 "전담조직"이라 한다)을 설치할 수 있다.

② 제1항에 따른 전담조직의 설치 및 운영 등에 필요한 사항은 대통령령으로 정한다.

제39조의2(청년기업가정신 재단법인에 대한 출연 등) 중소벤처기업부장관은 「민법」 제32조에 따라 중소벤처기업부장관의 설립허가를 받은 비영리법인으로서 청년 및 예비창업자 등을 대상으로 도전정신, 창의력, 혁신역량 등(이하 이 조에서 "기업가정신"이라 한다)을 함양하기 위하여 다음 각 호의 사업을 주요 목적으로 하는 재단법인에 대하여 예산의 범위에서 출연 또는 보조할 수 있다.

1. 기업가정신 활성화 사업의 기획, 개발 및 연구
2. 기업가정신의 실태조사 및 통계 구축·운영
3. 청년 및 예비창업자 등을 대상으로 하는 기업가정신 교육과정과 교재의 개발·보급, 교육사업의 관리·운영 지원
4. 기업가정신 모범사례의 발굴·전파 등 기업가정신을 확산하기 위한 분위기 조성사업
5. 기업가정신 저해요인의 발굴·해소 및 재창업 여건 확충
6. 그 밖에 기업가정신의 함양 및 확산을 위하여 중소벤처기업부장관이 지정·위탁하는 사업

[본조신설 2011.4.4.]

[종전 제39조의2는 제39조의3으로 이동 <2011.4.4.>]

제39조의3(부담금의 면제) ① 제33조에 따라 사업계획의 승인을 받은 창업자에 대하여는 사업을 개시한 날부터 5년 동안 다음 각 호의 부담금을 면제한다. <신설 2015.2.3.>

1. 「농지법」 제38조제1항에 따른 농지보전부담금
2. 「초지법」 제23조제6항에 따른 대체초지조성비

② 「통계법」 제22조제1항에 따라 통계청장이 작성·고시하는 한국표준산업분류상의 제조업을 영위하기 위하여 중소기업을 창업하는 자에 대하여 사업을 개시한 날부터 3년 동안 다음 각 호의 부담금을 면제한다. <개정 2010.6.8., 2015.2.3., 2017.1.17.>

1. 「지방자치법」 제138조에 따른 분담금
2. 「농지법」 제38조제1항에 따른 농지보전부담금
3. 「초지법」 제23조제6항에 따른 대체초지조성비
4. 「전기사업법」 제51조제1항에 따른 부담금
5. 「대기환경보전법」 제35조제2항제1호의 기본부과금(대기오염물질배출량의 합계가 연간 10톤 미만인 사업장만 해당한다)

6. 「물환경보전법」 제41조제1항제1호의 기본배출부과금(1일 폐수배출량이 200 ㎥ 미만인 사업장에 한한다)
7. 「자원의 절약과 재활용촉진에 관한 법률」 제12조제1항에 따른 폐기물부담금(연간 매출액이 20억원 미만인 제조업자만 해당한다)
8. 「한강수계 상수원수질개선 및 주민지원 등에 관한 법률」 제19조제1항에 따른 물이용부담금
9. 「금강수계 물관리 및 주민지원 등에 관한 법률」 제30조제1항에 따른 물이용부담금
10. 「낙동강수계 물관리 및 주민지원 등에 관한 법률」 제32조제1항에 따른 물이용부담금
11. 「영산강·섬진강수계 물관리 및 주민지원 등에 관한 법률」 제30조제1항에 따른 물이용부담금
12. 「산지관리법」 제19조제1항에 따른 대체산림자원조성비

③ 제1항 및 제2항에 따른 부담금 면제의 절차 및 방법 등에 관하여 필요한 사항은 대통령령으로 정한다. <신설 2010.6.8., 2015.2.3.>

[본조신설 2007.8.3.]

[제39조의2에서 이동, 종전 제39조의3은 제39조의4로 이동 <2011.4.4.>]

[법률 제8606호(2007.8.3.) 부칙 제2항의 규정에 의하여 이 조 제2항은 2017년 8월 2일까지 유효함]

[시행일: 2018.1.18.] 제39조의3

제39조의4(사업분리에 의한 창업 시 공장등록 특례) 「법인세법」 제1조제1호에 따른 내국법인(이하 이 조에서 "내국법인"이라 한다)이 하는 사업의 일부를 분리하여 사업을 개시하는 중소기업이 다음 각 호의 요건을 모두 갖춘 경우에는 「부가가치세법」 제5조에 따라 발급받은 사업자등록증은 사업을 개시한 날부터 2년 동안 「산업집적활성화 및 공장설립에 관한 법률」 제16조에 따라 공장등록을 하였음을 증명하는 서류로 본다.

1. 내국법인의 임직원이었던 자가 대표자, 최대주주 또는 최대출자자일 것
2. 내국법인과 사업의 분리에 관한 계약 및 그 내국법인의 공장 전부 또는 일부의 공동사용에 관한 계약을 서면으로 체결할 것

[본조신설 2010.6.8.]

[제39조의3에서 이동, 종전 제39조의4는 제39조의5로 이동 <2011.4.4.>]

제39조의5(재택창업지원시스템 설치·운영) ① 중소벤처기업부장관은 「전자정부법」 제2조제10호에 따른 정보통신망을 통하여 회사를 설립할 수 있는 시스템(이하 이 조에서 "재택창업지원시스템"이라 한다)을 설치·운영할 수 있다.

② 관계 중앙행정기관 및 관련 기관은 재택창업지원시스템을 통한 창업 절차가 원활하게 진행될 수 있도록 해당 기관의 소관 업무를 신속하게 처리하는 등 협조하여야 한다.

③ 중소벤처기업부장관은 예산의 범위에서 관계 중앙행정기관 및 관련 기관이 재택창업지원시스템에 연계되는 개별 시스템을 운영하는 데에 드는 비용의 전부 또는 일부를 지원할 수 있다.

④ 제2항 및 제3항에서 규정한 사항 외에 재택창업지원시스템의 설치·운영에 필요한 절차 및 방법 등에 관한 사항은 대통령령으로 정한다.

[본조신설 2010.6.8.]

[제39조의4에서 이동 <2011.4.4.>]

제6장 보 칙

제40조(보고와 검사) ① 중소벤처기업부장관은 필요하다고 인정하면 대통령령으로 정하는 바에 따라 중소기업창업투자회사, 액셀러레이터, 중소기업창업투자조합의 업무집행조합원, 중소기업상담회사 또는 창업보육센터사업자에게 업무운용 상황 등에 관한 보고를 하게 할 수 있으며, 다음 각 호의 어느 하나에 해당하는 경우에는 소속 공무원에게 사무소와 사업장에 출입하여 중소기업창업투자회사, 액셀러레이터 및 중소기업창업투자조합의 감사보고서 등 대통령령으로 정하는 장부·서류 등을 검사하게 할 수 있다. <개정 2009.4.1., 2016.5.29.>

1. 제10조제2항에 따른 중소기업창업투자회사의 등록요건 유지 여부의 확인이 필요한 경우
2. 제15조에 따른 중소기업창업투자회사의 행위제한 위반 여부의 확인이 필요한 경우
3. 제16조에 따른 중소기업창업투자회사의 투자의무 준수 여부의 확인이 필요한 경우
4. 제17조에 따른 중소기업창업투자회사의 해외투자 요건 준수 여부의 확인이 필요한 경우

5. 제19조의2제2항에 따른 액셀러레이터의 등록요건 유지 여부의 확인이 필요한 경우
6. 제19조의3제1항에 따른 액셀러레이터의 투자 여부의 확인이 필요한 경우
7. 제21조에 따른 업무집행조합원의 행위 등에 대한 위반 여부 및 투자의무 준수 여부의 확인이 필요한 경우
8. 그 밖에 제1호부터 제7호까지의 사항에 준하는 경우로서 대통령령으로 정하는 경우

② 제1항에 따라 검사를 하는 경우에는 검사 7일 전에 검사 일시, 검사 목적 및 검사 내용 등에 관한 검사계획을 검사받을 자에게 알려야 한다. 다만, 긴급하거나 증거인멸 등으로 검사 목적을 달성할 수 없다고 인정하는 경우에는 그러하지 아니하다.

③ 제1항에 따라 출입· 검사하는 공무원은 그 권한을 표시하는 증표를 지니고 이를 관계인에게 내보여야 하며, 출입할 때 성명·출입시간·출입목적 등이 표시된 문서를 관계인에게 내주어야 한다.

제41조 삭제 〈2009.4.1.〉

제42조(임직원에 대한 제재 등) ① 중소벤처기업부장관은 중소기업창업투자회사 또는 업무집행조합원이 제43조제1항 또는 제3항 각 호의 어느 하나(제1호는 제외한다)에 해당하여 중소기업창업투자회사 또는 중소기업창업투자조합의 건전한 운영을 해칠 우려가 있다고 인정되는 경우에는 중소기업창업투자회사 임직원에 대하여 다음 각 호의 어느 하나에 해당하는 문책의 요구를 할 수 있다.
<개정 2013.8.6., 2016.5.29.>

1. 면직 또는 해임
2. 6개월 이내의 직무정지
3. 감봉
4. 경고

② 제1항의 조치는 제43조제6항의 조치와 병과(併科)할 수 있다.
<개정 2013.8.6., 2016.5.29.>

③ 중소벤처기업부장관은 제1항 각 호의 조치의 기준과 절차 등에 필요한 사항을 정하여 고시할 수 있다. <신설 2013.8.6.>

제42조의2(경영 건전성 기준 등) ① 중소기업창업투자회사는 대통령령으로 정하는

경영 건전성 기준을 갖추어야 한다.

② 중소벤처기업부장관은 중소기업창업투자회사의 경영 건전성을 확보하기 위하여 경영실태에 대한 평가를 실시할 수 있다.

③ 중소벤처기업부장관은 중소기업창업투자회사가 제1항에 따른 기준을 갖추지 못하거나 제2항에 따른 경영실태 평가결과 경영 건전성 유지가 곤란하다고 인정되면 해당 중소기업창업투자회사에 대하여 자본금의 증액, 이익 배당의 제한 등 경영개선을 위하여 필요한 조치를 요구할 수 있다.

[본조신설 2013.8.6.]

제43조(등록의 취소 등) ① 중소벤처기업부장관은 중소기업창업투자회사가 다음 각 호의 어느 하나에 해당하면 그 등록을 취소하거나 3년의 범위에서 대통령령으로 정하는 바에 따라 이 법에 따른 지원을 중단할 수 있다. 다만, 제1호에 해당하면 그 등록을 취소하여야 한다. <개정 2007.8.3., 2013.8.6., 2015.2.3., 2015.7.31.>

1. 거짓이나 그 밖에 부정한 방법으로 등록을 한 때
2. 제10조제2항에 따른 등록요건에 맞지 아니하게 된 때. 다만, 임원이 같은 항 제2호 각 목(같은 호 사목과 아목은 대표이사에게만 해당한다)의 어느 하나에 해당하는 경우 3개월 이내에 그 임원을 바꾸어 임명한 경우에는 그러하지 아니하다.
3. 정당한 사유 없이 1년 이상 계속하여 제16조제1항에 따라 중소벤처기업부령으로 정하는 용도로 제10조제1항제1호, 제2호, 제2호의2 및 제5호에 따른 투자를 하지 아니한 때. 다만, 제16조제1항에 따른 투자 의무 등 대통령령으로 정하는 사항을 모두 이행한 경우에는 그러하지 아니하다.
4. 회사의 책임 있는 사유로 제10조제1항에 따른 사업수행이 어렵게 된 때
5. 제15조제1항에 따른 행위제한 의무를 위반하거나 같은 조 제2항에 따른 비업무용부동산 처분의무를 위반한 때
6. 투자비율이 제16조에 따른 비율에 미치지 못할 때
7. 제17조를 위반하여 해외투자를 한 때
8. 중소기업창업투자조합의 업무집행조합원으로서 제21조제2항을 위반하여 자기 또는 제삼자의 이익을 위하여 중소기업창업투자조합의 재산을 사용한 때
9. 「유사수신행위의 규제에 관한 법률」 제3조를 위반한 때
10. 제42조제1항에 따른 문책의 요구, 제42조의2제3항에 따른 조치의 요구 및

제5항에 따른 조치를 이행하지 아니한 때

11. 중소기업창업투자조합의 업무집행조합원으로서 제21조제4항 또는 같은 조 제5항에 따라 준용되는 제15조를 위반하거나 「벤처기업육성에 관한 특별조치법」 제4조의3제2항에 따른 한국벤처투자조합의 업무집행조합원으로서 같은 법 제4조의4제2항을 위반한 때(제47조의2제1항에 따른 공모창업투자조합의 업무집행조합원의 경우 「자본시장과 금융투자업에 관한 법률」 또는 같은 법에 따른 명령이나 처분을 위반한 때를 포함한다) 또는 「금융회사의 지배구조에 관한 법률」(제24조부터 제26조까지의 규정으로 한정한다)을 위반한 때

② 중소벤처기업부장관은 액셀러레이터가 다음 각 호의 어느 하나에 해당하면 그 등록을 취소하거나 3년의 범위에서 대통령령으로 정하는 바에 따라 이 법에 따른 지원을 중단할 수 있다. 다만, 제1호에 해당하는 경우에는 그 등록을 취소하여야 한다. <신설 2016.5.29.>

1. 거짓이나 그 밖의 부정한 방법으로 등록한 경우
2. 제19조의2제2항에 따른 등록요건에 맞지 아니하게 된 경우
3. 제19조의3에 따른 초기창업자에 대한 투자금액이 기준에 미달하는 경우
4. 제19조의4에 따른 초기창업자에 대한 전문보육을 하지 아니하는 경우
5. 제19조의8제1항에 따른 발굴·육성과 관련하여 부정한 이익을 받거나 요구 또는 약속한 경우

③ 중소벤처기업부장관은 중소기업창업투자조합이 다음 각 호의 어느 하나에 해당하면 그 등록을 취소하거나 3년의 범위에서 대통령령으로 정하는 바에 따라 이 법에 따른 지원을 중단할 수 있다. 다만, 제1호에 해당하면 그 등록을 취소하여야 한다. <개정 2009.12.30., 2015.2.3., 2016.1.27., 2016.5.29.>

1. 거짓이나 그 밖에 부정한 방법으로 등록을 한 때
2. 제20조제6항에 따른 등록요건에 맞지 아니하게 된 때
3. 제21조제3항부터 제6항까지의 규정을 위반한 때
4. 업무집행조합원인 중소기업창업투자회사의 등록이 취소되거나 말소된 때
5. 제22조제1항 및 제3항을 위반한 때
6. 삭제 <2007.8.3.>

④ 중소벤처기업부장관은 중소기업상담회사가 다음 각 호의 어느 하나에 해당하면 그 등록을 취소하거나 3년의 범위에서 대통령령으로 정하는 바에 따라 이

법에 따른 지원을 중단할 수 있다. 다만, 제1호에 해당하면 그 등록을 취소하여야 한다. <개정 2015.2.3., 2016.5.29.>

1. 거짓이나 그 밖에 부정한 방법으로 등록을 한 때
2. 제31조제2항에 따른 등록요건에 맞지 아니하게 된 때. 다만, 임원 중 같은 항 제2호 각 목의 어느 하나에 해당하는 자가 있는 경우 6개월 이내에 그 임원을 바꾸어 임명한 경우에는 그러하지 아니하다.
3. 회사의 책임 있는 사유로 제31조제1항에 따른 사업수행이 어렵게 된 때
4. 정당한 사유 없이 1년 이상 계속하여 사업을 하지 아니한 때
5. 삭제 <2007.8.3.>

⑤ 중소벤처기업부장관은 창업보육센터사업자가 다음 각 호의 어느 하나에 해당하면 사업자의 지정을 취소하거나 3년의 범위에서 대통령령으로 정하는 바에 따라 이 법에 따른 지원을 중단할 수 있다. 다만, 제1호에 해당하면 그 지정을 취소하여야 한다. <개정 2008.2.29., 2012.8.13., 2013.3.23., 2013.8.6., 2015.2.3., 2016.5.29.>

1. 거짓이나 그 밖에 부정한 방법으로 지정을 받은 때
2. 지원받은 자금을 다른 목적으로 사용한 때
3. 창업보육센터 시설 및 장소를 중소기업 창업지원 외의 목적으로 사용한 때
4. 창업보육센터의 운영 실적이 중소벤처기업부령으로 정하는 기준에 미치지 못할 때
5. 제6조제1항에 따른 지정 요건에 맞지 아니하게 된 때

⑥ 중소벤처기업부장관은 중소기업창업투자회사 또는 중소기업창업투자조합 업무집행조합원이 제1항 또는 제3항 각 호의 어느 하나(제1항제1호 및 제3항제1호는 제외한다)에 해당하는 경우에는 다음 각 호의 어느 하나에 해당하는 조치를 할 수 있다. <신설 2013.8.6., 2016.1.27., 2016.5.29.>

1. 6개월 이내의 업무의 전부 또는 일부의 정지
2. 위법행위의 시정명령
3. 경고

⑦ 중소벤처기업부장관은 신기술사업금융업자가 제1항 또는 제3항 각 호의 어느 하나에 해당하는 경우에는 금융위원회에 해당 신기술사업금융업자 또는 그 임직원에 대하여 제6항 및 제42조제1항에 따른 조치를 취할 것을 요구할 수 있다. <신설 2016.1.27., 2016.5.29.>

제44조(청문) 중소벤처기업부장관은 제43조에 따라 중소기업창업투자회사, 액셀러레이터, 중소기업창업투자조합 또는 중소기업상담회사의 등록을 취소하거나 창업보육센터사업자의 지정을 취소하려면 청문을 하여야 한다. <개정 2016.5.29.>

제45조(권한의 위임·위탁) ① 이 법에 따른 중소벤처기업부장관의 권한은 대통령령으로 정하는 바에 따라 그 일부를 소속 기관의 장이나 특별시장·광역시장·특별자치시장·도지사 또는 특별자치도지사에게 위임할 수 있다. <개정 2013.8.6.>

② 중소벤처기업부장관은 이 법에 따른 업무의 일부를 대통령령으로 정하는 바에 따라 다른 행정기관의 장, 「중소기업진흥에 관한 법률」 제68조에 따른 중소기업진흥공단, 중소기업창업투자회사, 중소기업상담회사, 그 밖의 중소기업 관련 기관에 위탁할 수 있다. <개정 2009.5.21.>

제46조(비슷한 명칭의 사용 금지) 중소기업창업투자회사나 중소기업창업투자조합이 아닌 자는 중소기업창업투자회사와 중소기업창업투자조합의 명칭 또는 이와 비슷한 명칭을 사용하지 못한다.

제47조(업무기준의 고시) 중소벤처기업부장관은 중소기업창업투자회사, 액셀러레이터, 중소기업창업투자조합, 중소기업상담회사 또는 창업보육센터사업자가 창업자에 대하여 효율적으로 지원할 수 있도록 창업지원 업무에 관한 기준을 정하여 고시할 수 있다. <개정 2016.5.29.>

제47조의2(공모창업투자조합에 관한 특례) ① 「자본시장과 금융투자업에 관한 법률」 제11조부터 제16조까지, 제30조부터 제32조까지, 제34조부터 제43조까지, 제48조, 제50조부터 제53조까지, 제56조, 제58조, 제60조부터 제65조까지, 제80조부터 제83조까지, 제85조제2호·제3호 및 제6호부터 제8호까지, 제86조부터 제95조까지, 제181조부터 제183조까지, 제184조제1항·제2항·제5항부터 제7항까지, 제185조부터 제187조까지, 제218조부터 제223조까지, 제229조부터 제249조까지, 제249조의2부터 제249조의22까지, 제250조부터 제253조까지, 제415조부터 제425조까지 및 「금융회사의 지배구조에 관한 법률」(제24조부터 제26조까지의 규정은 제외한다)은 공모창업투자조합(「자본시장과 금융투자업에 관한 법률」 제9조제19항에 따른 사모집합투자기구에 해당하지 아니하는 창업투자조합을 말한다. 이하 같다) 및 창업투자회사(공모창업투자조합이 아닌 창업투자조합만을 결성하여 그 업무를 집행하는 창업투자회사를 제외한다)에 대하여는 적용하지 아니한다. <개정 2015.7.24., 2015.7.31.>

② 중소벤처기업부장관은 공모창업투자조합 또는 창업투자회사(공모창업투자조합이 아닌 창업투자조합만을 결성하여 그 업무를 집행하는 창업투자회사를 제외한다)를 등록하는 경우에는 미리 금융위원회와 협의하여야 한다. <개정 2008.2.29.>

③ 금융위원회는 공익 또는 공모창업투자조합의 조합원을 보호하기 위하여 필요한 경우에는 공모창업투자조합 및 창업투자회사(공모창업투자조합이 아닌 창업투자조합만을 결성하여 그 업무를 집행하는 창업투자회사를 제외한다)에 대하여 업무에 관한 자료의 제출이나 보고를 명할 수 있으며, 금융감독원의 원장으로 하여금 그 업무에 관하여 검사하게 할 수 있다. <개정 2008.2.29.>

④ 금융위원회는 공모창업투자조합 및 창업투자회사(공모창업투자조합이 아닌 창업투자조합만을 결성하여 그 업무를 집행하는 창업투자회사를 제외한다)가 이 법 또는 이 법에 따른 명령이나 처분을 위반하거나, 「자본시장과 금융투자업에 관한 법률」 또는 「자본시장과 금융투자업에 관한 법률」에 따른 명령이나 처분을 위반한 경우 또는 「금융회사의 지배구조에 관한 법률」(제24조부터 제26조까지의 규정으로 한정한다)을 위반한 경우에는 제42조제1항, 제43조제1항·제3항·제6항의 어느 하나에 해당하는 조치를 취하도록 중소벤처기업부장관에게 요구할 수 있고, 중소벤처기업부장관은 특별한 사유가 없는 한 이에 응하여야 한다. 이 경우 중소벤처기업부장관은 그 조치내역을 금융위원회에 통보하여야 한다. <개정 2008.2.29., 2013.8.6., 2015.7.31., 2016.5.29.>

[본조신설 2007.8.3.]

제48조(벌칙) ① 다음 각 호의 어느 하나에 해당하는 자는 5년 이하의 징역 또는 5천만원 이하의 벌금에 처한다. <개정 2016.1.27.>

1. 제4조의3제5항에 따라 취득한 정보를 누설하거나 직무상 목적 외에 사용한 자
2. 제15조의2제1항을 위반하여 대주주 자신의 이익을 얻을 목적으로 같은 항 각 호의 어느 하나에 해당하는 행위를 한 자

② 제10조제4항에 따른 처분명령을 위반하여 주식을 처분하지 아니한 자는 1년 이하의 징역 또는 1천만원 이하의 벌금에 처한다.

[본조신설 2013.8.6.]

[종전 제48조는 제50조로 이동 <2013.8.6.>]

제49조(양벌규정) 법인의 대표자나 법인 또는 개인의 대리인, 사용인, 그 밖의 종업원이 그 법인 또는 개인의 업무에 관하여 제48조의 위반행위를 하면 그 행위

자를 벌하는 외에 그 법인 또는 개인에게도 해당 조문의 벌금형을 과(科)한다. 다만, 법인 또는 개인이 그 위반행위를 방지하기 위하여 해당 업무에 관하여 상당한 주의와 감독을 게을리하지 아니한 경우에는 그러하지 아니하다.
[본조신설 2013.8.6.]

제7장 벌 칙

제50조(과태료) ① 다음 각 호의 어느 하나에 해당하는 자에게는 500만원 이하의 과태료를 부과한다. <개정 2016.5.29.>

1. 제10조제1항 후단, 제19조의2제1항 또는 제20조제1항 후단에 따른 변경 등록을 하지 아니하거나 거짓으로 변경 등록을 한 자
2. 제11조제2항 또는 제19조의9에 따른 영업의 양수 등의 신고를 하지 아니하거나 거짓으로 신고한 자
3. 제14조에 따른 중소기업창업투자회사의 공시 또는 제19조의9에 따른 액셀러레이터의 공시를 하지 아니하거나 거짓으로 공시한 자
4. 제19조 또는 제23조에 따른 결산서를 제출하지 아니하거나 거짓된 결산서를 제출한 자
5. 제40조제1항에 따른 보고를 하지 아니하거나 거짓된 보고를 한 자 또는 같은 항에 따른 검사를 거부·방해 또는 기피한 자
6. 삭제 <2009.4.1.>
7. 제46조를 위반하여 비슷한 명칭을 사용한 자

② 제1항에 따른 과태료는 대통령령으로 정하는 바에 따라 중소벤처기업부장관이 부과·징수한다.

③ 삭제 <2009.1.30.>

④ 삭제 <2009.1.30.>

⑤ 삭제 <2009.1.30.>

[제48조에서 이동 <2013.8.6.>]

(2) 창업지원법 시행령

창업지원법 시행령은 2017.7.26.에 시행된 [대통령령 제28213호, 2017.7.26., 타법개정] 규정을 기준으로 작성한다.

제1장 총 칙

제1조(목적) 이 영은 「중소기업창업 지원법」에서 위임된 사항과 그 시행에 필요한 사항을 규정함을 목적으로 한다.

제2조(창업의 범위) ① 「중소기업창업 지원법」(이하 "법"이라 한다) 제2조제1호에 따른 창업은 다음 각 호의 어느 하나에 해당하지 아니하는 것으로서 중소기업을 새로 설립하여 사업을 개시하는 것을 말한다. <개정 2008.2.29., 2013.3.23.>

1. 타인으로부터 사업을 승계하여 승계 전의 사업과 같은 종류의 사업을 계속하는 경우. 다만, 사업의 일부를 분리하여 해당 기업의 임직원이나 그 외의 자가 사업을 개시하는 경우로서 중소벤처기업부령으로 정하는 요건에 해당하는 경우는 제외한다.
2. 개인사업자인 중소기업자가 법인으로 전환하거나 법인의 조직변경 등 기업형태를 변경하여 변경 전의 사업과 같은 종류의 사업을 계속하는 경우
3. 폐업 후 사업을 개시하여 폐업 전의 사업과 같은 종류의 사업을 계속하는 경우

② 제1항 각 호에 따른 같은 종류의 사업의 범위는 「통계법」 제22조제1항에 따라 통계청장이 작성·고시하는 한국표준산업분류(이하 "한국표준산업분류"라 한다)상의 세분류를 기준으로 한다. 이 경우 기존 업종에 다른 업종을 추가하여 사업을 하는 경우에는 추가된 업종의 매출액이 총 매출액의 100분의 50 미만인 경우에만 같은 종류의 사업을 계속하는 것으로 본다. <개정 2007.10.23.>

③ 제2항 후단에 따른 추가된 업종의 매출액 또는 총 매출액은 추가된 날이 속하는 분기의 다음 2분기 동안의 매출액 또는 총 매출액을 말한다.

제2조의2(재창업의 범위) 법 제2조제1호의2에 따른 재창업은 부도 또는 파산 등으로 중소기업을 폐업하고 중소기업을 새로 설립하는 것으로 한다.

[본조신설 2016.7.28.]

제3조(사업의 개시일) 법 제2조제2호, 제2호의2 및 제2호의3에 따른 사업을 개시한 날은 각각 다음 각 호와 같다. <개정 2013.6.28., 2016.7.28., 2016.11.29.>

1. 창업자 또는 재창업자가 법인이면 법인설립등기일
2. 창업자 또는 재창업자가 개인이면 「부가가치세법」 제8조제1항에 따른 사업개시일. 다만, 법 제33조에 따른 사업계획의 승인을 받아 사업을 개시하는 경우에는 「부가가치세법」 제8조제1항에 따른 사업자등록일

제4조(창업에서 제외되는 업종) ① 법 제3조제1호 단서에서 "대통령령으로 정하는 업종"이란 다음 각 호의 기준을 모두 갖춘 업종을 말한다. 이 경우 업종의 분류는 한국표준산업분류를 기준으로 한다. <신설 2016.11.29.>

1. 금융 및 보험업으로서 정보통신기술을 활용하여 금융서비스를 제공하는 업종을 그 주된 업종(「중소기업기본법 시행령」 제4조에 따른 주된 업종을 말한다. 이하 이 항에서 같다)으로 할 것
2. 그외 기타 여신금융업을 주된 업종으로 하지 아니할 것

② 법 제3조제3호에서 "대통령령으로 정하는 업종"이란 다음 각 호의 어느 하나에 해당하는 업종을 말한다. 이 경우 업종의 분류는 한국표준산업분류를 기준으로 한다. <개정 2008.2.29., 2008.5.9., 2011.6.8., 2013.3.23., 2014.12.3., 2016.11.29.>

1. 숙박 및 음식점업(호텔업, 휴양콘도 운영업, 기타 관광숙박시설 운영업 및 상시근로자 20명 이상의 법인인 음식점업은 제외한다)
2. 무도장운영업
3. 골프장 및 스키장운영업
4. 기타 갬블링 및 베팅업
5. 기타 개인 서비스업(그외 기타 개인 서비스업은 제외한다)
6. 그 밖에 제조업이 아닌 업종으로서 중소벤처기업부령으로 정하는 업종

제5조(창업지원계획의 수립 등) ① 법 제4조제1항에 따른 중소기업창업지원계획에는 다음 각 호의 사항이 포함되어야 한다. <개정 2009.5.28., 2009.11.20.>

1. 창업자의 지원에 관한 사항
2. 창업지원과 관련되는 기관·단체의 육성에 관한 사항
3. 「중소기업진흥에 관한 법률」 제63조에 따른 중소기업창업 및 진흥기금에서 지원하는 중소기업 창업지원자금의 운용에 관한 사항
4. 그 밖에 창업지원을 위하여 필요한 사항

② 법 제4조제2항에서 "대통령령으로 정하는 창업지원에 관한 사업을 하는 자"란 다음 각 호의 어느 하나에 해당하는 자를 말한다. <개정 2016.11.29.>

1. 법 제6조제1항에 따른 창업보육센터사업자
2. 법 제8조제1항에 따른 창업대학원
3. 중소기업창업투자회사
4. 중소기업창업투자조합
5. 중소기업상담회사
6. 법 제39조에 따른 창업을 촉진하기 위한 업무를 전담하는 조직
7. 그 밖에 창업강좌의 개최 또는 창업정보의 제공 등 창업지원사업을 하는 자로서 중소벤처기업부장관이 고시하는 기준을 갖춘 사업자

제5조의2(창업촉진사업에 대한 출연 또는 보조의 절차 등) ① 중소벤처기업부장관은 법 제4조의2제1항에 따른 창업촉진사업에 대하여 다음 각 호의 사항이 포함된 출연 또는 보조 계획을 수립하여 공고하여야 한다.

1. 출연 또는 보조의 대상이 되는 사업의 범위
2. 출연금 및 보조금(이하 이 조에서 "출연금등"이라 한다)의 신청자격, 신청절차 및 방법
3. 출연금등의 지원규모
4. 그 밖에 출연 또는 보조를 위하여 중소벤처기업부장관이 필요하다고 인정하는 사항

② 중소벤처기업부장관은 법 제4조의2제3항에 따라 대학, 연구기관, 공공기관, 창업 관련 단체, 중소기업 및 예비창업자에게 출연하거나 보조하려는 때에는 해당 사업을 수행하는 자와 다음 각 호의 사항이 포함된 협약을 체결하여야 한다. <개정 2015.5.1.>

1. 사업의 내용
2. 출연금등의 용도 및 관리계획
3. 사업성과의 활용
4. 협약의 변경에 관한 사항
5. 그 밖에 사업 시행에 필요하다고 중소벤처기업부장관이 인정하는 사항

③ 중소벤처기업부장관은 제2항에 따른 출연금등을 사업의 내용 또는 착수시기 등을 고려하여 일시에 지급하거나 분할하여 지급할 수 있다.

④ 제3항에 따라 출연금등을 지급받은 자는 별도의 계정을 설정하여 관리하여야 하며, 출연금등을 협약에서 정한 용도에만 사용하여야 한다.

[본조신설 2010.12.9.]

제5조의3(창업촉진사업) 법 제4조의2제1항제4호에서 "그 밖에 창업교육 및 창업 기반시설 확충 등 대통령령으로 정하는 사업"이란 다음 각 호의 사업을 말한다. <개정 2014.12.3.>

1. 예비창업자 대상 창업교육
2. 창업 관련 정보 제공
3. 창업 공간 지원
4. 시제품 제작 지원
5. 창업자의 판로 지원
6. 창업 관련 정보시스템의 운영

[본조신설 2014.1.14.]

제5조의4(창업촉진사업 추진 시 우대 대상 예비청년창업자 등의 범위) 법 제4조의2제2항에서 "대통령령으로 정하는 예비청년창업자 또는 청년창업자"란 39세 이하의 예비창업자 또는 창업자를 말한다.

[본조신설 2015.5.1.]

제6조(창업보육센터사업자의 지정) ① 법 제6조제1항제2호에서 "그 밖에 대통령령으로 정하는 전문인력"이란 별표 1의 전문인력을 말한다.

② 창업보육센터사업자의 지정을 받으려는 자는 지정신청서에 중소벤처기업부령으로 정하는 서류를 첨부하여 중소벤처기업부장관에게 제출하여야 한다. 지정받은 사항을 변경한 경우에도 또한 같다. <개정 2008.2.29., 2013.3.23.>

제7조(국유재산 사용료의 감면) ① 법 제6조제3항에서 "대통령령으로 정하는 금액"이란 「국유재산법 시행령」 제29조제2항에 따라 산출한 재산가액에 100분의 1을 곱한 금액을 말하며, 월 단위로 나누어 계산할 수 있다. <개정 2014.1.14.>

②동일한 입주자(법 제6조제2항에 따라 창업보육센터에 입주한 자를 말한다. 이하 같다)가 동일한 국유재산을 계속하여 2개 연도 이상 임차하는 경우로서 제1항에 따라 산출한 연간 사용료가 전년도의 사용료보다 10퍼센트 이상 인상되는 경우에는 「국유재산법 시행령」 제31조에 따라 산출한 금액을 그 사용료로 한다. <개정 2009.7.27., 2014.1.14.>

[제목개정 2014.1.14.]

제7조의2(공유재산 사용료의 감면) ① 법 제6조제5항에 따른 공유재산의 연간 사용료는 「공유재산 및 물품 관리법 시행령」 제14조제1항에 따른 해당 재산 평정가

격에 100분의 1을 곱한 금액으로 하며, 월 단위로 나누어 계산할 수 있다.

② 동일한 입주자가 동일한 공유재산을 계속하여 2개 연도 이상 임차하는 경우로서 제1항에 따라 산출한 연간 사용료가 전년도의 사용료보다 10퍼센트 이상 인상되는 경우에는 「공유재산 및 물품 관리법 시행령」 제16조에 따라 산출한 금액을 그 사용료로 한다.

[본조신설 2014.1.14.]

제7조의3(대학 내 창업지원 전담조직의 업무) 법 제7조의2제1항에 따른 창업지원업무를 전담하는 조직(이하 "창업지원 전담조직"이라 한다)은 다음 각 호의 업무를 수행한다.

1. 대학 내 창업지원업무의 총괄 기획·조정
2. 대학 내 도전정신, 창의력, 혁신역량 등(이하 "기업가정신"이라 한다) 및 창업 교육 제고
3. 창업자 발굴 및 사업화 지원
4. 대학 내 창업보육센터 등 창업지원기구 관리
5. 해당 대학 내 창업기업에 대한 투자, 인력, 기술, 판로 등에 대한 지원
6. 「벤처기업육성에 관한 특별조치법」 제2조제5항에 따른 실험실공장과 같은 조 제8항에 따른 신기술창업전문회사에 대한 자금 등 지원
7. 창업 수요 및 활동에 대한 정보의 수집·제공 및 홍보
8. 해당 대학 내 창업지원사업 관련 업무 담당자에 대한 교육 및 훈련
9. 대학 간 창업지원사업의 연계 및 조정

[본조신설 2014.1.14.]

제8조(기금의 우선지원) 법 제9조에 따라 「중소기업진흥에 관한 법률」 제63조에 따른 중소기업창업 및 진흥기금을 우선적으로 지원받을 수 있는 자는 투자실적이 납입자본금의 100분의 50 이상이거나 부채비율이 중소벤처기업부장관이 정하여 고시하는 기준 이하인 중소기업창업투자회사 및 그 중소기업창업투자회사가 결성하는 중소기업창업투자조합으로 한다. <개정 2009.5.28., 2009.11.20., 2016.11.29.>

제8조의2(정책협의회의 구성) ① 법 제9조의2제1항에 따른 창업지원정책협의회(이하 "정책협의회"라 한다)는 위원장 1명을 포함하여 15명 이내의 위원으로 구성한다.

② 정책협의회의 위원장은 중소기업청 차장이 된다.
③ 정책협의회의 위원은 다음 각 호의 사람이 된다.
1. 기획재정부, 과학기술정보통신부, 문화체육관광부, 산업통상자원부, 고용노동부, 금융위원회 및 중소기업청의 고위공무원단에 속하는 공무원 중 소속기관의 장이 지명하는 사람 각 1명
2. 창업지원기관의 임직원 중 중소벤처기업부장관이 위촉하는 사람
④ 정책협의회에 간사 1명을 두며, 간사는 중소기업청 공무원 중에서 중소벤처기업부장관이 지명한다.
[본조신설 2016.7.28.]

제8조의3(정책협의회의 기능) 정책협의회는 다음 각 호의 사항을 협의한다.
1. 법 제4조에 따른 창업지원계획의 수립
2. 법 제4조의2에 따른 창업촉진사업의 추진
3. 법 제4조의3에 따른 재창업지원
4. 법 제4조의4에 따른 지역특화산업 창업의 지원
5. 법 제5조에 따른 창업 정보의 제공
6. 법 제7조에 따른 창업 교육
7. 창업촉진 및 재창업지원과 관련한 부처 간 사업기능 조정
8. 그 밖에 창업촉진 및 재창업지원을 위하여 필요한 사항으로서 정책협의회의 위원장이 회의에 부치는 사항
[본조신설 2016.7.28.]

제8조의4(정책협의회의 운영) ① 정책협의회의 위원장은 정책협의회를 소집하고, 그 의장이 된다.
② 정책협의회의 위원장이 부득이한 사유로 직무를 수행할 수 없을 때에는 정책협의회의 위원장이 미리 지명한 위원이 그 직무를 대행한다.
③ 정책협의회의 위원장은 필요한 경우 창업촉진 및 재창업지원에 관한 학식과 경험이 풍부한 사람으로 구성된 자문단을 운영할 수 있다.
④ 이 영에서 규정한 것 외에 정책협의회의 운영에 필요한 사항은 정책협의회의 의결을 거쳐 정책협의회의 위원장이 정한다.
[본조신설 2016.7.28.]

제2장 중소기업창업투자회사

제9조(중소기업창업투자회사의 등록요건) ① 법 제10조제2항제1호에서 "대통령령으로 정하는 요건"이란 다음 각 호의 요건을 말한다. <개정 2016.7.28.>

1. 납입자본금이 50억원 이상일 것
2. 차입금이 납입자본금의 100분의 20 미만일 것

② 법 제10조제2항제2호마목에서 "대통령령으로 정하는 금융 관련 법령"이란 다음 각 호의 어느 하나에 해당하는 법률을 말한다. <개정 2008.5.9., 2008.7.29., 2016.5.31., 2016.7.28.>

1. 「금융산업의 구조개선에 관한 법률」
2. 「은행법」
3. 「자본시장과 금융투자업에 관한 법률」
4. 삭제 <2008.7.29.>
5. 삭제 <2008.7.29.>
6. 삭제 <2008.7.29.>
7. 삭제 <2008.7.29.>
8. 「보험업법」
9. 「상호저축은행법」
10. 「여신전문금융업법」
11. 「신용보증기금법」
12. 「기술보증기금법」
13. 「신용협동조합법」
14. 「새마을금고법」
15. 「신용정보의 이용 및 보호에 관한 법률」
16. 「외국환거래법」
17. 「금융위원회의 설치 등에 관한 법률」
18. 「자산유동화에 관한 법률」
19. 「금융실명거래 및 비밀보장에 관한 법률」
20. 「외국인투자촉진법」
21. 「기업구조조정투자회사법」
22. 「산업발전법」
23. 「금융회사의 지배구조에 관한 법률」

③ 법 제10조제2항제2호바목 및 자목에서 "대통령령으로 정하는 자"란 다음 각 호의 어느 하나에 해당하는 자를 말한다.

1. 대표이사
2. 감사
3. 등록취소의 원인이 되는 행위를 지시한 자

④ 법 제10조제2항제2호사목에서 "대통령령으로 정하는 자"란 정당한 사유 없이 약정한 날을 3개월 이상 지난 채무가 1천만원을 초과하는 자를 말한다.

⑤ 법 제10조제2항제2호아목에서 "대통령령으로 정하는 출자자"란 다음 각 호의 어느 하나에 해당하는 자를 말한다. <개정 2008.5.9., 2008.7.29., 2016.7.28., 2016.11.29.>

1. 의결권 있는 발행주식총수를 기준으로 본인 및 「금융회사의 지배구조에 관한 법률 시행령」 제3조제1항에 따른 특수관계인(이하 "특수관계인"이라 한다)이 소유하는 주식이 가장 많고 그 주식수가 의결권 있는 발행주식총수의 100분의 10을 초과하는 경우의 그 본인
2. 누구의 명의로 하든지 자기의 계산으로 의결권 있는 발행주식총수의 100분의 30 이상의 주식을 소유한 자
3. 임원의 임면 등 해당 중소기업창업투자회사의 주요 경영사항에 대하여 사실상 지배력을 행사하고 있는 주주

⑥ 법 제10조제2항제2호의2에서 "대통령령으로 정하는 사회적 신용"이란 다음 각 호의 모든 요건에 적합한 것을 말한다. 다만, 그 위반 등의 정도가 경미하다고 중소벤처기업부장관이 인정하는 경우는 제외한다. <신설 2014.1.14.>

1. 최근 3년간 법, 제2항에 따른 금융 관련 법령, 「독점규제 및 공정거래에 관한 법률」 또는 「조세범 처벌법」을 위반하여 벌금형 이상에 상당하는 형사처벌을 받은 사실이 없을 것. 다만, 법 제49조 또는 그 밖에 해당 법률의 양벌규정에 따라 처벌을 받은 경우는 제외한다.
2. 최근 3년간 채무불이행 등으로 건전한 신용질서를 해친 사실이 없을 것
3. 최근 5년간 「금융산업의 구조개선에 관한 법률」에 따라 부실금융기관으로 지정되었거나 법 또는 제2항에 따른 금융 관련 법령에 따라 영업의 허가·인가·등록 등이 취소된 자가 아닐 것

⑦ 법 제10조제2항제3호에 따라 중소기업창업투자회사가 갖추어야 하는 상근하는 전문인력과 시설의 기준은 다음과 같다. <개정 2008.5.9., 2009.5.28., 2009.

11.20., 2011.6.24., 2014.1.14., 2016.1.19., 2016.11.29.>

1. 다음 각 목의 어느 하나에 해당하는 2명 이상의 전문인력. 다만, 법 제10조제2항제2호바목 또는 자목에 해당하는 자로서 등록이 취소된 날 또는 그 사유를 통보받은 날부터 3년(등록말소일부터 5년을 초과하는 경우에는 등록말소일부터 5년)이 지나지 아니한 자는 제외한다.
   가. 「변호사법」에 따른 변호사, 「공인회계사법」에 따른 공인회계사 또는 「변리사법」에 따른 변리사
   나. 「국가기술자격법」에 따른 기술사 자격을 취득한 자 또는 이공계열·경상계열 박사학위를 소지한 자
   다. 「자본시장과 금융투자업에 관한 법률」 제8조의2제4항제1호에 따른 증권시장에 주권이 상장된 적이 있거나 상장되어 있는 법인의 설립자 및 상장할 당시의 대표이사
   라. 「중소기업진흥에 관한 법률」 제50조에 따른 경영지도사·기술지도사 또는 이공계열·경상계열 석사학위를 소지한 자로서 관련 업무에 3년 이상 종사한 자
   마. 이공계열 학사 이상의 학위를 소지한 자로서 국·공립연구기관, 「정부출연연구기관 등의 설립·운영 및 육성에 관한 법률」 또는 「과학기술분야 정부출연연구기관 등의 설립·운영 및 육성에 관한 법률」에 따른 정부출연연구기관, 「기초연구진흥 및 기술개발지원에 관한 법률」 제14조제1항제2호에 따른 기업부설연구소에서 관련 업무에 4년 이상 종사한 자
   바. 학사학위를 소지한 자로서 「금융위원회의 설치 등에 관한 법률」 제38조에 따른 검사대상기관(「여신전문금융업법」 제41조에 따른 신기술사업금융업을 경영하는 회사는 제외한다) 또는 중소기업창업투자회사의 업무에 준하는 업무를 수행하는 외국회사(그 계열사 및 지점을 포함한다)에서 3년 이상 투자심사업무(대출심사업무는 제외한다)를 한 경력이 있는 자
   사. 중소기업창업투자회사, 「산업발전법」(법률 제9584호 산업발전법 전부개정법률로 개정되기 전의 것을 말한다) 제14조에 따른 기업구조조정전문회사(이하 "기업구조조정전문회사"라 한다), 「여신전문금융업법」 제41조에 따른 신기술사업금융업을 영위하는 회사 또는 「벤처기업육성에 관한 특별조치법」 제4조의3제1항제3호에 따른 유한회사에서 2년 이상 투자심사업무를 한 경력이 있는 자

아. 라목부터 바목까지에 따른 자격·학력기준을 충족한 자 중 경력기준에 못 미치는 자 또는 바목에 따른 경력기준에 못 미치는 자로서 중소벤처기업부장관이 인정하는 중소기업창업투자회사 전문인력양성 교육과정을 마친 자

2. 투자상담을 위한 전용공간 확보 등 중소벤처기업부장관이 정하는 기준을 충족한 사무실

[제목개정 2016.11.29.]

第10조(중소기업창업투자회사의 행위 제한) ① 법 제15조제1항 각 호 외의 부분 단서에서 "대통령령으로 정하는 경우"란 다음 각 호의 어느 하나에 해당하는 경우를 말한다. <개정 2008.5.9., 2008.7.29., 2011.6.8., 2015.3.31., 2015.10.23., 2016.11.29.>

1. 「자본시장과 금융투자업에 관한 법률」 제9조제13항에 따른 증권시장에서 주식을 취득하는 경우로서 중소벤처기업부장관이 인정하여 고시하는 경우

2. 다음 각 목의 조합의 업무집행조합원이나 회사의 업무집행사원으로 참여하는 경우

가. 「산업발전법」(법률 제9584호 산업발전법 전부개정법률로 개정되기 전의 것을 말한다) 제15조에 따른 기업구조조정조합(이하 "기업구조조정조합"이라 한다)

나. 「자본시장과 금융투자업에 관한 법률」 제9조제19항제1호에 따른 경영참여형 사모집합투자기구(이하 "경영참여형 사모집합투자기구"라 한다)

다. 그 밖에 다른 법령에 따라 설립된 조합이나 회사로서 그 업무가 중소기업창업투자조합이나 중소기업창업투자회사의 업무로 적합함을 중소벤처기업부장관이 인정하여 고시하는 조합이나 회사

3. 중소기업창업투자회사가 인수·합병을 목적으로 다른 중소기업창업투자회사의 주식을 취득하는 경우. 다만, 최초의 주식 취득일부터 6개월 이내에 인수·합병이 이루어지지 아니하는 경우에는 취득한 주식을 최초의 주식 취득일부터 9개월 이내에 처분하여야 한다.

4. 법 제15조제1항제1호의 경우 중소기업창업투자회사가 법 제3조제1호 본문, 같은 조 제2호·제3호에 따른 업종 중 중소기업 육성을 위하여 지원이 필요하다고 중소벤처기업부장관이 인정하여 고시하는 업종에 투자하는 경우

5. 법 제15조제1항제2호의 경우 중소기업창업투자회사가 「문화산업진흥 기본법」

제43조에 따른 문화산업전문회사(이하 이 조에서 "문화산업전문회사"라 한다)를 통하여 문화콘텐츠 사업 등 중소벤처기업부장관이 인정하여 고시하는 사업에 투자하는 경우. 다만, 「독점규제 및 공정거래에 관한 법률」 제9조에 따른 상호출자제한기업집단에 속하는 중소기업창업투자회사가 동일한 상호출자제한기업집단에 속하는 문화산업전문회사의 주식이나 지분을 취득 또는 소유하는 방식으로 투자하는 경우는 제외한다.

② 법 제15조제1항제3호에서 "대통령령으로 정하는 금융기관"이란 다음 각 호의 어느 하나에 해당하는 자를 말한다. <개정 2008.5.9., 2015.10.23., 2016.11.29.>

1. 「금융실명거래 및 비밀보장에 관한 법률」 제2조제1호에 따른 금융기관
2. 기업구조조정전문회사 및 기업구조조정조합
3. 경영참여형 사모집합투자기구

③ 법 제15조제1항제4호에서 "대통령령으로 정하는 범위의 업무용 부동산"이란 다음 각 호의 어느 하나에 해당하는 것을 말한다. <개정 2014.1.14., 2016.11.29.>

1. 해당 중소기업창업투자회사가 직접 설립한 창업보육센터
2. 제9조제7항제2호에 따른 사무실(지점을 포함한다)
3. 그 밖에 법 제10조제1항제5호에 따른 사업에 직접 필요한 부동산으로서 중소벤처기업부장관이 인정하는 것

④ 법 제15조제1항제5호에서 "대통령령으로 정하는 행위"란 다음 각 호의 어느 하나에 해당하는 행위를 말한다. <개정 2008.2.29., 2008.5.9., 2009.5.28., 2009.5.28., 2010.4.20., 2010.11.15., 2011.6.8., 2013.3.23., 2014.1.14., 2015.10.23., 2016.7.28., 2016.11.29.>

1. 다음 각 목의 어느 하나에 해당하는 자와 거래하는 행위
   가. 해당 중소기업창업투자회사가 결성한 중소기업창업투자조합. 다만, 중소기업창업투자회사가 중소기업창업투자조합의 해산이나 그 밖에 중소벤처기업부장관이 인정하는 불가피한 사유로 인하여 거래하는 경우는 제외한다.
   나. 해당 중소기업창업투자회사의 특수관계인. 다만, 제6호에 따라 중소기업창업투자회사가 경영지배를 목적으로 투자하는 경우에는 그러하지 아니하다.
   다. 해당 중소기업창업투자회사의 주요주주(누구의 명의로 하든지 자기의 계

산으로 의결권 있는 발행주식총수의 100분의 10 이상의 주식을 소유하거나 임원의 임면 등 해당 중소기업창업투자회사의 주요경영사항에 대하여 사실상 지배력을 행사하고 있는 주주를 말한다) 및 그 특수관계인. 다만, 주요주주의 특수관계인 중 다음의 어느 하나에 해당하는 주요주주의 자회사 또는 출자회사(다음의 해당 법령에서 자회사 또는 출자회사로 규정한 자를 말하며, 다음의 어느 하나에 해당하는 주요주주의 주요 경영사항에 대하여 사실상 지배력을 행사하고 있는 자의 특수관계인인 자회사 또는 출자회사는 제외한다)는 제외한다.

1) 「기술의 이전 및 사업화 촉진에 관한 법률」 제21조의3에 따른 기술지주회사
2) 「벤처기업육성에 관한 특별조치법」 제11조의2에 따른 신기술창업전문회사
3) 「산업교육진흥 및 산학연협력촉진에 관한 법률」 제36조의2에 따른 기술지주회사

라. 해당 중소기업창업투자회사가 결성한 중소기업창업투자조합의 주요출자자(본인 및 그 특수관계인이 누구의 명의로 하든지 자기의 계산으로 출자총액의 100분의 10 이상의 출자지분을 소유한 경우 그 본인인 출자자를 말한다. 이하 이 목에서 같다) 및 그 특수관계인. 다만, 다음의 어느 하나에 해당하는 경우는 제외한다.

1) 중소기업창업투자회사가 자신이 결성한 중소기업창업투자조합의 주요출자자의 특수관계인인 「벤처기업육성에 관한 특별조치법」 제4조의3에 따른 한국벤처투자조합(이하 "한국벤처투자조합"이라 한다) 중 중소기업창업투자회사 등이 보유하고 있는 주식 등의 자산 매수를 주된 목적으로 결성된 조합에 주식 등 보유자산을 매각하는 경우
2) 중소기업창업투자회사가 자신이 결성한 중소기업창업투자조합의 주요출자자 중 다음의 어느 하나에 해당하는 자의 특수관계인인 다른 중소기업창업투자조합 또는 한국벤처투자조합과 거래하는 경우
   가) 「벤처기업육성에 관한 특별조치법」 제4조의2제1항에 따른 중소기업투자모태조합
   나) 「국가재정법」 제8조제1항에 따른 기금관리주체로서 같은 법 별표 2에 따른 기금을 관리·운용하는 자

다) 「은행법」에 따른 은행(같은 법 제58조제1항에 따라 금융위원회의 인가를 받은 외국은행의 국내 지점·대리점 및 사무소를 포함한다)
라) 「한국산업은행법」에 따른 한국산업은행
마) 「중소기업은행법」에 따른 중소기업은행
바) 「농업협동조합법」에 따른 농업협동조합중앙회
사) 「상호저축은행법」에 따른 상호저축은행
아) 「보험업법」에 따른 보험회사
자) 「우체국 예금·보험에 관한 법률」에 따른 체신관서
차) 법률에 따라 공제사업을 경영하는 법인
카) 삭제 <2014.12.30.>

3) 중소기업창업투자회사가 결성한 중소기업창업투자조합의 해산 또는 제3자에게 매각할 수 없는 투자지분의 회수를 위하여 거래하는 경우
4) 중소기업창업투자회사가 결성한 중소기업창업투자조합의 건전한 자산운용을 해칠 우려가 없는 경우로서 해당 중소기업창업투자조합 조합원 전원의 동의를 받아 거래하는 경우
5) 중소기업창업투자회사가 자신이 결성한 중소기업창업투자조합의 주요출자자의 특수관계인 중 다음의 어느 하나에 해당하는 주요출자자의 자회사 또는 출자회사(다음의 해당 법령에서 자회사 또는 출자회사로 규정한 자를 말하며, 다음의 어느 하나에 해당하는 주요출자자의 주요경영사항에 대하여 사실상 지배력을 행사하고 있는 자의 특수관계인인 자회사 또는 출자회사는 제외한다)와 거래하는 경우
가) 「기술의 이전 및 사업화 촉진에 관한 법률」 제21조의3에 따른 기술지주회사
나) 「벤처기업육성에 관한 특별조치법」 제11조의2에 따른 신기술창업전문회사
다) 「산업교육진흥 및 산학연협력촉진에 관한 법률」 제36조의2에 따른 기술지주회사

2. 해당 중소기업창업투자회사가 결성한 중소기업창업투자조합이 다음 각 목의 어느 하나에 해당하는 조합이나 회사와 거래하는 행위. 다만, 해당 중소기업창업투자회사가 업무집행조합원 또는 업무집행사원인 조합이나 회사와의 거래인 경우만 해당한다.

가. 중소기업창업투자조합

나. 한국벤처투자조합

다. 기업구조조정조합

라. 경영참여형 사모집합투자기구

3. 중소기업창업투자회사의 자산으로 담보를 제공하거나 채무를 보증하는 행위
4. 해당 중소기업창업투자회사의 임직원에 대한 대출로서 중소벤처기업부령으로 정하는 금액을 초과하는 대출
5. 중소기업창업투자회사 명의로 제3자를 위하여 주식을 취득하거나 자금을 중개하는 행위
6. 경영지배를 목적으로 투자하는 행위. 다만, 다음 각 목의 요건을 모두 갖춘 경우는 제외한다.

가. 중소벤처기업부령으로 정하는 경영지배의 성립일부터 6개월(그 주식이나 지분을 보유함으로써 중소기업창업투자회사나 중소기업창업투자조합의 이익을 명백하게 해칠 우려가 있음을 중소벤처기업부장관이 인정하는 경우에는 기간을 단축할 수 있다)이 되는 날까지 해당 중소기업의 주식이나 지분을 보유할 것

나. 중소벤처기업부령으로 정하는 경영지배의 성립일부터 7년(매각을 위한 협의가 늦어지는 등 해당 주식이나 지분을 매각하기 어려운 사유가 있음을 중소벤처기업부장관이 인정하는 경우에는 1년 안의 범위에서 기간을 연장할 수 있다) 안에 해당 중소기업의 주식이나 지분을 전부 매각할 것

7. 중소기업창업투자회사가 자신이 투자한 업체로부터 차입 또는 자산 매각 등 투자행위에 수반되는 정상적인 거래관계 외의 거래를 통하여 자금을 받는 행위
8. 그 밖에 부당한 목적으로 투자하는 행위로서 중소벤처기업부령으로 정하는 행위

⑤ 제4항제1호 및 제2호에서 "거래"란 다음 각 호의 어느 하나에 해당하는 행위를 말한다. <신설 2010.4.20.>

1. 제4항제1호 및 제2호 각 목의 어느 하나에 해당하는 자에게 투자하거나 그가 발행한 증권을 소유하는 행위
2. 제4항제1호 및 제2호 각 목의 어느 하나에 해당하는 자에 대한 신용공여 행위(금전·증권 등 경제적 가치가 있는 재산의 대여, 자금지원적 성격의 증권의 매입을 말한다)

3. 그 밖에 제1호 및 제2호와 유사한 행위로서 중소기업창업투자회사의 건전한 자산운용을 해칠 우려가 있고, 거래상의 신용위험을 수반하는 직접적·간접적 거래로서 중소벤처기업부장관이 정하여 고시하는 행위

⑥ 법 제15조의2제1항 각 호 외의 부분에서 “대통령령으로 정하는 그의 특수관계인”이란 중소기업창업투자회사의 대주주의 「금융회사의 지배구조에 관한 법률 시행령」 제3조제1항에 따른 특수관계인을 말한다. <신설 2014.1.14., 2016.7.28., 2016.11.29.>

[제목개정 2016.11.29.]

제11조(중소기업창업투자회사의 투자의무비율) ① 법 제16조제1항 본문에서 “대통령령으로 정하는 비율”이란 100분의 40을 말한다. <개정 2014.1.14.>

② 제1항에 따른 투자의무비율을 산정할 때 납입자본금이 증액되거나 감액된 경우에는 다음 각 호의 기준에 따라 산정한다.

1. 등록 당시의 납입자본금보다 증액된 경우에는 그 증액분에 대한 투자의무비율은 증액일(납입자본금이 증액된 후 감액된 경우로서 최근 증액된 금액에서 순차적으로 뺀 후 잔여 증액분이 있는 경우에는 잔여 증액분의 증액일)을 기준으로 연차적으로 별도로 산정한다.
2. 등록 당시의 납입자본금보다 감액된 경우에는 감액된 후의 납입자본금에 대한 투자의무비율은 등록일을 기준으로 산정한다.

③ 법 제16조제1항 단서에서 “대통령령으로 정하는 일정 규모 이상”이란 법 제20조에 따른 중소기업창업투자조합 출자금 총액이 중소기업창업투자회사 납입자본금의 100분의 200 이상인 경우를 말한다. <개정 2016.11.29.>

[제목개정 2016.11.29.]

제12조(중소기업창업투자회사의 해외투자한도) 법 제17조제2항에서 “대통령령으로 정하는 비율”이란 100분의 40을 말한다.

[제목개정 2016.11.29.]

제13조(중소기업창업투자회사의 결산 보고 등) ① 법 제19조에 따라 중소기업창업투자회사는 매 사업연도 종료 후 3개월 이내에 결산서에 「공인회계사법」 제23조에 따른 회계법인(이하 “회계법인”이라 한다)의 감사의견서를 첨부하여 중소벤처기업부장관에게 제출하여야 한다. <개정 2016.11.29.>

② 중소벤처기업부장관은 제1항에 따라 제출된 결산서를 검토한 결과 해당 중

소기업창업투자회사의 투자활성화와 재무구조 건실화를 위하여 필요하다고 인정되면 회수가 불가능한 투자자산에 대하여 투·융자손실준비금과 투자손실금을 상계(相計)처리하게 하거나 대손금(貸損金)으로 처리하게 할 수 있다. <개정 2016.11.29.>

[제목개정 2016.11.29.]

제2장의2 창업기획자(엑셀러레이터) <신설 2016.11.29.>

제13조의2(액셀러레이터의 등록요건) ① 법 제19조의2제2항제1호가목에서 "대통령령으로 정하는 금액"이란 1억 원을 말한다.

② 법 제19조의2제2항제1호나목에서 "대통령령으로 정하는 금액"이란 5천만 원을 말한다. 다만, 「과학기술기본법」 제16조의4제3항에 따라 지정된 전담기관은 1천만 원으로 한다.

③ 법 제19조의2제2항제2호마목에서 "대통령령으로 정하는 금융 관련 법령"이란 다음 각 호의 법률을 말한다.

1. 「금융산업의 구조개선에 관한 법률」
2. 「금융실명거래 및 비밀보장에 관한 법률」
3. 「금융위원회의 설치 등에 관한 법률」
4. 「기술신용보증기금법」
5. 「기업구조조정투자회사법」
6. 「보험업법」
7. 「산업발전법」
8. 「상호저축은행법」
9. 「새마을금고법」
10. 「신용보증기금법」
11. 「신용정보의 이용 및 보호에 관한 법률」
12. 「신용협동조합법」
13. 「여신전문금융업법」
14. 「은행법」
15. 「외국인투자 촉진법」
16. 「외국환거래법」
17. 「자본시장과 금융투자업에 관한 법률」

18. 「자산유동화에 관한 법률」

④ 법 제19조의2제2항제4호에서 “대통령령으로 정하는 기준”이란 다음 각 호의 기준을 말한다.

1. 상근 전문인력 기준: 다음 각 목의 어느 하나에 해당하는 사람 중 2명 이상의 인력을 보유할 것
   가. 다음의 어느 하나에 해당하는 회사 또는 기관에서 3년 이상 창업기획업무를 한 경력이 있는 사람
      1) 창업보육센터
      2) 중소기업창업투자회사
      3) 액셀러레이터
      4) 「과학기술기본법」 제16조의4제3항에 따라 지정된 전담기관
   나. 다음의 어느 하나에 해당하는 회사에서 3년 이상 투자심사업무를 한 경력이 있는 사람
      1) 중소기업창업투자회사
      2) 기업구조조정전문회사
      3) 「여신전문금융업법」 제2조제14호의3에 따른 신기술사업금융업자
      4) 「벤처기업육성에 관한 특별조치법」 제4조의3제1항제3호에 따른 유한회사
   다. 「벤처기업육성에 관한 특별조치법」 제2조의2제1항제2호가목(8)에 해당하는 사람
   라. 「벤처기업육성에 관한 특별조치법」 제13조에 따른 개인투자조합의 업무집행조합원으로 3년 이상 근무한 경력이 있는 사람
   마. 근무 당시 최근 3개 사업연도의 연평균 매출액이 100억원 이상인 회사에 임원으로 3년 이상 근무한 경력이 있는 사람
   바. 회사의 임원으로서 해당 회사를 기업공개하거나 50억원 이상의 매각대금으로 매각한 경험이 있는 사람
   사. 「변호사법」에 따른 변호사
   아. 「공인회계사법」에 따른 공인회계사
   자. 「변리사법」에 따른 변리사
   차. 「국가기술자격법」에 따른 기술사 자격을 취득한 사람
   카. 이공계열·경상계열 박사학위를 소지한 사람

타. 그 밖에 중소벤처기업부장관이 정하여 고시하는 자격을 갖춘 사람

2. 시설 기준: 다음 각 목의 시설을 모두 갖출 것

가. 초기창업자가 창업활동을 하는 데 필요한 사무실. 이 경우 사무실은 액셀러레이터가 소유하거나 액셀러레이터로 등록된 기간 동안 임대차계약이 유지되어야 한다.

나. 시제품 제작 지원장비(한국표준산업분류의 대분류상 제조업을 영위하는 초기창업자를 지원하는 경우만 해당한다)

[본조신설 2016.11.29.]

제13조의3(초기창업자에 대한 지원) ① 법 제19조의3제1항에서 "대통령령으로 정하는 금액"이란 1천만원을 말한다.

② 법 제19조의4제1항 각 호 외의 부분에서 "대통령령으로 정하는 기간"이란 3개월을 말한다.

[본조신설 2016.11.29.]

제3장 중소기업창업투자조합

제14조(중소기업창업투자조합의 등록요건 및 절차) ① 법 제20조에 따른 중소기업창업투자조합은 다음 각 호의 요건을 갖추어야 한다. <개정 2008.5.9., 2010.4.20., 2014.12.3., 2016.7.28., 2016.11.29.>

1. 출자금 총액이 20억 원 이상일 것. 다만, 법 제20조제5항에 따라 출자금액의 전액을 나누어 출자하는 경우에는 최초 출자금액은 10억 원 이상이어야 한다.
2. 출자 1좌(座)의 금액이 100만 원 이상일 것
3. 유한책임조합원의 수가 49인 이하일 것. 이 경우 「자본시장과 금융투자업에 관한 법률」 제9조제18항에 따른 집합투자기구가 조합 형태인 경우에는 해당 중소기업창업투자조합에 100분의 10 미만을 출자하면 그 집합투자기구를 유한책임조합원 1인으로 하여 산정하고, 100분의 10 이상을 출자하면 그 집합투자기구의 조합원을 각각 유한책임조합원 1인으로 하여 산정한다.
4. 업무집행조합원의 출자지분이 출자금 총액의 100분의 1 이상일 것
5. 존속기간이 5년 이상일 것

② 중소기업창업투자회사는 중소기업창업투자조합을 결성하려면 다음 각 호의 사항이 적힌 결성계획서를 미리 중소벤처기업부장관에게 제출하여야 한다. <개정 2016.11.29.>

1. 사업 개요
2. 출자금 총액, 출자 1좌의 금액, 출자의 시기 및 방법
3. 유한책임조합원의 모집계획
4. 중소기업창업투자조합의 자산 운용 및 배분계획
5. 중소기업창업투자조합의 투자심사업무를 전담하는 전문인력의 인적사항(성명·주민등록번호·약력 및 투자경력 등을 말한다. 이하 같다)

③ 중소기업창업투자회사는 중소기업창업투자조합의 결성을 완료하면 등록신청서에 다음 각 호의 서류를 첨부하여 조합원총회 개최일부터 7일 이내에 중소벤처기업부장관에게 제출하여야 한다. <개정 2008.5.9., 2008.7.29., 2016.11.29.>

1. 중소기업창업투자조합의 규약
2. 조합원명부
3. 조합원의 출자금액 및 출자이행을 증명하는 서류
4. 중소기업창업투자조합의 투자심사업무를 전담하는 전문인력의 인적사항
5. 법 제22조제1항제1호에 따라 중소기업창업투자조합 재산의 보관을 「자본시장과 금융투자업에 관한 법률」 제8조제7항에 따른 신탁업자 및 신탁업을 겸영하는 금융기관에 위탁하였음을 증명하는 서류

[제목개정 2016.11.29.]

제15조(등록원부의 비치 등) ① 중소벤처기업부장관은 중소기업창업투자조합의 등록을 할 때에는 중소벤처기업부령으로 정하는 바에 따라 등록원부를 갖추어 두고 다음 각 호의 사항을 적어야 한다. <개정 2008.2.29., 2013.3.23., 2016.11.29.>

1. 중소기업창업투자조합의 명칭 및 사무소의 소재지
2. 업무집행조합원의 명칭 및 주소
3. 조합원별 출자금액 및 출자좌수
4. 해당 조합의 존속기간
5. 중소기업창업투자조합의 투자심사업무를 전담하는 전문인력의 인적사항

② 중소기업창업투자조합의 업무집행조합원은 제1항 각 호의 사항이 변경되면 변경일부터 7일 이내에 변경된 사실을 증명하는 서류를 첨부하여 중소벤처기업부장관에게 변경등록을 신청하여야 한다. <개정 2016.11.29.>

③ 중소벤처기업부장관은 제1항이나 제2항에 따라 등록을 한 때에는 중소벤처기업부령으로 정하는 바에 따라 그 등본을 신청인에게 내주어야 한다.
<개정 2008.2.29., 2013.3.23.>

④ 중소벤처기업부장관은 중소기업창업투자조합의 등록원부를 갖추어 관리하고 해당 조합의 조합원이나 그 조합원이 지정한 자가 열람할 수 있도록 하여야 한다. <개정 2008.5.9., 2016.11.29.>

제16조(중소기업창업투자조합의 투자의무비율 등) ① 법 제21조제3항 본문 및 단서에서 "대통령령으로 정하는 비율"이란 각각 100분의 40을 말한다. <개정 2014.1.14.>

② 제1항에 따른 투자의무비율을 계산할 때 등록 당시에 납입한 출자금보다 출자금이 증액된 경우에는 그 증액분에 대한 투자의무비율은 증액일을 기준으로 연차적으로 따로 계산한다.

③ 중소기업창업투자조합의 행위제한과 해외투자요건에 관하여는 제10조제1항제1호, 같은 조 제2항부터 제4항까지 및 제12조를 각각 준용한다. 이 경우 제10조제4항제1호가목·다목 및 라목, 같은 항 제2호 및 제7호 중 "중소기업창업투자회사"는 각각 "업무집행조합원"으로 보고, 그 밖의 규정의 경우에는 "중소기업창업투자회사"는 각각 "중소기업창업투자조합"으로 본다. <개정 2016.11.29.>

[전문개정 2008.5.9.]

[제목개정 2016.11.29.]

제17조(조합의 결산 보고 등) ① 법 제23조에 따라 중소기업창업투자조합의 업무집행조합원은 매 사업연도 종료 후 3개월 이내에 결산서에 회계법인의 감사의견서를 첨부하여 중소벤처기업부장관에게 제출하여야 한다. <개정 2016.11.29.>

② 중소벤처기업부장관은 중소기업창업투자조합의 효율적 운영을 위하여 중소기업창업투자조합의 표준규약을 정할 수 있다. <개정 2016.11.29.>

제18조(해산사유 등) ① 법 제25조제1항제5호에서 "대통령령으로 정하는 사유"란 다음 각 호의 어느 하나에 해당하는 경우를 말한다. <개정 2010.4.20., 2016.11.29.>

1. 중소기업창업투자조합의 결성목적이 달성되었다고 조합원 전원이 동의하는 경우
2. 업무집행조합원인 중소기업창업투자회사의 등록이 취소되거나 파산 등으로 인하여 업무수행을 계속하기가 곤란한 경우
3. 조합의 자산이 잠식(蠶食)되거나 그 밖의 사유가 발생하여 중소벤처기업부장관이 조합원 보호를 위하여 필요하다고 인정하는 경우로서 조합 총지분의 과반수를 소유하는 조합원이 해산을 위한 조합원 총회에 출석하고, 출석한 조

합원 지분의 3분의 2 이상과 조합 총지분의 3분의 1 이상의 동의를 받은 경우

② 법 제25조제2항에 따라 업무집행조합원을 가입하게 하여 중소기업창업투자조합을 계속하려는 자는 다음 각 호의 사항을 적은 신청서에 조합을 해산하지 아니하려는 사유서 및 유한책임조합원 전원의 동의서를 첨부하여 중소벤처기업부장관에게 제출하여야 한다. <개정 2016.11.29.>

1. 중소기업창업투자조합의 명칭 및 사무소의 소재지
2. 새로 가입하게 한 업무집행조합원의 명칭·소재지 및 대표자의 성명
3. 조합원별 출자금액 및 출자좌수

③ 제2항에 따른 신청서를 제출한 자는 제15조제2항에 따른 변경등록을 신청한 것으로 본다.

④ 중소기업창업투자조합의 업무집행조합원은 중소기업창업투자조합이 해산하면 7일 이내에 중소벤처기업부장관에게 그 사실을 알려야 한다. <개정 2016.11.29.>

제19조(투자수익의 산정 방식 등) ① 법 제28조에 따른 성과보수 지급을 위한 투자수익은 조합자산의 평가금액에서 출자금액과 중소벤처기업부장관이 정하는 운영경비를 제외한 금액으로 한다.

② 법 제28조에 따라 투자수익에 따른 성과보수를 지급받은 업무집행조합원은 성과보수로 지급받은 금액의 범위에서 투자수익발생에 기여한 임직원에게 성과급을 지급할 수 있다.

제4장 중소기업상담회사

제20조(중소기업상담회사의 등록요건) ① 법 제31조제2항제1호에서 “대통령령으로 정하는 금액”이란 5천만 원을 말한다.

② 법 제31조제2항제3호에 따라 중소기업상담회사가 보유하여야 하는 전문인력 및 시설은 다음 각 호와 같다. <개정 2008.2.29., 2009.5.28., 2013.3.23.>

1. 별표 1의 전문인력 중 2명 이상이 상근할 것
2. 중소벤처기업부령으로 정하는 부대시설을 갖춘 사무실

③ 법 제31조제2항제2호마목에서 “대통령령으로 정하는 자”란 정당한 사유 없이 약정한 날을 3개월 이상 지난 채무가 1천만 원을 초과하는 자를 말한다.

제21조(용역 대금의 지원) ① 법 제32조에 따라 용역 대금의 지원을 받을 수 있는 자는 중소기업창업투자회사를 겸업하지 아니하는 중소기업상담회사로서 그 지원금액은 해당 용역 대금의 100분의 80 이내로 한다. <개정 2016.11.29.>

② 법 제32조에 따라 용역 대금의 지원을 받으려는 자는 용역대금지원신청서에 중소벤처기업부령으로 정하는 서류를 첨부하여 중소벤처기업부장관이 지정하는 기관이나 단체에 제출하여야 한다. <개정 2008.2.29., 2013.3.23.>

제5장 창업 절차 등

제22조(사업계획의 승인) ① 법 제33조제1항에 따라 사업계획의 승인을 받으려는 창업자는 사업계획승인신청서에 중소벤처기업부령으로 정하는 서류를 첨부하여 공장설립 예정지를 관할하는 시장·군수·구청장(자치구의 구청장을 말한다. 이하 같다)에게 제출하여야 한다. 사업계획의 변경승인을 받으려는 경우에도 또한 같다. <개정 2008.2.29., 2013.3.23., 2014.1.14.>

② 법 제33조제1항 후단에서 “대통령령으로 정하는 중요 사항”이란 다음 각 호의 어느 하나에 해당하는 사항을 말한다. <신설 2014.1.14.>

1. 사업자(법 제37조제1항제2호 단서에 따른 경우로 한정한다)
2. 업종(한국표준산업분류상의 세분류를 기준으로 한다)
3. 공장용지면적
4. 공장건축면적(「산업집적활성화 및 공장설립에 관한 법률」 제8조제2호에 따른 기준공장면적률의 범위에서 면적을 변경하는 경우는 제외한다)
5. 부대시설면적(「산업집적활성화 및 공장설립에 관한 법률」 제8조제2호에 따른 기준공장면적률의 범위에서 면적을 변경하는 경우는 제외한다)

제23조(창업민원처리협의회의 설치) ① 중소벤처기업부장관은 법 제33조에 따른 사업계획 승인업무의 지원 및 협의를 위하여 지방중소기업청에 창업민원처리협의회를 둘 수 있다.

② 창업민원처리협의회의 구성 및 운영방법 등에 필요한 사항은 중소벤처기업부령으로 정한다. <개정 2008.2.29., 2013.3.23.>

제24조(사업계획 승인에 관한 업무처리지침) ① 법 제33조제4항에 따른 사업계획의 승인에 관한 업무처리지침에는 법 제35조에 따른 허가, 인가, 면허, 승인, 지정, 결정, 신고, 해제, 동의, 검사 또는 용도폐지 등에 관한 업무처리기준(이하 이 조

에서 "인·허가등기준"이라 한다)이 포함되어야 한다.

② 관계 행정기관의 장은 제1항에 따른 업무처리지침의 작성에 필요한 인·허가등기준을 중소벤처기업부장관에게 통보하여야 한다. 인·허가등기준을 변경한 경우에도 또한 같다.

제25조(사전 협의 절차) ① 법 제34조제1항에 따라 사업계획의 승인가능성 등에 관한 사전협의를 신청하려는 창업자는 그 신청서에 중소벤처기업부령으로 정하는 서류를 첨부하여 공장설립 예정지를 관할하는 시장·군수·구청장에게 제출하여야 한다. <개정 2008.2.29., 2013.3.23.>

② 시장·군수·구청장은 제1항에 따른 사전협의 신청을 받은 날부터 7일 이내에 사업계획의 승인 가능성 등에 관하여 알려야 한다.

제26조(다른 행정기관과의 협의기간) 법 제35조제4항 전단에서 "대통령령으로 정하는 기간"이란 10일을 말한다.

제27조(사업계획 승인의 취소 등) ① 법 제37조제1항제1호에서 "사업계획의 승인을 받은 날부터 대통령령으로 정하는 기간"이란 사업계획의 승인을 받은 날부터 3년(법 제35조제1항제9호에 따라 농지의 전용허가 또는 농지의 전용신고가 의제된 경우에는 사업계획의 승인을 받은 날부터 2년)을, "공장착공 후 대통령령으로 정하는 기간"이란 공장착공 후 1년을 말한다. <개정 2009.5.28.>

② 법 제37조제1항제4호에서 "대통령령으로 정하는 기간"이란 4년을 말한다.

③ 시장·군수·구청장은 법 제37조제1항에 따라 사업계획의 승인과 공장건축허가를 취소하려면 미리 일정한 기간을 정하여 해당 처분 대상자가 사업계획을 변경하거나 공장건축을 하도록 권고한 후 이에 응하지 아니한 경우에만 해당 처분을 하여야 한다.

제28조(중소기업창업민원실의 설치·운영) ① 시장·군수·구청장은 창업에 관련된 민원을 접수하여 처리할 수 있도록 법 제38조제1항에 따른 중소기업창업민원실(이하 이 조에서 "중소기업창업민원실"이라 한다)을 설치하고 창업 관련 업무를 전담할 직원을 배치하여야 한다.

② 시장·군수·구청장은 중소기업창업민원실의 설치·운영에 필요한 사항을 따로 정할 수 있다.

제29조(창업진흥전담조직의 설치 및 운영 등) ① 중소벤처기업부장관은 중소기업창업 관련 비영리 전문기관 또는 단체의 신청을 받아 법 제39조제1항에 따른 창

업진흥전담조직(이하 이 조에서 “창업진흥전담조직”이라 한다)을 설치할 수 있다.

② 창업진흥전담조직은 다음 각 호의 사업을 수행한다. <개정 2009.5.28., 2014.12.3.>

1. 창업 활성화를 위한 정책연구 및 제도개선 과제 발굴
2. 창업자에 대한 자금, 인력, 판로 및 입지 등에 관한 정보제공 및 지원
3. 창업촉진을 위한 교육모델 개발 및 운영·보급
4. 창업 실태조사 및 분석
5. 창업 관련 국제기구 및 외국과의 교류 및 협력
6. 우수 예비창업자의 발굴 및 지원
7. 청소년 및 예비창업자 등에 대한 창업교육 등 기업가정신 제고
8. 대학 및 연구기관 등의 창업촉진
9. 창업 분야 전문인력 양성
10. 그 밖에 관계 중앙행정기관의 장이 위탁하는 사업

③ 창업진흥전담조직의 설치·업무수행 및 운영에 필요한 그 밖의 사항은 중소벤처기업부장관이 정하여 고시한다.

제29조의2(부담금 면제의 절차 및 방법) ① 법 제39조의3제2항에 따라 부담금을 면제받으려는 창업자는 중소벤처기업부령으로 정하는 부담금 면제 신청서에 다음 각 호의 구분에 따른 서류를 첨부하여 주된 사무소의 소재지를 관할하는 시장·군수·구청장에게 부담금의 면제를 요청하여야 한다. <개정 2015.5.1.>

1. 개인사업자의 경우
   가. 업종 추가 후 2분기 동안의 매출신고서(업종을 추가한 경우로 한정한다)
   나. 그 밖에 시장·군수·구청장이 창업 여부를 확인하기 위하여 필요하다고 인정하는 서류
2. 법인의 경우
   가. 사업의 분리에 관한 계약서 및 창업일이 속한 달의 주식변동상황명세서(사업의 일부를 분리한 경우로 한정한다)
   나. 업종 추가 후 2분기 동안의 매출신고서(업종을 추가한 경우로 한정한다)
   다. 그 밖에 시장·군수·구청장이 창업 여부를 확인하기 위하여 필요하다고 인정하는 서류

② 제1항에 따라 부담금 면제 신청서를 제출받은 시장·군수·구청장은 「전자정

부법」 제36조제1항에 따른 행정정보의 공동이용을 통하여 다음 각 호의 사항을 확인하여야 한다. 다만, 신청인이 제1호 사항의 확인에 동의하지 아니하는 경우에는 해당 서류의 사본을 첨부하도록 하여야 한다. <개정 2015.5.1.>

1. 사업자등록증
2. 법인 등기사항증명서(법인의 경우로 한정한다)
3. 삭제 <2015.5.1.>

③ 시장·군수·구청장은 제1항에 따른 부담금의 면제 신청을 받은 날부터 14일 이내에 신청인에게 부담금 면제 여부를 알려야 한다.

④ 중소벤처기업부장관은 법 제39조의3에 따른 부담금 면제제도의 운영을 위하여 필요할 때에는 관계 행정기관의 장에게 부담금의 면제 실적 등 필요한 정보의 제공을 요청할 수 있다.

[전문개정 2014.1.14.]

제29조의3(재택창업지원시스템의 처리 업무) 법 제39조의5제1항에 따른 정보통신망을 통하여 회사를 설립할 수 있는 시스템(이하 "재택창업지원시스템"이라 한다)으로 처리할 수 있는 업무는 다음 각 호와 같다.

1. 「상법」 및 「상업등기법」에 따른 회사 설립등기 업무
2. 「지방세법」에 따른 등록면허세 및 지방교육세 납부 업무
3. 「법인세법」 또는 「부가가치세법」에 따른 사업자등록 업무
4. 「국민연금법」에 따른 국민연금, 「국민건강보험법」에 따른 국민건강보험, 「고용보험법」에 따른 고용보험 및 「산업재해보상보험법」에 따른 산업재해보험 신고 업무

[본조신설 2014.1.14.]

제6장 보 칙

제30조(업무운용 상황 등의 보고와 검사) ① 법 제40조제1항에 따라 중소기업창업투자회사, 액셀러레이터, 중소기업창업투자조합의 업무집행조합원, 중소기업상담회사 및 창업보육센터사업자는 다음 각 호의 기준에 따라 중소벤처기업부장관에게 업무운용 상황 등에 관한 사항을 보고하여야 한다. <개정 2016.11.29.>

1. 중소기업창업투자회사 및 중소기업창업투자조합의 업무집행조합원: 월별
2. 액셀러레이터, 중소기업상담회사 및 창업보육센터사업자: 반기별

② 제1항에 따른 업무운용 상황 등에 관한 보고는 전자문서(「전자문서 및 전자거래 기본법」 제2조제1호에 따른 전자문서를 말한다. 이하 같다)로 할 수 있다. <개정 2007.11.16., 2012.8.31.>

③ 법 제40조제1항 각 호 외의 부분에서 "중소기업창업투자회사, 액셀러레이터 및 중소기업창업투자조합의 감사보고서 등 대통령령으로 정하는 장부·서류 등"이란 다음 각 호의 어느 하나를 말한다. <개정 2016.11.29.>

1. 중소기업창업투자회사, 액셀러레이터 및 중소기업창업투자조합의 감사보고서
2. 중소기업창업투자회사 및 액셀러레이터의 법인등기부 등본
3. 중소기업창업투자회사 및 액셀러레이터의 전문인력 보유현황 및 그 자격을 증명하는 서류
4. 중소기업창업투자회사 및 액셀러레이터의 사무실 확보현황에 관한 서류
5. 중소기업창업투자회사 및 액셀러레이터의 주주 명부
6. 중소기업창업투자조합의 출자자 명부
7. 중소기업창업투자회사, 액셀러레이터 및 중소기업창업투자조합의 거래계약서
8. 중소기업창업투자회사, 액셀러레이터 및 중소기업창업투자조합의 총계정원장
9. 중소기업창업투자회사, 액셀러레이터 및 중소기업창업투자조합이 거래한 회사의 주주 명부 및 법인등기부등본

④ 법 제40조제1항제8호에서 "대통령령으로 정하는 경우"란 다음 각 호의 경우를 말한다. <개정 2016.11.29.>

1. 법 제10조제1항 각 호 외의 부분 후단에 따른 중소기업창업투자회사의 중요사항 변경등록 여부의 확인이 필요한 경우
2. 법 제19조의2제1항 후단에 따른 액셀러레이터의 중요 사항 변경등록 여부의 확인이 필요한 경우
3. 법 제42조의2제1항에 따른 중소기업창업투자회사의 경영 및 자산 건전성 준수 여부의 확인이 필요한 경우

제31조(경영 건전성 기준) 법 제42조의2제1항에서 "대통령령으로 정하는 경영 건전성 기준"이란 자본잠식률(자본총계가 납입자본금에 미치지 못하는 비율을 말한다)이 100분의 50 미만일 것을 말한다.
[전문개정 2014.1.14.]

제31조의2(등록취소의 예외) 법 제43조제1항제3호 단서에서 "대통령령으로 정하는 사항"이란 다음 각 호의 사항을 말한다. <개정 2016.11.29.>

1. 중소기업창업투자회사가 법 제16조제1항에 따른 투자를 한 경우
2. 해당 중소기업창업투자회사가 업무집행조합원으로 있는 중소기업창업투자조합이 최근 1년 이내에 법 제16조제1항에 따라 중소벤처기업부령으로 정하는 용도로 법 제10조제1항제1호, 제2호, 제2호의2 및 제5호에 따른 투자를 한 경우

[본조신설 2014.1.14.]

제31조의3(액셀러레이터에 대한 등록취소 및 지원중단의 기준) 법 제43조제2항에 따른 액셀러레이터에 대한 등록취소 및 지원중단의 기준은 별표 2의1과 같다.

[본조신설 2016.11.29.]

[종전 제31조의3은 제31조의4로 이동 <2016.11.29.>]

제31조의4(중소기업상담회사 등에 대한 등록취소 등의 기준) 법 제43조제4항 및 제5항에 따른 중소기업상담회사 및 창업보육센터사업자에 대한 등록취소·지원취소 및 지원중단의 기준은 별표 3과 같다. <개정 2016.11.29.>

[본조신설 2015.5.1.]

[제31조의3에서 이동 <2016.11.29.>]

제32조(업무의 위탁 등) ① 중소벤처기업부장관은 법 제45조제2항에 따라 다음 각 호의 업무(해당 자료의 보관 및 관리에 관한 업무는 제외한다)를 「민법」 제32조에 따라 중소벤처기업부장관의 허가를 받아 설립된 한국벤처캐피탈협회(이하 이 조에서 "한국벤처캐피탈협회"라 한다)에 위탁한다. <개정 2009.5.28., 2016.1.19., 2016.7.28., 2016.11.29.>

1. 법 제9조의3제1호 및 제2호에 따른 중소기업창업투자회사 전문인력 육성 및 외국인 투자자금 유치의 지원에 관한 업무

1의2. 법 제10조제2항제3호에 따른 중소기업창업투자회사 전문인력 해당 여부의 확인 및 관리에 관한 업무

2. 법 제14조에 따른 중소기업창업투자회사 공시(公示)운영에 관한 업무
3. 법 제19조에 따른 중소기업창업투자회사의 결산서 및 법 제23조에 따른 중소기업창업투자조합의 결산서의 접수에 관한 업무
4. 법 제20조에 따른 중소기업창업투자조합의 등록·변경등록의 접수 및 확인에 관한 업무
5. 법 제26조에 따른 중소기업창업투자조합의 청산결과 보고의 접수 및 확인에

관한 업무
6. 법 제40조제1항 각 호 외의 부분에 따른 중소기업창업투자회사, 중소기업창업투자조합의 업무운용 상황 등에 관한 보고의 접수에 관한 업무

② 중소벤처기업부장관은 법 제45조제2항에 따라 다음 각 호의 업무를 「벤처기업육성에 관한 특별조치법」 제4조의2제1항에 따른 투자관리전문기관(이하 이 조에서 "투자관리전문기관"이라 한다)에 위탁한다. <신설 2016.1.19., 2016.11.29.>

1. 다음 각 목의 자료의 보관 및 관리에 관한 업무
   가. 법 제10조제1항에 따른 중소기업창업투자회사의 등록 및 변경등록에 관한 자료
   나. 법 제11조제2항에 따른 중소기업창업투자회사 지위 승계 신고에 관한 자료
   다. 법 제12조제1항에 따른 중소기업창업투자회사 등록 말소신청에 관한 자료
   라. 법 제15조의2제2항에 따른 자료
   마. 법 제42조제1항에 따른 중소기업창업투자회사 임직원에 대한 문책에 관한 자료
   바. 법 제43조에 따른 중소기업창업투자회사 등록의 취소 등 제재조치에 관한 자료
   사. 법 제44조에 따른 청문에 관한 자료
   아. 제1항 각 호의 업무에 관한 자료
2. 법 제42조의2제2항에 따른 중소기업창업투자회사의 경영실태에 대한 평가에 관한 업무

③ 중소벤처기업부장관은 법 제45조제2항에 따라 다음 각 호의 업무를 창업 지원 등의 목적으로 「민법」 제32조에 따라 중소벤처기업부장관의 허가를 받아 설립된 법인으로서 해당 업무를 수행할 인력과 장비를 갖춘 법인에 위탁할 수 있다. <신설 2014.12.3., 2016.1.19.>

1. 법 제6조제1항에 따른 창업보육센터의 전문인력 및 시설 보유 여부의 확인 등에 관한 업무
2. 법 제31조제2항제3호에 따른 중소기업상담회사의 전문인력 및 시설 보유 여부의 확인 등에 관한 업무
3. 법 제40조제1항 각 호 외의 부분에 따른 중소기업상담회사 및 창업보육센터의 업무운용 상황 등에 관한 보고의 접수 및 확인 등에 관한 업무

④ 중소벤처기업부장관은 법 제45조제2항에 따라 법 제39조의5에 따른 재택창업지원시스템의 설치·운영에 관한 업무를 법 제39조제1항에 따른 창업진흥전담조직에 위탁한다. <신설 2014.1.14., 2014.12.3., 2016.1.19.>

⑤ 중소벤처기업부장관은 법 제45조제2항에 따라 법 제4조의3제4항에 따른 성실경영 평가에 관한 업무를 다음 각 호의 자에게 위탁한다. <신설 2016.7.28.>

1. 법 제39조제1항에 따른 창업진흥전담조직
2. 「기술신용보증기금법」 제12조제1항에 따른 기술신용보증기금
3. 「신용보증기금법」에 따른 신용보증기금
4. 「중소기업 기술혁신 촉진법」 제20조제1항에 따른 중소기업기술정보진흥원
5. 「중소기업진흥에 관한 법률」 제68조제1항에 따른 중소기업진흥공단

⑥ 중소벤처기업부장관은 필요한 경우에는 다음 각 호의 자에 대하여 제1항부터 제3항까지의 규정에 따라 위탁한 업무에 관한 자료의 제출을 요구할 수 있다. <개정 2014.12.3., 2016.1.19., 2016.7.28.>

1. 한국벤처캐피탈협회
2. 투자관리전문기관
3. 제3항에 따라 업무를 위탁받은 법인

⑦ 중소벤처기업부장관은 제2항 및 제3항에 따라 업무를 위탁한 경우에는 위탁받은 기관의 명칭·대표자 및 소재지와 위탁업무의 내용을 고시하여야 한다. <신설 2014.12.3., 2016.1.19., 2016.7.28.>

제32조의2(고유식별정보의 처리) 중소벤처기업부장관(법 제39조에 따라 설치된 창업진흥전담조직을 포함한다)은 다음 각 호의 사무를 수행하기 위하여 불가피한 경우 「개인정보 보호법 시행령」 제19조에 따른 주민등록번호, 여권번호, 운전면허의 면허번호 또는 외국인등록번호가 포함된 자료를 처리할 수 있다. <개정 2014.12.3.>

1. 법 제4조의2제1항 각 호에 따른 창업촉진사업에 관한 사무
2. 법 제10조에 따른 중소기업창업투자회사의 등록에 관한 사무
3. 법 제20조에 따른 중소기업창업투자조합의 등록에 관한 사무
4. 법 제31조에 따른 중소기업상담회사의 등록에 관한 사무
5. 법 제39조의5에 따른 재택창업지원시스템의 운영에 관한 사무

[본조신설 2013.1.16.]

제32조의3(규제의 재검토) 중소벤처기업부장관은 다음 각 호의 사항에 대하여 다

음 각 호의 기준일을 기준으로 3년마다(매 3년이 되는 해의 기준일과 같은 날 전까지를 말한다) 그 타당성을 검토하여 개선 등의 조치를 하여야 한다.
<개정 2015.12.30., 2016.11.29., 2016.12.30.>

1. 제6조 및 별표 1에 따른 창업보육센터사업자의 지정요건 및 지정신청 절차: 2014년 1월 1일
2. 제9조에 따른 중소기업창업투자회사의 등록요건: 2014년 1월 1일
3. 제10조에 따른 중소기업창업투자회사의 제한되는 행위 및 예외: 2014년 1월 1일
4. 제11조에 따른 중소기업창업투자회사의 투자의무비율 및 산정기준: 2014년 1월 1일
5. 삭제 <2016.12.30.>

5의2. 제13조에 따른 중소기업창업투자회사의 결산 보고 절차, 회수 불가능한 투자자산에 대한 처리 방법: 2016년 1월 1일

6. 제14조에 따른 중소기업창업투자조합의 등록요건 및 절차: 2014년 1월 1일
7. 제16조에 따른 중소기업창업투자조합의 투자의무비율 및 계산 방법: 2014년 1월 1일

7의2. 제17조에 따른 중소기업창업투자조합의 결산 보고 절차, 중소기업창업투자조합의 표준규약 작성: 2016년 1월 1일

8. 제20조에 따른 중소기업상담회사의 등록요건: 2014년 1월 1일

8의2. 제22조에 따른 사업계획의 승인의 절차 및 변경승인 사항: 2016년 1월 1일

9. 제27조에 따른 사업계획 승인취소 사유에 해당하는 기간 및 승인취소 절차: 2014년 1월 1일
10. 제31조의2에 따른 등록취소의 예외: 2017년 1월 1일

[본조신설 2013.12.30.]

제7장 벌 칙

제33조(과태료의 부과기준) 법 제50조제1항에 따른 과태료의 부과기준은 별표 2와 같다. <개정 2016.1.19.>
[전문개정 2009.5.28.]

(3) 창업지원법 시행규칙

창업지원법 시행규칙은 2017.7.26.에 시행된 [중소벤처기업부령 제1호, 2017. 7.26., 타법개정] 규정을 기준으로 한다.

제1조(목적) 이 규칙은 「중소기업창업 지원법」 및 같은 법 시행령에서 위임된 사항과 그 시행에 필요한 사항을 규정함을 목적으로 한다.

제2조(사업분리의 요건) 「중소기업창업 지원법 시행령」(이하 "영"이라 한다) 제2조 제1항제1호 단서에 따라 창업으로 인정되는 경우는 사업을 개시하는 자가 다음 각 호의 요건을 갖춘 경우로 한다.

1. 사업을 하던 자와 사업을 개시하는 자 간에 사업 분리에 관한 계약을 체결할 것
2. 사업을 개시하는 자가 새로 설립되는 기업의 대표자로서 그 기업의 최대주주 또는 최대출자자가 될 것

제3조(창업보육센터의 사업계획) 「중소기업창업 지원법」(이하 "법"이라 한다) 제6조제1항제3호에 따른 사업계획에는 다음 각 호의 사항이 포함되어야 한다.

1. 창업보육센터의 명칭·소재지
2. 사업의 목적 및 추진일정
3. 입주자에 대한 경영 및 기술 지원계획
4. 소요자금 조달 및 집행 계획

제4조(창업보육센터사업자의 지정신청) ① 법 제6조제1항에 따라 창업보육센터사업자로 지정을 받으려는 자는 별지 제1호서식의 지정신청서에 다음 각 호의 서류를 첨부하여 중소벤처기업부장관에게 제출하여야 한다. 이 경우 중소벤처기업부장관은 「전자정부법」 제36조제1항에 따른 행정정보의 공동이용을 통하여 법인 등기사항증명서(법인인 경우만 해당한다)를 확인하여야 한다. <개정 2012.11.30.>

1. 정관(법인인 경우만 해당한다)
2. 사업계획서
3. 전문인력 보유현황
4. 시설명세서

② 창업보육센터사업자로 지정을 받은 자는 다음 각 호의 어느 하나에 해당하는 사항이 변경되면 변경일부터 7일 이내에 별지 제1호서식의 변경신청서에 변경

된 사실을 증명하는 서류를 첨부하여 중소벤처기업부장관에게 제출하여야 한다.

1. 사업자명
2. 전문인력의 보유현황
3. 법 제6조제1항제1호 각 목의 시설
4. 제3조 각 호의 사항
5. 정관에 적힌 사업목적

제5조(중소기업창업투자회사의 등록) ① 법 제10조제1항에 따라 중소기업창업투자회사(이하 "창업투자회사"라 한다)로 등록을 하려는 자는 별지 제2호서식의 등록신청서(전자문서로 된 신청서를 포함한다)에 다음 각 호의 서류(전자문서를 포함한다)를 첨부하여 중소벤처기업부장관에게 제출하여야 한다. 이 경우 중소벤처기업부장관은 「전자정부법」 제36조제1항에 따른 행정정보의 공동이용을 통하여 법인 등기사항증명서(법인인 경우만 해당한다)를 확인하여야 한다. <개정 2012.11.30., 2014.2.28.>

1. 정관
2. 사업계획서
3. 임원의 이력서
4. 주주의 명부
5. 법 제10조제2항제1호에 따른 납입자본금의 납입을 증명하는 서류
6. 영 제9조제7항제1호에 따른 상근 전문 인력의 보유현황 및 그 자격을 증명하는 서류
7. 영 제9조제7항제2호에 따른 사무실 확보현황에 관한 서류

② 법 제10조제1항 후단에서 "중소벤처기업부령으로 정하는 중요사항"이란 다음 각 호의 사항을 말한다. <개정 2009.6.2., 2013.3.23.>

1. 회사명
2. 본점 소재지 및 지점 또는 사무소 설치현황
3. 대표자 및 임원
4. 납입자본금
5. 상근 전문 인력의 보유현황
6. 정관에 적힌 사업목적
7. 의결권 있는 발행주식총수의 100분의 5 이상의 주식을 소유한 주주의 주식소유현황

8. 의결권 있는 발행주식총수의 100분의 10 이상의 주식소유현황의 변동

③ 창업투자회사는 제2항 각 호의 어느 하나에 해당하는 사항이 변경되면 변경일부터 7일 이내에 별지 제2호서식의 변경등록신청서에 변경된 사실을 증명하는 서류를 첨부하여 중소벤처기업부장관에게 변경등록을 신청하여야 한다.

④ 중소벤처기업부장관은 제1항에 따른 등록을 신청한 자 또는 제3항에 따른 변경등록을 신청한 자가 등록요건에 적합한 때에는 별지 제3호서식의 등록증을 발급하여야 한다.

제6조(지위승계신고) 법 제11조제2항에 따라 창업투자회사의 지위 승계를 신고하려는 자는 다음 각 호의 서류를 중소벤처기업부장관에게 제출하여야 한다.

1. 제5조제1항 각 호의 서류
2. 승계한 사실을 증명하는 서류
3. 「공인회계사법」 제23조에 따른 회계법인의 감사의견서가 첨부된 결산서

제7조(등록말소신청) 법 제12조제1항에 따라 창업투자회사등록의 말소를 신청하려는 자는 다음 각 호의 사항을 적은 서류에 제5조제4항에 따른 등록증을 첨부하여 중소벤처기업부장관에게 제출하여야 한다.

1. 회사명
2. 등록을 말소하려는 사유

제8조(창업투자회사의 행위제한) ① 영 제10조제4항제4호에서 "중소벤처기업부령으로 정하는 금액"이란 5천만원을 말한다. <개정 2009.6.2., 2013.3.23.>

② 영 제10조제4항제6호가목 및 나목에서 "중소벤처기업부령으로 정하는 경영지배"란 각각 다음 각 호의 어느 하나에 해당하는 경우를 말한다.
<신설 2009.6.2., 2013.3.23.>

1. 창업투자회사(그 특수관계인을 포함한다)가 투자기업의 의결권 있는 주식 또는 출자지분의 100분의 50을 초과하여 소유하는 경우
2. 창업투자회사가 계약 등에 따라 투자기업의 이사회 또는 이에 준하는 의사결정기구의 구성원의 과반수 이상을 임면할 수 있는 권한을 가진 경우
3. 창업투자회사가 계약 등에 따라 투자기업의 주주총회 또는 이에 준하는 의사결정기구에서 과반수이상의 의결권을 행사할 수 있는 경우
4. 창업투자회사의 임직원(창업투자회사의 특수관계인을 포함한다)이 투자기업의 대표이사를 겸직(창업투자회사와 투자기업이 각각 공동대표이사를 선임한

경우는 제외한다)하거나 투자기업의 이사회 구성원의 과반수 이상을 차지하는 등 창업투자회사가 투자기업의 재무 또는 영업에 관한 중요한 사항을 단독으로도 결정할 수 있는 경우

③ 영 제10조제4항제8호에서 “중소벤처기업부령으로 정하는 행위”란 투자에 관한 계약서에 적힌 사항외에 별도의 조건을 설정하여 투자하는 행위를 말한다. <개정 2009.6.2., 2013.3.23.>

④ 법 제15조제2항에서 “중소벤처기업부령으로 정하는 기간”이란 1년을 말한다. <개정 2009.6.2., 2013.3.23.>

제9조(투자의 범위) 법 제16조제1항 본문 후단에서 “중소벤처기업부령으로 정하는 용도”란 다음 각 호의 어느 하나에 해당하는 용도를 말한다. <개정 2009.6.2., 2010.3.25., 2013.3.23., 2014.2.28., 2015.3.31., 2016.9.2.>

1. 「자본시장과 금융투자업에 관한 법률」 제8조의2제4항제1호에 따른 증권시장(「자본시장과 금융투자업에 관한 법률 시행령」 제11조제2항에 따른 코넥스시장은 제외하며, 이하 “증권시장”이라 한다)에 상장되지 아니한 창업자, 벤처기업 또는 「중소기업기술혁신 촉진법」 제15조 및 제15조의2에 따른 기술혁신형·경영혁신형 중소기업에 대하여 다음 각 목의 어느 하나의 방식으로 행하는 투자
   가. 신규로 발행되는 주식의 인수. 다만, 증권시장에 상장하기 위하여 신규로 발행되는 주식의 인수는 제외한다.
   나. 신규로 발행되는 무담보전환사채 또는 무담보신주인수권부사채의 인수
   다. 지분의 취득. 다만, 타인의 출자지분을 취득하는 경우는 제외한다.
   라. 신규로 발행되는 무담보교환사채(증권시장에 상장된 주식과 교환하는 경우는 제외한다)의 인수
2. 법 제10조제1항제5호에 따른 투자의 대상이 되는 중소기업(증권시장에 상장된 기업을 제외한다)이 영위하는 사업 중 중소벤처기업부장관이 고시하는 분야와 관련된 사업에 대한 투자
3. 삭제 <2014.2.28.>
4. 삭제 <2014.2.28.>

제9조의2(액셀러레이터의 등록) ① 법 제19조의2제1항에 따라 액셀러레이터로 등록하려는 자는 별지 제3호의2서식의 등록신청서에 다음 각 호의 서류를 첨부하여 중소벤처기업부장관에게 제출하여야 한다. 이 경우 중소벤처기업부장관은 「

전자정부법」 제36조제1항에 따른 행정정보의 공동이용을 통하여 법인 등기사항 증명서(법인인 경우만 해당한다)를 확인하여야 한다.

1. 정관
2. 사업계획서
3. 임원 이력서
4. 주주 또는 출자자 명부(「상법」에 따른 회사만 해당한다)
5. 납입자본금(「민법」등에 따른 비영리법인의 경우에는 법 제19조의2제2항제1호나목에 따른 출연재산을 말한다) 증명 서류
6. 상근 전문인력의 보유현황 및 자격 증명 서류
7. 사무실 확보현황에 관한 서류

② 법 제19조의2제1항 후단에서 “중소벤처기업부령으로 정하는 중요사항”이란 다음 각 호의 어느 하나에 해당하는 사항을 말한다. 다만, 제7호 및 제8호는 「상법」에 따른 회사만 해당한다.

1. 법인명
2. 법인 소재지
3. 대표자 및 임원
4. 납입자본금(「민법」등에 따른 비영리법인의 경우에는 법 제19조의2제2항제1호나목에 따른 출연재산을 말한다)
5. 상근 전문인력의 보유현황
6. 정관에 적힌 사업목적
7. 의결권 있는 발행주식총수의 100분의 5 이상의 주식(주식회사 외의 회사는 지분을 말한다. 이하 이 항에서 같다)을 소유한 주주의 주식소유현황
8. 의결권 있는 발행주식총수의 100분의 10 이상의 주식소유현황의 변동

③ 액셀러레이터는 제2항 각 호의 어느 하나에 해당하는 사항이 변경되면 변경일부터 7일 이내에 별지 제3호의2서식의 변경등록신청서에 변경된 사실을 증명하는 서류를 첨부하여 중소벤처기업부장관에게 변경등록을 신청하여야 한다.

④ 법 제19조의2제2항제3호에서 “중소벤처기업부령으로 정하는 기준”이란 다음 각 호의 기준을 말한다.

1. 전체 투자금액의 100분의 50 이상을 초기창업자에게 투자할 것. 다만, 「독점규제 및 공정거래에 관한 법률」 제14조에 따른 상호출자제한기업집단에 속하는 회사에 투자하거나 비업무용 부동산을 취득하는 데 사용하는 것은 제외한다.

2. 초기창업자의 경영 및 기술확보에 대한 지원이 효과적인 것으로 인정될 것

⑤ 중소벤처기업부장관은 제1항에 따른 등록을 신청한 자 또는 제3항에 따른 변경등록을 신청한 자가 등록요건에 적합한 때에는 별지 제3호의3서식의 등록증을 발급하여야 한다.

[본조신설 2016.11.30.]

제9조의3(초기창업자에 대한 지원) ① 법 제19조의4제1항제4호에서 "중소벤처기업부령으로 정하는 지원"이란 다음 각 호의 지원을 말한다.

1. 창업지도 및 교육
2. 초기사업비 제공

② 법 제19조의4제2항제5호에서 "중소벤처기업부령으로 정하는 지원"이란 다음 각 호의 지원을 말한다.

1. 경영컨설팅 및 전문가 상담
2. 마케팅 및 제품판로 개척
3. 사업 인·허가 절차 진행
4. 다른 창업자 및 창업기획자 등과의 연계

[본조신설 2016.11.30.]

제10조(중소기업창업투자조합의 등록원부 등) ① 영 제14조제3항 또는 제15조제2항에 따른 중소기업창업투자조합(이하 "창업투자조합"이라 한다)의 등록 또는 변경등록신청서는 별지 제4호서식에 따른다.

② 영 제15조제1항에 따른 창업투자조합의 등록원부는 별지 제5호서식에 따른다. 이 경우 등록원부는 자기디스크 등으로 작성할 수 있다.

③ 중소벤처기업부장관은 영 제15조제3항에 따라 등록원부의 등본을 발행할 때에는 원부와 동일한 서식의 용지로 작성하고 그 끝에 등본임을 적어 중소벤처기업부장관의 관인을 날인하여야 한다.

제11조(청산결과 보고) 법 제26조제1항에 따라 청산인은 다음 각 호의 사항이 포함된 청산결과보고서를 작성하여 중소벤처기업부장관에게 제출하여야 한다.

1. 조합원별로 창업투자조합의 재산을 배분한 명세
2. 법 제28조에 따라 업무집행조합원에게 배분한 투자수익의 명세
3. 영 제19조제2항에 따라 업무집행조합원이 임직원에게 지급한 성과급의 명세

제12조(중소기업상담회사의 등록) ① 법 제31조제1항에 따라 중소기업상담회사로

등록을 하려는 자는 별지 제2호서식의 등록신청서(전자문서로 된 신청서를 포함한다)에 다음 각 호의 서류(전자문서를 포함한다)를 첨부하여 중소벤처기업부장관에게 제출하여야 한다. 이 경우 중소벤처기업부장관은 「전자정부법」 제36조제1항에 따른 행정정보의 공동이용을 통하여 법인 등기사항증명서(법인인 경우만 해당한다)를 확인하여야 한다. <개정 2012.11.30.>

1. 정관
2. 사업계획서
3. 영 제20조제2항제1호에 따른 전문인력 보유현황 및 그 자격을 증명하는 서류

② 법 제31조제1항 후단에서 “중소벤처기업부령으로 정하는 중요 사항”이란 다음 각 호의 사항을 말한다. <개정 2009.6.2., 2013.3.23.>

1. 회사명
2. 소재지
3. 대표자
4. 납입자본금
5. 전문인력 보유현황
6. 정관에 적힌 사업목적

③ 중소기업상담회사는 제2항 각 호의 어느 하나에 해당하는 사항이 변경되면 변경일부터 15일 이내에 별지 제2호서식의 변경등록신청서에 변경된 사실을 증명하는 서류를 첨부하여 중소벤처기업부장관에게 변경등록을 신청하여야 한다.

④ 영 제20조제2항제2호에서 “중소벤처기업부령으로 정하는 부대시설”이란 창업자에 대한 경영 및 기술상담을 위한 전용공간을 말한다. <개정 2009.6.2., 2013.3.23.>

⑤ 중소벤처기업부장관은 제1항에 따른 등록의 신청을 한 자 또는 제3항에 따른 변경등록의 신청을 한자가 등록요건에 적합하면 별지 제3호서식의 등록증을 발급하여야 한다.

제13조(용역 대금의 지원신청) 영 제21조에 따라 용역 대금의 지원을 받으려는 중소기업상담회사는 별지 제6호서식의 신청서(전자문서로 된 신청서를 포함한다)에 다음 각 호의 서류(전자문서를 포함한다)를 첨부하여야 한다. 이 경우 담당 공무원은 「전자정부법」 제36조제1항에 따른 행정정보의 공동이용을 통하여 용역을 제공받은 창업자의 사업자등록증을 확인하여야 하며, 신청인이 확인에 동의하지 아니하는 경우에는 그 사본을 첨부하도록 하여야 한다.

<개정 2012.11.30.>
1. 용역결과보고서
2. 용역대금계산서
3. 용역계약서 사본

제14조(사업계획의 승인신청) 창업자는 법 제33조제1항 및 영 제22조에 따라 사업계획의 승인 또는 변경승인을 받으려면 별지 제7호서식의 신청서에 다음 각 호의 서류를 첨부하여 시장·군수·구청장(자치구의 구청장을 말한다. 이하 같다)에게 제출하여야 한다.
1. 사업계획서(승인신청의 경우만 해당한다)
2. 변경계획서 및 변경사유서(변경승인신청의 경우만 해당한다)
3. 변경내용의 신·구 대비표(변경승인신청의 경우만 해당한다)
4. 부동산권리자의 사용동의서
5. 법 제33조제4항에 따른 지침에서 정하는 서류

제15조(창업민원처리협의회의 구성·운영) ① 영 제23조제1항에 따른 창업민원처리협의회(이하 "협의회"라 한다)의 위원장은 지방중소벤처기업부장관이 되고, 위원은 다음 각 호의 자가 된다. <개정 2013.3.23.>
1. 사업계획의 승인과 관련되는 행정기관의 실무책임자
2. 해당 시·군·구(자치구를 말한다. 이하 같다) 및 공공기관의 실무책임자
3. 시민단체(「비영리민간단체지원법」 제2조에 따른 비영리민간단체를 말한다) 또는 중소기업 관련 단체(중소기업협동조합이나 「민법」과 「중소벤처기업부 소관 비영리법인의 설립 및 감독에 관한 규칙」에 따라 설립된 비영리사단법인을 말한다)에서 추천하는 자 중 지방중소벤처기업청장이 지정하는 자

② 협의회는 다음 각 호의 사항을 협의한다.
1. 사업계획 승인업무의 지원
2. 창업 관련 사전정보의 제공 및 상담
3. 창업자로부터 접수된 민원의 일괄처리 등

③ 위원장은 사업계획 승인업무의 지원 등을 위하여 필요하다고 인정되거나, 창업자 또는 시·군·구의 요청이 있을 경우에는 협의회를 개최한다.

④ 위원장은 제3항에 따라 협의회를 개최하려면 개최 일시 및 안건을 개최 10일 전까지 각 위원에게 알려야 한다.

⑤ 그 밖에 협의회의 운영에 필요한 사항은 위원장이 정한다.

제16조(사업계획의 사전협의 신청) 창업자가 법 제34조제1항 및 영 제25조제1항에 따라 사업계획의 사전협의를 신청하려는 경우에는 별지 제8호서식의 사업계획 사전협의신청서에 다음 각 호의 서류를 첨부하여 시장·군수·구청장에게 제출하여야 한다.

1. 사업계획서 1부
2. 환경 관련 법령에 따른 검토가 필요한 경우에는 기계 기구류, 규모, 마력 수 등을 적은 서류 1부
3. 법 제35조제1항 각 호의 사항에 관한 서류(필요한 경우만 첨부한다)

제16조의2(부담금 면제 신청) 법 제39조의3제1항 및 영 제29조의2제1항에 따라 부담금을 면제받으려는 창업자가 제출하는 부담금 면제 신청서는 별지 제9호 서식에 따른다.

[본조신설 2014.6.5.]

제17조(창업보육센터사업자의 운영 실적 기준) 법 제43조제4항제4호에서 "중소벤처기업부령으로 정하는 기준에 미치지 못할 때"란 다음 각 호의 어느 하나에 해당하는 경우를 말한다.

1. 증축·개축 등의 특별한 사유 없이 해당 창업보육센터의 보육실을 보육실 총 면적의 100분의 60 미만으로 임대한 실적이 3개월 이상 지속된 경우
2. 창업보육의 기반시설, 창업보육 프로그램의 운영 및 관리 등에 관하여 중소벤처기업부장관이 정하여 고시하는 평가 기준에 3회 연속 미치지 못한 경우

[전문개정 2014.2.28.]

제18조 삭제 <2009.6.2.>

3 가맹사업거래의 공정화에 관한 법률(프랜차이즈)

가맹사업법이라고도 하며, 프랜차이즈에 대한 창업을 함에 있어서 노하우를 가지고 있는 가맹본부(프랜차이즈 본부)와 가맹희망자 또는 가맹점사업자(프랜차이즈 점주)가 준수하여야 할 규정을 제시하고 있다.

가맹사업법

제1장 총칙
제1조 목적
제2조 정의
제3조 적용배제

제2장 가맹사업거래의 기본원칙
제4조 신의성실의 원칙
제5조 가맹본부의 준수사항
제6조 가맹점사업자의 준수사항

제3장 가맹사업거래의 공정화
제6조의2 정보공개서의 등록 등
제6조의3 정보공개서 등록의 거부 등
제6조의4 정보공개서 등록의 취소
제6조의5 가맹금 예치 등
제7조 정보공개서의 제공의무 등
제8조 삭제 <2007.8.3>
제9조 허위 · 과장된 정보제공 등의 금지
제10조 가맹금의 반환
제11조 가맹계약서의 기재사항 등
제12조 불공정거래행위의 금지
제12조의2 부당한 점포환경개선 강요 금지 등
제12조의3 부당한 영업시간 구속 금지
제12조의4 부당한 영업지역 침해금지
제12조의5 업종별 거래기준 권고
제12조의6 광고 · 판촉행사 관련 집행 내역 통보 등
제13조 가맹계약의 갱신 등
제14조 가맹계약해지의 제한
제14조의2 가맹점사업자단체의 거래조건 변경 협의 등
제15조 자율규약
제15조의2 가맹점사업자피해보상보험계약 등
제15조의3 공제조합의 설립
제15조의4 가맹본부와 가맹점사업자 간 협약체결의 권장 등

제4장 분쟁의 조정 등
제16조 가맹사업거래분쟁조정협의회의 설치
제17조 협의회의 구성
제18조 공익을 대표하는 위원의 위촉제한
제19조 협의회의 회의
제20조 위원의 제척 · 기피 · 회피
제21조 협의회의 조정사항
제22조 조정의 신청 등
제23조 조정 등
제24조 조정조서의 작성과 그 효력
제25조 협의회의 조직 등에 관한 규정
제26조 삭제 <2007.8.3>
제27조 가맹거래사
제28조 가맹거래사의 업무
제29조 가맹거래사의 등록
제30조 가맹거래사의 책임
제31조 가맹거래사의 등록취소와 자격정지
제31조의2 가맹사업거래에 대한 교육 등

제5장 공정거래위원회의 사건처리절차 등
제32조 조사개시대상행위의 제한
제32조의2 서면실태조사
제32조의3 위반행위의 신고 등
제33조 시정조치
제34조 시정권고
제35조 과징금
제36조 관계행정기관의 장의 협조
제37조 「독점규제 및 공정거래에 관한 법률」의 준용
제38조 「독점규제 및 공정거래에 관한 법률」과의 관계
제39조 권한의 위임과 위탁
제40조 보고

제6장 벌칙
제41조 벌칙
제42조 양벌규정
제43조 과태료
제44조 고발

가맹사업법 시행령

제1조 목적
제2조 삭제 <2008.1.31>
제3조 가맹금의 정의
제4조 정보공개서의 기재사항
제5조 적용배제
제5조의2 정보공개서의 등록 등
제5조의3 정보공개서의 변경등록 및 변경신고
제5조의4 정보공개서의 공개 등
제5조의5 정보공개서 등록의 취소 등
제5조의6 가맹금의 예치기관
제5조의7 가맹금의 예치 등
제5조의8 예치가맹금의 지급 및 반환
제6조 정보공개서의 제공 등
제7조 정보공개서의 표준양식
제8조 허위 · 과장의 정보제공행위 등의 유형
제9조 예상수익상황에 대한 정보제공 등
제10조 가맹금 반환의 요구
제11조 가맹사업의 중단일
제12조 가맹사업당사자의 권리 · 의무에 관한 사항
제12조의2 위약금의 부당성 판단기준
제13조 불공정거래행위의 유형 또는 기준
제13조의2 점포환경개선 비용부담의 범위 및 절차 등
제13조의3 부당한 영업시간 구속 금지의 판단기준
제13조의4 영업지역 변경사유
제13조의5 광고 · 판촉행사 관련 집행 내역 통보 절차 등
제14조 가맹계약의 갱신거절사유 등
제15조 가맹계약의 해지사유
제16조 자율규약의 심사요청
제16조의2 가맹점사업자피해보상보험계약 등
제16조의3 공제조합의 인가 등
제16조의4 공제조합의 정관기재사항
제16조의5 공제조합의 운영 및 감독
제17조 삭제 <2008.1.31>
제18조 협의회의 회의
제19조 분쟁조정의 신청
제20조 대표자의 선정
제21조 분쟁조정신청의 보완 등
제21조의2 분쟁조정 절차의 개시
제22조 분쟁조정의 거부 및 중지하는 내용 등
제23조 분쟁조정의 종료 등
제24조 분쟁당사자의 사실확인 등
제25조 분쟁의 조정 등
제26조 분쟁당사자의 지위승계
제27조 소제기 등의 통지
제27조의2 협의회의 운영세칙
제28조 가맹거래사 자격시험
제29조 응시수수료
제29조의2 삭제 <2004.3.22>
제30조 가맹거래사의 실무수습
제31조 자격증의 교부
제32조 가맹거래사의 등록 등
제32조의2 교육기관의 지정기준
제32조의3 위반행위의 신고 및 신고의 통지
제32조의4 시정명령을 받은 사실의 공표방법
제33조 시정권고절차
제34조 과징금의 산정방법 등
제35조 삭제 <2016.9.29>
제36조 업무의 위탁
제36조의2 고유식별정보의 처리
제36조의3 규제의 재검토
제37조 과태료의 부과기준

그림 Ⅸ-3 가맹사업법(프랜차이즈)의 조문

(1) 가맹사업거래의 공정화에 관한 법률

가맹사업법은 2017.10.19.에 시행되는 [법률 제14812호, 2017.4.18., 일부개정] 규정을 기준으로 한다.

제1장 총 칙

제1조(목적) 이 법은 가맹사업의 공정한 거래질서를 확립하고 가맹본부와 가맹점사업자가 대등한 지위에서 상호보완적으로 균형있게 발전하도록 함으로써 소비자 복지의 증진과 국민경제의 건전한 발전에 이바지함을 목적으로 한다.

제2조(정의) 이 법에서 사용하는 용어의 정의는 다음과 같다. <개정 2007.8.3., 2013.8.13.>

1. "가맹사업"이라 함은 가맹본부가 가맹점사업자로 하여금 자기의 상표·서비스표·상호·간판 그 밖의 영업표지(이하 "영업표지"라 한다)를 사용하여 일정한 품질기준이나 영업방식에 따라 상품(원재료 및 부재료를 포함한다. 이하 같다) 또는 용역을 판매하도록 함과 아울러 이에 따른 경영 및 영업활동 등에 대한 지원·교육과 통제를 하며, 가맹점사업자는 영업표지의 사용과 경영 및 영업활동 등에 대한 지원·교육의 대가로 가맹본부에 가맹금을 지급하는 계속적인 거래관계를 말한다.
2. "가맹본부"라 함은 가맹사업과 관련하여 가맹점사업자에게 가맹점운영권을 부여하는 사업자를 말한다.
3. "가맹점사업자"라 함은 가맹사업과 관련하여 가맹본부로부터 가맹점운영권을 부여받은 사업자를 말한다.
4. "가맹희망자"란 가맹계약을 체결하기 위하여 가맹본부나 가맹지역본부와 상담하거나 협의하는 자를 말한다.
5. "가맹점운영권"이란 가맹점사업자가 가맹본부의 가맹사업과 관련하여 가맹점을 운영할 수 있는 계약상의 권리를 말한다.
6. "가맹금"이란 명칭이나 지급형태가 어떻든 간에 다음 각 목의 어느 하나에 해당하는 대가를 말한다. 다만, 가맹본부에 귀속되지 아니하는 것으로서 대통령령으로 정하는 대가를 제외한다.
   가. 가입비·입회비·가맹비·교육비 또는 계약금 등 가맹점사업자가 영업표지의 사용허락 등 가맹점운영권이나 영업활동에 대한 지원·교육 등을 받기

위하여 가맹본부에 지급하는 대가

나. 가맹점사업자가 가맹본부로부터 공급받는 상품의 대금 등에 관한 채무액이나 손해배상액의 지급을 담보하기 위하여 가맹본부에 지급하는 대가

다. 가맹점사업자가 가맹점운영권을 부여받을 당시에 가맹사업을 착수하기 위하여 가맹본부로부터 공급받는 정착물·설비·상품의 가격 또는 부동산의 임차료 명목으로 가맹본부에 지급하는 대가

라. 가맹점사업자가 가맹본부와의 계약에 의하여 허락받은 영업표지의 사용과 영업활동 등에 관한 지원·교육, 그 밖의 사항에 대하여 가맹본부에 정기적으로 또는 비정기적으로 지급하는 대가로서 대통령령으로 정하는 것

마. 그 밖에 가맹희망자나 가맹점사업자가 가맹점운영권을 취득하거나 유지하기 위하여 가맹본부에 지급하는 모든 대가

7. "가맹지역본부"라 함은 가맹본부와의 계약에 의하여 일정한 지역 안에서 가맹점사업자의 모집, 상품 또는 용역의 품질유지, 가맹점사업자에 대한 경영 및 영업활동의 지원·교육·통제 등 가맹본부의 업무의 전부 또는 일부를 대행하는 사업자를 말한다.

8. "가맹중개인"이라 함은 가맹본부 또는 가맹지역본부로부터 가맹점사업자를 모집하거나 가맹계약을 준비 또는 체결하는 업무를 위탁받은 자를 말한다.

9. "가맹계약서"라 함은 가맹사업의 구체적 내용과 조건 등에 있어 가맹본부 또는 가맹점사업자(이하 "가맹사업당사자"라 한다)의 권리와 의무에 관한 사항(특수한 거래조건이나 유의사항이 있는 경우에는 이를 포함한다)을 기재한 문서를 말한다.

10. "정보공개서"란 다음 각 목에 관하여 대통령령으로 정하는 사항을 수록한 문서를 말한다.

가. 가맹본부의 일반 현황

나. 가맹본부의 가맹사업 현황(가맹점사업자의 매출에 관한 사항을 포함한다)

다. 가맹본부와 그 임원(「독점규제 및 공정거래에 관한 법률」 제2조제5호에 따른 임원을 말한다. 이하 같다)이 다음의 어느 하나에 해당하는 경우에는 해당 사실

1) 이 법, 「독점규제 및 공정거래에 관한 법률」 또는 「약관의 규제에 관한 법률」을 위반한 경우

2) 사기·횡령·배임 등 타인의 재산을 영득하거나 편취하는 죄에 관련된

민사소송에서 패소의 확정판결을 받았거나 민사상 화해를 한 경우

3) 사기·횡령·배임 등 타인의 재산을 영득하거나 편취하는 죄를 범하여 형을 선고받은 경우

라. 가맹점사업자의 부담

마. 영업활동에 관한 조건과 제한

바. 가맹사업의 영업 개시에 관한 상세한 절차와 소요기간

사. 가맹본부의 경영 및 영업활동 등에 대한 지원과 교육·훈련에 대한 설명

11. "점포환경개선"이란 가맹점 점포의 기존 시설, 장비, 인테리어 등을 새로운 디자인이나 품질의 것으로 교체하거나 신규로 설치하는 것을 말한다. 이 경우 점포의 확장 또는 이전을 수반하거나 수반하지 아니하는 경우를 모두 포함한다.

12. "영업지역"이란 가맹점사업자가 가맹계약에 따라 상품 또는 용역을 판매하는 지역을 말한다.

제3조(적용배제) ① 이 법은 다음 각 호의 어느 하나에 해당하는 경우에는 적용하지 아니한다. <개정 2012.2.17., 2013.8.13.>

1. 가맹점사업자가 가맹금의 최초 지급일부터 6개월까지의 기간동안 가맹본부에게 지급한 가맹금의 총액이 100만원 이내의 범위에서 대통령령으로 정하는 금액을 초과하지 아니하는 경우
2. 가맹본부의 연간 매출액이 2억원 이내의 범위에서 대통령령으로 정하는 일정규모 미만인 경우. 다만, 가맹본부와 계약을 맺은 가맹점사업자의 수가 5개 이상의 범위에서 대통령령으로 정하는 수 이상인 경우는 제외한다.

② 제1항에도 불구하고 제9조 및 제10조(제10조제1항제1호는 제외한다)는 모든 가맹사업거래에 대하여 적용한다. <신설 2013.8.13.>

제2장 가맹사업거래의 기본원칙

제4조(신의성실의 원칙) 가맹사업당사자는 가맹사업을 영위함에 있어서 각자의 업무를 신의에 따라 성실하게 수행하여야 한다.

제5조(가맹본부의 준수사항) 가맹본부는 다음 각호의 사항을 준수한다.

1. 가맹사업의 성공을 위한 사업구상
2. 상품이나 용역의 품질관리와 판매기법의 개발을 위한 계속적인 노력

3. 가맹점사업자에 대하여 합리적 가격과 비용에 의한 점포설비의 설치, 상품 또는 용역 등의 공급
4. 가맹점사업자와 그 직원에 대한 교육·훈련
5. 가맹점사업자의 경영·영업활동에 대한 지속적인 조언과 지원
6. 가맹계약기간중 가맹점사업자의 영업지역안에서 자기의 직영점을 설치하거나 가맹점사업자와 유사한 업종의 가맹점을 설치하는 행위의 금지
7. 가맹점사업자와의 대화와 협상을 통한 분쟁해결 노력

제6조(가맹점사업자의 준수사항) 가맹점사업자는 다음 각호의 사항을 준수한다.

1. 가맹사업의 통일성 및 가맹본부의 명성을 유지하기 위한 노력
2. 가맹본부의 공급계획과 소비자의 수요충족에 필요한 적정한 재고유지 및 상품진열
3. 가맹본부가 상품 또는 용역에 대하여 제시하는 적절한 품질기준의 준수
4. 제3호의 규정에 의한 품질기준의 상품 또는 용역을 구입하지 못하는 경우 가맹본부가 제공하는 상품 또는 용역의 사용
5. 가맹본부가 사업장의 설비와 외관, 운송수단에 대하여 제시하는 적절한 기준의 준수
6. 취급하는 상품·용역이나 영업활동을 변경하는 경우 가맹본부와의 사전 협의
7. 상품 및 용역의 구입과 판매에 관한 회계장부 등 가맹본부의 통일적 사업경영 및 판매전략의 수립에 필요한 자료의 유지와 제공
8. 가맹점사업자의 업무현황 및 제7호의 규정에 의한 자료의 확인과 기록을 위한 가맹본부의 임직원 그 밖의 대리인의 사업장 출입허용
9. 가맹본부의 동의를 얻지 아니한 경우 사업장의 위치변경 또는 가맹점운영권의 양도 금지
10. 가맹계약기간중 가맹본부와 동일한 업종을 영위하는 행위의 금지
11. 가맹본부의 영업기술이나 영업비밀의 누설 금지
12. 영업표지에 대한 제3자의 침해사실을 인지하는 경우 가맹본부에 대한 영업표지침해사실의 통보와 금지조치에 필요한 적절한 협력

제3장 가맹사업거래의 공정화

제6조의2(정보공개서의 등록 등) ① 가맹본부는 가맹희망자에게 제공할 정보공개서

를 공정거래위원회에 등록하여야 한다. <개정 2013.8.13.>

② 가맹본부는 제1항에 따라 등록한 정보공개서의 기재사항 중 대통령령으로 정하는 사항을 변경하려는 경우에는 대통령령으로 정하는 기한 이내에 공정거래위원회에 기재사항의 변경등록을 하여야 한다. 다만, 대통령령으로 정하는 경미한 사항을 변경하려는 경우에는 신고하여야 한다. <신설 2013.8.13.>

③ 공정거래위원회는 제1항 또는 제2항에 따라 등록·변경등록하거나 신고한 정보공개서를 공개하여야 한다. 다만, 「개인정보 보호법」 제2조제1호에 따른 개인정보와 「부정경쟁방지 및 영업비밀보호에 관한 법률」 제2조제2호에 따른 영업비밀은 제외한다. <개정 2013.8.13., 2016.12.20.>

④ 공정거래위원회는 제3항에 따라 정보공개서를 공개하는 경우 해당 가맹본부에 공개하는 내용과 방법을 미리 통지하여야 하고, 사실과 다른 내용을 정정할 수 있는 기회를 주어야 한다. <개정 2013.8.13., 2016.3.29.>

⑤ 공정거래위원회는 제3항에 따라 정보공개서를 공개하기 위하여 예산의 범위 안에서 가맹사업정보제공시스템을 구축·운용할 수 있다. <개정 2013.8.13.>

⑥ 그 밖에 정보공개서의 등록, 변경등록, 신고 및 공개의 방법과 절차는 대통령령으로 정한다. <개정 2013.8.13.>

[본조신설 2007.8.3.]

제6조의3(정보공개서 등록의 거부 등) ① 공정거래위원회는 제6조의2에 따른 정보공개서 등록 신청이 다음 각 호의 어느 하나에 해당하는 경우에는 정보공개서의 등록을 거부하거나 그 내용의 변경을 요구할 수 있다. <개정 2016.12.20.>

1. 정보공개서나 그 밖의 신청서류에 거짓이 있거나 필요한 내용을 적지 아니한 경우
2. 정보공개서에 기재된 가맹사업의 내용에 다른 법률에서 금지하고 있는 사항이 포함되어 있는 경우

② 공정거래위원회는 정보공개서의 등록을 하였을 때에는 가맹본부에게 등록증을 내주어야 한다. <개정 2016.12.20.>

[본조신설 2007.8.3.]

제6조의4(정보공개서 등록의 취소) ① 공정거래위원회는 정보공개서가 다음 각 호의 어느 하나에 해당하는 경우에는 그 등록을 취소할 수 있다. 다만, 제1호 및 제2호에 해당하는 경우에는 등록을 취소하여야 한다. <개정 2013.8.13., 2016.12.20.>

1. 거짓이나 그 밖의 부정한 방법으로 정보공개서가 등록된 경우
2. 제6조의3제1항제2호에 해당하는 경우
3. 제2조제10호 각 목의 기재사항 중 대통령령으로 정하는 중요한 사항(이하 "중요사항"이라 한다)이 누락된 경우
4. 가맹본부가 폐업 신고를 한 경우
5. 가맹본부가 정보공개서 등록취소를 요청하는 경우

② 공정거래위원회는 정보공개서 등록이 취소된 가맹본부의 명단을 공개할 수 있다. <신설 2013.8.13.>

[본조신설 2007.8.3.]

제6조의5(가맹금 예치 등) ① 가맹본부는 가맹점사업자(가맹희망자를 포함한다. 이하 이 조, 제15조의2 및 제41조제3항제1호에서 같다)로 하여금 가맹금(제2조제6호가목 및 나목에 해당하는 대가로서 금전으로 지급하는 경우에 한하며, 계약 체결 전에 가맹금을 지급한 경우에는 그 가맹금을 포함한다. 이하 "예치가맹금"이라 한다)을 대통령령으로 정하는 기관(이하 "예치기관"이라 한다)에 예치하도록 하여야 한다. 다만, 가맹본부가 제15조의2에 따른 가맹점사업자피해보상보험계약 등을 체결한 경우에는 그러하지 아니하다. <개정 2016.3.29.>

② 예치기관의 장은 가맹점사업자가 예치가맹금을 예치한 경우에는 예치일부터 7일 이내에 그 사실을 가맹본부에 통지하여야 한다.

③ 가맹본부는 다음 각 호의 어느 하나에 해당하는 경우에는 예치기관의 장에게 대통령령으로 정하는 바에 따라 예치가맹금의 지급을 요청할 수 있다. 이 경우 예치기관의 장은 10일 이내에 예치가맹금을 가맹본부에 지급하여야 한다.

1. 가맹점사업자가 영업을 개시한 경우
2. 가맹계약 체결일부터 2개월이 경과한 경우. 다만, 2개월이 경과하기 전에 가맹점사업자가 제5항제1호부터 제3호까지의 규정 중 어느 하나에 해당하는 조치를 취한 사실을 예치기관의 장에게 서면으로 통보한 경우에는 그러하지 아니하다.

④ 가맹본부는 거짓이나 그 밖의 부정한 방법으로 예치가맹금의 지급을 요청하여서는 아니 된다.

⑤ 예치기관의 장은 제1호부터 제3호까지의 규정 중 어느 하나에 해당하는 경우에는 제24조에 따른 가맹사업거래분쟁조정협의회의 조정이나 그 밖의 분쟁해결의 결과(이하 "분쟁조정 등의 결과"라 한다) 또는 제33조에 따른 공정거래위

원회의 시정조치가 확정될 때(공정거래위원회의 시정조치에 대하여 이의신청이 제기된 경우에는 재결이, 시정조치나 재결에 대하여 소가 제기된 경우에는 확정 판결이 각각 확정된 때를 말한다. 이하 이 조에서 같다)까지 예치가맹금의 지급을 보류하여야 하고, 제4호에 해당하는 경우에는 예치가맹금의 지급요청을 거부하거나 가맹본부에 그 내용의 변경을 요구하여야 한다.

1. 가맹점사업자가 예치가맹금을 반환받기 위하여 소를 제기한 경우
2. 가맹점사업자가 예치가맹금을 반환받기 위하여 알선, 조정, 중재 등을 신청한 경우
3. 가맹점사업자가 제10조의 위반을 이유로 가맹본부를 공정거래위원회에 신고한 경우
4. 가맹본부가 제4항을 위반하여 거짓이나 그 밖의 부정한 방법으로 예치가맹금의 지급을 요청한 경우

⑥ 예치기관의 장은 가맹본부 또는 가맹점사업자가 분쟁조정 등의 결과나 시정조치 결과를 첨부하여 예치가맹금의 지급 또는 반환을 요청하는 경우 요청일부터 30일 이내에 그 결과에 따라 예치가맹금을 가맹본부에 지급하거나 가맹점사업자에게 반환하여야 한다.

⑦ 예치기관의 장은 가맹점사업자가 가맹본부의 동의를 받아 예치가맹금의 반환을 요청하는 경우에는 제5항 및 제6항에도 불구하고 요청일부터 10일 이내에 예치가맹금을 가맹점사업자에게 반환하여야 한다.

⑧ 그 밖에 가맹금의 예치 등에 관하여 필요한 사항은 대통령령으로 정한다.

[본조신설 2007.8.3.]

제7조(정보공개서의 제공의무 등) ① 가맹본부(가맹지역본부 또는 가맹중개인이 가맹점사업자를 모집하는 경우를 포함한다. 이하 같다)는 가맹희망자에게 제6조의2제1항 및 제2항에 따라 등록 또는 변경등록한 정보공개서를 내용증명우편 등 제공시점을 객관적으로 확인할 수 있는 대통령령으로 정하는 방법에 따라 제공하여야 한다. <개정 2007.8.3., 2013.8.13.>

② 가맹본부는 제1항에 따라 정보공개서를 제공할 경우에는 가맹희망자의 장래 점포 예정지에서 가장 인접한 가맹점 10개(정보공개서 제공시점에 가맹희망자의 장래 점포 예정지가 속한 광역지방자치단체에서 영업 중인 가맹점의 수가 10개 미만인 경우에는 해당 광역지방자치단체 내의 가맹점 전체)의 상호, 소재지 및 전화번호가 적힌 문서(이하 "인근가맹점 현황문서"라 한다)를 함께 제공하여

야 한다. 다만, 정보공개서를 제공할 때 장래 점포 예정지가 확정되지 아니한 경우에는 확정되는 즉시 제공하여야 한다. <신설 2013.8.13.>

③ 가맹본부는 등록된 정보공개서 및 인근가맹점 현황문서(이하 "정보공개서등"이라 한다)를 제1항의 방법에 따라 제공하지 아니하였거나 정보공개서등을 제공한 날부터 14일(가맹희망자가 정보공개서에 대하여 변호사 또는 제27조에 따른 가맹거래사의 자문을 받은 경우에는 7일로 한다)이 지나지 아니한 경우에는 다음 각 호의 어느 하나에 해당하는 행위를 하여서는 아니 된다. <신설 2007.8.3., 2013.8.13.>

1. 가맹희망자로부터 가맹금을 수령하는 행위. 이 경우 가맹희망자가 예치기관에 예치가맹금을 예치하는 때에는 최초로 예치한 날(가맹본부가 가맹희망자와 최초로 가맹금을 예치하기로 합의한 때에는 그 날)에 가맹금을 수령한 것으로 본다.
2. 가맹희망자와 가맹계약을 체결하는 행위

④ 공정거래위원회는 대통령령이 정하는 바에 따라 정보공개서의 표준양식을 정하여 가맹본부 또는 가맹본부로 구성된 사업자단체에게 그 사용을 권장할 수 있다. <개정 2007.8.3., 2013.8.13.>

[제목개정 2007.8.3.]

제8조 삭제 <2007.8.3.>

제9조(허위·과장된 정보제공 등의 금지) ① 가맹본부는 가맹희망자나 가맹점사업자에게 정보를 제공함에 있어서 다음 각 호의 행위를 하여서는 아니 된다. <개정 2013.8.13.>

1. 사실과 다르게 정보를 제공하거나 사실을 부풀려 정보를 제공하는 행위(이하 "허위·과장의 정보제공행위"라 한다)
2. 계약의 체결·유지에 중대한 영향을 미치는 사실을 은폐하거나 축소하는 방법으로 정보를 제공하는 행위(이하 "기만적인 정보제공행위"라 한다)

② 제1항 각 호의 행위의 유형은 대통령령으로 정한다. <신설 2013.8.13.>

③ 가맹본부는 가맹희망자나 가맹점사업자에게 다음 각 호의 어느 하나에 해당하는 정보를 제공하는 경우에는 서면으로 하여야 한다. <개정 2007.8.3., 2013.8.13.>

1. 가맹희망자의 예상매출액·수익·매출총이익·순이익 등 장래의 예상수익상황에 관한 정보

2. 가맹점사업자의 매출액·수익·매출총이익·순이익 등 과거의 수익상황이나 장래의 예상수익상황에 관한 정보

④ 가맹본부는 제3항에 따라 정보를 제공하는 경우에는 그 정보의 산출근거가 되는 자료로서 대통령령으로 정하는 자료를 가맹본부의 사무소에 비치하여야 하며, 영업시간 중에 언제든지 가맹희망자나 가맹점사업자의 요구가 있는 경우 그 자료를 열람할 수 있도록 하여야 한다. <개정 2007.8.3., 2013.8.13.>

⑤ 제3항에도 불구하고 다음 각 호의 어느 하나에 해당하는 가맹본부는 가맹계약을 체결할 때 가맹희망자에게 대통령령으로 정하는 예상매출액의 범위 및 그 산출 근거를 서면(이하 "예상매출액 산정서"라 한다)으로 제공하여야 한다. <신설 2013.8.13.>

1. 중소기업자(「중소기업기본법」 제2조제1항 또는 제3항에 따른 자를 말한다)가 아닌 가맹본부
2. 직전 사업연도 말 기준으로 가맹본부와 계약을 체결·유지하고 있는 가맹점사업자(가맹본부가 복수의 영업표지를 보유하고 있는 경우에는 동일 영업표지를 사용하는 가맹점사업자에 한정한다)의 수가 대통령령으로 정하는 수 이상인 가맹본부

⑥ 가맹본부는 예상매출액 산정서를 가맹계약 체결일부터 5년간 보관하여야 한다. <신설 2013.8.13.>

⑦ 공정거래위원회는 예상매출액 산정서의 표준양식을 정하여 사용을 권장할 수 있다. <신설 2013.8.13.>

제10조(가맹금의 반환) ① 가맹본부는 다음 각 호의 어느 하나에 해당하는 경우에는 가맹희망자나 가맹점사업자가 대통령령으로 정하는 사항이 적힌 서면으로 요구하는 날부터 1개월 이내에 가맹금을 반환하여야 한다. <개정 2007.8.3., 2013.8.13.>

1. 가맹본부가 제7조제3항을 위반한 경우로서 가맹희망자 또는 가맹점사업자가 가맹계약 체결 전 또는 가맹계약의 체결일부터 4개월 이내에 가맹금의 반환을 요구하는 경우
2. 가맹본부가 제9조제1항을 위반한 경우로서 가맹희망자가 가맹계약 체결 전에 가맹금의 반환을 요구하는 경우
3. 가맹본부가 제9조제1항을 위반한 경우로서 허위 또는 과장된 정보나 중요사항의 누락된 내용이 계약 체결에 중대한 영향을 준 것으로 인정되어 가맹점

사업자가 가맹계약의 체결일부터 4개월 이내에 가맹금의 반환을 요구하는 경우

4. 가맹본부가 정당한 사유 없이 가맹사업을 일방적으로 중단하고 가맹점사업자가 대통령령으로 정하는 가맹사업의 중단일부터 4개월 이내에 가맹금의 반환을 요구하는 경우

② 제1항의 규정에 의하여 반환하는 가맹금의 금액을 정함에 있어서는 가맹계약의 체결경위, 금전이나 그 밖에 지급된 대가의 성격, 가맹계약기간, 계약이행기간, 가맹사업당사자의 귀책정도 등을 고려하여야 한다. <개정 2007.8.3.>

제11조(가맹계약서의 기재사항 등) ① 가맹본부는 가맹희망자가 가맹계약의 내용을 미리 이해할 수 있도록 제2항 각 호의 사항이 적힌 문서를 가맹희망자에게 제공한 날부터 14일이 지나지 아니한 경우에는 다음 각 호의 어느 하나에 해당하는 행위를 하여서는 아니 된다. <개정 2007.8.3., 2017.4.18.>

1. 가맹희망자로부터 가맹금을 수령하는 행위. 이 경우 가맹희망자가 예치기관에 예치가맹금을 예치하는 때에는 최초로 예치한 날(가맹희망자가 최초로 가맹금을 예치하기로 가맹본부와 합의한 날이 있는 경우에는 그 날)에 가맹금을 수령한 것으로 본다.
2. 가맹희망자와 가맹계약을 체결하는 행위

② 가맹계약서는 다음 각호의 사항을 포함하여야 한다. <개정 2007.8.3.>

1. 영업표지의 사용권 부여에 관한 사항
2. 가맹점사업자의 영업활동 조건에 관한 사항
3. 가맹점사업자에 대한 교육·훈련, 경영지도에 관한 사항
4. 가맹금 등의 지급에 관한 사항
5. 영업지역의 설정에 관한 사항
6. 계약기간에 관한 사항
7. 영업의 양도에 관한 사항
8. 계약해지의 사유에 관한 사항
9. 가맹희망자 또는 가맹점사업자가 가맹계약을 체결한 날부터 2개월(가맹점사업자가 2개월 이전에 가맹사업을 개시하는 경우에는 가맹사업개시일)까지의 기간 동안 예치가맹금을 예치기관에 예치하여야 한다는 사항. 다만, 가맹본부가 제15조의2에 따른 가맹점사업자피해보상보험계약 등을 체결한 경우에는 그에 관한 사항으로 한다.
10. 가맹희망자가 정보공개서에 대하여 변호사 또는 제27조에 따른 가맹거래사

의 자문을 받은 경우 이에 관한 사항

11. 그 밖에 가맹사업당사자의 권리·의무에 관한 사항으로서 대통령령이 정하는 사항

③ 가맹본부는 가맹계약서를 가맹사업의 거래가 종료된 날부터 3년간 보관하여야 한다.

④ 공정거래위원회는 가맹본부에게 건전한 가맹사업거래질서를 확립하고 불공정한 내용의 가맹계약이 통용되는 것을 방지하기 위하여 일정한 가맹사업거래에서 표준이 되는 가맹계약서의 작성 및 사용을 권장할 수 있다.

[제목개정 2007.8.3.]

제12조(불공정거래행위의 금지) ① 가맹본부는 다음 각 호의 어느 하나에 해당하는 행위로서 가맹사업의 공정한 거래를 저해할 우려가 있는 행위를 하거나 다른 사업자로 하여금 이를 행하도록 하여서는 아니된다. <개정 2007.8.3., 2013.8.13., 2016.3.29.>

1. 가맹점사업자에 대하여 상품이나 용역의 공급 또는 영업의 지원 등을 부당하게 중단 또는 거절하거나 그 내용을 현저히 제한하는 행위
2. 가맹점사업자가 취급하는 상품 또는 용역의 가격, 거래상대방, 거래지역이나 가맹점사업자의 사업활동을 부당하게 구속하거나 제한하는 행위
3. 거래상의 지위를 이용하여 부당하게 가맹점사업자에게 불이익을 주는 행위
4. 삭제 <2013.8.13.>
5. 계약의 목적과 내용, 발생할 손해 등 대통령령으로 정하는 기준에 비하여 과중한 위약금을 부과하는 등 가맹점사업자에게 부당하게 손해배상 의무를 부담시키는 행위
6. 제1호부터 제3호까지 및 제5호 외의 행위로서 부당하게 경쟁가맹본부의 가맹점사업자를 자기와 거래하도록 유인하는 행위 등 가맹사업의 공정한 거래를 저해할 우려가 있는 행위

② 제1항 각호의 규정에 의한 행위의 유형 또는 기준은 대통령령으로 정한다.

제12조의2(부당한 점포환경개선 강요 금지 등) ① 가맹본부는 대통령령으로 정하는 정당한 사유 없이 점포환경개선을 강요하여서는 아니 된다.

② 가맹본부는 가맹점사업자의 점포환경개선에 소요되는 비용으로서 대통령령으로 정하는 비용의 100분의 40 이내의 범위에서 대통령령으로 정하는 비율에 해당하는 금액을 부담하여야 한다. 다만, 다음 각 호의 어느 하나에 해당하는 경

우에는 그러하지 아니하다.

1. 가맹본부의 권유 또는 요구가 없음에도 가맹점사업자의 자발적 의사에 의하여 점포환경개선을 실시하는 경우
2. 가맹점사업자의 귀책사유로 인하여 위생·안전 및 이와 유사한 문제가 발생하여 불가피하게 점포환경개선을 하는 경우

③ 제2항에 따라 가맹본부가 부담할 비용의 산정, 청구 및 지급절차, 그 밖에 필요한 사항은 대통령령으로 정한다.

[본조신설 2013.8.13.]

제12조의3(부당한 영업시간 구속 금지) ① 가맹본부는 정상적인 거래관행에 비추어 부당하게 가맹점사업자의 영업시간을 구속하는 행위(이하 "부당한 영업시간 구속"이라 한다)를 하여서는 아니 된다.

② 다음 각 호의 어느 하나에 해당하는 가맹본부의 행위는 부당한 영업시간 구속으로 본다.

1. 가맹점사업자의 점포가 위치한 상권의 특성 등의 사유로 대통령령으로 정하는 심야 영업시간대의 매출이 그 영업에 소요되는 비용에 비하여 저조하여 대통령령으로 정하는 일정한 기간 동안 영업손실이 발생함에 따라 가맹점사업자가 영업시간 단축을 요구함에도 이를 허용하지 아니하는 행위
2. 가맹점사업자가 질병의 발병과 치료 등 불가피한 사유로 인하여 필요 최소한의 범위에서 영업시간의 단축을 요구함에도 이를 허용하지 아니하는 행위

[본조신설 2013.8.13.]

제12조의4(부당한 영업지역 침해금지) ① 가맹본부는 가맹계약 체결 시 가맹점사업자의 영업지역을 설정하여 가맹계약서에 이를 기재하여야 한다.

② 상권의 급격한 변화 등 대통령령으로 정하는 사유가 발생하는 경우에는 가맹계약 갱신과정에서 가맹본부와 가맹점사업자가 합의하여 기존 영업지역을 합리적으로 변경할 수 있다. <개정 2016.3.29.>

③ 가맹본부는 정당한 사유 없이 가맹계약기간 중 가맹점사업자의 영업지역 안에서 가맹점사업자와 동일한 업종(수요층의 지역적·인적 범위, 취급품목, 영업형태 및 방식 등에 비추어 동일하다고 인식될 수 있을 정도의 업종을 말한다)의 자기 또는 계열회사(「독점규제 및 공정거래에 관한 법률」 제2조제3호에 따른 계열회사를 말한다)의 직영점이나 가맹점을 설치하는 행위를 하여서는 아니 된다.

[본조신설 2013.8.13.]

제12조의5(업종별 거래기준 권고) 공정거래위원회는 가맹사업거래의 공정한 거래질서 확립을 위하여 필요한 경우 업종별로 바람직한 거래기준을 정하여 가맹본부에 이의 준수를 권고할 수 있다.
[본조신설 2013.8.13.]

제12조의6(광고·판촉행사 관련 집행 내역 통보 등) ① 가맹본부는 가맹점사업자가 비용의 전부 또는 일부를 부담하는 광고나 판촉행사를 실시한 경우 그 집행 내역을 가맹점사업자에게 통보하고 가맹점사업자의 요구가 있는 경우 이를 열람할 수 있도록 하여야 한다.
② 제1항에 따른 집행 내역 통보 또는 열람의 구체적인 시기·방법·절차는 대통령령으로 정한다.
[본조신설 2016.3.29.]

제13조(가맹계약의 갱신 등) ① 가맹본부는 가맹점사업자가 가맹계약기간 만료 전 180일부터 90일까지 사이에 가맹계약의 갱신을 요구하는 경우 정당한 사유 없이 이를 거절하지 못한다. 다만, 다음 각 호의 어느 하나에 해당하는 경우에는 그러하지 아니하다.
1. 가맹점사업자가 가맹계약상의 가맹금 등의 지급의무를 지키지 아니한 경우
2. 다른 가맹점사업자에게 통상적으로 적용되는 계약조건이나 영업방침을 가맹점사업자가 수락하지 아니한 경우
3. 가맹사업의 유지를 위하여 필요하다고 인정되는 것으로서 다음 각 목의 어느 하나에 해당하는 가맹본부의 중요한 영업방침을 가맹점사업자가 지키지 아니한 경우
   가. 가맹점의 운영에 필요한 점포·설비의 확보나 법령상 필요한 자격·면허·허가의 취득에 관한 사항
   나. 판매하는 상품이나 용역의 품질을 유지하기 위하여 필요한 제조공법 또는 서비스기법의 준수에 관한 사항
   다. 그 밖에 가맹점사업자가 가맹사업을 정상적으로 유지하기 위하여 필요하다고 인정되는 것으로서 대통령령으로 정하는 사항

② 가맹점사업자의 계약갱신요구권은 최초 가맹계약기간을 포함한 전체 가맹계약기간이 10년을 초과하지 아니하는 범위 내에서만 행사할 수 있다.
③ 가맹본부가 제1항에 따른 갱신 요구를 거절하는 경우에는 그 요구를 받은 날

부터 15일 이내에 가맹점사업자에게 거절 사유를 적어 서면으로 통지하여야 한다.
④ 가맹본부가 제3항의 거절 통지를 하지 아니하거나 가맹계약기간 만료 전 180일부터 90일까지 사이에 가맹점사업자에게 조건의 변경에 대한 통지나 가맹계약을 갱신하지 아니한다는 사실의 통지를 서면으로 하지 아니하는 경우에는 계약 만료 전의 가맹계약과 같은 조건으로 다시 가맹계약을 체결한 것으로 본다. 다만, 가맹점사업자가 계약이 만료되는 날부터 60일 전까지 이의를 제기하거나 가맹본부나 가맹점사업자에게 천재지변이나 그 밖에 대통령령으로 정하는 부득이한 사유가 있는 경우에는 그러하지 아니하다.
[전문개정 2007.8.3.]

제14조(가맹계약해지의 제한) ① 가맹본부는 가맹계약을 해지하려는 경우에는 가맹점사업자에게 2개월 이상의 유예기간을 두고 계약의 위반 사실을 구체적으로 밝히고 이를 시정하지 아니하면 그 계약을 해지한다는 사실을 서면으로 2회 이상 통지하여야 한다. 다만, 가맹사업의 거래를 지속하기 어려운 경우로서 대통령령이 정하는 경우에는 그러하지 아니하다. <개정 2007.8.3.>
② 제1항의 규정에 의한 절차를 거치지 아니한 가맹계약의 해지는 그 효력이 없다.

제14조의2(가맹점사업자단체의 거래조건 변경 협의 등) ① 가맹점사업자는 권익보호 및 경제적 지위 향상을 도모하기 위하여 단체(이하 “가맹점사업자단체”라 한다)를 구성할 수 있다.
② 특정 가맹본부와 가맹계약을 체결·유지하고 있는 가맹점사업자(복수의 영업표지를 보유한 가맹본부와 계약 중인 가맹점사업자의 경우에는 동일한 영업표지를 사용하는 가맹점사업자로 한정한다)로만 구성된 가맹점사업자단체는 그 가맹본부에 대하여 가맹계약의 변경 등 거래조건(이하 이 조에서 “거래조건”이라 한다)에 대한 협의를 요청할 수 있다.
③ 제2항에 따른 협의를 요청받은 경우 가맹본부는 성실하게 협의에 응하여야 한다. 다만, 복수의 가맹점사업자단체가 협의를 요청할 경우 가맹본부는 다수의 가맹점사업자로 구성된 가맹점사업자단체와 우선적으로 협의한다.
④ 제2항에 따른 협의와 관련하여 가맹점사업자단체는 가맹사업의 통일성이나 본질적 사항에 반하는 거래조건을 요구하는 행위, 가맹본부의 경영 등에 부당하게 간섭하는 행위 또는 부당하게 경쟁을 제한하는 행위를 하여서는 아니 된다.
⑤ 가맹본부는 가맹점사업자단체의 구성·가입·활동 등을 이유로 가맹점사업자에게 불이익을 주는 행위를 하거나 가맹점사업자단체에 가입 또는 가입하지 아

니할 것을 조건으로 가맹계약을 체결하여서는 아니 된다.
[본조신설 2013.8.13.]

제15조(자율규약) ① 가맹본부 또는 가맹본부를 구성원으로 하는 사업자단체는 가맹사업의 공정한 거래질서를 유지하기 위하여 자율적으로 규약을 정할 수 있다.
② 가맹본부 또는 가맹본부를 구성원으로 하는 사업자단체는 제1항의 규정에 의하여 자율규약을 정하고자 하는 경우 그 규약이 제12조제1항의 규정에 위반하는 지에 대한 심사를 공정거래위원회에 요청할 수 있다.
③ 공정거래위원회는 제2항의 규정에 의하여 자율규약의 심사를 요청받은 때에는 그 요청을 받은 날부터 60일 이내에 심사결과를 신청인에게 통보하여야 한다.

제15조의2(가맹점사업자피해보상보험계약 등) ① 가맹본부는 가맹점사업자의 피해를 보상하기 위하여 다음 각 호의 어느 하나에 해당하는 계약(이하 "가맹점사업자피해보상보험계약 등"이라 한다)을 체결할 수 있다. <개정 2012.2.17.>
1. 「보험업법」에 따른 보험계약
2. 가맹점사업자 피해보상금의 지급을 확보하기 위한 「금융위원회의 설치 등에 관한 법률」 제38조에 따른 기관의 채무지급보증계약
3. 제15조의3에 따라 설립된 공제조합과의 공제계약
② 가맹점사업자피해보상보험계약 등에 의하여 가맹점사업자 피해보상금을 지급할 의무가 있는 자는 그 지급사유가 발생한 경우 지체 없이 이를 지급하여야 한다. 이를 지연한 경우에는 지연배상금을 지급하여야 한다.
③ 가맹점사업자피해보상보험계약 등을 체결하고자 하는 가맹본부는 가맹점사업자피해보상보험계약 등을 체결하기 위하여 매출액 등의 자료를 제출함에 있어서 거짓 자료를 제출하여서는 아니 된다.
④ 가맹본부는 가맹점사업자피해보상보험계약 등을 체결함에 있어서 가맹점사업자의 피해보상에 적절한 수준이 되도록 하여야 한다.
⑤ 가맹점사업자피해보상보험계약 등을 체결한 가맹본부는 그 사실을 나타내는 표지를 사용할 수 있다.
⑥ 가맹점사업자피해보상보험계약 등을 체결하지 아니한 가맹본부는 제5항에 따른 표지를 사용하거나 이와 유사한 표지를 제작 또는 사용하여서는 아니 된다.
⑦ 그 밖에 가맹점사업자피해보상보험계약 등에 대하여 필요한 사항은 대통령령으로 정한다.
[본조신설 2007.8.3.]

제15조의3(공제조합의 설립) ① 가맹본부는 제15조의2제1항제3호에 따른 공제사업을 영위하기 위하여 공정거래위원회의 인가를 받아 공제조합(이하 "공제조합"이라 한다)을 설립할 수 있다.
② 공제조합은 법인으로 하며, 주된 사무소의 소재지에 설립등기를 함으로써 성립한다.
③ 공제조합에 가입한 가맹본부는 공제사업의 수행에 필요한 출자금 등을 조합에 납부하여야 한다.
④ 공제조합의 기본재산은 조합원의 출자금 등으로 조성한다.
⑤ 공제조합의 조합원의 자격, 임원에 관한 사항 및 출자금의 부담기준에 관한 사항은 정관으로 정한다.
⑥ 공제조합의 설립인가 기준 및 절차, 정관기재사항, 운영 및 감독 등에 관하여 필요한 사항은 대통령령으로 정한다.
⑦ 공제조합이 제1항에 따른 공제사업을 하고자 하는 때에는 공제규정을 정하여 공정거래위원회의 인가를 받아야 한다. 공제규정을 변경하고자 하는 때에도 또한 같다.
⑧ 제7항의 공제규정에는 공제사업의 범위, 공제료, 공제사업에 충당하기 위한 책임준비금 등 공제사업의 운영에 관하여 필요한 사항을 포함하여야 한다.
⑨ 공제조합에 관하여 이 법에 규정된 것을 제외하고는 「민법」 중 사단법인에 관한 규정을 준용한다.
⑩ 이 법에 따른 공제조합의 사업에 대하여는 「보험업법」을 적용하지 아니한다.
[본조신설 2007.8.3.]

제15조의4(가맹본부와 가맹점사업자 간 협약체결의 권장 등) ① 공정거래위원회는 가맹본부와 가맹점사업자가 가맹사업 관계 법령의 준수 및 상호 지원·협력을 약속하는 자발적인 협약을 체결하도록 권장할 수 있다.
② 공정거래위원회는 가맹본부와 가맹점사업자가 제1항에 따른 협약을 체결하는 경우 그 이행을 독려하기 위하여 포상 등 지원시책을 마련하여 시행하여야 한다.
③ 공정거래위원회는 제1항 및 제2항에 따른 협약의 내용·체결절차·이행실적평가 및 지원시책 등에 필요한 사항을 정한다.
[본조신설 2013.8.13.]

제4장 분쟁의 조정 등

제16조(가맹사업거래분쟁조정협의회의 설치) 가맹사업에 관한 분쟁을 조정하기 위하여 「독점규제 및 공정거래에 관한 법률」 제48조의2제1항에 따른 한국공정거래조정원(이하 "조정원"이라 한다)에 가맹사업거래분쟁조정협의회(이하 "협의회"라 한다)를 둔다.
[전문개정 2007.8.3.]

제17조(협의회의 구성) ① 협의회는 위원장 1인을 포함한 9인의 위원으로 구성한다.
② 위원은 공익을 대표하는 위원, 가맹본부의 이익을 대표하는 위원, 가맹점사업자의 이익을 대표하는 위원으로 구분하되 각각 동수로 한다.
③ 위원은 조정원의 장이 추천한 자와 다음 각 호의 어느 하나에 해당하는 자중 공정거래위원회 위원장이 임명 또는 위촉하는 자가 된다. <개정 2005.12.29., 2007.8.3.>
1. 대학에서 법률학·경제학·경영학을 전공한 자로서 「고등교육법」 제2조제1호·제2호 또는 제5호에 따른 학교나 공인된 연구기관에서 부교수 이상의 직 또는 이에 상당하는 직에 있거나 있었던 자
2. 판사·검사 직에 있거나 있었던 자 또는 변호사의 자격이 있는 자
3. 독점금지 및 공정거래업무에 관한 경험이 있는 4급 이상 공무원(고위공무원단에 속하는 일반직공무원을 포함한다)의 직에 있거나 있었던 자

④ 위원장은 공익을 대표하는 위원중에서 공정거래위원회 위원장이 위촉한다. <개정 2007.8.3.>
⑤ 위원의 임기는 3년으로 하고 연임할 수 있다.
⑥ 위원중 결원이 생긴 때에는 제3항의 규정에 의하여 보궐위원을 위촉하여야 하며, 그 보궐위원의 임기는 전임자의 잔임기간으로 한다.

제18조(공익을 대표하는 위원의 위촉제한) ① 공익을 대표하는 위원은 위촉일 현재 가맹본부 또는 가맹점사업자의 임원·직원으로 있는 자중에서 위촉될 수 없다.
② 공정거래위원회 위원장은 공익을 대표하는 위원으로 위촉받은 자가 가맹본부 또는 가맹점사업자의 임원·직원으로 된 때에는 즉시 해촉하여야 한다. <개정 2007.8.3.>

제19조(협의회의 회의) ① 협의회의 회의는 위원 전원으로 구성되는 회의(이하 "전

체회의"라 한다)와 공익을 대표하는 위원, 가맹본부의 이익을 대표하는 위원, 가맹점사업자의 이익을 대표하는 위원 각 1인으로 구성되는 회의(이하 "소회의"라 한다)로 구분한다. <개정 2007.8.3.>

② 협의회의 전체회의는 다음 각 호의 사항을 심의·의결한다. <신설 2013.8.13.>

1. 소회의가 전체회의에서 처리하도록 결정한 사항
2. 협의회 운영세칙의 제정·개정에 관한 사항
3. 그 밖에 전체회의에서 처리할 필요가 있다고 인정하는 사항으로서 협의회의 위원장이 전체회의에 부치는 사항

③ 협의회의 소회의는 제2항 각 호 외의 사항을 심의·의결한다. <개정 2013.8.13.>

④ 협의회의 전체회의는 위원장이 주재하며, 재적위원 과반수의 출석으로 개의하고, 출석위원 과반수의 찬성으로 의결한다. <개정 2007.8.3., 2013.8.13.>

⑤ 협의회의 소회의는 공익을 대표하는 위원이 주재하며, 구성위원 전원의 출석과 출석위원 전원의 찬성으로 의결한다. 이 경우 소회의의 의결은 협의회의 의결로 보되, 회의의 결과를 전체회의에 보고하여야 한다. <신설 2007.8.3., 2013.8.13.>

⑥ 위원장이 사고로 직무를 수행할 수 없을 때에는 공익을 대표하는 위원중에서 공정거래위원회 위원장이 지명하는 위원이 그 직무를 대행한다.
<개정 2007.8.3., 2013.8.13.>

⑦ 조정의 대상이 된 분쟁의 당사자인 가맹사업당사자(이하 "분쟁당사자"라 한다)는 협의회의 회의에 출석하여 의견을 진술하거나 관계자료를 제출할 수 있다. <개정 2007.8.3., 2013.8.13.>

제20조(위원의 제척·기피·회피) ① 위원은 다음 각 호의 어느 하나에 해당하는 경우에는 해당 조정사항의 조정에서 제척된다. <개정 2016.3.29.>

1. 위원 또는 그 배우자나 배우자이었던 자가 해당 조정사항의 분쟁당사자가 되거나 공동권리자 또는 의무자의 관계에 있는 경우
2. 위원이 해당 조정사항의 분쟁당사자와 친족관계에 있거나 있었던 경우
3. 위원 또는 위원이 속한 법인이 분쟁당사자의 법률·경영 등에 대하여 자문이나 고문의 역할을 하고 있는 경우
4. 위원 또는 위원이 속한 법인이 해당 조정사항에 대하여 분쟁당사자의 대리인으로 관여하거나 관여하였던 경우 및 증언 또는 감정을 한 경우

② 분쟁당사자는 위원에게 협의회의 조정에 공정을 기하기 어려운 사정이 있는

때에 협의회에 그 위원에 대한 기피신청을 할 수 있다. <개정 2016.3.29.>
③ 위원이 제1항 또는 제2항의 사유에 해당하는 경우에는 스스로 해당 조정사항의 조정에서 회피할 수 있다. <개정 2016.3.29.>

제21조(협의회의 조정사항) 협의회는 공정거래위원회 또는 분쟁당사자가 요청하는 가맹사업거래의 분쟁에 관한 사항을 조정한다.

제22조(조정의 신청 등) ① 분쟁당사자는 제21조의 규정에 의하여 협의회에 대통령령이 정하는 사항이 기재된 서면으로 그 조정을 신청할 수 있다.
② 공정거래위원회는 가맹사업거래의 분쟁에 관한 사건에 대하여 협의회에 그 조정을 의뢰할 수 있다.
③ 협의회는 제1항의 규정에 의하여 조정을 신청받은 때에는 즉시 그 조정사항을 분쟁당사자에게 통지하여야 한다. <개정 2007.8.3.>
④ 제1항에 따른 분쟁조정의 신청은 시효중단의 효력이 있다. 다만, 신청이 취하되거나 각하된 때에는 그러하지 아니하다. <신설 2017.4.18.>
⑤ 제4항 단서의 경우에 6개월 내에 재판상의 청구, 파산절차참가, 압류 또는 가압류, 가처분을 한 때에는 시효는 최초의 분쟁조정의 신청으로 인하여 중단된 것으로 본다. <신설 2017.4.18.>
⑥ 제4항 본문에 따라 중단된 시효는 다음 각 호의 어느 하나에 해당하는 때부터 새로이 진행한다. <신설 2017.4.18.>
1. 분쟁조정이 이루어져 조정조서를 작성한 때
2. 분쟁조정이 이루어지지 아니하고 조정절차가 종료된 때

제23조(조정 등) ① 협의회는 제22조제1항에 따라 조정을 신청 받거나 같은 조 제2항에 따라 조정을 의뢰 받는 경우에는 대통령령으로 정하는 바에 따라 지체 없이 분쟁조정 절차를 개시하여야 한다. <신설 2016.3.29.>
② 협의회는 분쟁당사자에게 조정사항에 대하여 스스로 조정하도록 권고하거나 조정안을 작성하여 이를 제시할 수 있다. <개정 2016.3.29.>
③ 협의회는 다음 각 호의 어느 하나에 해당되는 경우에는 그 조정을 거부하거나 중지할 수 있다. <개정 2007.8.3., 2016.3.29.>
1. 분쟁당사자의 일방이 조정을 거부한 경우
2. 이미 법원에 소를 제기하였거나 조정의 신청이 있은 후 법원에 소를 제기한 경우 또는 조정의 신청이 있은 후 분쟁당사자가 「중재법」에 따른 중재합의를

한 경우

3. 신청의 내용이 관계법령 또는 객관적인 자료에 의하여 명백하게 인정되는 등 조정을 할 실익이 없는 것으로서 대통령령이 정하는 사항이 발생하는 경우

④ 협의회는 다음 각 호의 어느 하나에 해당되는 경우에는 조정절차를 종료하여야 한다. <개정 2007.8.3., 2016.3.29.>

1. 분쟁당사자가 협의회의 권고 또는 조정안을 수락하거나 스스로 조정하는 등 조정이 성립된 경우
2. 조정을 신청 또는 의뢰 받은 날부터 60일(분쟁당사자 쌍방이 기간연장에 동의한 경우에는 90일로 한다)이 경과하여도 조정이 성립하지 아니한 경우
3. 제3항에 의하여 조정이 중지된 경우로서 조정절차를 진행할 실익이 없는 경우

⑤ 협의회는 제3항에 의하여 조정을 거부 또는 중지하거나 제4항에 의하여 조정절차를 종료한 경우에는 대통령령이 정하는 바에 따라 공정거래위원회에 조정의 경위, 조정거부·중지 또는 종료의 사유 등과 관계서류를 서면으로 지체없이 보고하여야 하고 분쟁당사자에게 그 사실을 통보하여야 한다. <개정 2016.3.29.>

⑥ 협의회는 해당 조정사항에 관한 사실을 확인하기 위하여 필요한 경우 조사를 하거나 분쟁당사자에 대하여 관련자료의 제출이나 출석을 요구할 수 있다. <개정 2016.3.29.>

⑦ 공정거래위원회는 조정사항에 관하여 조정절차가 종료될 때까지 해당 분쟁당사자에게 시정조치를 권고하거나 명하여서는 아니된다. 다만, 공정거래위원회가 이미 제32조의 규정에 의하여 조사중인 사건에 대하여는 그러하지 아니하다. <개정 2016.3.29.>

제24조(조정조서의 작성과 그 효력) ① 협의회는 조정사항에 대하여 조정이 성립된 경우 조정에 참가한 위원과 분쟁당사자가 기명날인한 조정조서를 작성한다. <개정 2016.3.29.>

② 협의회는 분쟁당사자가 조정절차를 개시하기 전에 조정사항을 스스로 조정하고 조정조서의 작성을 요구하는 경우에는 그 조정조서를 작성하여야 한다. <개정 2016.3.29.>

③ 제1항 또는 제2항에 따라 조정조서를 작성한 경우 조정조서는 재판상 화해와 동일한 효력을 갖는다. <신설 2016.3.29.>

제25조(협의회의 조직 등에 관한 규정) 제16조 내지 제24조의 규정외에 협의회의 조직·운영·조정절차 등에 관하여 필요한 사항은 대통령령으로 정한다.

제26조 삭제 <2007.8.3.>

제27조(가맹거래사) ① 공정거래위원회가 실시하는 가맹거래사 자격시험에 합격한 후 대통령령이 정하는 바에 따라 실무수습을 마친 자는 가맹거래사의 자격을 가진다. <개정 2004.1.20., 2007.8.3.>

② 다음 각 호의 어느 하나에 해당하는 자는 가맹거래사가 될 수 없다. <개정 2007.8.3., 2017.4.18.>

1. 미성년자·피성년후견인 또는 피한정후견인
2. 파산선고를 받고 복권되지 아니한 자
3. 금고 이상의 실형의 선고를 받고 그 집행이 종료(종료된 것으로 보는 경우를 포함한다)되거나 집행을 받지 아니하기로 확정된 후 2년이 경과되지 아니한 자
4. 금고 이상의 형의 집행유예를 받고 그 집행유예기간중에 있는 자
5. 제31조의 규정에 의하여 가맹거래사의 등록이 취소된 날부터 2년이 경과되지 아니한 자

③ 제1항에 따른 시험에 응시한 사람이 그 시험에 관하여 부정한 행위를 한 경우에는 해당 시험을 무효로 하고 그 시험의 응시일부터 5년간 시험의 응시자격을 정지한다. <신설 2016.3.29.>

④ 가맹거래사 자격시험의 시험과목·시험방법, 실무수습의 기간 등 자격시험 및 실무수습에 관하여 필요한 사항은 대통령령으로 정한다. <신설 2004.1.20., 2007.8.3., 2016.3.29.>

[제목개정 2007.8.3.]

제28조(가맹거래사의 업무) 가맹거래사는 다음 각 호의 사항에 관한 업무를 수행한다. <개정 2013.8.13., 2017.4.18.>

1. 가맹사업의 사업성에 관한 검토
2. 정보공개서와 가맹계약서의 작성·수정이나 이에 관한 자문
3. 가맹점사업자의 부담, 가맹사업 영업활동의 조건 등에 관한 자문
4. 가맹사업당사자에 대한 교육·훈련이나 이에 대한 자문
5. 가맹사업거래 분쟁조정 신청의 대행 및 의견의 진술
6. 정보공개서 등록의 대행

[전문개정 2007.8.3.]

제29조(가맹거래사의 등록) ① 가맹거래사 자격이 있는 자가 제28조에 따른 가맹거

래사의 업무를 개시하고자 하는 경우에는 대통령령이 정하는 바에 따라 공정거래위원회에 등록하여야 한다. <개정 2004.1.20., 2007.8.3.>

② 제1항의 규정에 의하여 등록을 한 가맹거래사는 공정거래위원회가 정하는 바에 따라 5년마다 등록을 갱신하여야 한다. <개정 2007.8.3.>

③ 제1항의 규정에 의하여 등록을 한 가맹거래사가 아닌 자는 제27조의 규정에 의한 가맹거래사임을 표시하거나 이와 유사한 용어를 사용하여서는 아니된다. <개정 2007.8.3.>

[제목개정 2007.8.3.]

제30조(가맹거래사의 책임) ① 가맹거래사는 성실히 직무를 수행하며 품위를 유지하여야 한다. <개정 2007.8.3.>

② 가맹거래사는 직무를 수행함에 있어서 고의로 진실을 감추거나 허위의 보고를 하여서는 아니된다. <개정 2007.8.3.>

[제목개정 2007.8.3.]

제31조(가맹거래사의 등록취소와 자격정지) ① 공정거래위원회는 제29조의 규정에 의하여 등록을 한 가맹거래사가 다음 각 호의 어느 하나에 해당하는 경우에는 그 등록을 취소할 수 있다. 다만, 제1호 및 제2호에 해당하는 경우에는 그 등록을 취소하여야 한다. <개정 2007.8.3.>

1. 허위 그 밖의 부정한 방법으로 등록 또는 갱신등록을 한 경우
2. 제27조제2항의 규정에 의한 결격사유에 해당하게 된 경우
3. 업무수행과 관련하여 알게 된 비밀을 다른 사람에게 누설한 경우
4. 가맹거래사 등록증을 다른 사람에게 대여한 경우
5. 업무수행과 관련하여 고의 또는 중대한 과실로 다른 사람에게 중대한 손해를 입힌 경우

② 제29조제2항의 규정에 의한 갱신등록을 하지 아니한 가맹거래사는 그 자격이 정지된다. 이 경우 공정거래위원회가 고시로서 정하는 바에 따라 보수교육을 받고 갱신등록을 한 때에는 그 때부터 자격이 회복된다. <개정 2007.8.3.>

③ 제1항에 따라 가맹거래사의 등록을 취소하려는 경우에는 청문을 실시하여야 한다. <신설 2012.2.17.>

[제목개정 2007.8.3.]

제31조의2(가맹사업거래에 대한 교육 등) ① 공정거래위원회는 공정한 가맹사업거

래질서를 확립하기 위하여 다음 각 호의 업무를 수행할 수 있다.

1. 가맹본부에 대한 교육·연수
2. 가맹희망자 및 가맹점사업자에 대한 교육·연수
3. 가맹거래사에 대한 교육·연수(제27조제1항에 따른 실무수습을 포함한다)
4. 가맹본부가 이 법을 자율적으로 준수하도록 유도하기 위한 자율준수프로그램의 보급·확산
5. 그 밖에 공정한 가맹사업거래질서 확립을 위하여 필요하다고 인정하는 업무

② 공정거래위원회는 제1항의 업무를 대통령령으로 정하는 시설·인력 및 교육실적 등의 기준에 적합한 법인으로서 공정거래위원회가 지정하는 기관 또는 단체(이하 "교육기관 등"이라 한다)에 위탁할 수 있다.

③ 교육기관 등은 제1항에 따른 업무를 수행하는데 필요한 재원을 조달하기 위하여 수익사업을 할 수 있다.

④ 공정거래위원회는 교육기관 등이 제1항에 따른 업무를 충실히 수행하지 못하거나 대통령령으로 정하는 기준에 미치지 못하는 경우에는 지정을 취소하거나 3개월 이내의 기간을 정하여 지정의 효력을 정지할 수 있다.

⑤ 교육기관 등의 지정절차 및 방법, 제3항에 따른 수익사업 등에 관하여 필요한 사항은 공정거래위원회가 정하여 고시한다.

[본조신설 2007.8.3.]

제5장 공정거래위원회의 사건처리절차 등

제32조(조사개시대상행위의 제한) 이 법의 규정에 의하여 공정거래위원회의 조사개시대상이 되는 가맹사업거래는 그 거래가 종료된 날부터 3년을 경과하지 아니한 것에 한한다. 다만, 그 거래가 종료된 날부터 3년 이내에 신고된 가맹사업거래의 경우에는 그러하지 아니하다.

제32조의2(서면실태조사) ① 공정거래위원회는 가맹사업거래에서의 공정한 거래질서 확립을 위하여 가맹본부와 가맹점사업자 등 사이의 거래에 관한 서면실태조사를 실시하여 그 결과를 공표하여야 한다. <개정 2016.12.20.>

② 공정거래위원회가 제1항에 따라 서면실태조사를 실시하려는 경우에는 조사대상자의 범위, 조사기간, 조사내용, 조사방법, 조사절차 및 조사결과 공표범위 등에 관한 계획을 수립하여야 하고, 조사대상자에게 거래실태 등 조사에 필요한 자료의 제출을 요구할 수 있다.

③ 공정거래위원회가 제2항에 따라 자료의 제출을 요구하는 경우에는 조사대상자에게 자료의 범위와 내용, 요구사유, 제출기한 등을 명시하여 서면으로 알려야 한다.

[본조신설 2013.8.13.]

제32조의3(위반행위의 신고 등) ① 누구든지 이 법에 위반되는 사실이 있다고 인정할 때에는 그 사실을 공정거래위원회에 신고할 수 있다. 이 경우 공정거래위원회는 대통령령으로 정하는 바에 따라 신고자가 동의한 경우에는 가맹본부 또는 가맹지역본부에게 신고가 접수된 사실을 통지하여야 한다.

② 공정거래위원회는 제1항 전단에 따른 신고가 있거나 이 법에 위반되는 혐의가 있다고 인정할 때에는 필요한 조사를 할 수 있다.

③ 제1항 후단에 따라 공정거래위원회가 가맹본부 또는 가맹지역본부에게 통지한 때에는 「민법」 제174조에 따른 최고가 있은 것으로 본다. 다만, 신고된 사실이 이 법의 적용대상이 아니거나 제32조 본문에 따른 조사개시대상행위의 제한기한을 경과하여 공정거래위원회가 심의절차를 진행하지 아니하기로 한 경우, 신고된 사실에 대하여 공정거래위원회가 무혐의로 조치한 경우 또는 신고인이 신고를 취하한 경우에는 그러하지 아니하다.

④ 공정거래위원회는 제2항에 따라 조사를 한 경우에는 그 결과(조사결과 시정조치 명령 등의 처분을 하고자 하는 경우에는 그 처분의 내용을 포함한다)를 서면으로 해당 사건의 당사자에게 통지하여야 한다.

[본조신설 2016.12.20.]

제33조(시정조치) ① 공정거래위원회는 제6조의5제1항·제4항, 제7조제3항, 제9조제1항, 제10조제1항, 제11조제1항·제2항, 제12조제1항, 제12조의2제1항·제2항, 제12조의3제1항·제2항, 제12조의4제1항·제3항, 제12조의6제1항, 제14조의2제5항, 제15조의2제3항·제6항을 위반한 가맹본부에 대하여 가맹금의 예치, 정보공개서등의 제공, 점포환경개선 비용의 지급, 가맹금 반환, 위반행위의 중지, 위반내용의 시정을 위한 필요한 계획 또는 행위의 보고 그 밖에 위반행위의 시정에 필요한 조치를 명할 수 있다. <개정 2007.8.3., 2013.8.13., 2016.3.29.>

② 공정거래위원회는 제24조의 규정에 의하여 협의회의 조정이 이루어진 경우에는 특별한 사유가 없는 한 제1항에 따른 시정조치 및 제34조제1항에 따른 시정권고를 하지 아니한다. <개정 2007.8.3.>

③ 공정거래위원회는 제1항에 따라 시정명령을 하는 경우에는 가맹본부에게 시

정명령을 받았다는 사실을 공표하거나 거래상대방에 대하여 통지할 것을 명할 수 있다. <개정 2007.8.3.>

제34조(시정권고) ① 공정거래위원회는 이 법의 규정을 위반한 가맹본부에 대하여 제33조의 규정에 의한 시정조치를 명할 시간적 여유가 없는 경우에는 대통령령이 정하는 바에 따라 시정방안을 마련하여 이에 따를 것을 권고할 수 있다. 이 경우 그 권고를 수락한 때에는 시정조치를 한 것으로 본다는 뜻을 함께 통지하여야 한다. <개정 2016.3.29.>

② 제1항의 규정에 의한 권고를 받은 가맹본부는 그 권고를 통지받은 날부터 10일 이내에 이를 수락하는 지의 여부에 관하여 공정거래위원회에 통지하여야 한다. <개정 2016.3.29.>

③ 제1항의 규정에 의한 권고를 받은 가맹본부가 그 권고를 수락한 때에는 제33조의 규정에 의한 시정조치를 받은 것으로 본다. <개정 2016.3.29.>

제35조(과징금) ① 공정거래위원회는 제6조의5제1항·제4항, 제7조제3항, 제9조제1항, 제10조제1항, 제11조제1항·제2항, 제12조제1항, 제12조의2제1항·제2항, 제12조의3제1항·제2항, 제12조의4제1항·제3항, 제12조의6제1항, 제14조의2제5항, 제15조의2제3항·제6항을 위반한 가맹본부에 대하여 대통령령으로 정하는 매출액(대통령령으로 정하는 사업자의 경우에는 영업수익을 말한다. 이하 같다)에 100분의 2를 곱한 금액을 초과하지 아니하는 범위에서 과징금을 부과할 수 있다. 다만, 그 위반행위를 한 가맹본부가 매출액이 없거나 매출액의 산정이 곤란한 경우로서 대통령령으로 정하는 경우에는 5억 원을 초과하지 아니하는 범위에서 과징금을 부과할 수 있다. <개정 2016.3.29.>

② 공정거래위원회는 제1항에 따라 과징금을 부과하는 경우에는 다음 각 호의 사항을 고려하여야 한다.

1. 위반행위의 내용 및 정도
2. 위반행위의 기간 및 횟수
3. 위반행위로 취득한 이익의 규모 등

③ 이 법을 위반한 회사인 가맹본부가 합병을 하는 경우에는 그 가맹본부가 한 위반행위는 합병 후 존속하거나 합병으로 설립되는 회사가 한 위반행위로 보아 과징금을 부과·징수할 수 있다.

④ 공정거래위원회는 이 법을 위반한 회사인 가맹본부가 분할되거나 분할합병되는 경우 분할되는 가맹본부의 분할일 또는 분할합병일 이전의 위반행위를 다

음 각 호의 어느 하나에 해당하는 회사의 행위로 보고 과징금을 부과·징수할 수 있다.

1. 분할되는 회사
2. 분할 또는 분할합병으로 설립되는 새로운 회사
3. 분할되는 회사의 일부가 다른 회사에 합병된 후 그 다른 회사가 존속하는 경우 그 다른 회사

⑤ 공정거래위원회는 이 법을 위반한 회사인 가맹본부가 「채무자 회생 및 파산에 관한 법률」 제215조에 따라 신회사를 설립하는 경우에는 기존 회사 또는 신회사 중 어느 하나의 행위로 보고 과징금을 부과·징수할 수 있다.

⑥ 제1항에 따른 과징금의 부과기준은 대통령령으로 정한다.

[전문개정 2013.8.13.]

제36조(관계행정기관의 장의 협조) 공정거래위원회는 이 법의 시행을 위하여 필요하다고 인정하는 때에는 관계행정기관의 장의 의견을 듣거나 관계행정기관의 장에 대하여 조사를 위한 인원의 지원 그 밖의 필요한 협조를 요청할 수 있다.

제37조(「독점규제 및 공정거래에 관한 법률」의 준용) ① 이 법에 의한 공정거래위원회의 조사·심의·의결 및 시정권고에 관하여는 「독점규제 및 공정거래에 관한 법률」 제42조, 제43조, 제43조의2, 제44조, 제45조, 제50조제1항 내지 제4항, 제52조, 제52조의2, 제53조, 제53조의2 및 제55조의2의 규정을 준용한다. <개정 2007.8.3., 2016.12.20.>

② 이 법에 의한 과징금의 부과·징수에 관하여는 「독점규제 및 공정거래에 관한 법률」 제55조의4부터 제55조의8까지를 준용한다. <개정 2004.12.31., 2007.8.3., 2013.8.13.>

③ 이 법에 의한 이의신청, 소의 제기 및 불복의 소의 전속관할에 관하여는 「독점규제 및 공정거래에 관한 법률」 제53조, 제53조의2, 제54조, 제55조의 규정을 준용한다. <개정 2007.8.3., 2016.3.29., 2017.4.18.>

④ 이 법에 의한 직무에 종사하거나 종사하였던 공정거래위원회의 위원, 공무원 또는 협의회에서 가맹사업거래에 관한 분쟁의 조정업무를 담당하거나 담당하였던 자에 대하여는 독점규제 및 공정거래에 관한 법률 제62조의 규정을 준용한다.

⑤ 삭제 <2007.8.3.>

[제목개정 2007.8.3.]

제37조의2(손해배상책임) ① 가맹본부는 이 법의 규정을 위반함으로써 가맹점사업자에게 손해를 입힌 경우에는 가맹점사업자에 대하여 손해배상의 책임을 진다. 다만, 가맹본부가 고의 또는 과실이 없음을 입증한 경우에는 그러하지 아니하다.

② 제1항에도 불구하고 가맹본부가 제9조제1항, 제12조제1항제1호를 위반함으로써 가맹점사업자에게 손해를 입힌 경우에는 가맹점사업자에게 발생한 손해의 3배를 넘지 아니하는 범위에서 배상책임을 진다. 다만, 가맹본부가 고의 또는 과실이 없음을 입증한 경우에는 그러하지 아니하다.

③ 법원은 제2항의 배상액을 정할 때에는 다음 각 호의 사항을 고려하여야 한다.

1. 고의 또는 손해 발생의 우려를 인식한 정도
2. 위반행위로 인하여 가맹점사업자가 입은 피해 규모
3. 위법행위로 인하여 가맹본부가 취득한 경제적 이익
4. 위반행위에 따른 벌금 및 과징금
5. 위반행위의 기간·횟수
6. 가맹본부의 재산상태
7. 가맹본부의 피해구제 노력의 정도

④ 제1항 또는 제2항에 따라 손해배상청구의 소가 제기된 경우 「독점규제 및 공정거래에 관한 법률」 제56조의2 및 제57조를 준용한다.

[본조신설 2017.4.18.]

제38조(「독점규제 및 공정거래에 관한 법률」과의 관계) 가맹사업거래에 관하여 이 법의 적용을 받는 사항에 대하여는 「독점규제 및 공정거래에 관한 법률」 제23조제1항제1호(부당하게 거래를 거절하는 행위에 한한다)·제3호(부당하게 경쟁자의 고객을 자기와 거래하도록 유인하는 행위에 한한다)·제4호·제5호(거래의 상대방의 사업 활동을 부당하게 구속하는 조건으로 거래하는 행위에 한한다) 및 동법 제29조제1항의 규정을 적용하지 아니한다. <개정 2007.8.3.>

[제목개정 2007.8.3.]

제39조(권한의 위임과 위탁) ① 이 법에 의한 공정거래위원회의 권한은 그 일부를 대통령령이 정하는 바에 따라 소속기관의 장이나 특별시장·광역시장·도지사 또는 특별자치도지사에게 위임하거나 다른 행정기관의 장에게 위탁할 수 있다. <개정 2007.8.3.>

② 공정거래위원회는 다음 각 호의 어느 하나에 해당하는 업무를 대통령령으로

정하는 바에 따라 「독점규제 및 공정거래에 관한 법률」 제48조의2에 따라 설립된 한국공정거래조정원이나 관련 법인·단체에 위탁할 수 있다. 이 경우 제1호의 위탁관리에 소요되는 경비의 전부 또는 일부를 지원할 수 있다.
<개정 2007.8.3., 2012.2.17.>

1. 제6조의2 및 제6조의3에 따른 정보공개서의 등록, 등록 거부 및 공개 등에 관한 업무
2. 제27조제1항에 따른 가맹거래사 자격시험의 시행 및 관리 업무

제40조(보고) 공정거래위원회는 제39조의 규정에 의하여 위임 또는 위탁한 사무에 대하여 위임 또는 위탁받은 자에게 필요한 보고를 하게 할 수 있다.

제6장 벌 칙

제41조(벌칙) ① 제9조제1항의 규정에 위반하여 허위·과장의 정보제공행위나 기만적인 정보제공행위를 한 자는 5년 이하의 징역 또는 3억원 이하의 벌금에 처한다. <개정 2007.8.3., 2013.8.13.>

② 다음 각 호의 어느 하나에 해당하는 자는 3년 이하의 징역 또는 1억원 이하의 벌금에 처한다. <개정 2007.8.3.>

1. 제33조제1항에 따른 시정조치의 명령에 따르지 아니한 자
2. 제37조제4항의 규정에 의하여 준용되는 「독점규제 및 공정거래에 관한 법률」 제62조의 규정에 위반한 자

③ 다음 각 호의 어느 하나에 해당하는 자는 2년 이하의 징역 또는 5천만원 이하의 벌금에 처한다. <개정 2007.8.3., 2013.8.13.>

1. 제6조의5제1항을 위반하여 가맹점사업자로부터 예치가맹금을 직접 수령한 자
2. 제7조제3항을 위반하여 가맹금을 수령하거나 가맹계약을 체결한 자
3. 제15조의2제6항을 위반하여 가맹점사업자피해보상보험계약 등을 체결하였다는 사실을 나타내는 표지 또는 이와 유사한 표지를 제작하거나 사용한 자

④ 제6조의5제4항을 위반하여 거짓이나 그 밖의 부정한 방법으로 예치가맹금의 지급을 요청한 자는 예치가맹금의 2배에 상당하는 금액 이하의 벌금에 처한다.
<신설 2007.8.3.>

제42조(양벌규정) 법인의 대표자나 법인 또는 개인의 대리인, 사용인, 그 밖의 종업원이 그 법인 또는 개인의 업무에 관하여 제41조의 위반행위를 하면 그 행위

자를 벌하는 외에 그 법인 또는 개인에게도 해당 조문의 벌금형을 과(科)한다. 다만, 법인 또는 개인이 그 위반행위를 방지하기 위하여 해당 업무에 관하여 상당한 주의와 감독을 게을리하지 아니한 경우에는 그러하지 아니하다.
[전문개정 2010.3.22.]

第43조(과태료) ① 가맹본부가 제3호 또는 제4호의 규정에 해당하는 경우에는 1억원이하, 제1호 또는 제2호의 규정에 해당하는 경우에는 5천만원 이하의 과태료에 처한다. <개정 2007.8.3., 2013.8.13.>
1. 제32조의2제2항에 따른 자료를 제출하지 아니하거나 거짓의 자료를 제출한 자
2. 제37조제1항의 규정에 의하여 준용되는 「독점규제 및 공정거래에 관한 법률」 제50조제1항제1호의 규정에 위반하여 정당한 사유 없이 2회이상 출석하지 아니한 자
3. 제37조제1항의 규정에 의하여 준용되는 「독점규제 및 공정거래에 관한 법률」 제50조제1항제3호 또는 동조제3항의 규정에 의한 보고 또는 필요한 자료나 물건의 제출을 정당한 사유없이 하지 아니하거나, 허위의 보고 또는 자료나 물건을 제출한 자
4. 제37조제1항의 규정에 의하여 준용되는 「독점규제 및 공정거래에 관한 법률」 제50조제2항의 규정에 의한 조사를 정당한 사유없이 거부·방해 또는 기피한 자

② 가맹점사업자가 제1항제2호 또는 제3호의 규정에 해당하는 경우에는 1억원 이하, 동항제1호의 규정에 해당하는 경우에는 1천만원 이하의 과태료에 처한다.
③ 가맹본부 또는 가맹점사업자의 임원이 각각 제1항제3호의 규정에 해당하는 경우에는 5천만 원 이하, 동항제1호 또는 제2호의 규정에 해당하는 경우에는 1천만 원 이하의 과태료에 처한다.
④ 가맹본부 또는 가맹점사업자의 종업원 또는 이에 준하는 법률상 이해관계에 있는 자가 각각 제1항제3호의 규정에 해당하는 경우에는 5천만 원 이하, 동항제2호의 규정에 해당하는 경우에는 1천만 원 이하, 동항제1호의 규정에 해당하는 경우에는 5백만 원 이하의 과태료에 처한다.
⑤ 제37조제1항의 규정에 의하여 준용되는 「독점규제 및 공정거래에 관한 법률」 제43조의2의 규정에 의한 질서유지명령에 응하지 아니한 자는 100만 원 이하의 과태료에 처한다. <개정 2007.8.3.>
⑥ 다음 각 호의 어느 하나에 해당하는 자에게는 1천만 원 이하의 과태료를 부과한다. <개정 2007.8.3., 2013.8.13.>

1. 제6조의2제2항 본문을 위반하여 기한 내에 변경등록을 하지 아니하거나 거짓으로 변경등록을 한 자
2. 제9조제3항을 위반하여 같은 항 각 호의 어느 하나에 해당하는 정보를 서면으로 제공하지 아니한 자
3. 제9조제4항을 위반하여 근거자료를 비치하지 아니하거나 자료요구에 응하지 아니한 자
4. 제9조제5항을 위반하여 예상매출액 산정서를 제공하지 아니한 자
5. 제9조제6항을 위반하여 예상매출액 산정서를 보관하지 아니한 자
6. 제11조제3항을 위반하여 가맹계약서를 보관하지 아니한 자

⑦ 다음 각 호의 어느 하나에 해당하는 자에게는 300만 원 이하의 과태료를 부과한다. <개정 2007.8.3., 2013.8.13.>

1. 제6조의2제2항 단서를 위반하여 신고를 하지 아니하거나 거짓으로 신고한 자
2. 제29조제3항을 위반하여 가맹거래사임을 표시하거나 유사한 용어를 사용한 자

⑧ 제1항부터 제7항까지의 규정에 따른 과태료는 대통령령으로 정하는 바에 따라 공정거래위원회가 부과·징수한다. <신설 2007.8.3.>

⑨ 삭제 <2010.3.22.>

⑩ 삭제 <2010.3.22.>

⑪ 삭제 <2010.3.22.>

제44조(고발) ① 제41조제1항·제2항제1호 및 제3항의 죄는 공정거래위원회의 고발이 있어야 공소를 제기할 수 있다.

② 공정거래위원회는 제41조제1항·제2항제1호 및 제3항의 죄중 그 위반의 정도가 객관적으로 명백하고 중대하다고 인정하는 경우에는 검찰총장에게 고발하여야 한다.

③ 검찰총장은 제2항의 규정에 의한 고발요건에 해당하는 사실이 있음을 공정거래위원회에 통보하여 고발을 요청할 수 있다. <개정 2013.8.13.>

④ 공정거래위원회가 제2항에 따른 고발요건에 해당하지 아니한다고 결정하더라도 감사원장, 중소벤처기업부장관은 사회적 파급효과, 가맹희망자나 가맹점사업자에게 미친 피해 정도 등 다른 사정을 이유로 공정거래위원회에 고발을 요청할 수 있다. <신설 2013.8.13.>

⑤ 제3항 또는 제4항에 따른 고발요청이 있는 때에는 공정거래위원회 위원장은 검찰총장에게 고발하여야 한다. <신설 2013.8.13.>

⑥ 공정거래위원회는 공소가 제기된 후에는 고발을 취소하지 못한다. <개정 2013.8.13.>

(2) 가맹사업법 시행령

가맹사업법 시행령은 2017.3.21.에 시행된 [대통령령 제27946호, 2017.3.20., 일부개정] 규정을 기준으로 한다.

제1조(목적) 이 영은 「가맹사업거래의 공정화에 관한 법률」에서 위임한 사항과 그 시행에 관하여 필요한 사항을 규정함을 목적으로 한다. <개정 2008.1.31.>

제2조 삭제 <2008.1.31.>

제3조(가맹금의 정의) ① 「가맹사업거래의 공정화에 관한 법률」(이하 "법"이라 한다) 제2조제6호 각 목 외의 부분 단서에서 "대통령령으로 정하는 대가"란 다음 각 호의 어느 하나에 해당하는 대가를 말한다. <개정 2008.1.31.>

1. 소비자가 신용카드를 사용하여 가맹점사업자의 상품이나 용역을 구매한 경우에 가맹점사업자가 신용카드사에 지불하는 수수료
2. 소비자가 상품권을 사용하여 가맹점사업자의 상품이나 용역을 구매한 경우에 가맹점사업자가 상품권 발행회사에 지급하는 수수료나 할인금
3. 소비자가 「전자금융거래법」 제2조제11호에 따른 직불전자지급수단·선불전자지급수단 또는 전자화폐를 사용하거나 「전자금융거래법」 제2조제19호에 따른 전자지급결제대행 서비스를 이용하여 가맹점사업자의 상품이나 용역을 구매한 경우에 가맹점사업자가 지급수단 발행회사나 지급결제 대행회사에 지급하는 수수료나 할인금
4. 법 제2조제6호다목에 따라 가맹본부에 지급하는 대가 중 적정한 도매가격(도매가격이 형성되지 아니하는 경우에는 가맹점사업자가 정상적인 거래관계를 통하여 해당 물품이나 용역을 구입·임차 또는 교환할 수 있는 가격을 말하며 가맹본부가 해당 물품이나 용역을 다른 사업자로부터 구입하여 공급하는 경우에는 그 구입가격을 말한다. 이하 같다)
5. 그 밖에 가맹본부에 귀속되지 아니하는 금전으로서 소비자가 제3의 기관에 지불하는 것을 가맹본부가 대행하는 것

② 법 제2조제6호라목에서 "대통령령으로 정하는 것"이란 다음 각 호의 어느

하나에 해당하는 대가를 말한다. <신설 2008.1.31.>

1. 가맹점사업자가 상표 사용료, 리스료, 광고 분담금, 지도훈련비, 간판류 임차료·영업지역 보장금 등의 명목으로 정액 또는 매출액·영업이익 등의 일정 비율로 가맹본부에 정기적으로 또는 비정기적으로 지급하는 대가
2. 가맹점사업자가 가맹본부로부터 공급받는 상품·원재료·부재료·정착물·설비 및 원자재의 가격 또는 부동산의 임차료에 대하여 가맹본부에 정기적으로 또는 비정기적으로 지급하는 대가 중 적정한 도매가격을 넘는 대가. 다만 가맹본부가 취득한 자신의 상품 등에 관한 「특허법」에 따른 권리에 대한 대가는 제외한다.

③공정거래위원회는 제1항제4호 및 제2항제2호에 따른 적정한 도매가격을 정하여 고시할 수 있다. <개정 2008.1.31.>

제4조(정보공개서의 기재사항) ① 법 제2조제10호 각 목 외의 부분에서 "대통령령으로 정하는 사항"이란 별표 1의 기재사항(이하 "정보공개사항"이라 한다)을 말한다. <개정 2008.1.31.>

② 정보공개서는 표지·목차 및 정보공개사항으로 구성하되 그 내용이 명확하고 구체적이며 가맹희망자가 이해하기 쉽도록 영업표지별로 별도의 문서로 작성되어야 한다. <개정 2008.1.31.>

③ 가맹본부는 가맹사업의 경영에 필요한 내용으로서 별표 1에 규정되지 아니한 사항을 정보공개서에 기재할 수 있다. <신설 2008.1.31.>

④ 공정거래위원회는 필요하다고 인정하는 경우 정보공개사항에 대하여 업종별·업태별 또는 용도별로 세부적인 사항을 정하여 고시할 수 있다.
<개정 2008.1.31.>

제5조(적용배제) ① 법 제3조제1항제1호에서 "대통령령으로 정하는 금액"이란 100만원을 말한다. <개정 2012.5.7., 2014.2.11.>

② 법 제3조제1항제2호 본문에서 "대통령령으로 정하는 일정규모"란 5천만원을 말한다. 다만, 해당 가맹본부가 가맹사업을 시작하기 전에 해당 가맹사업과 같은 품질기준이나 영업방식에 따라 상품이나 용역을 판매하는 직영점을 개설하여 1년 이상 운영하고 있는 경우에는 2억원(직영점의 매출액을 포함한다)으로 한다. <개정 2008.1.31., 2012.5.7., 2014.2.11.>

③ 제2항에 따른 금액의 산정은 바로 전 사업연도의 손익계산서상의 매출액으로 한다. 다만, 가맹본부가 손익계산서를 작성하지 아니하는 경우에는 「부가가

치세법」에 따른 바로 전 2개 과세기간의 부가가치세확정신고서상의 과세표준과 면세수입금액을 합한 금액으로 한다. <신설 2008.1.31., 2010.10.13.>

④ 가맹본부가 가맹사업을 시작한 후 1년이 지나지 아니한 경우에는 사업을 시작한 때부터 마지막으로 부가가치세확정신고를 한 때까지의 부가가치세확정신고서(부가가치세확정신고를 하지 아니한 경우에는 부가가치세예정신고서)상의 과세표준과 면세수입금액을 합한 금액을 제3항 단서의 금액으로 본다. <신설 2008.1.31., 2010.10.13.>

⑤ 법 제3조제1항제2호 단서에서 "대통령령으로 정하는 수"란 5개를 말한다. <신설 2014.2.11.>

제5조의2(정보공개서의 등록 등) ① 가맹본부는 법 제6조의2제1항에 따라 정보공개서를 등록하려는 경우에는 별지 제1호서식의 정보공개서 신규등록 신청서에 다음 각 호의 서류를 첨부하여 공정거래위원회에 제출하여야 한다. <개정 2010.10.13., 2012.5.7.>

1. 정보공개서[문서 형태의 정보공개서와 함께 「정보통신망 이용촉진 및 정보보호 등에 관한 법률」 제2조제1항제1호에 따른 정보통신망(이하 "정보통신망"이라 한다)을 이용하여 전자적 파일을 제출하여야 한다]
2. 바로 전 3개 사업연도의 대차대조표 및 손익계산서(가맹본부가 재무제표를 작성하지 아니하는 경우에는 바로 전 3개 사업연도의 매출액을 확인할 수 있는 서류)
3. 바로 전 사업연도 말 현재 운영 중인 직영점 및 가맹점 목록(대표자, 소재지, 가맹계약 체결일 및 전화번호를 기재하여야 한다)
4. 가맹계약서 양식 사본
5. 바로 전 사업연도 말 현재 근무 중인 임직원 수를 확인할 수 있는 서류
6. 그 밖에 정보공개서 내용과 관련있는 서류로서 공정거래위원회가 제출하도록 요구하는 서류

② 제1항에 따라 신청서를 제출받은 공정거래위원회는 「전자정부법」 제36조제1항에 따른 행정정보의 공동이용을 통하여 다음 각 호의 서류를 확인하여야 한다. 다만, 신청인이 제2호 및 제3호의 확인에 동의하지 아니하는 때에는 그 서류(제3호의 경우에는 사본)를 제출하도록 하여야 한다. <개정 2010.10.13.>

1. 법인 등기사항증명서(가맹본부가 법인인 경우로 한정한다)
2. 해당 법인의 설립등기 전에 등록신청하는 때에는 법인을 설립하려는 발기인

의 주민등록표 등본
3. 사업자등록증(제3항에 따라 정보공개서 등록증을 내준 날부터 30일 이내에 공정거래위원회가 확인하거나 신청인이 제출할 수 있다)

③ 공정거래위원회는 제1항에 따른 등록신청이 있으면 등록신청일부터 30일(법 제6조의4에 따라 등록이 취소된 가맹본부가 다시 등록을 신청한 경우에는 2개월) 이내에 가맹본부에 별지 제2호서식의 정보공개서 등록증(이하 "등록증"이라 한다)을 내주어야 하며, 법 제6조의2제5항에 따른 가맹사업정보제공시스템(이하 "가맹정보시스템" 이라 한다)에 등록에 관한 사항을 관리하여야 한다. <신설 2010.10.13., 2014.2.11.>

④ 공정거래위원회는 제3항에도 불구하고 다음 각 호의 어느 하나에 해당하면 1회에 한하여 상당한 기간을 정하여 가맹본부에 필요한 내용의 변경 또는 보완을 요구하거나 정보공개서의 등록을 거부할 수 있다. <개정 2010.10.13.>

1. 정보공개서의 기재 사항이 사실과 다르거나 일부 내용이 빠진 경우
2. 제1항제2호부터 제6호까지의 첨부 서류를 제출하지 아니한 경우
3. 제2항제2호 및 제3호의 확인에 동의하지 아니하고 서류를 제출하지 아니한 경우

⑤ 공정거래위원회는 다음 각 호의 어느 하나에 해당하면 정보공개서의 등록을 거부하여야 하고, 그 사실을 가맹본부에 통지하여야 한다. <개정 2010.10.13.>

1. 정보공개서의 기재사항이나 첨부서류에 거짓이 있는 경우
2. 제4항에 따른 변경 또는 보완 요구에 가맹본부가 따르지 아니한 경우

⑥ 가맹본부가 제4항에 따른 변경 또는 보완 요구에 따른 경우에는 그 요구에 따른 날을 등록신청을 한 날로 본다. <개정 2010.10.13.>

⑦ 가맹본부는 가맹정보시스템을 통하여 제1항에 따른 정보공개서 등록신청을 할 수 있다. <신설 2010.10.13.>

[본조신설 2008.1.31.]

제5조의3(정보공개서의 변경등록 및 변경신고) ① 법 제6조의2제2항 본문에서 "대통령령으로 정하는 사항"이란 별표 1의2에 따른 변경등록사항을 말한다. <신설 2014.2.11.>

② 법 제6조의2제2항 본문에서 "대통령령으로 정하는 기한"이란 별표 1의2에 따른 기한을 말한다. <신설 2014.2.11.>

③ 가맹본부는 별표 1의2에서 정한 변경등록사항이 변경된 경우에는 같은 표에

서 정한 기한 내에 별지 제4호서식의 정보공개서 변경등록 신청서에 다음 각 호의 서류를 첨부하여 공정거래위원회에 제출하여야 한다. 이 경우 공정거래위원회는 「전자정부법」 제36조제1항에 따른 행정정보의 공동이용을 통하여 법인 등기사항증명서와 사업자등록증을 확인(변경등록에 필요한 경우만 해당한다)하여야 하며, 신청인이 사업자등록증의 확인에 동의하지 아니하는 경우에는 그 서류를 첨부하도록 하여야 한다. <개정 2012.5.7., 2014.2.11.>

1. 변경된 정보공개서
2. 변경내용을 증명하는 서류
3. 등록증(등록증 기재사항을 변경하는 경우만 해당한다)

④ 변경등록 및 거부절차에 관하여는 제5조의2제2항부터 제6항까지의 규정을 준용한다. 이 경우 제5조의2제3항 중 “30일”은 “20일”로 본다.
<개정 2010.10.13., 2014.2.11.>

⑤ 법 제6조의2제2항 단서에서 “대통령령으로 정하는 경미한 사항”이란 별표 1의2에 따른 변경신고사항을 말한다. <개정 2010.10.13., 2014.2.11.>

⑥ 가맹본부는 별표 1의2에서 정한 변경신고사항이 변경된 경우에는 같은 표에서 정한 기한 내에 별지 제4호서식의 정보공개서 변경신고서에 변경내용을 증명하는 서류를 첨부하여 공정거래위원회에 제출하여야 한다. 이 경우 공정거래위원회는 「전자정부법」 제36조제1항에 따른 행정정보의 공동이용을 통하여 법인 등기사항증명서와 사업자등록증을 확인(변경신고에 필요한 경우만 해당한다)하여야 하며, 신고인이 사업자등록증의 확인에 동의하지 아니하는 경우에는 그 서류를 첨부하도록 하여야 한다. <개정 2010.10.13., 2012.5.7., 2014.2.11.>

⑦ 공정거래위원회는 제3항에 따른 변경등록 신청 또는 제6항에 따른 변경신고가 있으면 가맹정보시스템에 변경등록 또는 변경신고에 관한 사항을 관리하여야 한다. <개정 2010.10.13., 2014.2.11.>

⑧ 가맹본부는 정보공개서를 변경등록하거나 변경신고하는 경우에는 정보통신망을 이용하여 전자적 파일 형태의 정보공개서를 함께 제출하여야 한다. <개정 2014.2.11.>

⑨ 삭제 <2016.9.29.>

⑩ 삭제 <2016.9.29.>

⑪ 가맹본부는 가맹정보시스템을 통하여 제3항에 따른 변경등록을 신청하거나 제6항에 따른 변경신고를 할 수 있다. <신설 2016.9.29.>

[본조신설 2008.1.31.]

제5조의4(정보공개서의 공개 등) ① 삭제 <2017.3.20.>

② 공정거래위원회는 정보공개서를 공개하는 경우에는 법 제6조의2제4항에 따라 다음 각 호의 사항을 적은 서면으로 공개일 10일 전까지 가맹본부에 이를 미리 알려야 한다. <개정 2014.2.11.>

1. 공개 목적과 공개 기간
2. 공개 내용
3. 공개 방법
4. 가맹본부의 정정 또는 비공개 요구 방법

③ 제2항에 따른 통지를 받은 가맹본부는 공개하는 내용 중 사실과 다른 내용이 있거나 법 제6조의2제3항 단서에 해당하는 내용이 있으면 통지를 받은 날부터 7일 이내에 그 사실을 증명하는 서류를 첨부한 서면으로 공정거래위원회에 그 내용의 정정 또는 비공개를 요구할 수 있다. 이 경우 공정거래위원회는 가맹본부의 요구가 정당하다고 인정되면 정보공개서의 공개 내용을 변경하거나 공개하지 아니하여야 한다. <개정 2017.3.20.>

④ 삭제 <2012.5.7.>

[본조신설 2008.1.31.]

제5조의5(정보공개서 등록의 취소 등) ① 공정거래위원회는 법 제6조의4제1항제1호 또는 제2호에 해당하는 사유로 정보공개서의 등록을 취소한 경우에는 취소한 날 부터 7일 이내에 해당 가맹본부에 서면으로 그 사실과 취소 사유를 알려야 한다. <개정 2014.2.11., 2017.3.20.>

② 법 제6조의4제1항제3호에서 "대통령령으로 정하는 중요한 사항"(이하"중요사항"이라 한다)이란 다음 각 호의 어느 하나에 해당하는 사항을 말한다. <개정 2010.10.13., 2014.2.11., 2016.9.29., 2017.3.20.>

1. 별표 1 제1호
2. 별표 1 제2호가목, 나목(가맹본부와 관련된 사항만 해당한다), 다목부터 바목까지, 사목(대표자와 관련된 사항만 해당한다), 아목부터 차목까지
3. 별표 1 제3호나목부터 카목까지
4. 별표 1 제4호부터 제6호까지, 제8호 및 제9호

③ 공정거래위원회는 법 제6조의4제1항제3호에 해당하는 사유가 있는 경우에는 상당한 기간을 정하여 누락된 중요사항의 보완을 가맹본부에 요구하여야 한다.

다만, 다음 각 호의 어느 하나에 해당하는 경우에는 가맹본부의 귀책정도, 회생가능성, 가맹희망자가 입을 피해가능성, 기존 가맹점사업자에게 미치는 영향 등을 모두 고려하여 보완 요구 없이 정보공개서의 등록을 취소할 수 있다. <개정 2014.2.11., 2017.3.20.>

1. 가맹본부가 휴업 또는 폐업 신고를 한 경우
2. 가맹본부가 파산을 신청한 경우
3. 가맹본부에 대하여 강제집행절차 또는 회생절차가 개시된 경우
4. 가맹본부가 발행한 어음·수표가 부도 등으로 지급거절된 경우
5. 가맹본부가 대표자의 사망·소재불명 등의 사유로 영업을 중단한 경우
6. 그 밖에 제1호부터 제5호까지의 규정에 준하는 경우로서 가맹본부가 가맹사업을 정상적으로 경영하기 어렵다고 공정거래위원회가 판단하는 경우

④ 가맹본부는 제3항 각 호 외의 부분 본문에 따른 보완 요구를 받은 경우에는 누락된 중요사항을 보완하여 제5조의3에 따라 정보공개서의 변경등록을 신청하여야 한다.

[본조신설 2008.1.31.]

제5조의6(가맹금의 예치기관) 법 제6조의5제1항 본문에서 "대통령령으로 정하는 기관"(이하 "예치기관"이라 한다)이란 다음 각 호의 기관을 말한다. <개정 2008.7.29., 2010.10.13.>

1. 「은행법」 제2조제1항제2호 및 같은 법 제5조에 따른 금융회사
2. 「우체국 예금·보험에 관한 법률」에 따른 체신관서
3. 「보험업법」에 따른 보험회사
4. 「자본시장과 금융투자업에 관한 법률」에 따른 신탁업자

[본조신설 2008.1.31.]

제5조의7(가맹금의 예치 등) ① 가맹본부는 법 제6조의5제1항 본문에 따라 가맹점사업자(가맹희망자를 포함한다. 이하 이 조, 제5조의8 및 제16조의2에서 같다)로 하여금 가맹금을 예치하도록 할 경우에는 예치기관을 지정하여 가맹금의 예치에 관한 계약을 체결하여야 한다. <개정 2010.10.13.>

② 가맹본부는 가맹점사업자에게 별지 제5호서식의 가맹금예치신청서(이하 "예치신청서"라 한다)를 내주어야 하며, 가맹점사업자는 예치신청서와 함께 법 제6조의5제1항 본문에 따른 예치가맹금(이하 "예치가맹금"이라 한다)을 예치하여 줄 것을 지정된 예치기관에 신청하여야 한다.

③ 가맹본부는 제2항에 따라 예치신청서를 내주는 경우에는 법 제6조의5제3항 각 호의 어느 하나에 해당하면 예치가맹금이 가맹본부에 귀속된다는 사실을 가맹점사업자에게 알려야 한다.

④ 예치기관의 장은 제2항에 따른 예치신청을 받은 경우에는 예치가맹금을 예치기관의 명의로 예치하여야 하고, 이를 다른 금융자산과 분리하여 관리하여야 한다.

⑤ 예치기관의 장은 제4항에 따라 예치가맹금을 예치한 경우에는 가맹본부와 가맹점사업자에게 각각 별지 제6호서식의 가맹금 예치증서(이하 "예치증서"라 한다)를 내주어야 한다.

[본조신설 2008.1.31.]

제5조의8(예치가맹금의 지급 및 반환) ① 가맹본부는 법 제6조의5제3항에 따라 예치가맹금의 지급을 요청하려는 경우에는 별지 제7호서식의 예치가맹금 지급(반환) 요청서(이하 "가맹금지급요청서"라 한다)를 예치기관의 장에게 제출하여야 한다. 이 경우 법 제6조의5제3항제1호의 사유에 해당하면 가맹점사업자가 영업을 시작하였다는 사실을 증명하는 서류 또는 가맹점사업자의 확인서를 첨부하여야 한다. <개정 2012.5.7.>

② 가맹점사업자는 법 제6조의5제5항제1호부터 제3호까지의 사유가 발생한 경우에는 그 사실을 증명하는 서류를 첨부하여 별지 제8호서식의 예치가맹금 지급보류 요청서를 예치기관의 장에게 제출하여야 한다.

③ 가맹본부 또는 가맹점사업자는 법 제6조의5제6항에 따라 예치가맹금의 지급 또는 반환을 요청하려는 경우에는 그 사실을 증명하는 서류를 첨부하여 가맹금지급요청서를 예치기관의 장에게 제출하여야 한다.

④ 가맹점사업자는 법 제6조의5제7항에 따라 예치가맹금의 반환을 요청하려는 경우에는 가맹본부의 동의서를 첨부하여 가맹금지급요청서를 예치기관의 장에게 제출하여야 한다.

⑤ 예치기관의 장은 정보통신망을 이용하여 가맹금의 예치신청·지급 및 반환 등에 필요한 절차를 수행할 수 있다. 이 경우 예치기관의 장은 가맹본부와 가맹점사업자로 하여금 그 신원을 파악하기 위하여 「전자서명법」 제2조제8호에 따른 공인인증서를 사용하도록 할 수 있다.

⑥ 예치기관의 장은 가맹본부 또는 가맹점사업자가 제1항부터 제4항까지의 규정에 따라 제출한 증명서류 등을 해당 예치가맹금을 지급 또는 반환한 날부터 3

개월간 보관하여야 한다.

⑦ 공정거래위원회는 예치기관의 장에게 가맹금의 예치·지급 및 반환 현황 등에 관한 업무 자료를 요청할 수 있다.

⑧ 그 밖에 가맹금의 예치·지급 및 반환 등에 필요한 세부사항은 공정거래위원회가 정하여 고시할 수 있다.

[본조신설 2008.1.31.]

제6조(정보공개서의 제공 등) ① 가맹본부(가맹지역본부 또는 가맹중개인이 가맹점사업자를 모집하는 경우를 포함한다. 이하 같다)는 법 제7조제1항에 따라 가맹희망자에게 정보공개서를 제공할 경우에는 다음 각 호의 어느 하나에 해당하는 방법에 따라야 한다. 다만, 제3호 및 제4호의 경우에는 문서의 형태로 인쇄 또는 출력이 가능하도록 하는 조치를 취하여야 한다. <개정 2008.1.31., 2014.2.11., 2015.1.6.>

1. 가맹희망자에게 정보공개서를 직접 전달하는 방법. 이 경우 다음 각 목의 모든 사항을 적은 서면을 작성(가목부터 다목까지의 사항은 가맹희망자가 자필로 작성하는 것을 말한다)하여 가맹희망자에게 주어야 한다.
   가. 정보공개서를 제공받았다는 사실, 제공받은 일시 및 장소
   나. 가맹희망자의 성명·주소 및 전화번호
   다. 가맹희망자의 서명 또는 기명날인
   라. 가맹본부의 서명 또는 기명날인
2. 가맹희망자에게 정보공개서의 제공시점을 확인할 수 있는 내용증명우편으로 제공하는 방법
3. 정보통신망을 이용하여 정보공개서의 내용을 게시한 후 게시사실을 가맹희망자에게 알리는 방법. 이 경우 가맹본부는 특정 가맹희망자가 정보공개서의 내용을 읽어 본 시간을 그 가맹희망자 및 가맹본부가 확인할 수 있는 시스템을 마련하여야 한다.
4. 가맹희망자의 전자우편 주소로 정보공개서의 내용이 포함된 전자적 파일을 보내는 방법. 이 경우 가맹본부는 전자우편의 발송시간과 수신시간의 확인이 가능한 방법으로 하여야 한다.

② 가맹본부는 제1항의 규정에 불구하고 가맹희망자의 편의를 위하여 필요하다고 인정하는 때에는 정보공개사항의 일부에 관하여 별도의 문서(이하 "설명서"라 한다)를 작성하여 이를 제공할 수 있다. 이 경우 설명서에 수록되는 정보공

개사항의 목차는 정보공개서에 수록하여야 한다.

③ 가맹본부는 정보공개서를 제공한 후 가맹계약 체결 전에 중요사항이 변경된 경우에는 변경된 내용을 제1항 각 호의 어느 하나에 해당하는 방법으로 가맹희망자에게 지체 없이 알려야 한다. <개정 2008.1.31.>

④ 삭제 <2014.2.11.>

⑤ 삭제 <2014.2.11.>

제7조(정보공개서의 표준양식) 공정거래위원회는 법 제7조제4항에 따라 각 업종별·업태별 또는 용도별로 정보공개서의 표준양식을 정하여 고시할 수 있다.
<개정 2010.10.13., 2014.2.11.>

제8조(허위·과장의 정보제공행위 등의 유형) ① 법 제9조제1항제1호에 따른 허위·과장의 정보제공행위의 유형은 다음 각 호와 같다.

1. 객관적인 근거 없이 가맹희망자의 예상수익상황을 과장하여 제공하거나 사실과 다르게 가맹본부가 최저수익 등을 보장하는 것처럼 정보를 제공하는 행위
2. 가맹희망자의 점포 예정지 상권의 분석 등과 관련하여 사실 여부가 확인되지 아니한 정보를 제공하는 행위
3. 가맹본부가 취득하지 아니한 지식재산권을 취득한 것처럼 정보를 제공하는 행위
4. 제1호부터 제3호까지의 규정에 따른 행위에 준하여 사실과 다르게 또는 사실을 부풀려 정보를 제공하는 행위로서 공정거래위원회가 정하여 고시하는 행위

② 법 제9조제1항제2호에 따른 기만적인 정보제공행위의 유형은 다음 각 호와 같다.

1. 중요사항을 적지 아니한 정보공개서를 가맹희망자에게 제공하는 행위
2. 가맹본부가 가맹점사업자에게 지원하는 금전, 상품 또는 용역 등이 일정 요건이 충족되는 경우에만 지원됨에도 불구하고 해당 요건을 제시하지 아니하면서 모든 경우에 지원되는 것처럼 정보를 제공하는 행위
3. 제1호 또는 제2호에 따른 행위에 준하여 계약의 체결·유지에 중대한 영향을 미치는 사실을 은폐하거나 축소하는 방법으로 정보를 제공하는 행위로서 공정거래위원회가 정하여 고시하는 행위

   [본조신설 2014.2.11.]

제9조(예상수익상황에 대한 정보제공 등) ① 법 제9조제4항에서 “대통령령으로 정

하는 자료"란 다음 각 호의 자료를 말한다. <개정 2008.1.31., 2010.10.13., 2014.2.11.>

1. 현재수익 또는 예상수익의 산출에 사용된 사실적인 근거와 예측에 관한 자료
2. 현재수익 또는 예상수익의 산출근거가 되는 가맹사업의 점포(직영점과 가맹점을 포함한다. 이하 같다)의 수와 그 비율
3. 최근의 일정기간 동안에 가맹본부나 가맹중개인이 표시 또는 설명하는 현재수익 또는 예상수익과 같은 수준의 수익을 올리는 가맹점사업자의 수와 그 비율(이 경우 최근의 일정기간에 대하여 시작하는 날짜와 끝나는 날짜를 표시하여야 한다)

② 공정거래위원회는 제1항의 규정에 의한 자료에 대하여 업종별·업태별 또는 용도별로 세부적인 사항을 정하여 고시할 수 있다.

③ 법 제9조제5항 각 호 외의 부분에서 "대통령령으로 정하는 예상매출액의 범위"란 가맹희망자의 점포 예정지에서 영업개시일부터 1년간 발생할 것으로 예상되는 매출액의 최저액과 최고액으로 획정된 범위를 말한다. 이 경우 그 매출액의 최고액은 그 매출액의 최저액의 1.7배를 초과해서는 아니 된다.
<신설 2014.2.11.>

④ 제3항에도 불구하고 가맹희망자의 점포 예정지가 속한 해당 특별시·광역시·특별자치시·도·특별자치도에 해당 가맹본부의 가맹점(직전 사업연도의 영업기간이 6개월 이상인 가맹점으로 한정한다. 이하 이 항에서 같다)이 5개 이상 있는 경우에는 그 점포 예정지에서 가장 인접한 가맹점 5개 중 별표 1의3에 따른 직전 사업연도 매출환산액이 가장 작은 가맹점과 가장 큰 가맹점을 제외한 나머지 3개 가맹점의 같은 표에 따른 직전 사업연도 매출환산액 중 최저액과 최고액으로 획정된 범위로 제3항에 따른 범위를 갈음할 수 있다. <신설 2014.2.11.>

⑤ 법 제9조제5항제2호에서 "대통령령으로 정하는 수"란 100개를 말한다.
<신설 2014.2.11.>

[제목개정 2014.2.11.]

제10조(가맹금 반환의 요구) 법 제10조제1항에 따라 가맹금의 반환을 요구하고자 하는 가맹점사업자 또는 가맹희망자는 다음 각 호의 사항이 기재된 서면으로 요구하여야 한다. <개정 2008.1.31.>

1. 가맹금의 반환을 요구하는 가맹점사업자 또는 가맹희망자의 주소·성명
2. 가맹본부가 허위 또는 과장된 정보를 제공하거나 중요사항을 누락한 사실

3. 가맹본부가 허위 또는 과장된 정보를 제공하거나 중요사항을 누락하여 계약 체결에 중대한 영향을 준 것으로 인정되는 사실
4. 가맹본부가 정당한 이유없이 가맹사업을 일방적으로 중단한 사실과 그 일자
5. 반환대상이 되는 가맹금의 금액
6. 가맹본부가 정보공개서를 제공하지 아니한 사실 또는 정보공개서를 제공한 날부터 14일(가맹희망자가 정보공개서에 대하여 변호사 또는 법 제27조에 따른 가맹거래사의 자문을 받은 경우에는 7일)이 지나지 아니한 상태에서 가맹희망자로부터 가맹금을 수령하거나 가맹희망자와 가맹계약을 체결한 사실과 그 날짜

제11조(가맹사업의 중단일) 법 제10조제1항제4호에서 "대통령령으로 정하는 가맹사업의 중단일"이란 다음 각 호의 어느 하나에 해당하는 날을 말한다. <개정 2008.1.31.>

1. 가맹본부가 가맹점사업자에게 가맹사업의 중단일을 통지하는 경우에는 그 통지가 가맹점사업자에게 도달된 날
2. 가맹본부가 가맹점사업자에게 미리 통지함이 없이 가맹사업을 영위하는데 중대한 영향을 미치는 부동산·용역·설비·상품 등의 거래를 10일 이상 중단하고 가맹점사업자가 서면으로 거래재개일을 정하여 거래재개를 요청하였음에도 불구하고 가맹본부가 이에 응하지 아니한 경우에는 위 서면으로 정한 거래재개일

제12조(가맹사업당사자의 권리·의무에 관한 사항) 법 제11조제2항제11호에서 "대통령령이 정하는 사항"이란 다음 각 호의 어느 하나에 해당하는 사항을 말한다. <개정 2003.6.13., 2010.10.13.>

1. 가맹금 등 금전의 반환조건에 관한 사항
2. 가맹점사업자의 영업설비·집기 등의 설치와 유지·보수 및 그 비용의 부담에 관한 사항
3. 가맹계약의 종료 및 해지에 따른 조치 사항
4. 가맹본부가 가맹계약의 갱신을 거절할 수 있는 정당한 사유에 관한 사항
5. 가맹본부의 영업비밀에 관한 사항
6. 가맹계약 위반으로 인한 손해배상에 관한 사항
7. 가맹본부와 가맹점사업자 사이의 분쟁 해결 절차에 관한 사항
8. 가맹본부가 다른 사업자에게 가맹사업을 양도하는 경우에는 종전 가맹점사업

자와의 계약에 관한 사항

9. 가맹본부의 지식재산권 유효기간 만료 시 조치에 관한 사항

제12조의2(위약금의 부당성 판단기준) 법 제12조제1항제5호에서 "계약의 목적과 내용, 발생할 손해 등 대통령령으로 정하는 기준"이란 다음 각 호의 기준을 말한다.

1. 계약의 목적과 내용
2. 발생할 손해액의 크기
3. 당사자 간 귀책사유 유무 및 정도
4. 해당 업종의 정상적인 거래관행

[본조신설 2014.2.11.]

제13조(불공정거래행위의 유형 또는 기준) ① 법 제12조제2항의 규정에 의한 불공정거래행위의 유형 또는 기준은 별표 2와 같다.

② 공정거래위원회는 필요하다고 인정하는 경우에 별표 2의 유형 또는 기준의 범위내에서 특정업종 또는 특정행위에 적용되는 세부적인 불공정거래행위의 유형 또는 기준을 정하여 고시할 수 있다.

제13조의2(점포환경개선 비용부담의 범위 및 절차 등) ① 법 제12조의2제1항에서 "대통령령으로 정하는 정당한 사유"란 다음 각 호의 어느 하나에 해당하는 경우를 말한다.

1. 점포의 시설, 장비, 인테리어 등의 노후화가 객관적으로 인정되는 경우
2. 위생 또는 안전의 결함이나 이에 준하는 사유로 인하여 가맹사업의 통일성을 유지하기 어렵거나 정상적인 영업에 현저한 지장을 주는 경우

② 법 제12조의2제2항 각 호 외의 부분 본문에서 "대통령령으로 정하는 비용"이란 다음 각 호의 비용을 말한다.

1. 간판 교체비용
2. 인테리어 공사비용(장비·집기의 교체비용을 제외한 실내건축공사에 소요되는 일체의 비용을 말한다). 다만, 가맹사업의 통일성과 관계 없이 가맹점사업자가 추가 공사를 함에 따라 드는 비용은 제외한다.

③ 법 제12조의2제2항 각 호 외의 부분 본문에서 "대통령령으로 정하는 비율"이란 다음 각 호의 구분에 따른 비율을 말한다.

1. 점포의 확장 또는 이전을 수반하지 아니하는 점포환경개선의 경우: 100분의 20

2. 점포의 확장 또는 이전을 수반하는 점포환경개선의 경우: 100분의 40

④ 가맹점사업자는 법 제12조의2제2항 각 호 외의 부분 본문에 따른 금액(이하 "가맹본부부담액"이라 한다)의 지급을 청구하려면 가맹본부에 공사계약서 등 공사비용을 증명할 수 있는 서류를 제출하여야 한다.

⑤ 가맹본부는 제4항에 따른 지급청구일부터 90일 이내에 가맹본부부담액을 가맹점사업자에게 지급하여야 한다. 다만, 가맹본부와 가맹점사업자 간에 별도의 합의가 있는 경우에는 1년의 범위에서 가맹본부부담액을 분할하여 지급할 수 있다.

⑥ 가맹본부는 점포환경개선이 끝난 날부터 3년 이내에 가맹본부의 책임 없는 사유로 계약이 종료(계약의 해지 또는 영업양도를 포함한다)되는 경우에는 가맹본부부담액 중 나머지 기간에 비례하는 부담액은 지급하지 아니하거나 이미 지급한 경우에는 환수할 수 있다.

[본조신설 2014.2.11.]

제13조의3(부당한 영업시간 구속 금지의 판단기준) ① 법 제12조의3제2항제1호에서 "대통령령으로 정하는 심야 영업시간대"란 오전 1시부터 오전 6시까지를 말한다.

② 법 제12조의3제2항제1호에서 "대통령령으로 정하는 일정한 기간"이란 가맹점사업자가 영업시간 단축을 요구한 날이 속한 달의 직전 6개월을 말한다.

[본조신설 2014.2.11.]

제13조의4(영업지역 변경사유) 법 제12조의4제2항에서 "상권의 급격한 변화 등 대통령령으로 정하는 사유가 발생하는 경우"란 다음 각 호의 어느 하나에 해당하는 경우를 말한다.

1. 재건축, 재개발 또는 신도시 건설 등으로 인하여 상권의 급격한 변화가 발생하는 경우
2. 해당 상권의 거주인구 또는 유동인구가 현저히 변동되는 경우
3. 소비자의 기호변화 등으로 인하여 해당 상품·용역에 대한 수요가 현저히 변동되는 경우
4. 제1호부터 제3호까지의 규정에 준하는 경우로서 기존 영업지역을 그대로 유지하는 것이 현저히 불합리하다고 인정되는 경우

[본조신설 2014.2.11.]

제13조의5(광고·판촉행사 관련 집행 내역 통보 절차 등) ① 가맹본부는 법 제12조의

6제1항에 따라 매 사업연도 종료 후 3개월 이내에 가맹점사업자에게 다음 각 호의 사항을 통보하여야 한다.

1. 해당 사업연도에 실시한 광고나 판촉행사(해당 사업연도에 일부라도 비용이 집행된 경우를 포함한다. 이하 같다)별 명칭, 내용 및 실시기간
2. 해당 사업연도에 광고나 판촉행사를 위하여 전체 가맹점사업자로부터 지급받은 금액
3. 해당 사업연도에 실시한 광고나 판촉행사별로 집행한 비용 및 가맹점사업자가 부담한 총액

② 가맹본부가 가맹점사업자에게 제1항에 따른 통보를 하는 경우에는 제6조제1항 각 호의 어느 하나에 해당하는 방법을 준용한다. 다만, 제6조제1항제3호 후단은 준용하지 아니한다.

③ 가맹본부는 법 제12조의6제1항에 따라 가맹점사업자가 집행 내역의 열람을 요구하는 경우 열람의 일시 및 장소를 정하여 해당 자료를 열람할 수 있도록 하여야 한다.

[본조신설 2016.9.29.]

제14조(가맹계약의 갱신거절사유 등) ① 법 제13조제1항제3호다목에서 "대통령령으로 정하는 사항"이란 다음 각 호의 어느 하나에 해당하는 사항을 말한다.

1. 가맹본부의 가맹사업 경영에 필수적인 지식재산권의 보호에 관한 사항
2. 가맹본부가 가맹점사업자에게 정기적으로 실시하는 교육·훈련의 준수에 관한 사항. 다만, 가맹점사업자가 부담하는 교육·훈련 비용이 같은 업종의 다른 가맹본부가 통상적으로 요구하는 비용보다 뚜렷하게 높은 경우는 제외한다.

② 법 제13조제4항 단서에서 "대통령령으로 정하는 부득이한 사유"란 다음 각 호의 어느 하나에 해당하는 경우를 말한다.

1. 가맹본부나 가맹점사업자에게 파산 신청이 있거나 강제집행절차 또는 회생절차가 개시된 경우
2. 가맹본부나 가맹점사업자가 발행한 어음·수표가 부도 등으로 지급거절된 경우
3. 가맹점사업자에게 중대한 일신상의 사유 등이 발생하여 더 이상 가맹사업을 경영할 수 없게 된 경우

[전문개정 2008.1.31.]

제15조(가맹계약의 해지사유) 법 제14조제1항 단서에서 "대통령령이 정하는 경우"란 다음 각 호의 어느 하나에 해당하는 경우를 말한다. <개정 2008.1.31., 2010.

10.13., 2015.3.30.>

1. 가맹점사업자에게 파산 신청이 있거나 강제집행절차 또는 회생절차가 개시된 경우
2. 가맹점사업자가 발행한 어음·수표가 부도 등으로 지불정지된 경우
3. 천재지변, 중대한 일신상의 사유 등으로 가맹점사업자가 더 이상 가맹사업을 경영할 수 없게 된 경우
4. 다음 각 목의 어느 하나에 해당하여 가맹사업에 중대한 장애를 초래한 경우
   가. 가맹점사업자가 공연히 허위사실을 유포함으로써 가맹본부의 명성이나 신용을 뚜렷이 훼손한 경우
   나. 가맹점사업자가 가맹점 운영과 관련되는 법령을 위반하여 다음의 어느 하나에 해당하는 행정처분을 받음으로써 가맹본부의 명성이나 신용을 뚜렷이 훼손한 경우
      1) 그 위법사실을 시정하라는 내용의 행정처분
      2) 그 위법사실을 처분사유로 하는 과징금·과태료 등 부과처분
      3) 그 위법사실을 처분사유로 하는 영업정지 명령
   다. 가맹점사업자가 가맹본부의 영업비밀 또는 중요정보를 유출한 경우
5. 가맹점사업자가 가맹점 운영과 관련되는 법령을 위반하여 이를 시정하라는 내용의 행정처분(과징금·과태료 등의 부과처분을 포함한다)을 통보받고도 행정청이 정한 시정기한(시정기한을 정하지 아니한 경우에는 통보받은 날부터 10일) 내에 시정하지 않는 경우
6. 가맹점사업자가 가맹점 운영과 관련되는 법령을 위반하여 자격·면허·허가 취소 또는 영업정지 명령(15일 이내의 영업정지 명령을 받은 경우는 제외한다) 등 그 시정이 불가능한 성격의 행정처분을 받은 경우. 다만, 법령에 근거하여 행정처분을 갈음하는 과징금 등의 부과 처분을 받은 경우는 제외한다.
7. 가맹점사업자가 법 제14조제1항 본문에 따른 가맹본부의 시정요구에 따라 위반사항을 시정한 날부터 1년(계약갱신이나 재계약된 경우에는 종전 계약기간에 속한 기간을 합산한다) 이내에 다시 같은 사항을 위반하는 경우. 다만, 가맹본부가 시정을 요구하는 서면에 다시 같은 사항을 1년 이내에 위반하는 경우에는 법 제14조제1항의 절차를 거치지 아니하고 가맹계약이 해지될 수 있다는 사실을 누락한 경우는 제외한다.
8. 가맹점사업자가 가맹점 운영과 관련된 행위로 형사처벌을 받은 경우

9. 가맹점사업자가 공중의 건강이나 안전에 급박한 위해를 일으킬 염려가 있는 방법이나 형태로 가맹점을 운영하는 경우
10. 가맹점사업자가 정당한 사유 없이 연속하여 7일 이상 영업을 중단한 경우

제16조(자율규약의 심사요청) 가맹본부 또는 가맹본부를 구성원으로 하는 사업자단체는 법 제15조제2항의 규정에 의하여 자율규약의 심사를 요청하고자 하는 때에는 공정거래위원회에 다음 각호의 사항을 기재한 서면과 심사요청의 대상이 되는 자율규약의 사본을 제출하여야 한다.
1. 심사요청인의 주소와 성명
2. 자율규약의 제정배경
3. 자율규약의 주요골자와 그 취지

제16조의2(가맹점사업자피해보상보험계약 등) ① 법 제15조의2제1항에 따라 가맹본부가 체결하는 가맹점사업자피해보상보험계약 등(이하 "피해보상보험계약 등"이라 한다)은 다음 각 호의 사항을 충족하여야 한다.
1. 가맹본부의 가맹금반환의무의 불이행 등으로 인한 가맹점사업자의 피해를 보상하는 내용일 것
2. 피보험자·채권자 또는 수익자는 해당 가맹본부와 가맹계약을 체결하거나 체결할 예정인 가맹점사업자 또는 가맹점사업자가 지정한 자로 할 것
3. 계약금액은 예치가맹금 이상으로 할 것
4. 정당한 사유 없이 가맹점사업자의 의사표시 방법을 제한하거나 가맹점사업자에게 지나친 입증책임을 지우지 아니할 것
5. 정당한 사유 없이 피해보상의 범위나 보험자·보증인·공제조합 또는 가맹본부의 책임을 한정하지 아니할 것
6. 계약기간은 2개월 이상으로 하고, 정당한 사유 없이 쉽게 계약을 해지할 수 있도록 하여 가맹점사업자에게 불이익을 주지 아니할 것
7. 그 밖에 가맹점사업자에게 예상하기 어려운 위험이나 손해를 줄 염려가 있거나 부당하게 불리한 약정을 두지 아니할 것
8. 보험금·보증금 또는 공제금은 해당 가맹본부와 가맹계약을 체결하거나 체결할 예정인 가맹점사업자 또는 가맹점사업자가 지정한 자가 직접 수령할 수 있도록 할 것

② 제1항 외에 가맹본부가 경영하는 가맹사업의 특성에 따른 피해보상보험계약 등의 구체적인 기준이나 피해보상의 내용·절차와 보험의 표지 사용 등에 필요

한 세부사항은 공정거래위원회가 정하여 고시할 수 있다.
[본조신설 2008.1.31.]

제16조의3(공제조합의 인가 등) ① 법 제15조의3제1항에 따른 공제조합을 설립하려는 때에는 10명 이상이 발기인이 되어 정관을 작성하고 창립총회의 의결을 거쳐 공정거래위원회에 인가를 신청하여야 한다.
② 제1항에도 불구하고 특정 업종에 속하는 가맹본부만을 조합원으로 하는 공제조합을 설립하려는 때에는 발기인이 10명 미만이라도 해당 업종에 속하는 가맹본부 총수의 10분의 1 이상의 발기인이 있으면 제1항에 따른 절차를 진행할 수 있다.
③ 공정거래위원회는 제1항에 따른 인가를 한 때에는 이를 공고하여야 한다.
[본조신설 2008.1.31.]

제16조의4(공제조합의 정관기재사항) ① 법 제15조의3제6항에 따른 정관기재사항은 다음 각 호와 같다.
1. 목적
2. 명칭
3. 사무소의 소재지
4. 출자금과 그 납부방법 및 그 지분계산에 관한 사항
5. 조합원의 자격과 가입·탈퇴에 관한 사항
6. 조합원의 권리·의무에 관한 사항
7. 자산 및 회계에 관한 사항
8. 총회에 관한 사항
9. 운영위원회에 관한 사항
10. 임원 및 직원에 관한 사항
11. 융자에 관한 사항
12. 업무와 그 집행에 관한 사항
13. 정관의 변경에 관한 사항
14. 해산과 남은 재산의 처리에 관한 사항
15. 공고의 방법에 관한 사항
② 공제조합이 정관을 변경하려는 때에는 민법 제42조제2항에 따른다.
[본조신설 2008.1.31.]

제16조의5(공제조합의 운영 및 감독) ① 공제조합은 매 사업연도가 지난 후 2개월 이내에 결산을 마치고 해당 사업연도의 공제실적 등을 포함한 사업실적보고서 및 대차대조표·손익계산서를 포함한 결산보고서를 3월 31일까지 공정거래위원회에 제출하여야 한다.

② 공제조합은 제1항에 따라 공정거래위원회에 제출한 대차대조표와 손익계산서를 주사무소(지부가 있으면 포함한다)에 갖추어 두고, 대차대조표는 공고하여야 한다.

[본조신설 2008.1.31.]

제17조 삭제 <2008.1.31.>

제18조(협의회의 회의) ① 법 제16조에 따라 가맹사업거래분쟁조정협의회(이하 "협의회"라 한다)의 위원장이 법 제19조제1항에 따른 전체회의를 소집하거나 공익을 대표하는 위원이 같은 항에 따른 소회의를 소집하려는 때에는 관계 위원들에게 회의개최 7일전까지 회의의 일시·장소 및 안건을 서면으로 통지하여야 한다. 다만, 긴급을 요하는 경우에는 그러하지 아니하다. <개정 2008.1.31.>

② 협의회의 회의는 공개하지 아니한다. 다만, 위원장이 필요하다고 인정하는 때에는 분쟁당사자 그 밖의 이해관계인에게 방청하게 할 수 있다.

제19조(분쟁조정의 신청) ① 법 제22조제1항의 규정에 의하여 분쟁의 조정을 신청하고자 하는 자는 다음 각호의 사항이 기재된 서면을 협의회에 제출하여야 한다.

1. 신청인과 피신청인의 성명 및 주소(분쟁당사자가 법인인 경우에는 법인의 명칭, 주된 사무소의 소재지, 그 대표자의 성명 및 주소를 말한다)
2. 대리인이 있는 경우에는 그 성명 및 주소
3. 신청의 이유

② 제1항의 규정에 의한 서면에는 다음 각호의 서류를 첨부하여야 한다.

1. 분쟁조정신청의 원인 및 사실을 증명하는 서류
2. 대리인이 신청하는 경우 그 위임장
3. 그 밖에 분쟁조정에 필요한 증거서류 또는 자료

제20조(대표자의 선정) ① 다수인이 공동으로 분쟁의 조정을 신청하는 때에는 신청인중 3인 이내의 대표자를 선정할 수 있다.

② 제1항의 규정에 의하여 신청인이 대표자를 선정하지 아니한 경우 위원장은 신청인에게 대표자를 선정할 것을 권고할 수 있다.

③ 신청인은 대표자를 변경하는 때에는 그 사실을 지체없이 위원장에게 통지하여야 한다.

제21조(분쟁조정신청의 보완 등) ① 위원장은 제19조의 규정에 의한 분쟁조정의 신청에 대하여 보완이 필요하다고 인정될 때에는 상당한 기간을 정하여 그 보완을 요구하여야 한다.

② 제1항에 따른 보완에 소요된 기간은 법 제23조제4항제2호에 따른 기간에 이를 산입하지 아니한다. <개정 2016.9.29.>

제21조의2(분쟁조정 절차의 개시) 협의회는 법 제23조제1항에 따라 분쟁조정 절차를개시하는 경우에는 조정번호, 조정개시일 등을 지체 없이 분쟁당사자에게 통보하여야 하며, 분쟁당사자와 분쟁의 구체적 내용을 관리대장에 기록하여야 한다. [본조신설 2016.9.29.]

제22조(분쟁조정의 거부 및 중지하는 내용 등) 법 제23조제3항제3호에서 "대통령령이 정하는 사항이 발생하는 경우"란 다음 각 호의 어느 하나에 해당하는 경우를 말한다. <개정 2008.1.31., 2016.9.29.>

1. 신청인이 정당한 사유없이 기한내에 분쟁조정신청을 보완하지 아니한 경우
2. 신청의 내용과 직접적인 이해관계가 없는 자가 조정신청을 한 경우
3. 신청인이 부당한 이익을 얻을 목적으로 조정신청을 한 것으로 인정되는 경우
4. 분쟁의 성격상 조정을 하는 것이 적당하지 아니하다고 인정되는 경우
5. 신청인이 같은 사안에 대하여 같은 취지로 2회 이상 조정신청을 한 경우
6. 신청인이 협의회에서 이미 끝난 분쟁조정과 같은 사안을 공정거래위원회에 신고하여 다시 협의회에 넘겨진 경우

제23조(분쟁조정의 종료 등) 협의회는 법 제23조제5항에 따라 조정을 거부 또는 중지하거나 조정절차를 종료한 경우에는 다음 각 호의 사항이 기재된 분쟁조정종료서를 작성한 후 그 사본을 첨부하여 공정거래위원회에 보고하여야 한다. <개정 2016.9.29.>

1. 조정신청인의 주소·성명
2. 조정대상 분쟁의 개요
   가. 가맹사업거래 당사자의 일반현황
   나. 가맹사업거래의 개요
   다. 분쟁의 경위

라. 조정의 쟁점(가맹사업거래 당사자의 의견을 기술한다)

3. 조정의 거부·중지 또는 종료사유(법 제23조제3항 각 호 및 같은 조 제4항 각 호에 규정된 사유별로 상세하게 기술한다)

제24조(분쟁당사자의 사실확인 등) ① 협의회는 법 제23조제6항에 따라 분쟁당사자에 대하여 출석을 요구하고자 하는 때에는 시기 및 장소를 정하여 출석요구일 7일전까지 분쟁당사자에게 통지하여야 한다. 다만, 긴급을 요하거나 출석의 통지를 받은 자가 동의하는 경우에는 그러하지 아니하다. <개정 2016.9.29.>

② 제1항의 통지를 받은 분쟁당사자는 협의회에 출석할 수 없는 부득이한 사유가 있는 경우에는 미리 서면으로 의견을 제출할 수 있다.

제25조(분쟁의 조정 등) 협의회는 법 제24조제1항의 규정에 의한 분쟁의 조정이 성립된 경우에는 다음 각호의 사항이 기재된 조정조서를 작성한 후 그 사본을 첨부하여 조정결과를 공정거래위원회에 보고하여야 한다.

1. 조정신청인의 주소·성명
2. 조정대상 분쟁의 개요
   가. 가맹사업거래 당사자의 일반현황
   나. 가맹사업거래의 개요
   다. 분쟁의 경위
   라. 조정의 쟁점(가맹사업거래 당사자의 의견을 기술한다)
3. 조정의 결과(조정의 쟁점별로 기술한다)

제26조(분쟁당사자의 지위승계) ① 협의회는 조정절차가 종료되기 전에 분쟁당사자가 사망하거나 능력의 상실 그 밖의 사유로 절차를 계속할 수 없는 경우에는 법령에 의하여 그 지위를 승계한 자가 분쟁당사자의 지위를 승계하게 할 수 있다.

② 제1항의 규정에 의하여 분쟁당사자의 지위를 승계하고자 하는 자는 서면으로 협의회에 신청하여야 한다.

③ 협의회가 제2항의 규정에 의한 신청을 받은 때에는 지체없이 이를 심사하여 승계여부를 결정하고, 그 내용을 신청인에게 서면으로 통지하여야 한다.

제27조(소제기 등의 통지) 분쟁당사자는 분쟁조정 신청 후 해당 사건에 대하여 소를 제기하거나 「중재법」 제8조에 따른 중재합의를 한 때에는 지체없이 이를 협의회에 통지하여야 한다. <개정 2008.1.31., 2016.9.29.>

제27조의2(협의회의 운영세칙) 이 영에 규정된 것 외에 협의회의 조직·운영·조정절

차 등에 필요한 사항은 협의회의 심의·의결을 거쳐협의회의 위원장이 정한다. [본조신설 2008.1.31.]

第28条(가맹거래사 자격시험) ① 공정거래위원회는 법 제27조에 따른 가맹거래사 자격시험(이하 "시험"이라 한다)을 제1차시험과 제2차시험으로 구분하여 매년 1회 이상 실시한다. <개정 2008.1.31.>

② 공정거래위원회는 시험을 시행하고자 할 때에 시험의 일시·장소·방법·과목·응시자격 및 응시절차 등 필요한 사항을 시험시행일 3개월 전에 「신문 등의 진흥에 관한 법률」 제9조제1항에 따라 전국을 보급지역으로 등록한 일반일간신문 등에 공고하여야 한다. <개정 2008.1.31., 2010.1.27., 2012.5.7.>

③ 제2차시험은 제1차시험에 합격한 자 또는 제1차시험을 면제받은 자에 한하여 응시할 수 있다.

④ 시험방법은 다음 각호에 의한다.

1. 제1차시험은 선택형으로 하되, 기입형을 가미할 수 있다.
2. 제2차시험은 논문형으로 하되, 기입형을 가미할 수 있다.

⑤ 제1차시험 및 제2차시험의 과목은 별표 3과 같다.

⑥ 제1차시험에 합격한 자에 대하여는 다음 회의 시험에 한하여 제1차시험을 면제한다.

⑦ 시험의 합격자는 매과목 100점을 만점으로 하여 매과목 40점 이상, 전과목 평균 60점 이상을 득점한 자로 한다.

⑧ 공정거래위원회는 시험의 합격자가 결정된 때에는 이를 관보에 게재하고, 합격자에 대하여는 합격증서를 교부하여야 한다.

⑨ 삭제 <2016.9.29.>

⑩ 시험의 응시자격, 시험방법, 시험문제의 출제, 시험합격자의 결정 등 시험의 시행에 관하여 필요한 사항을 심의하기 위하여 공정거래위원회에 가맹거래사시험위원회를 둘 수 있다. <개정 2008.1.31.>

⑪ 그 밖에 시험관리에 관하여 필요한 사항은 공정거래위원회가 정하여 고시한다. [전문개정 2004.3.22.]

第29条(응시수수료) ① 시험에 응시하고자 하는 자는 공정거래위원회가 정하는 금액의 응시수수료를 납부하여야 한다.

② 공정거래위원회는 제1항에 따른 응시수수료를 납부한 자가 시험 응시 의사를 철회할 경우에는 응시수수료의 전부 또는 일부를 반환하여야 한다.

<개정 2008.1.31.>
③ 응시수수료의 반환에 필요한 사항은 공정거래위원회가 정하여 고시한다. <신설 2008.1.31.>
[전문개정 2004.3.22.]

제29조의2 삭제 <2004.3.22.>

제30조(가맹거래사의 실무수습) ① 가맹거래사의 실무수습 기간은 100시간 이상으로 한다. <개정 2008.1.31.>
② 실무수습의 구체적인 내용, 기간 및 방법 등은 공정거래위원회가 정하여 고시한다.
[전문개정 2004.3.22.]

제31조(자격증의 교부) ① 공정거래위원회는 가맹거래사의 자격을 갖춘 자에게 자격증을 교부한다. <개정 2008.1.31.>
② 가맹거래사 자격증의 교부에 관하여 필요한 사항은 공정거래위원회가 정하여 고시한다. <개정 2008.1.31.>
[전문개정 2004.3.22.]

제32조(가맹거래사의 등록 등) ① 법 제29조제1항에 따라 가맹거래사등록을 하려는 자는 공정거래위원회가 정하는 바에 의하여 등록신청서를 공정거래위원회에 제출하여야 한다. <개정 2008.1.31.>
② 공정거래위원회는 제1항에 따른 등록신청이 있는 때에는 가맹거래사등록부에 다음 각호의 사항을 기재하고 신청인에게 등록증을 교부하여야 한다. <개정 2008.1.31.>
1. 가맹거래사의 주소·성명 및 주민등록번호
2. 사무소의 명칭 및 소재지
3. 등록번호
4. 그 밖에 공정거래위원회가 정하는 사항
③ 가맹거래사등록을 한 자가 제2항에 따라 교부받은 등록증을 잃어버리거나 그 등록증이 못쓰게 된 때에는 재교부신청서를 공정거래위원회에 제출하여야 한다. <개정 2008.1.31.>
④ 제3항의 규정에 의하여 등록증의 재교부를 받은 후 잃어버렸던 등록증을 발견한 때에는 지체없이 이를 반환하여야 한다.

⑤ 그 밖에 가맹거래사의 등록 및 등록갱신에 필요한 세부사항은 공정거래위원회가 정하여 고시한다. <신설 2008.1.31.>

제32조의2(교육기관의 지정기준) 법 제31조의2제2항에서 “대통령령으로 정하는 시설·인력 및 교육실적 등의 기준”은 별표 4와 같다.
[본조신설 2008.1.31.]

제32조의3(위반행위의 신고 및 신고의 통지) ① 법 제32조의3제1항 전단에 따라 신고를 하려는 자는 다음 각 호의 사항을 적은 서면(전자문서를 포함한다. 이하 이 조에서 같다)을 공정거래위원회에 제출하여야 한다. 다만, 긴급하거나 부득이한 경우에는 구두로 신고할 수 있다.

1. 신고자의 성명·주소
2. 가맹본부 또는 가맹지역본부의 성명 또는 명칭(법인인 경우에는 그 대표자의 성명을 포함한다)과 그 주소
3. 위반행위의 내용과 이를 입증할 수 있는 자료

② 공정거래위원회는 제1항에 따른 신고를 접수한 날부터 15일 이내에 신고자가 다음 각 호의 동의를 하는지 여부를 확인하기 위한 서면을 신고자에게 직접 발급하거나 송부하여야 한다.

1. 신고가 접수된 사실을 공정거래위원회가 가맹본부 또는 가맹지역본부에 통지하는 것에 대한 동의
2. 제1호의 통지를 하는 경우 신고자 및 신고내용도 함께 통지하는 것에 대한 동의

③ 신고자는 제2항 각 호 외의 부분에 따른 서면을 발급받거나 송부받은 날부터 15일 이내에 제2항 각 호의 동의 여부를 공정거래위원회에 서면으로 통지하여야 하며, 그 기간 내에 통지하지 아니한 경우에는 동의를 하지 아니한 것으로 본다.

④ 공정거래위원회는 제3항에 따라 신고자로부터 동의한다는 통지를 받은 경우에는 그 통지를 받은 날부터 7일 이내에 신고접수 사실, 신고자 및 신고내용을 기재한 서면을 가맹본부 또는 가맹지역본부에 직접 발급하거나 송부하여야 한다.
[본조신설 2017.3.20.]
[종전 제32조의3은 제32조의4로 이동 <2017.3.20.>]

제32조의4(시정명령을 받은 사실의 공표방법) ① 공정거래위원회는 법 제33조제3항

에 따라 해당 가맹본부에 대하여 시정명령을 받은 사실의 공표를 명하려는 경우에는 다음 각 호의 사항을 고려하여 공표의 내용, 매체의 종류·수 및 지면 크기 등을 정하여 명하여야 한다.

1. 위반행위의 내용과 정도
2. 위반행위의 기간과 횟수

② 공정거래위원회가 제1항에 따라 시정명령을 받은 사실의 공표를 명할 때에는 해당 가맹본부에 대하여 미리 그 문안(文案) 등에 관하여 공정거래위원회와 협의하도록 할 수 있다.

[본조신설 2015.1.6.]

[제32조의3에서 이동 <2017.3.20.>]

제33조(시정권고절차) 법 제34조제1항의 규정에 의한 시정권고는 다음 각호의 사항을 명시한 서면으로 하여야 한다.

1. 법위반내용
2. 권고사항
3. 시정기한
4. 수락여부통지기한
5. 수락거부시의 조치

제34조(과징금의 산정방법 등) ① 법 제35조제1항 본문에서 "대통령령으로 정하는 매출액"이란 해당 가맹본부가 위반기간(위반행위의 개시일부터 종료일까지의 기간을 말한다. 이하 이 조에서 같다) 동안 관련 가맹점사업자 또는 가맹희망자에게 판매한 상품이나 용역의 매출액 또는 이에 준하는 금액(이하 "관련매출액"이라 한다)을 말한다. <개정 2014.2.11.>

② 법 제35조제1항 본문에서 "대통령령으로 정하는 사업자"란 상품 또는 용역의 대가의 합계액을 재무제표 등에서 영업수익으로 적는 사업자를 말한다. <신설 2014.2.11.>

③ 법 제35조제1항 단서에서 "대통령령으로 정하는 경우"란 다음 각 호의 어느 하나에 해당하는 경우를 말한다. <신설 2014.2.11.>

1. 영업중단 등으로 인하여 영업실적이 없는 경우
2. 위반기간 등을 확정할 수 없어 관련매출액의 산정이 곤란한 경우
3. 재해 등으로 인하여 매출액 산정자료가 소멸 또는 훼손되는 등 객관적인 매출액의 산정이 곤란한 경우

④ 법 제35조제1항에 따른 과징금의 부과기준은 별표 4의2와 같다. <신설 2014.2.11.>

⑤ 그 밖에 과징금의 부과절차에 필요한 세부사항은 공정거래위원회가 정하여 고시한다. <개정 2014.2.11.>

[전문개정 2008.1.31.]

제35조 삭제 <2016.9.29.>

제36조(업무의 위탁) ① 공정거래위원회는 법 제39조제2항제1호에 따라 정보공개서의 등록, 등록 거부 및 공개 등에 관한 업무를 「독점규제 및 공정거래에 관한 법률」 제48조의2에 따른 한국공정거래조정원이나 가맹사업 분야의 전문성을 갖춘 법인·단체 중 해당 업무를 수행할 수 있다고 공정거래위원회가 인정하여 고시하는 기관에 위탁할 수 있다. <개정 2012.5.7.>

② 공정거래위원회는 법 제39조제2항제2호에 따라 가맹거래사 자격시험의 시행 및 관리 업무를 「한국산업인력공단법」에 따른 한국산업인력공단에 위탁한다.

[전문개정 2008.1.31.]

[제목개정 2012.5.7.]

제36조의2(고유식별정보의 처리) 공정거래위원회(제36조에 따라 공정거래위원회의 권한을 위탁받은 자를 포함한다)는 다음 각 호의 사무를 수행하기 위하여 불가피한 경우 「개인정보 보호법 시행령」 제19조제1호 또는 제4호에 따른 주민등록번호 또는 외국인등록번호가 포함된 자료를 처리할 수 있다. <개정 2015.1.6.>

1. 법 제6조의2제1항 및 제2항에 따른 정보공개서의 등록, 변경등록 및 변경신고에 관한 사무

1의2. 법 제31조에 따른 가맹거래사 등록취소와 자격정지에 관한 사무

2. 제28조에 따른 가맹거래사 자격시험에 관한 사무
3. 제30조에 따른 가맹거래사 실무수습에 관한 사무
4. 제31조에 따른 가맹거래사 자격증 교부에 관한 사무
5. 제32조에 따른 가맹거래사 등록 등에 관한 사무

[본조신설 2012.1.6.]

제36조의3(규제의 재검토) ① 공정거래위원회는 제15조에 따른 가맹계약의 해지사유에 대하여 2014년 1월 1일을 기준으로 5년마다(매 5년이 되는 해의 1월 1일 전까지를 말한다) 그 타당성을 검토하여 개선 등의 조치를 하여야 한다.

<개정 2014.2.11.>

② 공정거래위원회는 다음 각 호의 사항에 대하여 다음 각 호의 기준일을 기준으로 3년마다(매 3년이 되는 해의 기준일과 같은 날 전까지를 말한다) 그 타당성을 검토하여 개선 등의 조치를 하여야 한다. <신설 2014.2.11.>

1. 제8조에 따른 허위·과장의 정보제공행위 등의 유형: 2014년 2월 14일
2. 제9조제3항 및 제4항에 따른 예상매출액의 범위: 2014년 2월 14일
3. 제13조의2제1항에 따른 점포환경개선 요구 허용사유: 2014년 2월 14일
4. 제13조의2제2항 및 제3항에 따른 점포환경개선 시 가맹본부의 비용부담 항목 및 비율: 2014년 2월 14일
5. 제13조의3제1항 및 제2항에 따른 부당한 영업시간 구속 금지의 적용대상 심야 영업시간대 및 영업손실이 발생하는 일정한 기간: 2014년 2월 14일

③ 공정거래위원회는 다음 각 호의 사항에 대하여 다음 각 호의 기준일을 기준으로 3년마다(매 3년이 되는 해의 기준일과 같은 날 전까지를 말한다) 그 타당성을 검토하여 개선 등의 조치를 하여야 한다. <신설 2014.12.9., 2016.12.30.>

1. 제5조에 따른 법 적용배제 기준: 2017년 1월 1일
2. 제5조의2제1항 및 제2항에 따른 정보공개서의 등록 시 제출서류: 2017년 1월 1일
3. 제5조의7 및 제5조의8에 따른 가맹금의 예치 및 예치가맹금의 지급·반환: 2017년 1월 1일
4. 제6조제1항에 따른 정보공개서의 제공방법: 2017년 1월 1일
5. 삭제 <2016.12.30.>
6. 제9조제1항에 따른 현재수익 또는 예상수익에 관한 자료: 2017년 1월 1일
7. 제10조에 따른 가맹금 반환의 요구: 2017년 1월 1일
8. 제11조에 따른 가맹사업의 중단일: 2017년 1월 1일
9. 제28조에 따른 가맹거래사 자격시험: 2017년 1월 1일
10. 제29조에 따른 응시수수료: 2017년 1월 1일
11. 제30조제1항에 따른 가맹거래사의 실무수습 기간: 2017년 1월 1일

[본조신설 2013.12.30.]

제37조(과태료의 부과기준) 법 제43조제6항 및 제7항에 따른 과태료의 부과기준은 별표 5와 같다.

[전문개정 2014.2.11.]

부 칙 <제27946호, 2017.3.20.>

제1조(시행일) 이 영은 2017년 3월 21일부터 시행한다.

제2조(위반행위 신고의 통지에 관한 적용례) 제32조의3제2항부터 제4항까지의 개정 규정은 이 영 시행 이후 공정거래위원회가 신고를 접수하는 경우부터 적용한다.

◎ 공저자 약력 ……………………………………………………………………………

■ 류 석 희

- 현재: 건국대학교 산합협력선도대학(LINC+) 교수
- (최종학력) 경희대학교 법학전문대학원 법학박사
- (주요전공) 경영학, 경제학, 법학, 지식재산권법학
- (관심 연구 및 강의 분야) 창업경영, 창업법률, 프랜차이즈, 법학, 지식재산학 등
- (주요논문 및 서서)
  - 가맹사업법, 창업관련 논문 15편, 창업경영과 법률, 채권관리 실무 등 6편
- (학술수상) (사)한국창업학회 우수 발표논문상 수상(2017)
- (주요 경력)
  - CJ·GS 등 법무기획팀장 13년(법무, 지식재산, 경영진단, 신사업, 마케팅 등)
  - 전주대학교 창업선도대학 멘토, 대경대학교 경영학부 교수, 한성대학교 창업전담 교수
  - 한국생산성본부 및 한국표준협회 전문교수·위원
  - 채권관리전문가포럼 & 기업경영전문가포럼 부시삽 및 교수
  - NCS 금융분야 채권관리 대표집필진, 개발, 시험문제제출위원
  - 공공데이터 및 저작권관련 법률 대표연구자 및 자문
  - LG그룹, 창업카페, 전북테크노파크, 전주문화정보산업진흥원 등 다수 평가위원
- (주요 강의)
  - 전주대교, 대경대, 충남대, 경남과학기술대, 계명대, 상명대, 고려사이버대, 한국생산성본부, 한국표준협회, 경기도경제과학진흥원, 대기업 및 중소기업 등 다수

■ 김 영 국

- 현재: 계명대학교 벤처창업학과 교수
- (최종학력) 계명대학교 경영학박사
- (주요전공) 창업전략, 창업경영, 창업금융
- (관심 연구 및 강의 분야) 4차 산업혁명, 창업전략, 창업경영컨설팅 코칭, 창업아이템 등
- (주요논문 및 저서)
  - 창업지원제도 연구 등 22편
  - 실전경영의 이해, 실전 재무관리, 유통과 창업 등 18권
- (수상) (사)한국창업학회 우수 발표논문상 수상(2017)/산업자원통상부장관상(2013)
- (주요 경력: 산학군관 35년)
  DGB금융그룹 홍콩법인장(대표이사 CEO)
  - 지식경제부 평가위원, 한국은행 객원연구원, 한국경제신문사 객원연구위원
  - 대구경북테크노파크 기업과제 심사위원장
  - 고위공무원(옴부즈만), 한국경제TESAT연구소장
  - 경북대학교 등 교수(산한협력부처장/학과장/창업보육팀장)
    (투자론/창업경영학/국제통상/금융보험 등)
  - 방송 및 칼럼니스트(TBC/경북일보/매일신문 등)
  - Saxophonist
- (주요 강의) 삼성전자, LG GROUP, 경찰청 등 다수

실전 창업 전략 - FUNNY START UP

초 판 1쇄 인쇄 —— 2017년 8월 25일
초 판 1쇄 발행 —— 2017년 8월 30일
지은이 —— 류 석 희·김 영 국
펴낸이 —— 전 두 표
펴낸데 —— 도서출판 **두남**
서울시 강동구 성내로6길 34-16 두남빌딩
신 고 : 제25100-1988-9호
TEL : 02) 478-2065~7, 2311
FAX : 02) 478-2068
E-mail : dunam1@unitel.co.kr
http://www.dunam.co.kr

정가 24,000원

ISBN 978-89-6414-758-0 93320